城市经济前沿问题研究

侯景新　王远桂　杨　阳　◎著
廖敬文　陈文慧　刘　源

经济管理出版社
ECONOMY & MANAGEMENT PUBLISHING HOUSE

图书在版编目（CIP）数据

城市经济前沿问题研究/侯景新等著.—北京：经济管理出版社，2019.3
ISBN 978-7-5096-6405-6

Ⅰ.①城… Ⅱ.①侯… Ⅲ.①城市经济—研究 Ⅳ.①F290

中国版本图书馆 CIP 数据核字（2019）第 032035 号

组稿编辑：胡　茜
责任编辑：胡　茜　张玉珠
责任印制：黄章平
责任校对：王淑卿

出版发行：经济管理出版社
（北京市海淀区北蜂窝 8 号中雅大厦 A 座 11 层　100038）
网　　址：www.E-mp.com.cn
电　　话：（010）51915602
印　　刷：三河市延风印装有限公司
经　　销：新华书店
开　　本：720mm×1000mm /16
印　　张：22
字　　数：395 千字
版　　次：2019 年 5 月第 1 版　2019 年 5 月第 1 次印刷
书　　号：ISBN 978-7-5096-6405-6
定　　价：68.00 元

·版权所有　翻印必究·

凡购本社图书，如有印装错误，由本社读者服务部负责调换。
联系地址：北京阜外月坛北小街 2 号
电话：（010）68022974　邮编：100836

序

我国经济的高速发展伴随着城市化的快速推进，现在我国城市化水平已经达到了一个崭新的阶段。我国的城市化又有别于西方国家的城市化，那就是很多新产业涌现，并且导致产业结构被推进到一个新的高度，所以，研究城市前沿经济，探讨其规律和趋势，是一个富有挑战性和创新性的工作。

在《城市发展前沿问题研究》一书的基础上，我们做窄化研究，确立了《城市经济前沿问题研究》这一题目，全书分为六篇，由我和我指导的博士生、硕士生共同完成。其中，第一篇为时间经济，主要探讨时间价值、时间集约及城市"快"经济等，该篇由硕士生陈文慧执笔；第二篇为信息经济，主要研究信息价值、信息价值的评估及知识产权保护等，该篇由工信部王远桂博士执笔；第三篇为文化经济，主要研究文化价值，特别是理念价值，进而延伸为经济和文明程度的挂钩，并探讨了文化产业的发展定位等，该篇由本人执笔；第四篇为知识经济，主要研究知识价值、知识和经济发展的关系以及人才对地区和城市发展的影响等，该篇由硕士生刘源执笔；第五篇为生态经济，主要研究生态环境价值、生态保护、生态补偿及环保产业等，该篇由博士生杨阳执笔；第六篇为特色经济，主要研究特色产业的发展原理以及我国特色小镇的发展情况等，该篇由博士生廖敬文执笔。

该书写作历时一年，我们课题组每月做一次集中研讨，写作本着一条红线、极致深入、横贯中西、契合现实的原则，六篇基本按统一模板同时完成。工作是艰辛的，疏漏与不足之处在所难免，因此，以后我们还要做进一步的研究。

特别需要说明的是：该书作为《城市发展前沿问题研究》的姊妹篇，其出版得到中国人民大学应用经济学院院长郑新业教授的高度关注和大力支持,在此深表谢意!另外,经济管理出版社胡茜副主任对此书的出版也给予了无私帮助,在此深表感谢!

愿此书的出版能为我国城市化问题研究进一步添砖加瓦。

以此为序。

中国人民大学应用经济学院　侯景新

2018 年 9 月 1 日于中国人民大学明德楼

目 录

第一篇 时间经济

第一章 时间经济的概念界定及理论综述 ································ 003
第一节 什么是时间经济 ·· 003
第二节 时间经济学的发展 ··· 005

第二章 时间价值 ·· 010
第一节 时间价值概述 ·· 010
第二节 时间价值的特征 ·· 013
第三节 时间价值的影响因素 ·· 017
第四节 如何提高时间价值或促使其货币化 ························· 021

第三章 城市"快经济" ·· 025
第一节 城市行业发展之"快" ··· 026
第二节 城市管理之"快" ·· 040
第三节 时间经济——"快"与"慢"的思考 ····················· 047

第四章 时间的节约 ··· 049
第一节 个人的时间节约 ·· 049
第二节 城市的时间节约 ·· 052

第二篇 信息经济

第五章 信息价值研究综述及相关理论 ···································· 057
第一节 信息价值研究综述 ··· 058
第二节 信息价值相关理论 ··· 060

第六章　信息价值的评估及其对城市发展的影响 …… 069
第一节　信息价值的评估 …… 069
第二节　信息价值对城市发展带来的影响 …… 075

第三篇　文化经济

第七章　文化价值的分层梳理 …… 093
第一节　文化价值的概念 …… 093
第二节　文化的分层划类 …… 095
第三节　文化价值的解剖判断 …… 100
第四节　文化价值的至简原理 …… 115

第八章　文化产业的解剖定位 …… 120
第一节　文化产业的概念及分类 …… 120
第二节　文化产业的发展定位及发展模式 …… 124

第四篇　知识经济

第九章　知识经济概述 …… 135
第一节　知识经济的概念 …… 135
第二节　知识经济特征 …… 136
第三节　知识经济的现实意义 …… 139

第十章　知识经济理论体系 …… 144
第一节　新经济增长与创新增长 …… 144
第二节　明瑟尔人力资本收益率 …… 145
第三节　知识价值论 …… 149
第四节　知识价值链模型 …… 151
第五节　知识经济水平测度模型 …… 155
第六节　基于知识水平测度的知识贡献测度模型 …… 159

第十一章　我国知识经济发展状况分析 …… 162
第一节　中国知识经济基本状况 …… 162
第二节　我国知识经济情况的实证分析 …… 173

第十二章　国内城市知识经济发展的前沿动态 …… 184
第一节　城市引发抢人大战 …… 184
第二节　学生课外教育产业扩张迅速 …… 191

第三节 再教育成为社会焦点 ……………………………………… 193

第五篇　生态经济

第十三章　生态经济的内涵 ……………………………………… 199
第一节　生态经济学 ……………………………………………… 199
第二节　城市生态经济学 ………………………………………… 203
第三节　相关文献综述 …………………………………………… 217

第十四章　我国城市生态经济发展现状分析 ……………………… 221
第一节　城市生态问题现状 ……………………………………… 221
第二节　城市能源消费利用状况 ………………………………… 227
第三节　生态城市的建设 ………………………………………… 229

第十五章　城市生态可持续发展测度——生态足迹模型 ………… 235
第一节　我国生态足迹发展状况 ………………………………… 235
第二节　生态足迹模型的意义 …………………………………… 237
第三节　基于生态足迹模型的我国主要大城市可持续发展测度 … 238
第四节　城市可持续发展政策建议 ……………………………… 252

第十六章　城市循环经济 …………………………………………… 255
第一节　我国的循环经济发展 …………………………………… 256
第二节　循环经济指标体系 ……………………………………… 260
第三节　城市循环经济效率评价 ………………………………… 266
第四节　国外循环经济案例 ……………………………………… 275
第五节　循环经济发展政策建议 ………………………………… 278

第十七章　城市生态产业 …………………………………………… 280
第一节　生态都市农业 …………………………………………… 281
第二节　生态工业 ………………………………………………… 285
第三节　生态服务业 ……………………………………………… 288
第四节　绿色创新产业 …………………………………………… 295

第六篇　特色经济

第十八章　特色经济的概念界定与空间形态 ……………………… 301
第一节　特色经济的概念 ………………………………………… 301
第二节　不同空间形态的特色经济 ……………………………… 303

第十九章 特色经济的理论阐释及文献综述 …… 309
第一节 特色经济的理论支撑 …… 309
第二节 特色经济的文献综述 …… 315

第二十章 特色小镇研究 …… 322
第一节 特色小镇的定义 …… 322
第二节 国家级特色小镇的发展现状分析 …… 323
第三节 国家级特色小镇评选标准 …… 327
第四节 国家级特色小镇案例分析 …… 329

参考文献 …… 334

第一篇　时间经济

自古以来时间的宝贵性不言而喻，正所谓"一寸光阴一寸金"。时间之所以这么重要，正是因为它的价值属性。时间是有价值的，因为人们创造财富必须要消耗时间，且对于不同的客体，其单位时间所创造的价值又有很大的差异。因此要研究时间，节约时间，不断提高时间的利用效率，这些都是非常重要的工作。

城市发展的每一处都渗透着时间经济的语言。交通工具的提速节省了人们的出行时间，支付宝的出现节约了人们支付的时间，淘宝的使用减少了人们外出购买的时间，而城市"快"经济的经营者和受益者也正涉及我们每个人。因此，城市的快速发展使时间成为一个主导要素。

本篇研究安排如下：第一章以"时间"作为引入点，界定时间经济学的概念并对其发展历程进行概述。第二章对时间价值进行剖析，探讨其特征及其影响因素。第三章将以城市"快经济"为主题，分析时间经济在城市发展中的体现和应用。第四章在前面章节的基础上，总结个人和城市进行时间节约和管理的方法，并倡导城市和个人合理利用时间，促进时间价值最大化。

第一章

时间经济的概念界定及理论综述

子在川上曰:"逝者如斯夫!不舍昼夜。"恩格斯曾经指出:"一切存在的基本形式是时间和空间,时间以外的存在和空间以外的存在,同样是非常荒诞的事情。"高尔基曾说过:"世界上最快而又最慢,最长而又最短,最平凡而又最珍贵,最容易被忽视而又最令人后悔的就是时间。"自古以来时间的重要性不言而喻,那么当"时间"和"经济"结合在一起,又会产生什么样的"火花"呢?

第一节 什么是时间经济

一、时间

有人说,时间是永恒的,时间会证明一切。爱因斯坦的相对论认为,当你的速度小于光速时,时间会一分一秒地流逝;当你的速度大于光速时,时间会倒流;当你的速度等于光速时,时间会不再改变,一直停留在那里。时间似乎看起来是无限的,但是地球是有寿命的,有科学家推测,太阳还有50亿年寿命,到时太阳会变成红巨星,这时太阳不会再发热,没有了热源,地球一切就终结了,会变成一颗寒冷的冰球。到那时,纵然时间维度依然存在,由于没有了人的存在,这时的时间就不再具备某些价值属性。所以,人类的存在才使得时间存在了某种价值。

一直以来,"时间就是金钱"的理念深深地影响着人们的生活。我们每个人每天都在"与时间赛跑",但是也总会感叹时间的拮据和岁月的无情。一切活动都离不开时间,一切事物都需要接受时间的洗礼。年、月、日、时、分、秒……我们每天都在对时间做着划分、统筹和安排。党的十九大报告指出,"从二〇二〇年到本世纪中叶可以分两个阶段来安排。第一个阶段,从二〇二〇年到二〇三五年,在全面建成小康社会的基础上,再奋斗十五年,基本实现社会主义现代化","第二个阶段,从二〇三五年到本世纪中叶,在基本实现现代化的基础上,再奋斗十五年,把我国建成富强民主文明和谐美丽的社会主义现代化强国"。从古至今,时间的重要程度不言而喻,在实现中华民族伟大复兴的过程中,"时间"的地位更是举足轻重。

时间就是"金钱",所以我们要节约、合理安排和利用时间。人类的很多发明进步都是为了节约时间,例如电话、汽车、电梯的发明。那么时间经济又是什么呢?20世纪80年代开始,在我国生产力发展水平严重落后于发达国家的背景下,我国的一些学者们开始强调"时间"的重要性,对时间经济展开研究。1989年刘世佳和熊映梧一同编著了《时间经济》一书,该书强调在现代经济建设中,要正确认识和把握时间经济规律,正确地认识、有效地运用和管理时间,这将有助于社会主义现代化建设的早日实现。有学者评论称该书为我国时间经济学的创立和发展进行了有益的探索,具有令人耳目一新的特点。

屈炳祥在1999年发表的一篇文章中对时间经济学的定义进行了阐释:时间经济学,是一门以时间为研究对象、揭示时间的经济价值和运动规律,帮助人们寻求提高时间的使用效率和经济效益的途径与方式,促进社会经济增长的专门经济学。知名媒体人罗振宇提出过一个概念叫"国民总时间"(Gross Domestic Time,GDT)。他认为,在可见的未来,时间是绝对刚性约束的资源,一分一秒也多不出来。他提出时间是有限的,因此也会带来商业上的巨变。在未来,商机从空间转向时间,时间会成为商业的终极战场,消费者花的不仅仅是钱,而且也是他们为每一次消费所支付的时间。

二、时间经济学

研究时间经济学首先需要定义时间价值。时间价值是个人在单位时间内所能创造的经济价值或效益,它强调的是一种价值创造的能力,其大小在很大程度上受个人能力的影响但又不局限于个人能力。并且,时间价值具有一定的抽象属性，它不等同于最终实际创造出来的价值。结合时间价值的含义及相关研究，我们可以分别从微观角度和宏观角度对时间经济学做如下定义：从微观角度来看，时间经济就是个人在形成一定能力的基础上通过安排、利用自己的时间来创造价值的经济。从宏观角度来看，时间经济可以看作将时间纳入经济活动中，考虑时间利用对经济效益的影响，并通过对时间的合理安排、分配和节约以实现效益最大化的经济。

第二节 时间经济学的发展

随着人文社会的发展，经济学蓬勃发展，在这个过程中产生了众多学科分支。但是目前关于时间经济学的研究相对比较缺乏。纵观历史，时间经济的发展最先集中体现在马克思的经济理论中，不过这里的时间经济还没有形成独立的体系，而是作为马克思劳动价值论内容的一部分，他所讲的"时间"是资本主义剥削下工人为资本家生产剩余价值的劳动时间，马克思要用这个时间衡量劳动力的价值、剩余价值以及劳动者创造的价值，从这个角度来说，这里的时间经济比较狭义，不能全面地覆盖经济社会的各个方面。此后，随着对生产效率重视度的提高，人们更加注重对"时间"的研究，时间经济在近现代又得到了一定的发展，这在西方经济学理论中有所体现。但需要明确的是，目前较为完善的时间经济学理论体系仍尚未形成。

一、政治经济学有关理论

在哲学视域下的社会发展观认为，从总体上来看，社会发展过程中存在三种经济形态：自然经济、商品经济、时间经济。从经济思想史上看，时间问题是经济学理论中普遍涉及的。但真正将时间纳入经济分析中的是马克思。早在一百多年前，马克思在《政治经济学批判大纲（草稿）》中有这样一段精辟的论述："以集体生产为前提，时间规定当然照旧保有其本质的意义。社会为生产小麦家畜等等所需要的时间越少，它对于其他生产，不论是物质生产或精神的生产所获得的时间便越多。和单一的个人一样，社会发展、社会享乐以及社会活动的全面性，都决定于时间的节约。一切经济最后都归结为时间经济。正像单个的人必须正确地分配他的时间，才能达到一种符合其全部需要的生产。因此，时间经济以及有计划地分配劳动时间于不同的生产部门，仍然是以集体为基础的社会首要的经济规律。甚至可以说这是程度极高的经济规律。"①

马克思的劳动价值论指出，商品的价值由生产商品的社会必要劳动时间所决定，商品的交换以该价值为基础实行等价交换。也就是说，马克思的剩余价值学说就是以对时间的分析为基础的。但是，马克思的时间经济分析仅仅局限于对价值和剩余价值的分析，本质上是研究在资本主义经济背景下，资本家如何对工人进行剥削以获得剩余价值。

二、西方经济学有关理论

在西方经济学中，"资源的稀缺性""供给""需求""均衡"等都是在时间经济问题的范畴内。加里·斯坦利·贝克尔（美国）在"时间价值"理论方面做出了杰出的贡献。贝克尔对现代经济学的突出贡献体现在对"时间价值"概念的引入，通过时间价值分析，经济学关于"经济人"的假定被大大扩展了，经济理性不仅在货币支出的行为中，而且在人类花费时间的一切行为中发挥作用。这样，经济学领域就被拓展成了人类行为学。

根据贝克尔之见，所谓时间价值，等于个人把某段时间用于工作时，它能为之带来的额外货币收入。举例来说，当人们花 4 小时看电视而不去工作挣钱时，他便"损失了" 4 小时的工资。这里，人们宁肯待在屋中借电视消磨时光也不去工作，显然是因为他们认为这样做的效用或好处相对于 4 小时的工资而言更大。

贝克尔对现代经济学的开创性贡献始于 1964 年《人力资本》和 1965 年《时间分配论》两篇论著的发表，这两篇论著标志着他与传统消费者理论的决裂，新"经济人"的形象得以建立。由于引入了时间价值的分析，新的"经济人"有三种不同于传统"经济人"的鲜明特点，可总结为：

第一，从静态"经济人"到动态"经济人"。传统的消费者更倾向于关心眼前利益，只关注当前的收入对眼前消费水平的影响，而不关心或者很少关心未来收入对当前消费水平的影响。而"新消费者"因为时间价值的引入，不仅以眼前的货币或者收入水平为参考，而且对不同的时间做出选择，考虑使其一段时间内获得的满足极大化。在贝克尔的时间经济理论中，"经济人"不再是静态的，

---

① 马克思：《政治经济学批判大纲（草稿）》，人民出版社 1975 年版。

而是动态的。显然，这种条件下的"经济人"更加理性，贝克尔的理论在解释时间经济理论的同时也丰富了西方经济学的"经济人"假说。

第二，从被动的"经济人"到主动的"经济人"。在传统消费理论中，一组物品或服务的选择被看作最终消费行为。在这种理论中，消费者根据自己的货币收入和市场价格水平来购买物品，消费者需要的是物品本身。而贝克尔的消费者理论则认为，消费者购买的不是物品而是物品所带来的效用。如购买面包，实际上购买的是享用面包时味觉的满足感以及享用过后的饱腹感，这些感觉是效用。此时，物品只是人们从中产生满足的工具和形式，消费者的购买行为更加主动，因为他们明确自己所需要的效用，然后就会根据这种需求主动而积极地寻找对应的消费品。

第三，从货币"经济人"到非货币"经济人"。在传统的经济理论中，更多地会用"货币"来衡量各种价值。然而，人类的活动不仅限于市场，"经济人"虽然和市场的联系密切，但他首先存在于社会这个庞大而复杂的体系中，受制于一定的社会关系和社会制度，追求权利、爱情、荣誉、宗教信仰等活动，而这些类似的活动，我们无法或者比较困难对其进行衡量。而通过"时间价值"的引入，这些都可以纳入经济分析中去。只要不把利益仅仅看成是从市场上获得的货币，而将其扩展到所有人类的效用，那么，"经济人"的"有理性、会算计、追求最大化"的假设仍然成立，人们花费时间从事的各种活动对消费者来说边际效用相等。

可见，贝克尔对时间经济学的发展作出了巨大的贡献。其时间经济理论的最大特征就是更注重对时间的拥有者和支配者进行研究，强调人们"使用"时间的主观意愿，从这里我们可以看出，时间经济学和行为经济学联系紧密。

虽然在整个理论和思维方式上，马克思与贝克尔区别很大，相比较而言，贝克尔的时间经济理论和我们期望研究的理论更为接近，但仅就把时间作为衡量价值的尺度，并且点明时间就是价值这一点而言，他们是不谋而合的。

三、其他研究综述

我国学者对时间经济的研究主要还是依托马克思的劳动价值论。屈炳祥（1999）指出，《资本论》不仅揭示了作为经济范畴的时间的本质特征及其内在矛盾与运动规律，而且还揭示了与这一范畴相关的经济意义与经济价值，并且还为人们探索出了若干节约时间、提高时间经济效益的途径与方法。因此，他认为《资本论》是一部真正的时间经济学经典。

尽管很多研究以马克思理论为基础，但从时间经济角度出发，不同学者的具体观点存在差别。

首先，关于时间经济与商品经济的关系方面。胡德巧（1998）认为，在未来社会中高于商品经济的经济形态应是时间经济，而不是产品经济，也不是计划经济。但是他所研究的时间经济是以马克思时间经济理论为基础的。因为他指出，时间经济，就是直接用时间来表现产品中所包含的劳动。当我们的社会达到时间经济阶段时，商品的价值可以直接用其中消耗的时间来衡量，或者说可以用时间来代替价值。比如，劳动者需要耗费 1 小时的时间来生产一个杯子，那么，我们可以直接说这个杯子是 1 个工作小时，而不能说这个杯子是 1 工作小时的价值。在他看来，时间经济是一个独特的概念，它和商品经济的劳动时间概念根本不同，时间经济是对商品经济的根本否定。但也有观点认为，商品流通经济是时间经济、空间经济的关联度经济。黄新生、赵晓文（2006）认为，商品流通时间经济的本质要求，是实现商品从生产领域向消费领域转移过程中的时间节约。

其次，是关于时间经济和空间经济的关系方面。曹智英、陈俨（1991）认为，从特定角度分析，人类的经济活动可归结为对两种效益的追求：时间经济效益与空间经济效益。时间经济效益在追求一定经济成果时强调时间的节约，空间经济效益则要求当经济成果为一定时，将空间的使用量控制在最小限度。虽然时间经济效益和空间经济效益存在较大差别，但它们之间是可以互相转化、互相渗透的。

一些学者已经意识到时间对人生阶段的意义。温端云（1985）将人的一生划分为三个阶段，即青少年期、中年期和晚年期。在不同的发展时期，人们的工作和任务侧重点各不相同。因此要充分认识各个时期的特点，以及时间对于他们的意义。进一步来讲，对人生阶段的划分绝不只是一个生理学意义上的问题，也会涉及社会经济的发展与人类的进步。

时间是有价值的，王传松认为，时间因素在经济中具有五种身份、五个不同层次的含义：承载之舟、衡量器、管理工具、稀缺资源和内在参量。对于个人来说，如何衡量人的时间价值呢？吴燕华（2015）选择用投入法估算了家务劳动的时间经济价值，对杭州四个地区的农村和城镇居民进行了家务劳动时间调查，发现在家务劳动的投入时间上，农村居民大于城镇居民的活动是一般家务劳动和照顾小孩，农村居民要比城镇居民分别多花费 8 分钟和 44 分钟，而城镇居民花费时间多于农村居民的活动是照顾成年人和购物，平均每天花费时间分别高于农村居民 14 分钟和 13 分钟。

可见，目前关于时间经济的最新研究比较匮乏，已有研究并不能对时间经济进行全面的、综合的分析。不仅如此，在涉及个人对时间利用方面仍缺乏相关的数据信息。国家统计局仅在 2008 年对北京、河北、黑龙江、浙江、安徽、河南、广东、四川、云南、甘肃 10 个省市共 234 个市县（区）约 18000 个家庭进行了第一次全面的时间使用调查。因此，有必要推进时间经济研究，建立健全科学的时间使用调查制度。本书将在已有研究的基础上，结合当前实际，对时间经济学进行较为系统的分析研究。

四、时间经济的研究意义

由于现有的关于时间经济学的研究较为匮乏，并且已有研究并未对时间经济学进行较为系统全面的分析整合，所以目前学术界对于时间经济学还未有较为权威的理论研究。本书将在前人研究的基础上，对时间经济学进行较为深入的研究，其重要的意义主要体现在以下几个方面：

首先，从经济角度来看，经济发展的总载体可以看作为时间。时间经济虽然相对抽象和概括，涵盖范围较为广泛，但它本质上是一种经济形式，能够作用于不同的经济主体，通过影响各类经济活动来影响经济效益和水平。所以研究时间经济有利于激励经济主体节约时间，提高效率，增加经济效益。

其次，从政治角度来看，对时间经济的研究不仅有利于政府提高行政效率，也有利于使政府制定的经济发展政策更能适应经济发展的要求。

再次，从社会角度来看，时间经济的研究不仅扩大了经济学的研究范围，也有利于激励人们节约时间，合理分配时间，不断提高自身的时间价值，促进社会时间利用效率的提高。

最后，从人文社会科学理论角度来看，时间经济学是经济学的重要分支，由于它和行为经济学、劳动经济学、管理学、心理学等学科相互联系和渗透，所以对时间经济的研究有利于促进社会科学分支的融合，有助于各学科相互借鉴，进而不断实现自身的发展和完善。

第二章
时间价值

"价值"一词对于我们来说并不陌生。经济学的研究离不开"价值"。马克思政治经济学中强调了商品的价值和使用价值。而我们在日常生活中也会接触到各种有"价值"的物品并且每天都在创造各种"价值"。但对于时间来说，我们可能仅仅意识到的是时间的宝贵性而非价值性本身，更无法或者很难对时间的价值进行衡量。时间的价值是时间经济学的核心，研究时间经济学首先要对时间价值进行分析。

第一节 时间价值概述

一、时间价值的含义

时间是有价值的，时间经济的实质在于时间的价值。我们可能更多地会在金融领域体会到时间价值。在金融学中，"时间价值"是一个重要的内容。只要我们活在时间的长河里，就一定会和金融发生关系，这被很多人看作金融的第一定理——时间的价值。所以在金融学中，"时间就是金钱"是客观存在的事实，因为金融工具会将时间变成金钱。时间的价值体现在：现在的物品通常比同一类或同一数目的未来物品更有价值。为什么人们会如此低估未来的需要呢？在庞巴维克看来，是由于人们大多缺乏想象力，由于人们在意志上有缺陷而无法抗拒现在欲望的诱惑，由于人们无法确定地知道自己生命的长短，所以使得现在的物品比未来的物品更为优越——前者可能使人们在未来获得更多的物品。

我们平常经常会感叹"时间就是金钱"，但并不理解其中的经济学或金融学的理论依据。时间在这里被量化成了具体的金钱，这就是金融里最基础，也是最重要的一个概念，即"货币的时间价值"（Time Value of Money）。货币的时间价值主要通过折现来体现。折现即将未来的某笔收入按照一定的折现率折合成现在的或者特定时期的收入。也就是今天的 100 元值钱还是明天的 100 元值钱？一般来讲，因为通货膨胀的存在，现在的 100 元会比以后的 100 元要价值高，因为以后某天的 100 元会因折现而小于现在的 100 元。可见，时间赋予财富以"力量"，这种力量使时间得到了深度的"加工"，最后会变成完完全全不一样的时间价值。

所以说，"时间就是金钱""一寸光阴一寸金"都是客观存在的事实。古代的人们只是模糊地意识到时间的重要性以及其"魔力"所在。随着经济社会的发展，经济学和金融学理论逐渐对时间价值有了更为深刻的理解。有人将"时间"看作一种原料，丰富的金融工具把这种时间维度里面的风险全部暴露了出来，然后对这种"原料"进行加工，做成不同的产品。用金融术语来说，金融本身就是为时间定价的过程，而做出金融决策去购买金融产品的人，就是购买了不同的未来价值。

值得注意的是，上面所讲的时间价值具有一定的局限性，或者说这种时间价值是金融领域的时间价值。因为它更多的是考虑"货币的时间价值"，没有将时间价值一般化，真正变成"人的时间价值"。虽然"人的时间价值"最终需要通过货币来体现，但作为时间的主体，人利用时间创造价值的过程是较为复杂的，所以"货币的时间价值"并不能等同于"人的时间价值"。不过，金融学上的时间价值对我们研究"人的时间价值"存在借鉴作用，毕竟我们对于时间价值的衡量更多的还是将其进行"货币化"，通过货币等金融工具来衡量时间价值的大小。"人"是经济发展的主体，同时也是时间的所有者和支配者。一个人对时间的组织、安排和使用将会直接或间接地影响时间的价值和最终的经济效用和收益。所以本书主要研究人的时间价值。

时间本身是匀质的，即时间具有匀质性特征。但由于个人能力以及对时间利用方式的主观差别，时间价值会呈现出一定的差别。现在我们可能会更多地关注时间的重要性，强调要节约时间，但对于时间价值的表述、衡量以及从价值角度对如何节约时间未进行系统的研究。

贝克尔的时间经济理论特点之一在于从"货币经济人"到"非货币经济

人",强调人们在整个经济社会体系中的收获。这里的收获可以是货币收入,也可以是社会地位的获得、人生价值的实现等。在这里我们需要区分一下"人的价值"和"人的时间价值"。

"人的时间价值"在一定程度上是社会认同的体现。"人的个人价值"是指个人或社会在生产、生活中为满足个人需要所做的发现、创造,是个人自我发展及社会对于个人发展的贡献。其中包括"个人的个人价值"与"社会的个人价值",分别为不同主体对于个人所具有的自由贡献。"个人价值"和"人的时间价值"密切相关。一方面,两者相互联系。首先,"个人价值"和"人的时间价值"都属于"人的价值"的范畴,在一定程度上会受到相同因素的影响。其次,正是由于人的时间具有一定的价值,个人在花费时间展现这种价值的过程中,会逐渐积累形成"个人价值"。另一方面,两者相互区别。"人的时间价值"强调的是一种对时间运用带来的经济价值或效益,"个人价值"更强调在经济、生活和情感等方面的实现和主观获得感、满足感,可见,相比较而言,"人的时间价值"更强调物质层面。

二、时间价值的相关计算

(一)时间价值的衡量

时间价值是一种价值,尽管它具有抽象性,我们仍然可以通过一些指标的计算来大致衡量时间价值的大小。英国一位教授发明了一个公式,能够帮助人们精确地计算出自己的时间价值,这个公式是 $V = [W(100 - T)/100]/C$,其中,V 代表一小时的价值;W 是一个人的时薪;T 是税率;C 是当地生活花费。

据此公式,对英国男士而言,一分钟的价值平均超过10便士,女士则是8便士多一点。知道了自己每小时的价值,就能决定到底自己做饭还是叫外卖,出门坐公交车还是打车。如A教授,每年的工资是25000英镑,那么,他一小时的价值是6.44英镑。需要指出的是,这是A教授任何一个小时的价值,而不是只指其工作时间的一小时。如此,A教授做一顿饭要花掉10英镑的时间,加上原材料以及饭后洗涮时间,他自己做一顿饭要比叫外卖贵得多,所以自己做饭不合算;同样,A教授出门坐出租车比坐公交车要合算。一般说来,如果你的工作技术含量比较低,你每小时的价值也会较低,选择自己做饭和坐公交车就比较合适。

众所周知,在金融学领域中,货币是有价值的,货币随着时间的推移而发生的增值,是资金周转使用后的增值额,也称为资金时间价值。货币时间价值计算比较复杂，要涉及单利、复利、名义利率和实际利率等要素，在这里我们便不详细说明货币时间价值的计算方法。

（二）时间成本的衡量

时间价值体现一个人在单位时间内所能创造的价值。这说明，在一定的时间段内，一个人的时间价值是相对稳定的。例如，一名工程师每小时的时间价值（以每小时的工资来衡量）为300元，那么他每一小时的价值都是300元，不会因他在做什么而改变，因为时间价值强调的是单位时间所"能够"创造的价值，有时时间价值实实在在地转化为了货币，而有时时间价值衡量的只是一种"理想状态"或者"假设"，没有真正通过货币来体现。

所以，和时间价值相对应，我们可以引入"时间成本"这个概念。时间成本可以定义为由于个人的时间安排所带来的机会成本，我们可以将它看作是一种"损失"，或是已经发生，或是潜在的。时间成本可正可负，在计算上可以等于时间价值和实际已经创造出的价值之差。当时间成本为正时，表示实际创造的价值小于时间价值；当时间成本为负时，表示实际创造的价值大于时间价值。继续沿用上一个例子，假设工程师有一天的自由支配时间可供安排，一种可能是他会选择不工作，在家休息或者出去旅行，假设他休息时没有报酬，那么此时他的时间成本等于300元，我们可以将300元看作机会成本，是一种损失；另一种可能是他选择去公司继续完成没有做完的工作，此时他是有报酬的，假设报酬为400元，那么他的时间成本为负100元，即此时他的净收益为100元。对于带薪休假的人群来说，原理是一样的。

第二节 时间价值的特征

时间价值本身具有一些特征。它不仅具备时间的一些特征，也涵盖了价值本身所具有的一些特性，更多地，因为时间价值体现的是"人"的时间价值，所以要受到人本身特性的影响。概括地说，时间价值具有抽象性、差异性、阶段性等特征。

第一，时间价值具有抽象性和依赖性。时间是物理学中的七个基本物理量（长度、时间、质量、热力学温度、电流单位、光强度、物质的量）之一，符号为 t。时间是物质的运动、变化的持续性、顺序性的表现。一提到时间价值，很多人都会想，时间怎么还会有价值呢？的确，时间价值这个概念是相对抽象的，因此没有在我们的大脑中形成这种意识。时间价值的抽象性主要体现在以下几个方面：首先，时间的价值不像其他产品和服务的价值一样，可以直接通过货币来体现。比如市场中一瓶矿泉水的价值为 2 元，2 元是它的明码标价，那么我们可以直接说水的价值是 2 元，这个 2 元的价值是我们能感受到的，因为在消费这瓶矿泉水时，我们会不自觉地意识到它之所以有价值，是因为在生产中凝结了人类劳动。但扩展到时间的价值，马克思的这种价值论就不是那么明显。这是由于时间本身的抽象特质，即时间本身看起来似乎并没有什么价值，因为按照价值的形成理论，时间本身并没有凝结无差别的一般人类劳动，甚至都不是人类创造的。但实际上，时间的确是有价值的，准确地说，这是"人的时间的价值"。即时间具有价值完全是因为人的一些特性，人们利用时间来从事可以创造价值的活动，当经济效益产生之后，时间的价值也就表现出来。其次，对时间价值的衡量方法也是比较模糊的，我们通常用劳动报酬大小来表示时间价值，然而在很多情况下，时间价值和劳动报酬水平并不能等价，经常地，时间价值远远大于劳动报酬水平，即价值的一部分无法通过货币表现。例如，一位教授在课堂上讲课 1 小时，获得劳动报酬 100 元，但是我们可以直接说他的时间价值就是 100 元吗？很多时候是不能的。因为这位老师可能还会由于对讲台的热爱以及学生的认同而获得心理上的满足感，这种满足感是无法用货币来衡量的。再比如，有的人热心公益，选择将自己几乎所有的时间投身于志愿活动，甚至放弃了自己的工作，失去了收入。这时，难道我们可以说他的时间没有价值吗？显然不能，正如行为经济学所强调的，人类是感性动物，甚至可以说，在很多时候，人类都处在非理性状态。所以在传统经济学理论中担任重要"角色"的"价值"就会"黯然失色"，不能更好地反映时间的价值。所以从这两个角度来看，时间价值具有一定的抽象性和模糊性。

第二，时间价值具有差异性，即不同的人具有不同的时间价值，这种差异性可以体现于多个空间维度。例如，农村和城市之间、四大板块之间。以农村和城市为例。农村地区、落后地区的人们主要将时间用在农业生产上，由于农业产值较低，因此农民每单位时间的价值相对较小。并且，受季节性、周期性等农业生产特性的影响，农民在一年的农业生产中会有大量的闲暇时间。在闲暇时，他们更倾向开展一些娱乐活动以消遣时间，如玩牌、打麻将等几乎不带来价值的活动。即使农闲时期他们选择务工，由于个人知识技术水平所限，利用时间所能创造的价值也是有限的。相对地，在城市中，人们每天主要从事一些经济效益较大、科技含量较高、对知识技术水平要求较为严格的工作，工作时间占据了个人时间很大的比例。面对快速的生活和工作节奏，个人素质的不同会在很大程度上影响个人时间安排。例如，一位公司白领可以选择将其闲暇时间做如下安排。一种是选择放松消遣，如游山玩水，此时他的时间价值相对较低，最多只有所谓"带薪休假"制度下的薪酬那么多。反之，如果他选择继续工作，比如加班，或者将时间用于其他工作，如兼职或者进行一些投资活动，那么此时他的时间价值除了包含日常薪酬的价值外，还包括额外创造的价值，所以其单位时间价值就增加了。不仅如此，现实中他们中的很多人也会放弃闲暇时间而选择继续工作，因为在他们看来，自己的时间价值很高，把时间用于闲暇带来的经济损失要大于闲暇所带来的个人效用的增加。时间价值的板块差异体现了区域发展的差距。从总体上看，东部地区人们的时间价值要高于中西部和东北地区，这主要是受到区域整体发展水平的影响。在东部地区，产业发达，经济资源丰富、就业机会众多，发展节奏较快，人们能够创造的价值也相应较多。而对于其他区域来说，由于在经济发展的众多方面要逊色于东部地区，人们单位时间内所能创造的时间价值相对较少。这是由环境来决定的，这种差异可以通过不同地区或者不同城市的人均工资水平来体现。

为什么粉丝可以排队排一天只为见明星十分钟，而明星为什么到场十分钟就可以离开，因为这两者的时间价值本身就不一样。举个具体的例子。马云作为阿里巴巴总裁，单位时间价值很大。如果地上有 100 元，马云不会选择去捡，因为这可能会影响他去创造更大的价值，他捡钱的工夫可能就已经赚了 10000 元或者签订了上亿的合同。福布斯富豪榜在 2015 年 9 月统计，马云总资产是 1329 亿人民币。有人做过相关计算，如果他的钱只是存在银行里，假设有百分之五的利息，他每一秒大概赚 210 元人民币。为了阿里巴巴的发展而全球奔波，马云在 2016 年空中飞行时间达 800 个小时，也就是说一年当中他平均每天在飞机上要待 2 个多小时，按照一天 24 小时来算，马云总共在飞机上度过了一个多月的时间。试想如果没有飞机，那么他要在旅途中花费更多的时间，而在这期间必定会损失巨大的直接或间接经济利益。马云前几年演讲的时候说，自己 50 岁以后退休，过自己喜欢的平淡日子。但现在他把公司交给手下，自己依然为阿里巴巴的全球业务忙碌。这些都可以体现出马云巨大的单位时间价值，所以如果他什么都不做的话，他将会损失巨大的经济价值。从这个例子中我们可以看出，对于高素质的工作者来说，时间具有极大的价值，他们会努力避免不必要的时间浪费，而交通工具尤其是航空运输的发展给他们节省通勤时间创造了条件。

另一个例子是关于我国著名战略科学家黄大年的事迹。黄大年教授是著名地球物理学家，他负责协调和组织管理我国跨部门和跨学科优势技术资源和团队，使我国在超高精密机械和电子技术、纳米和微机电技术、高温和低温超导原理技术、冷原子干涉原理技术、光纤技术和惯性技术等领域取得了最新进展成果并形成了技术能力，首次推动我国快速移动平台探测技术装备研发，攻关技术瓶颈，突破国外技术封锁，是新时代海归科技报国的楷模。不过，大家可能不知道的是，黄大年惜时胜于惜命。他爱吃家乡的米粉，说到吃饭总是希望"要吃得汤汤水水"。可这"汤汤水水"对他而言却是一种时间的浪费，是一种奢侈。在办公室，他总是打包东西到电脑前解决，而食物，不是面包就是玉米。就因为吃煮玉米会滴水浪费时间，他选择吃烤玉米。像黄大年一样，我国很多科学家和一线工作者为了祖国建设，呕心沥血，尽量将节省的时间用于科研，因为他们知道，自己肩挑重任，对于科研来说，每一秒都是关键，因为可能下一秒一个实验就会有结果，一个运算就会得出结论。可见对于这些无私的奉献者来说，时间的价值早已不仅是自己一个人的时间价值，其中融合的是整个国家和社会的重托。

第三，时间价值具有阶段性。现代科学将人的生长发育过程分为胎儿期、婴儿期、幼儿期、少儿期、青春期、成年期和老年期七个基本阶段。而时间的这种阶段性主要体现在社会阶段性和个人阶段性两个方面：一方面，时间价值具有社会历史性，它本质上是受到价值的社会历史性特征的影响。人的时间价值不是孤立存在的，总是要存在于特定的历史阶段，在这个历史阶段中，政治、经济、文化和社会等因素都会影响时间价值的大小。改革开放以前，由于我国经济发展水平相对落后，产业竞争力不强，人的时间价值相对较低。而随着改革开放的进行，我国各种产业成长迅速，就业机会增加，生活水平大幅度提高，个人在单位时间所能创造的价值呈现出几何式的增长。另一方面，人生的不同阶段，一个人的时间价值会随着时间的推移而发生变化，除了社会经济因素外，这种现象主要是受到个人身体状况、能力水平、心理状态等因素的支配。一般来说，在一个人的青少年期，由于他处于人力资本投资的初期阶段，个人能力相对缺乏，个人经验相对不足，时间的价值特性还未体现出来，或者说此时的时间价值很小，不足以对社会产生巨大的影响。随着人力资本投资的进行，知识、经验得到积累和丰富，个人能力得到提升，逐渐开始参与到社会经济活动中去，通过对个人能力的运用来创造经济效益，时间的价值由此以货币的形式直接表现出来，并呈现递增趋势；随着年龄到达一定阶段，时间价值虽然有所增长，但增速下降，所以呈现水平或者缓慢增长。这主要是由于大部分人到达一定的年龄阶段后，时间价值已经到达一个很高的水平，劳动体力、思维活跃度和处理工作的能力会有所下降，并且此时个人潜力已经得到较为充分的挖掘，时间价值趋于饱和，很难再大幅度增长。所以，这个阶段的时间价值增长较为缓慢甚至呈现出水平的增长停滞状态。如图2-1所示：

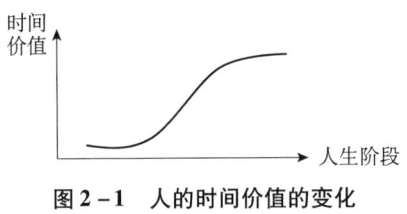

图2-1　人的时间价值的变化

第四，时间价值具有矛盾性。由于每个人的主观条件不同，对时间价值的主观判断也就存在一定的差异，所以我们经常会做一些矛盾的行为。举个例子，尽管从总体上来看网购有利于节省我们的时间，但如果一个人花费了大量的时间去对比不同的商品，去同卖家进行交涉，最终花费的时间甚至超过了去实体店的时间，按理说这种时间的支配方式是不理性的，但是现实情况往往是人们更愿意做这种"无用功"来获得心理上的满足。类似的例子还有近几年比较火的支付宝"集五福"活动。每到过年期间，为了瓜分奖金，我们花费大量时间、精力来"扫五福"，但最后得到的却是平均几块钱。或者我们可能会经常为了几块钱而同淘宝卖家砍价半个小时，难道我们的时间就只值几块钱吗？但是不能否认，很多人乐此不疲，并没有为这种时间的浪费而后悔惋惜。可见，我们在做一件事情时，很多情况下并没有对自己的时间价值进行一个科学的判断，或者说我们经常会忽略我们时间价值的大小，不在乎最终会付出多少时间、多少成本，而在乎通过结果获得的少许满足。由此看来，时间价值存在一定的矛盾性，即单纯以时间价值大小为原则判断人们的行为在很多情况下是行不通的。

第三节　时间价值的影响因素

本书主要探讨"人"的时间价值，故本书所讲的时间经济主要以人为研究对象。以人为研究对象的时间价值，并不排斥政府、企业等社会主体，也不排斥宏观层面的经济学分析。我们是将人放在整个经济社会活动中来考察其时间价值，因为时间价值势必会受到各种因素的影响。

第一，影响时间价值的最根本因素就是个人能力。人的时间价值与个人能力息息相关，如果一个人没有工作的能力，那么他的时间耗费就不会创造价值。并且，能力不同，时间价值也不同。

那么能力又是如何产生的呢？人力资本投资是影响个人能力的最重要因素。个人能力的形成离不开时间的消耗，人力资本投资实质上也是对时间的支出。从这个意义上来说，时间经济价值的形成归根结底来源于人力资本投资。舒尔茨的人力资本理论指出，在影响经济发展的诸多因素中，人的因素是最关键的，经济发展主要取决于人的质量的提高，而不是自然资源的丰瘠或资本的多寡。他强调了人力资本投资对个人发展和经济社会发展的重要性。人力资本投资包括教育投资、培训投资、劳动力流动投资、卫生保健投资和"干中学"投资等形式。通过各种投资形式，个人不断提高自身的思想道德修养和科学文化素养、组织能力、沟通能力、协调能力、分析和处理问题的能力。作为劳动者，在参与经济活动之时，他的劳动、知识、技术、资本、管理经验等要素就可以作为常年积累的产物作用于经济活动，从而产生一定的经济效益。并且，因为人力资本投资程度的不同，随之能够表示的时间价值也就呈现出千差万别。

网上有一种说法：年轻的时候拿时间换金钱，年纪大的时候拿金钱买时间。短期来看，好像是赚了比同龄人更多的工资，但长期来看，是在透支自己的未来。日本作家胜间和代在《时间投资法》中提到，人应该不惜在任何方面投资以创造时间，其中在健康上的投资最为重要。很多人都在感慨，年轻的时候，拿时间换钱不是最佳的奋斗途径，而是应该投资时间来换取时间，否则年老的时候只能拿金钱买时间。这说明了进行人力资本投资的重要性——为未来拥有巨大的时间价值而努力。

由于人力资本投资的方式繁多，而教育投资又是最重要、最普遍的方式。作为人力资本投资的重要形式，教育的发展大大地提高了劳动者的素质，为个人提高自身时间价值创造了条件。教育投入作为经济投入，可以看作是为以后时间价值的形成创造条件，或者说时间价值的形成是对这种人力资本投资形式运用的收益结果。2017年11月，新浪教育发布了《2017中国家庭教育消费白皮书》。数据显示，中国家庭在教育上的消费较多，教育支出占家庭年支出的50%以上。根据调查数据显示，全国学前和中小学教育阶段生均家庭教育支出为8143元，其中农村3936元，城镇1.01万元。分学段来看，不同学段的家庭教育支出也存在一定的差异。调查显示，生均家庭教育支出不仅在城乡之间存在较大差异，在不同地区和城镇内部也存在差异。以义务教育阶段生均家庭教育支出为例，按照东中西地区划分，东北部地区最高，为1.1万元；西部5567元，为东北部的一半左右；东部地区为8657元；中部地区为6382元。在城镇内部，按照一、二、三线城市划分，一线城市为1.68万元，二线城市为1.12万元，其他城市为7037元。实际上，教育支出和工资水平存在一定的关系。不难看出，教育支出较多的城市或地区往往也是工资水平较高的地区。放眼全国，各大城市的平均工资存在较大的差异，这在一定程度上折射出城市中劳动者素质水平的差异。不同素质的劳动者会聚到各大城市，对城市的发展活力带来了影响，经济发展水平各不相同，这反过来也形成了相应的生活和工作环境与条件，对人的时间价值也造成了反向的影响。

第二，职业和岗位也会对一个人的时间价值产生一定的影响。例如，假设A毕业于国内某知名大学，他具备了一定的个人能力，这让他在求职中具有一定的竞争力。但是如果他在找工作的过程中表现得并不是很好，没有得到雇主的认可，或者最终找到的工作不能帮助他最大化地展现个人能力，如果没有可以借以实现的平台，那么他的时间价值在经济学上讲是没有意义的，是不能体现时间经济的。我们每个人在利用时间创造价值时，都必须要以岗位和职业为基础。不同的职业和岗位会为我们提供不同的工作平台、资源和环境，这些因素都是影响时间价值大小的客观因素。这其实不难理解，例如科学家和普通清洁工的工作环境差别很大，职业特点决定了他们各自所创造的经济社会效益差异较大，即他们的时间价值差异较大。而日常生活中我们会面临很多职业和岗位的选择，是选择一个薪酬水平较高但晋升、发展空间较小的职业或岗位还是一个目前薪酬水平较低但未来发展前景良好的职业或岗位？举个极端的例子，B个人能力非常强，如果他将这种能力应用到某个特定的行业或者岗位中，会创造巨大的经济价值，比如说他本来可以成为一位掌握某种生物技术的科学家。但是现在的情况是他并没有成为科学家，反而成为了一名街道保洁者，每天不是忙碌于高端的实验室，不是在各种试验器皿的碰撞中享受实验结果的快乐，而是穿梭于道路间维持清洁，与城市的各种垃圾进行斗争。那么我们只能参考影响时间价值的主观因素，说因为他受到良好的教育、个人能力很强，所以他具有很高的时间价值吗？显然，这种说法并不科学。其实，决定时间价值大小的因素，除了主观因素（如个人能力）外，客观条件也会对时间价值的大小产生至关重要的影响。

第三，对时间的安排会影响时间价值的货币转换。在前面已经指出，一个人的时间价值不仅由能力水平决定，还会受到职业岗位的影响，不论是个人能力还是职业岗位,都向我们说明了一个时间价值的特征,即相对稳定性。即一个人一旦个人能力形成,并且职业和岗位一旦确定,那么他在一定时期内所能创造的价值大小是相对固定的,在一定时期内不会因为时间安排方式的变化而变化。但是,我们可能会有一个疑问:当我们对时间进行安排时,随着时间利用方式的改变,我们的时间价值似乎也产生了改变。例如,一位劳动者可以选择将其闲暇时间做如下安排。一种是选择放松消遣,如游山玩水,此时他没有薪酬。反之,如果他选择继续工作,比如加班,或者将时间用于其他工作,如兼职或者进行一些投资活动,那么此时他就会得到相应的货币报酬。有人说他闲暇时时间价值为零,因为他没有报酬。而加班时他的时间价值为正,因为他的薪酬水平为正。其实这种说法陷入了误区,之所以会产生这种类似的"假象",是没有正确地理解时间价值的含义。时间价值强调的是单位时间所"能够"创造的价值,这种"能够"可以理解为一个人在主观和客观条件下的"能够",一般来说,在能力和职业岗位等因素一定的情况下,它不会因一个人在做什么而改变。但是,我们对于时间的不同安排,却会对时间价值产生影响,但这种影响的方式不是价值的大小本身,而是影响时间价值的货币实现,即时间价值能否转化为货币价值、转化多少。

进一步地,又是什么因素影响我们对时间的安排和利用方式呢?消费者意愿是一个十分重要的因素。我们可以将每个可以支配自身时间的人看作时间的"消费者"。在经济学理论中,消费者意愿会对他们购买某种商品产生重要的影响。同样地,人们在选择安排自己的时间时,会受到心理因素的影响。例如,一位公司高管有2个小时的时间可以自由支配,他不必在办公室里度过这两个小时。但是实际情况是,他很有可能选择继续工作,因为他觉得出去放松两个小时带来的效用小于继续查看资料的效用。也有的人即使面对高额的加班费也不为所动,而是选择好好休息放松,为接下来的工作养精蓄锐。因为他们觉得,加班费用并不足以弥补加班给他们带来的身体上和精神上的损失。这样,货币化的时间价值是存在差别的。而如果是涉及人力资本投资的时间安排,则最终会对时间价值的大小产生影响。例如,有的人善于将眼光放长远,而不仅考虑当前既得利益,愿意在当下利用一定的时间加强对自己人力资本的投资,那么未来他的时间价值很有可能会产生一定的改变。所以,对于我们每个人来说,都有各自对于时间价值的评判标准,这个判断在很大程度上会影响我们安排时间的方式,进而影响时间价值的大小或者是时间价值能否货币化。

正如之前提到的,马云之所以具有巨大的时间价值,不只是因为其超群的管理、组织、协调、决策等能力，也离不开他所在的职业和岗位。进一步地，正是因为他充分利用和合理安排了时间，所以能够将"理论上"的时间价值转化为实实在在的货币价值。如果他像其他人一样将大量闲暇时间白白浪费掉，那么纵然他有卓越的能力和优秀的工作平台与资源，也不能实际创造出现在这样巨大的经济效益。由此可见，对时间安排和利用方式的不同，在一定程度上虽不会改变时间的价值，却会对时间价值的货币转化带来影响。当我们被赋予时间，我们便面临很多对于时间安排的选择。周末是选择继续加班获取高额的加班费还是待在家中休息……我们站在时间的路口处，向左还是向右，呈现出来的时间价值各有不同，有的选择会对我们的时间价值产生决定性的影响，而有的选择虽不会使时间价值发生大的改变，却可能会影响到时间价值的实现，即影响到时间价值的货币化。

第四，宏观条件。时间价值本身是一种"价值"，所以它也会受到经济发展状态和形势的影响。当经济处于繁荣阶段时，一般来说，个人的时间价值也会随之上升。而当经济处于不景气尤其是处于衰退时期时，人们无法利用自身能力来"大展身手"，个人时间价值也会受到一定的影响而呈现出不同程度的降低。此时，由于工资具有"刚性"特征，所以时间价值的降低一般不会通过个人工资来体现（除非被解雇），而是通过其他的收益来体现，因为经济形势较差时，人们能够创造价值的机会就会相应减少，这和需求状况息息相关。所以，宏观经济发展状况等客观条件会影响时间价值的大小。并且，由于当前我们选择实实在在的报酬来衡量时间价值，所以物价、利率、通胀程度甚至汇率等宏观经济因素还会对时间价值的货币化产生影响。

第四节　如何提高时间价值或促使其货币化

影响时间价值的因素有很多，而我们也可以从以下多种方法入手来提高自身的时间价值及推动时间价值实现货币化。

从影响时间价值根本因素的角度来讲。在分析影响时间价值因素时，我们已经指出，人力资本投资对时间价值有着至关重要的作用。一方面，我们应该积极接受教育，争取接受高等教育，不断提高自身能力。另一方面，重视职业技能培训，注重提高劳动生产效率。此外，我们也可以通过健康保健、加强对孩子的培养、进行劳动迁徙等方式进行人力资本投资，从而为个人时间价值的实现提供条件。

从提高时间价值的具体实现形式角度讲。正如马克思剩余价值理论所讲述的，资本家提高剩余价值的方式主要有两种：一种是绝对剩余价值的生产，即绝对地增加工人的劳作时间来生产更多价值。另一种是相对剩余价值生产，即在总工作时间不变的条件下，缩短必要劳动时间，相对延长剩余劳动时间，提高劳动强度来增加剩余价值。虽然马克思的时间价值理论具有特定的时代背景，反映出资本主义制度下的资本剥削关系，并不完全适用于今天我们对时间价值的讨论，但是我们可以据此得到一些启发。比如，关于如何提高个人时间价值。

首先，绝对延长工作时间来增加收入。例如，通过每天同时做几份工作，每天工作十几个小时，将自己可工作的时间排得满满当当。但我们每天拥有的时间是固定的，去掉每天的休息和吃饭时间外，每个人所剩的工作时间寥寥无几。很多人就是利用压缩休息时间的方式来增加自身的时间价值收入。

例如，由于每日工作量会影响到工资水平，出租车司机通常会选择绝对延长工作时间来增加收入。并且，近年来由于滴滴出行等"网约车"的蓬勃发展，传统出租车行业受到了较大的冲击。很多司机表示，"网约车"的兴起使他们每天至少少赚数百元，这样一个月下来也是一笔不小的收入。在这种情况下，出租车司机更加偏向于增加工作时间来弥补竞争力的不足。有人曾做过相关调查，大多数司机每天工作时间都在 10 个小时以上，有的司机为了多拉活往往吃在车上、睡在车上，中午就是一碗炒粉两个面包或者一个 6 元快餐，开车到凌晨三四点是寻常事。他们的这种做法和马克思劳动价值论中绝对剩余价值的生产方式很相似。虽然从当前来看，他们在高收益中得到满足，但从长远看来，这种提高时间价值的做法是不可持续的，也是低效率的。因为在这种情况下，人的健康状况并不能得到很好的保障。或者说，在某种程度上，人们以牺牲未来的时间价值为代价。有调查显示，很多出租车司机均患有不同程度的腰肌劳损、颈椎病、胃病、痔疮等各种疾病，已成为亚健康人群的主要组成部分。"天一热，废气尾气一熏，就头疼。"即便是这样，生了病都扛着，以至于司机猝死的报道层出不穷。可见，这种提高时间价值的方式不仅没有积累效果，更有可能得不偿失。所以，从可持续性角度讲，我们不提倡这种提高时间价值的方式。

其次，相对地提高自身的时间价值。这种方式可以分为三个层次：

第一个层次，比如，与通过增加工作时间来提高时间价值的做法不同，有的人选择对自己进行人力资本投资从而提高自身能力来获取更多更好的工作和晋升机会。例如，很多已经工作的人为适应公司的职位要求或者根据市场的需要，开始学习更多的知识技能，使自己具备更多的能力，从而能在激烈的竞争中获得优势。

2017年5月，北京大学保安"成群逆袭"广受关注。过去20年，北京大学保安队先后有500余名保安考学深造，有的甚至考上研究生之后当上了大学老师。① 不仅是保安，社会中这种例子并不少见。随着"高质量"发展模式的推进，生活和工作压力日益加大，为了在激烈的竞争中寻得一席之地，我们只有不断完善自己，一旦掌握一种或多种技能，我们的时间价值就会呈现成倍数的甚至几何式的增长。

第二个层次，将同一份时间或时间产物出售给更多人。而能做到这一点，关键在于财产权利的行使，尤其是专利权。比如，花费时间写一本书然后出版，这样作者虽然在一定时期内进行高强度的写作，但是书籍出版后就可以持续获得经济效益，或者说他将同一份时间出售给很多人，越多人购买，所体现出的时间价值越大。在书籍售卖过程中，作者并未继续像写书那样付出时间成本来获得收益。类似这样的例子还有很多，比如网上微课视频制作、音乐制作等。这是较高层次的时间价值创造。但是，这个层次时间价值的提升需要财产权利的明晰，对我们的经济和法律制度提出了很高的要求。

第三个层次，最高端的做法：购买别人的时间帮你赚钱。一个人的时间总是有限的，如果事事都需要自己进行，只利用自己的时间创造的价值是十分有限的，所以很多人会利用别人的时间来提高自身的时间价值，企业管理层分工就是一个很好的体现。基层管理，负责一线管理，负责企业的具体生产执行和企业任务的操作。中层管理，负责生产监督、调度、审核、提交建议的权利。高层管理，负责人事任免、监督和督促中层管理任务完成、协调外事活动。每个层级都需要很多劳动者，他们具备不同的能力，各司其职，齐心协力为整个企业的发展而付出。这样，管理者的时间价值可以由下属员工的时间价值进行复杂汇总来体现，并且，管理者级别越高，其时间中所表现出来的价值越高。

马云作为阿里巴巴的领导者，为了公司的运营，需要雇用很多劳动者，从而很多像搜集资料、调研、撰写报告、组织安排日常经营活动等并不需要管理者亲力亲为，所以管理者就能够将时间用在能够创造更大价值的工作上。除了公司内

---

① 新华网：《"逆袭保安"是社会活力充盈的缩影》，http://www.xinhuanet.com/mrdx/2017-05/26/c_136315755.htm，2017年5月26日。

部的员工管理外，外部的经营活动也可以带来经济效益。例如，天猫、淘宝属于阿里巴巴集团，在线的网店经营者众多，网店经营者除了需要交纳一定的保证金外，还需要向阿里巴巴集团交纳一定的商品销售提成。这样，每开一家网店，每完成一笔交易，阿里巴巴集团就能获得一定的收益。在这个过程中，公司会获得别人时间价值的一部分。这种方式是较高级的时间价值创造方式。

最后，尽量做自己喜欢的事。或者说，时间应该被消费在喜欢的事情上。这是影响时间价值的一个主观因素。日本著名作家村上春树在30岁时萌生出了写小说的念头。那时他是一家酒吧的老板，白天卖咖啡，晚上开酒吧，每天营业结束后已是凌晨。闲暇于他来说，珍贵得如同沙漠中的泉水。可是因为喜欢，他把凌晨至天亮的那一段时间用来写作，就坐在厨房的餐桌旁。他所斩获新人奖的处女作《且听风吟》就是这样写出来的。他在写作上所花费的时间，终于给了他丰厚的回报，甚至升华了他的生活。当我们可以把时间用于做自己喜欢的事情时，我们会充分调动自己的积极性和主观能动性，工作效率会有所提升，这有利于我们创造出更大的时间价值。

从狭义上来说，节约时间只是绝对或者机械地减少时间长度。而从广义上来说，节约时间不仅在于时间长度的绝对改变，也在于效率的提升。这个概念可以类比马克思的劳动价值论中的"绝对剩余价值"和"相对剩余价值"。以上列举了一些有助于提高个人时间价值的方式，他们本质是相同的，可以概括为广义上的"节约时间"。如果存在大量的时间浪费，可供利用来创造价值的时间不足，或者不能在利用时间过程中保证一定的效率，反而行事拖沓，那么提高时间的单位价值就会变得困难。在现实生活中，我们有时会浪费大量的时间。例如，过度沉迷于手机等电子设备、早晨赖床、拖延症等，增强时间意识，减少时间浪费是提高时间价值的基础。当我们停滞不前，时间并不会选择等待，所以我们要合理分配时间，充分利用好每一分、每一秒，提高时间利用的效率，进而提高个人时间价值。

第三章
城市"快经济"

时间是有价值的,在日常生活和工作中人们会努力节省时间,以创造更高的时间价值。具有不同时间价值的人们在城市中生活和工作,通过安排和运用时间来"生产"经济效益,经济活动在各自的时间机制下有序开展。随着城镇化的推进,城市中的生活与工作节奏加快,城市对时间的重视程度增加。在这个过程中,各个城市的时间价值也在不断改变,由此构成了城市的"快经济"。城市的"快经济"由密密麻麻的"快"的网络构成,这些网络主要包括交通、通信、物流、互联网等,而这些网络的背后是由城市各大产业的融合带动支撑。

香港城市竞争力研讨会公布了《2017中国快城排行榜》。这项评比采用的是《GN中国快城评价指标体系》,它由包括经济持续平稳快速增长指数,城市交通方便快速指数,城市及城际物流、信息流、人流、资金流快进快出指数,政府办事效率快捷指数,城市就业人群工作、出行、交流相对快节奏指数在内的5项一级指标、23项二级指标、48项三级指标组成。其中,深圳市以总分93.63位列榜首。值得一提的是,深圳在2016年的同项评比中也排名第一。那么深圳的"快"又体现在哪里呢?

深圳有句老话:"西北狼,东北虎,来了深圳都得服。"深圳经济特区发展只有30多年,但是却能成为仅次于"北上广"之后的特大城市,这说明了深圳市巨大的发展潜力和惊人的发展速度。2018年上半年深圳以推进供给侧结构性改革为主线,加快建设社会主义现代化先行区,全市经济运行总体平稳。初步核算并经广东省统计局核定,上半年全市生产总值11009.38亿元,按可比价格计算，比上年同期（下同）增长 8.0%。① 但是，飞快经济发展速度、巨大发展潜力的背后离不开众多高素质人才的朝夕努力。我们可以通过一组数据来体会一下深圳生活和工作的"快"节奏。

"人挤成照片""春运天天见"……深圳的上班族每日上下班，宛若长途迁徙。2016 年 9 月，滴滴联合第一财经商业数据中心发布了《珠三角智能出行大数据报告》，其数据显示，2016 年深圳人均睡眠 7.3 小时，上班族平均每天 8：28 上班，36.9% 的人加班至 21：00 后，白领上班的平均距离为 17.9 公里，上班平均用时 43.5 分钟。

然而，深圳的"快"经济其实只是各大城市发展节奏的一个缩影。城市之"快"已经渗透到我们生活的各个方面，给我们带来便利的同时也带来了很大的挑战。对于个人来说，出门不用带钱包，手机微信、支付宝在哪里都可以支付。打车用滴滴、Uber。饿了么、美团外卖，吃饭不用出门。共享自行车风靡城市……各种新兴工具节省了时间，给人们带来了极大的便利。同时，面临巨大的竞争压力和快速的生活和工作节奏，个人时间价值投资增加，人们的心中有一把衡量时间价值和效用的"尺子"，通过对比不同时间安排下的效益来进行时间的安排使用。对于企业来说，时间经济在于抓住机遇以积极应对激烈的市场竞争，在于生产经营效率的提高，在于时间节约下利润的增加。对于政府来说，时间经济意味着行政办事效率的提高，在于服务质量的提升。以前需要几天才能办下来的事现在甚至可以通过网站自助服务的方式来完成。城市"快"经济的发展既是机遇，也是挑战，既带给我们忙碌的痛苦，也带给我们忙碌的成果，不同的城市主体应该探索自身的"节约"时间之道。

第一节　城市行业发展之"快"

一、交通之"快"

《和时间赛跑》的主人公为时间的飞逝感到害怕，所以他常常同太阳、西北风进行赛跑。现实中，我们无法跑赢时间，但是可以通过一些快捷的交通工具来

---

① 人民网：《深圳市 2018 年上半年 GDP 增长 8.0%》，http：// gd. people. com. cn/n2/2018/0801/c123932 - 31882487. html，2018 年 8 月 1 日。

节省时间。当我们坐在高铁上，看着窗外的景色一闪而过，当我们乘坐飞机，在短短几小时内就可以从东北来到西南，我们是否会有和时间赛跑的感觉呢？

现代化的交通运输方式主要分为铁路、公路、水路、航空和管道运输等。经过长期的不懈努力，中国初步形成了由这些交通运输方式组成的现代化交通运输网络体系。在各种交通运输方式中，铁路运输的地位尤为突出。放眼全国，在1997年至2007年的10年间，我国铁路共经历了六次大提速。2007年4月首次开创了中国品牌的CRH动车组，标志着中国动车组列车技术能力从引进消化到创新的突破性发展。无疑，铁路发展尤其是高速铁路的发展大大缩短了人们的出行时间，给人们带来了极大的便利。2017年深圳某交通频道列举了2017年全国新开通的高铁，并对高铁运行带来的时间节省进行了分析。例如，宝兰高铁的开通使得深圳到兰州的时间较普铁缩短近20个小时。西成高铁的开通使深圳至成都缩短至12.5小时。此外，2017年开通的武九、石济、淮北等路线也大大缩短了人们的出行时间。

我国不仅在完善铁路运输线路方面做出了巨大的努力，也积极寻求在交通工具的运行速度方面实现突破。2017年9月21日零时起，全国铁路实行新的列车运行图，7对"复兴号"动车组列车在京沪高铁线率先实现350公里时速运营，京沪之间全程运行时间缩短至4个半小时左右。我国再次成为世界上高铁商业运营速度最高的国家。"复兴号"中国标准动车组，是由中国铁路总公司牵头组织研制、具有完全自主知识产权、达到世界先进水平的动车组列车。2018年3月，我国"复兴号"进行了扩容提速，多地之间的列车车次得到大幅度增加，上海往返北京G22/G17运行时间已缩短至4小时18分。3月12日，为期40天的铁路春运圆满结束，全国铁路累计发送旅客38153.9万人次，同比增加2435.1万人次，增长6.8%。① 高铁之"快"为春运的成果作出了巨大的贡献，而铁路运行系统也在不断完善，适应经济社会发展的需要，不断给人们带来更多的便利。

此外，地铁、轻轨等城市轨道交通发展迅速，也成为交通之"快"的一个重要方面。90年代之前，中国只有北京、香港和天津拥有地铁，三个城市分别在1969年、1979年和1984年运营了第一条地铁线路。而根据中国各地政府的规划，中国在2020年将有超过40个城市拥有地铁系统。截至2017年底，全国共有34个城市开通运营城市轨道交通，投入运营的线路有155条，运营总里程达

---

① 东方网：《2018全国铁路春运圆满收官，共发送旅客3.82亿人次》，http://xinwen.eastday.com/a/180313121910684.html，2018年3月13日。

4642公里，形成了以地铁、轻轨为主体，其他方式为补充的多元化发展格局。目前，共有43个城市轨道交通建设规划获得批复，预计"十三五"末，我国城市轨道交通的运营里程将超过6000公里。2017年全国城市轨道交通完成客运量183亿人次。北京、上海、广州城市轨道交通的客运量占城市公共交通客运量的比重超过了50%，城市轨道交通的骨干作用日益凸显。①

的确，随着地面交通压力的增大，人们越来越依赖于地铁交通出行。众所周知，地铁之所以能够为人们节省大量的时间，减少我们的时间成本，主要是由于它在地下运行，线路独立，不受地面交通状况、交通限制以及天气状况等因素的影响。2017年底，在山东青岛地铁2号线开通之时，有记者做过一个试验。青岛新闻网记者兵分两路，一路乘地铁走了一趟本次试乘活动开放的17个站点，一路沿着2号线的线路开车，同时从李村公园站出发，终到芝泉路站。对比发现，坐地铁跑完2号线用时36分钟，而驾车走完全线用时1小时50分钟，行程20.6公里。在部分路段，乘坐地铁比驾车节省两倍时间。但值得一提的是，地铁也并不总是节省时间的。例如，一方面，地铁的建设周期长，由于需要规划和政府审批，甚至还需要试验，从开始酝酿到付诸行动破土动工需要非常长的时间，短则几年，长则十几年。投资大，盈利水平较差，投资回收期较长。另一方面，一些乘坐地铁的人群反映，很多地铁的建设构造并不合理。比如，从A地到B地，虽然乘车时间不足10分钟，但是在乘车前我们需要行走很长的路程，这需要花费的时间甚至会超过10分钟。所以，很多人会思考：城市地铁到底是帮助我们节省了时间还是浪费了时间？不过，从总体上来看，城市地铁还是有利于节省我们的出行时间，促进时间价值的转化的。

当然，铁路轨道交通只是城市"交通之快"的一个组成部分。公路、航空、海运等交通方式也在时刻影响着城市经济的发展。俗话说，要想富，先修路。"富"的一个重要来源便是时间的节省，而道路交通的完善使这种节省成为可能，从而可以创造出更多的经济价值。一方面，交通之"快"大大缩短了人们的出行时间，提高了出行效率。另一方面，交通之"快"加快了人才、技术、资金、物资的流动，促进了城市间的交流和合作。如果我们类比"规模经济"的定义，可以将"时间经济"理解为可以更高效地利用好时间来创造更多的经济效益。可见，交通运输的发展带来了时间经济，或者说它是时间经济的一种形式。

---

① 中国网：《全国34个城市开通城市轨道交通，运营总里程4642公里》，http://news.china.com.cn/txt/2018-05/24/content_ 51511413.htm，2018年5月24日。

二、"电商"之"快"

(一) 购物平台

2013年中国超越美国,成为全球第一大网络零售市场。据商务部资料显示,2017年我国网络零售由高速增长向高质量发展转变,零售额达到7.18万亿元人民币。这背后是各大电商公司的迅速发展。根据统计,2017年天猫双十一成交额达到了1682亿元,相比2016年的1207亿,整整多了475亿元,再次创造了全球零售史上的新纪录。值得一提的是,快递物流的发展为网购的繁荣作出了很大的贡献。快递物流虽然并不属于电商范畴,但电商的构成系统中离不开物流系统。物流系统直接关系到买家和卖家的交易是否能最终达成。来自2018年全国邮政管理工作会议的数据显示,2017年全国完成快递业务量为401亿件,同比增长了28%。而据美国必能宝2016年包裹运输指数报告显示,全球2016年共运送包裹650亿个,中国以313亿个的数量远远超过美国的130亿个,占据了半壁江山。据预测,2018年我国快递包裹数量还将增加近20%,达到490亿个。

从企业来看。2017年天猫双十一无线占比高达90%,比去年高了近10个百分点,这说明如今大家购物更习惯用手机,而不是电脑了。此外,全球消费者通过支付宝完成的支付总笔数达到14.8亿笔,比去年增长41%。[①] 说明支付方式不断丰富和优化。支付宝、微信支付、百度钱包、PayPal、中汇支付等第三方支付平台如雨后春笋般不断涌现,不断便利着我们的生活。这主要体现在减少了使用现金带来的"不便利"。例如,在超市购物时,我们打开支付APP,通过"扫一扫"就可以进行付款,这一方面可以节省购物者的时间,另一方面也能提高交易效率,增加成交量。

我们或许会对这些数据感到震惊,但是我们可能未意识到,"网购"早已渗透到我们的日常生活中,当"剁手"成为我们的口头禅时,我们每个人就早已成为"网购大军"中的一员。在20世纪物资极度匮乏的年代,我们无论如何也不会想象到今天会有琳琅满目的商品可供挑选。现在,不仅商品的种类得到极大的丰富,购买商品也变得十分便捷。以在淘宝购买商品为例。我们登录淘宝,在

---

① 闽南网:《2017双十一购物节:淘宝天猫VS京东成交销售额数据对比》,http://www.mnw.cn/keji/dianshang/1880152.html,2017年11月13日。

搜索框中输入目标商品的关键词进行搜索,然后就会向我们展示大量的商品,选择中意的商品后,花费几秒钟提交订单、支付,然后就可以等待着快递的通知,这种动动手指就能实现的足不出户的购买,帮助我们节省了大量的成本,包括出行成本和搜寻成本。出行成本不仅包括我们外出购物需要耗费的财力,如交通费用,还包括可能损失的可实现的时间价值。因为如果选择外出逛街购物,我们就不能去做其他事情,可能会损失一些利益。搜寻成本的产生主要是由于寻找商品需要耗费一定的时间,由此也在一定程度上造成了时间价值的损失。

但是,有人提出了疑问,工作的时候突然想吃个水果、吃份零食,双休日在家突然想买些蔬菜做顿饭,买些急用的家居用品,原先的网购方式还奏效吗?毕竟这些网购形式虽然很便捷,但仍需要几天的时间,那有没有更加快捷的网购形式呢?答案是当然有。为了节省时间,似乎只有我们想不到的办法,没有做不到的。目前,京东将"1小时达"服务看作是2018年的一项重大发展战略,不断缩短顾客下单购买的时间消耗。截至2018年5月底,京东推出的"1小时达"业务在北京地区测试上线,已基本覆盖五环内的绝大部分区域,消费者只需登录京东APP搜索"京东1小时达"或者进入京东生鲜主页,便可体验自下单起1小时内送达的全新服务体验。① 这里的"1小时"指的是最长配送时间,数据显示,京东"1小时达"绝大部分订单在30~40分钟内即可完成。这又进一步帮助我们节省了购买时间,方便了生活。

此外,"互联网+小店"模式的兴起和发展也成为缩短购物时间、完善购物体验的一个重要原因。一些实体小店接入智能门店管理系统,所售商品信息都会在后台形成数据,这些数据会反馈给商品的生产方,指导他们生产消费者最需要的产品。未来,系统还能根据超市周边的人群、店主画像来计算出最适合店铺的货品。②

(二) 外卖平台

"是自己出去吃快,还是叫个外卖快?"这个问题终于有了分晓。英国《每日邮报》报道,近日,《每日邮报》的记者做了一项测试:自行到餐厅取餐与在线外卖订餐平台比赛,看看哪种方式能更快拿到食物,结果外卖小哥在对决中胜出。在这项有趣的测试中,记者请三位测试者使用跑步、自行车、地铁三种方式

---

① 搜狐网:《"京东1小时达"在京火热上线,是真的1小时达》,http://www.sohu.com/a/233340078_475873,2018年5月29日。
② 中国新闻网:《互联网+:路边小店摇身一变成了"新零售"》,http://www.chinanews.com/cj/2017/10-17/8354417.shtml,2017年10月17日。

到餐厅取餐，与外卖小哥赛跑，看看哪个方式更快。结果显示，跑步测试者取餐比外卖小哥慢了8分钟，坐地铁去取餐的测试者比外卖小哥慢了3分钟，骑自行车的测试者比外卖小哥慢了2分钟。这表明，还是在家用手机下单叫外卖会更省时。

其实，说到外卖，中国的数据更有说服力。近年来美团外卖、饿了么外卖、百度外卖等网上点餐平台成长迅速。

近日，美团点评研究院发布《2017年中国外卖发展研究报告》，对2017年的外卖行业发展进行了全面的分析。美团点评的数据显示，随着消费升级和网络订餐服务的成熟，"叫个外卖"成为继"在家做饭"和"到店堂食"后，国人就餐的"第三种常态"，成为最受关注的互联网话题。用餐时间短成为用户选择订餐的最大原因，近六成在线餐饮外卖用户更喜欢在工作日订外卖。据资料显示，中国在线外卖市场2017年市场规模约为2046亿元，较上一年增长23%，在线订餐用户规模接近3亿人。网上点餐平台受到了上班族的追捧。由于工作量巨大，他们往往选择在外卖平台上下单，然后在等待送达的时间内可以继续忙手头业务，甚至会边吃边忙。可见，外卖的发展极大地节省了人们的时间，使他们可以将节省的时间用于其他更重要的事情从而创造出更多的经济效益。

为什么外卖能比自己取餐更省时？这主要归功于外卖科技的支持。外卖无人机、外卖机器人、骑手智能语音系统等科技为外卖的顺畅提供了支撑。美团外卖平台研发的"O2O实时配送智能调度系统"，不仅可以规划"最优配送路径"，而且能够将时间调配精确到"毫秒"级别，这是依靠人力判断无法完成的。这套系统也将美团外卖平均配送时间首次缩短至28分钟以内。中国科学院大学网络经济与知识管理研究中心曾发布报告显示，美团外卖的每个订单为用户节约48分钟。这些节省下来的时间，如果大部分转换成社会价值，将是一笔不小的社会资源红利。

中科院报告还显示，每份外卖订单平均为用户节约48分钟，包括餐厅往返的路途时间以及餐厅等餐时间，美团和饿了么外卖日完成订单量2200万。以北京为例，若每个白领每小时创造200元的社会价值，那么从机会成本的角度看，用户每天仅因为用餐时间的节省，每天便可以创造约40亿元的机会成本，一年节约的成本几乎相当于重庆市2016年的GDP。这些机会成本可以直接转换为社会价值。此外，外卖也直接创造了150万骑手的社会就业，就业岗位的增加不仅使得每个工作人员的时间价值得以转化为货币价值，并且在这个过程中他们也在不断学习，个人技能会有一定的提升，从而时间价值也会得到一定程度的提高。

可见，从整个社会而言，外卖的迅速发展促进了社会福利的增加。

在使用互联网订餐时，我们只需要下载相关的外卖APP，然后打开APP，选择相关的餐厅和商品，在完善个人收货信息后支付即可完成订单，然后只要等待外卖小哥送餐上门就可以了。流程如图3-1所示：

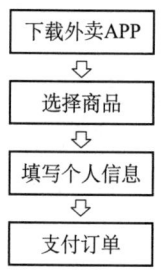

图3-1 网上订餐流程

如今互联网外卖已经成为了消费者用餐的"第三种常态"，相比于亲自到餐厅就餐，外卖的优势比较明显。因为可以帮助消费者节省出门的时间，还有助于迅速找到心仪的餐厅。并且，在等待送餐的时间里我们可以继续进行手头的工作，这样可以为我们节省一部分的时间。可见，便利快捷的外卖配送服务节约了时间，给我们的生活和工作带来了极大的便利，使得我们可以用更多的时间去工作、休闲、娱乐、运动等，有利于社会的进步。

(三) 快递物流

受益于电商高速发展，我国近五年快递业务收入年均复合增速超过30%。2018年5月30日，中国快递协会在2018中国快递行业（国际）发展大会上发布了《中国快递业社会贡献报告2017》（以下简称《报告》）。《报告》中显示，2017年快递网点人口密度为1.6个/万人，网点超过22万个，快递服务重点城市的72小时准时率为78.7%，且带动的就业超百万人，间接带动就业超千万人。其中根据服务经济板块数据显示，快递业在GDP中占比为0.6%，在服务业中占比为1.16%，在社会消费品零售总额中占比为1.35%。

除了省际的一些快递外，"同城快递"也承担着重要的职能。它以中心局所辖各市县为范围，在此范围内的邮件称为同城快递邮件，超出一县、一市、一地区的概念，有利于减少快递盲区。目前，比较常见的同城快递有顺丰、中通、圆通、申通、联邦、闪送等。其中，"闪送"打出了"5公里平均23分钟送达、10公里平均33分钟送达、15公里平均39分钟送达"的口号。并且无须预约，随叫随到，并承诺"直线距离5公里，60分钟送达，每增加5公里加30分钟，超时退款"。

京东商城自营快递，是专门为京东商城消费的用户提供的快捷服务，据京东相关负责人介绍，对于O2O商品，京东的物流服务将全面升级，确保在下单之后1小时内送达，最快15分钟之内可以将商品送到消费者手中，而在24小时内，消费者可以任意选择商品送达的时间等，这样的物流速度在国内电商行业中堪称"最快物流"。

快递物流行业的迅速发展离不开技术进步的作用。在收寄快递的过程中，我们能渐渐地感受到快递的进步。例如，2017年底快递100云盒面世之后，打印机将无须连接电脑，只要有网络，就能自动打印快递单，针对性地解决了寄件用户和快递员在寄件和收件时的各类痛点，开启了轻智能收寄新时代。2018年5月31日，在杭州举行的2018全球智慧物流峰会上，一段智能语音交互视频惊艳了在场的7000名来宾。其内容是："您好，我是菜鸟语音助手，您有一个快递，方便签收吗？"凭借人工智能技术，它能够同一时间自动批量拨打巨量电话，帮助快递员在派件前沟通消费者，甚至能听懂方言，准确识别消费者选择的包裹接收点，实时反馈结果，极大提升快递员效率。快递无人机、包裹分拣机器人等高科技的应用给整个快递过程的高效完成创造了条件。

快递物流的发展的确给我们的生活带来了巨大的便利。它同网上购物联系密切，有助于我们节省购物的时间。而且随着快递网点的普及，我们可以就近收取快递，或选择上门送件。寄快递时，随着互联网技术的发展，我们只需关注该快递的微信公众号或者下载APP，就可以在电子设备上下订单，方便快捷，无须现场填写纸质版的快递单据。另外，很多快递公司都拓展了自己的航空运输业务范畴，有利于大大缩减运输时间，提高运输效率。快递到达集散地后，人工智能的运用大大节省了快递分拣的时间，为其能尽快到达收件人手中创造了条件。一份快递，两个地点，即使这之间跨越了几千公里的距离，一般也会在一周之内到达。

（四）支付平台

2016年7月6日消息，支付宝联合深圳交警、宁波交警、高德地图、新浪微博共同发布"互联网+交管"行业解决方案。数据显示，支付宝已经支持24个省份163个城市的交通违法查询，其中近一半的城市已经实现了罚款缴纳功能。车主通过手机缴纳交通罚款最快只需要10秒。宁波交警已经开始了2个月的实践，基于实名认证，服务超过60万人次，近200万车主关注使用，日均缴纳罚款约3000笔。以缴纳交通违法罚款为例，保守估算：一个车主通过手机缴纳交通罚款最快只需要10秒,如果外出缴纳加上排队至少耗时30分钟,意味着宁波交警已经为当地市民至少节省了10年的时间。

支付宝发布创新医疗产品"信用就医",看病不用排队,无须诊间支付,芝麻信用满650分的用户还能获得额度为1000元的医药费。预估,信用就医模式能平均节省60%的就诊时间。

这些还只是支付方式便利我们日常生活的一个缩影。随着互联网的进步,支付方式的进步也将不断伴随着经济的发展和科技的进步帮助我们节省更多的时间。

(五)新零售

网络零售的蓬勃发展促进了宽带、云计算、IT外包、网络第三方支付、网络营销、网店运营、物流快递、咨询服务等服务业的发展,这些行业相互作用,形成了庞大的电子商务生态系统。中国电子商务的演进经历了工具、渠道、基础设施和经济体阶段,不断进化、扩展和丰富,大大节省了人们生活和经济周转的时间,提高了经济活动的运行效率,促进了经济的发展。然而,2016年马云曾说过,"电子商务"这个词很快会被淘汰,新零售、新制造、新金融、新技术和新能源五个"新"将会深刻影响中国以及世界。而无论是哪种形式,都离不开对于"时间"概念的研究与把握,都以节省时间、提高时间利用效率、实现时间效益最大化为重点,不断探讨时间经济发展的新形式。不过可以肯定的是,新零售的兴起和发展是对时间利用的一种创新和优化,在这种模式下,时间的价值将进一步得到高效挖掘。

那么究竟什么是新零售呢?阿里官方将新零售定义为:以消费体验为中心数据驱动的泛零售形态。新零售的核心在于提高零售行业流通运转的效率,无人售货就是新零售形式的一种。其实早在去年,未来零售的发展已经初见端倪。其中,无人便利店发展势头迅猛,一些创业项目先后获得大额融资,京东、阿里巴巴也相继推出无人超市或便利店,在便利店内,没有收银员,顾客可以自助购物,手机扫码结账。2016年8月,第一家"缤果盒子"落地广东中山,它成为无人便利店领域的先行者,是全球第一款可规模化复制的24小时全自助智能便利店。此后,缤果盒子不仅继续在上海、沈阳等地开拓市场,也积极拓展在韩国、马来西亚、日本等地的市场。阿里巴巴也在2017年7月推出了无人零售店"淘咖啡"。用户打开淘宝手机端,扫描店门口的二维码,获取电子入场券,在入口闸机处扫描入场券,便可进入购物。顾客挑选商品后,经过两道被称为"剁手门"的结算感应门,支付宝即可自动扣款。此外,阿里巴巴还创立了"盒马鲜生"这样一种新零售业态。盒马可以看作是超市、餐饮店和菜市场的结合体,消费者可到店购买,也可以在盒马 APP 下单。其最大的特点之一就是快速配送:门店附近 3 公里范围内,30 分钟送货上门。从天猫购买和在盒马鲜生购买的唯一区别就是收货的最后一步:从盒马购买,由盒马的配送员从盒马门店送出;从天猫购买,则是快递员送上门。可以看出,不管是缤果盒子、淘咖啡还是盒马鲜生等新零售的形式,思考它们成功的原因,我们会发现,"时间的节省,效率的提高"是重要的法则。对于消费者来说,新型的模式减少了人们的排队时间和结账时间,便捷了购买,节省了时间支出,丰富了生活体验。对于生产者来说,这种模式减少了不必要的经营时间,人工智能的使用降低了雇用成本,提高了市场竞争力。

未来零售势必将会有更大的发展,有人说会向着价值零售发展,即"制造商的商品价值与消费者的体验价值之间相融合",这种价值零售更注重发挥零售商在商品(生产者)和消费者之间的良好互动交流。这种展望有一定的道理,因为价值零售和现有零售模式相比,其中一个明显的进步或优势就是时间的节省,它有利于充分发挥零售商的媒介和桥梁作用,有利于减少生产者和消费者之间的交流障碍,有利于降低信息不对称带来的成本,从而可以推动商品生产、分配、交换和消费过程更快、更高效地进行。当然,零售业在未来的发展势必会面临很多挑战和不确定性,但谁掌握了时间价值的消费规律,谁就会赢得市场。

三、"共享经济"

共享经济,一般是指以获得一定报酬为主要目的,基于陌生人且存在物品使用权暂时转移的一种新的经济模式。近年来,共享经济发展迅速,自 2012 年以来,中国的共享商业平台不断涌现,共享单车、共享汽车、共享出行、共享充电宝、共享空间,甚至共享雨伞、篮球等层出不穷……《2016 年度中国"共享经济"发展报告》显示,2016 年中国的共享经济市场规模接近 4 万亿元,增长率为 76.4%。2017 年"共享经济"一词在整个互联网行业中成为一个热门话题。

那么,共享经济和时间经济又有什么联系呢?在这里,和时间经济联系最为密切的是共享经济中的"时间共享"。共享时间——主要是指把自己的闲余有效时间合理地分配给他人并得到回报而使时间价值最大化的过程。和其他类型的共享经济一样,我们可以像共享物品一样共享他人的时间。但不同的是,前者的共享者,必须本身拥有一定的资源。而把时间这个人人都拥有的东西拿来共享,更是人人都可以参与的共享经济。时间共享的产品大致分为两个方向:其一,领域内技能分享,如在行、分答等,它们的特点是分享者必须自身拥有很专业的行业知识;其二,生活服务分享,如鱼泡泡、CC星球,它们的特点则是分享者没有限定特定的领域,而是用诸如游戏、唱歌、讲故事甚至聊天等生活服务来与他人分享时间。[1]

在共享时间领域中最具代表性的案例是"秒啊"名人时间共享平台。"秒啊"邀请各类名人入驻平台,售卖自己的时间,供粉丝和需求用户购买。目前,秒啊平台已上线近百位各行业牛人,覆盖企业家、明星艺人、体育竞技者、创业者等众多领域。用户通过购买名人时间(以秒为单位),兑换行权服务,例如线上聊天、线下共同进餐等。对于未来平台的签约策略,秒啊CEO季小武表示,未来会不断开拓其他领域中具有专业性,以及具有领军潜质的大咖、关键意见领袖(KOL)的签约。[2] 秒啊时间共享平台的开创,是深入挖掘时间内在价值的体现。在这种模式下,时间这种资源将会进一步得到高效利用。作为全球首家时间共享平台,秒啊通过名人时间的共享模式,诠释了时间的价值魅力,丰富了消费者的体验。正如秒啊CEO季小武所说,"时间是每个人生命中最重要的无形资产,但大部分人并不知道如何去管理和积累资产。共享平台的目的就是将隐藏在时间背后的价值最大程度地发挥出来……"。

新华网评论指出,共享时间服务场景化的不断延伸、快速创建和围绕粉丝对见面沟通、线上交流等进行不断挖掘,将共享行为以有情怀的方式深入用户的消费行为中,让粉丝真正做到触手可及。因此,提供足够丰富的服务场景、提升及满足粉丝的体验,切实让大众感受到粉丝经济和时间共享经济结合后为用户带来的新体验,正是共享时间成立的宗旨所在。

时间的共享促进了全民参与,其价值潜力是巨大的。其特征可以总结如下:

首先,这种经济模式具有一定的特殊性。一般意义上,人们需要利用时间生产加工某种产品或者提供某种服务,然后买方支付货币购买这些凝聚时间消耗的产品和服务。然而,共享经济中的时间不同于一般意义上的时间。此时人们是直

---

[1] 辽宁新闻网:《他们要将闲置时间转化为新的共享经济》,http://www.ln.chinanews.com/news/2017/0619/55133.html,2017年6月19日。

[2] 东北新闻网:《共享经济下半场:秒啊共享时间或成下个风口》,http://pj.nen.com.cn/system/2017/12/26/020274147.shtml,2017年12月26日。

接出售和购买时间的关系，买方将具有更大的自主性和主观能动性，他可以相对自由地决定时间的用途并对时间进行支配。

其次，时间的共享遵循了时间价值属性规律。如时间是有价值的，且不同的人具有不同的价值。既然一个人能够出售自己的价值，就说明他的时间价值是异于常人的。作为一种"高端的做法"，将自己的时间分享给其他人不仅不会像普通物品一样出现损耗，反而可以进一步使自身的时间价值得到增值。而且"消费"别人的时间会使买方有一定的收获，可能会对其自身的能力、技能、阅历等产生重要的影响，如果是积极的影响，此时买方的时间价值也会产生一定的增值。所以时间共享经济的兴起有利于带来巨大的价值，尽管这种价值可能相对抽象，不能直接表现为货币价值。

再次，时间共享的过程也区分了分享者时间价值的差异。一方面，一般来说，能够分享自己时间的人的时间价值要高于普通人。他们通过互联网平台，迅速地将自己时间价值高于常人的信号发送出去，以吸引人们来购买。另一方面，平台中分享时间的人的时间价值也具有差异，这种差异可以从标榜的价格来体现。这种现象和我们前面对时间价值特征的分析相对应。

最后，时间共享形式丰富，可以满足不同需求。不难看出，时间的共享有实时和非实时之分。非实时的时间共享是指非面对面的、将个人时间浓缩于某种特定产品或服务的共享，例如经济学家花费时间撰写书籍、媒体出版音像制品等。这种共享并不需要面对面地实时交流。而实时共享就比如我们前面提到的线上名人时间购买模式。相比较之下，实时时间共享的效率要高于非实时时间共享的效率。一方面是因为信息网络技术的支持，毕竟一个直播视频可以同时吸引数百万观众观看，巨大的点击量大大提高了时间共享的效率。另一方面实时的时间共享并不需要太多前期的载体准备。例如，一本书从撰写完毕到正式出版再到市场需要经历一个漫长的过程。初稿完成后，出版社会对作品进行多次审校，撰写人可能会做一些适当的修改，然后从印刷再到上市还需要一段时间。所以总的算下来，一本书籍的出版需要经历几个月甚至几年的时间。在这个时间段中，经济社会会发生一定的变化，可能会对书籍的权威性带来一定的挑战，给时间的共享带来不确定性。而实时的时间共享本身就可以节省大量的时间，提高时间共享的效率。例如，在秒啊平台，一旦名人入驻，敲定好时间后，名人就可以实时地分享自己的心得经验。

然而，时间共享作为共享经济中的"新力量"，再加上受其特性的影响，未来发展还会面临很多问题：第一，关于"时间"这种特殊商品的定价还存在一定的困难。由于每个人对于时间的需求存在差别,对于时间价值的判断因人而异,所以出售的时间价格在一定程度上具有很大主观性。至于这一段时间"值不值"就需要购买者自己去衡量。第二,这类时间共享活动缺乏有效的监管。一方面要对共享平台的定价体系进行监管,防止其严重偏离正常的市场价值体系;另一方面也要对时间共享活动的合规性进行监管,毕竟随着信息网络的发展,一些迎合低俗趣味的落后的互联网活动也在兴起,并且因互联网快速的传播效率而影响广泛,严重污染了社会风气。所以对于共享时间市场的监管也应该得到重视,应该加强对时间共享平台和共享过程的监管,使其真正成为实现时间价值增值的平台。

四、移动通信

移动通信的发展大大便利了我们的生活。曾经的电报已经远离视线,书信也渐渐成为我们增进感情、增加生活趣味的方式,当我们被形形色色、功能强大的智能手机包围时,当移动通信服务越来越合理、网速越来越迅速的时候,我们的生活也在随之发生巨大的改变。当我们还沉浸在"4G"网络带来的便利时,"5G"移动通信网络已经出现,不少人惊呼"5G"真的要来了。

5G 是第五代移动通信技术的简称。2018 年 4 月,重庆开通首张 5G 试验网,工信部总工程师张峰此前表示,我国将于 2020 年实现 5G 网络商用。那么,5G 能够用来做什么呢?

5G 网络作为第五代移动通信网络,其峰值理论传输速度可达每秒数十 GB,这比 4G 网络的传输速度快数百倍,目前业界普遍认知的 5G 技术规范的理论网络带宽达到 10Gbps,相当于 1.25GB/s 的下载速度。而在实际应用中,通过 5G 网络下载一部 50GB 的高清电影或许只需要不到 2 分钟的时间。此外,除了可以进一步完善已有的功能外,5G 网络还将在智能 AI、移动医疗、车联网、无线机器人等方面展现出自身强大的功能,将"拓宽产业的融合空间,带来突破性的变革"。其内容如图 3-2 所示。

国家发改委等有关部门已经批准中国移动、中国电信和中国联通三大运营商在多个城市试点建设 5G 网络。中国移动将在杭州、上海、广州、苏州、武汉这五个城市开展 5G 外场测试,每个城市将建设超过 100 个 5G 的基站,另外还将在北京、成都、深圳等 12 个城市进行 5G 业务应用示范,重庆在 2018 年 4 月 23 日开通 5G 试验网。中国联通将在北京、天津、青岛、杭州、南京、武汉、贵阳、

图 3-2 5G 同 3G 和 4G 网速对比

资料来源：中国移动沈阳公司：《5G 是什么？》，http://m.sohu.com/a/298769005_173803/2018-03-02。

成都、深圳、福州、郑州、沈阳等 16 个城市率先开展 5G 试点。中国电信在之前已确定的雄安、深圳、上海、苏州、成都、兰州六个城市之外，还根据国家相关部委要求继续扩大试点范围，将再增设 6 个城市。未来，我们可以预见，5G、6G、7G 等新技术将给城市经济的发展和我们的生活带来巨大的变革，而最明显的变革就是时间的高效利用。

移动通信的发展可以看作是"和时间赛跑"的过程，因为它大大节省了人们交流、搜集资料的时间，为时间价值的实现和增值创造了条件。而此外，在互联网与移动通信各自独立发展的基础上，又形成了一个新兴领域，即移动互联网。它主要由移动终端、移动通信网络和公众互联网服务三要素构成，涉及无线蜂窝通信、无线局域网以及互联网、物联网、云计算等诸多领域，能广泛应用于个人即时通讯、家庭互联、现代物流、智慧城市等多个场景。这些应用正在逐渐投入生产生活的实践中，不断节省着我们宝贵的时间，为我们的生活带来天翻地覆的变化。

五、家庭服务业

家庭服务，是指以家庭为主要服务对象，以家庭保洁、衣物洗涤、烹饪、家庭护理、家电清洗、家庭空气治理、婴幼儿看护等家庭日常生活事务为主要服务内容，由家庭服务经营者提供的营利性服务活动，包括居家服务（保姆）、钟点工、计件工等。根据商务部商贸服务典型企业统计数据测算，2016 年，全国家政服务业企业有 66 万家，同比增长 3.1%。2016 年，全国家政服务业从业人员为 2542 万人，同比增长 9.3%。全国家政服务企业营业收入高达 3498 亿元，同比增长 26%。那么，家庭服务业和时间经济又有什么联系呢？

如前面提到的，时间是有价值的且不同的人具有不同的价值，人们时间价值的差异决定了他们对时间的价值评判和利用方式的差异。具体来说，家政服务业的需求方一般收入水平较高，并且工作较为繁忙，平时很难抽出空闲时间从事家务劳动，即使有时间他们也会选择将时间安排给其他可以创造更大时间价值或者有利于创造价值的活动。此时，家政服务就存在很大的需求市场。而对于家政服务的供给方来说，由于个人在教育程度和技能方面存在某种程度上的欠缺，个人时间价值相对较低，无法胜任某些专业性的岗位，这使得他们大量涌入家政服务市场。正是由于需求方和供给方这种时间价值差的存在，家政服务业才得以发展起来。并且，随着家庭服务业和互联网的融合，越来越多的家庭服务平台建立起来，实现了家庭服务实时预订与查询，市民可以通过呼叫中心、电脑或手机等方式来寻找所需要的家庭服务，这为他们节省了大量的时间和精力。

时间的概念是广泛的，任何产业的发展都离不开时间维度。所以，时间经济和经济领域的每个产业都有着密切的联系。所有实体店的存在和运营，所有APP的开发和使用，都是为了帮助用户节省时间（社区店、营业厅、支付宝、美团、滴滴等）和消磨时间（电影院、星巴克、抖音、腾讯视频、绝地求生等），有的甚至两者皆有（微信）。① 在市场中，每个行业都在研究通过节省时间来提高竞争力，时间一旦得到节省，效率也就得到提高，效益也就会随之增加。

第二节 城市管理之"快"

一、时间经济与城市规划

城市"快"经济不只体现在各种产业、各种经济形式中，也体现在城市的规划建设中。城市在规划的轨道上行驶，如果规划合理，城市中的人们生活和工作都会节省大量的时间，那么整个城市的运行也会十分高效。反之，如果规划不合理，那么只会给人们带来不便，增加人们各种活动的时间，造成时间的浪费。

本书研究的时间经济学与城市紧密联系。在城市规划中，时间经济也有具体

---

① 搜狐网：《用户消费体验就是为了节省或消磨时间？》，https://www.sohu.com/a/235460436_369444，2018年6月12日。

的应用。时间和空间是我们研究事物所必须考虑的两个方面,在城市的规划中不能只考虑空间上的安排,也要将时间纳入分析体系,以促进新型城镇化的发展和促进"城市病"问题的解决。例如,在城市功能区规划方面,在空间层面上要考虑建设用地的利用,在时间层面也应该考虑人们生活和工作的时间特征。比如说现在很多城市在规划时,为了解决城市中心过度拥挤、环境质量差等"城市病"问题,越来越多的城市在城郊建设工厂和住宅区,结果使行政区、住宅区、商业区、休闲区和工业区分离,人们每天都需要花费更多的时间在各个功能区之间奔波,此时如果交通状况不能支持这种人口的频繁流动,那么人们每天将会在路上消耗大量时间,而这些时间本可以创造出很大的价值。所以,城市规划必须充分考虑时间要素,在功能区建设、道路规划等方面要结合人们的时间价值,使规划真正能为人们带来便利,从而提高整个城市的时间价值与时间财富。

在城市规划方面,交通规划是很重要的一个方面。2018年初,高德地图联合交通运输部科学研究院和阿里云重磅发布了《2017年度中国主要城市交通分析报告》。报告采用"拥堵延时指数"作为城市拥堵程度的评价指标,客观多维地反映了城市交通拥堵状况及拥堵治理效果,为公众交通出行、机构研究、政府决策提供了有价值的理论参考依据。北京、上海、广州三座一线城市并未在"堵城"排行榜中名列三甲,往年的很多老牌"堵城"也不再位列榜单前列。表3-1显示了2017年我国拥堵城市排名情况,并列出了人均年拥堵成本和年拥堵损失。

根据报告分析,拥堵成本是根据通勤时间和工资折合计算的,以北京为例,在堵车高峰期每出行1个小时,就有30分钟耗费在堵车上,北京月平均工资为7706元(根据各地社保部门最近公布的上年度平均工资),折合到每小时,就是7706/22/8=43.78元/时(按每月22个工作日,每日8小时劳动时间计算),那么因拥堵造成的时间成本就是21.89元,由此可以计算得出北京一年的人均拥堵损失。

表3-1 2017年度中国拥堵城市排名(前十位)

排名	城市	高峰拥堵延时指数	高峰平均车速(千米/小时)	人均年拥堵成本(小时)	人均年经济损失(元)
1	济南	2.067	21.12	273	8259
2	北京	2.033	22.17	268	11733
3	哈尔滨	2.028	21.93	268	8511

续表

排名	城市	高峰拥堵延时指数	高峰平均车速（千米/小时）	人均年拥堵成本（小时）	人均年经济损失（元）
4	重庆	1.951	23.27	257	8212
5	呼和浩特	1.949	23.71	257	6802
6	广州	1.892	24.13	249	10501
7	合肥	1.881	23.36	247	8011
8	上海	1.878	23.18	247	9122
9	大连	1.875	25.16	246	8606
10	长春	1.861	23.69	244	7743

注：拥堵指数＝拥堵时驾车出行所花费时间/通畅情况下驾车所花费时间。
资料来源：《2017年度中国主要城市交通分析报告》。

表3－1中列出的排名是根据拥堵延时指数计算得出的。在2017年拥堵成本榜单中，中国香港虽然没有跻身前十名，但是却是中国主要城市中拥堵成本最高的城市，其中，2017年9月的拥堵成本达到1411元。近日，交通流量数据公司Inrix发布年度全球最堵十大城市排行榜，其中有一半在美国。榜单显示，全球最拥堵的城市是洛杉矶，纽约市和莫斯科紧随其后，并列第二，旧金山、亚特兰大和迈阿密均进入前十。2017年，美国司机的堵车成本接近3050亿美元，人均1445美元。在全世界最拥堵的国家中，美国排在第五，每位司机在高峰时段的通勤耗时为41小时。排在第一位的则是泰国，司机在高峰拥堵时段的平均耗时为56小时。

这些成本对于一些收入较高的人来说可能不值一提，但对于中低收入群体来说，一年接近万元的成本无论如何也不是一笔小数目。并且，受时间价值计算的局限性制约，对于交通拥堵成本的计算并不精确，或者说我们可以认为以上计算出来的数值只是一个"保守估计"，毕竟只用工资水平并不能完全反映一个人的收入状况。在堵车的这段时间内，人们损失的可能不仅仅是工资那么简单，有可能是十分重要的洽谈、难得的投资商机等。并且，实际上交通拥堵带来的经济损失不仅仅是个人的损失，整个城市的运行都会受到波及，例如，对城市形象造成不良影响、给交通治理带来阻碍、加剧环境污染问题等，这些成本是潜在的、难以衡量的巨大损失。所以，无论如何我们都不能忽视城市交通拥堵带来的成本。

那么，城市拥堵的原因是什么呢？

以济南市为例。该报告数据显示，济南2017年有2078个小时处于拥堵状态，是唯一一个全年拥堵时间超过2000小时的城市，平均每天拥堵5.7个小时。而通过分析济南市的城市规划问题我们不难发现其中原因。一是城市空间布局规划不合理。济南市历史悠久，是名副其实的"老"城市。而当前已有的城市空间布局规划却很难跟上城市交通发展的脚步，这点已经在城市中心地带——老城区表现得十分明显。城市中心区主要的土地都用于开发商业或行政办公区，而居民住宅用地都向郊区迁移，住宅区和办公区的分离使得人们每天都需要耗费大量时间往返于住址和工作区之间，这势必会造成严重的交通拥堵情况。二是城市道路交通网不合理。济南市的路网设计并不合理，机动车拥有更多特权，而其他公共交通、自行车、行人等的利益往往保障不足，路网容量低，公交设施、停车场等基础设施不足，"人机混行"现象很常见。当然，除了城市空间规划和道路等方面的原因，人口密度大、交通监管不完善、驾驶员素质低等问题也会在一定程度上造成或加剧交通拥堵情况。

可见，时间经济学不仅是个人的经济学，也是城市运行发展的经济学。所以，一方面，我们应该积极做好城市建设规划，致力于减少城市运行的时间耗费，提高运作效率。另一方面，还是要继续大力发展公共交通，分散交通压力。秦萍、陈颖翱等（2014）在《北京居民出行行为分析：时间价值和交通需求弹性估算》一文中通过实证分析发现，交通价格弹性整体上小于时间弹性，这表明在北京，出行人对时间的敏感度高于对价格的敏感度，即人们对于时间的重视度很高，在一定限度内，时间价值不能用金钱来衡量。该文建议通过节约公交出行时间的交通政策（如建设快速公交、增加地铁的线路和班次等）来更有效地调节人们选择公交出行的方式，而不是通过降低交通工具的价格，毕竟公共交通工具的价格对于现阶段的人群来说并没有达到无法接受的拐点。

二、时间经济与行政效率

城市有多个主体，每个主体都在享受着城市快速发展带来的福利，也应该积极发挥主体特长。2017年香港城市竞争力研讨会公布了《2017中国快城排行榜》，出台的《GN中国快城评价指标体系》间接反映了中国快城的基本特征，即经济持续平稳快速增长，区位优越，交通快捷，人、财、物流通快速，工作节奏快，政府办事讲效率、落实快等。可见，一个城市要想实现高效率地发展，政府部门也应该积极作为，更好地履行行政职能。

2018年3月，北京市国、地税局出台多项纳税便利化措施，让纳税人缩短办税时间，不再"往返跑"。首批144项办税业务"最多跑一次"清单，纳税人办理清单范围内的报告类、发票类、申报类、备案类、证明类五类事项，在资料完整且符合法定受理条件的前提下，最多只需要到税务机关跑一次。同时，税务系统推行分时点、分业务预约办税模式，纳税人通过微信取号获取实时提醒信息，节省了80%的排队时间。据悉，2017年共有40万人次通过微信取号。①

2018年6月22日，国务院办公厅印发《进一步深化"互联网+政务服务"推进政务服务"一网、一门、一次"改革实施方案》（以下简称《方案》），就加快推进政务服务"一网通办"和企业群众办事"只进一扇门""最多跑一次"等作出部署。《方案》提出，坚持联网通办是原则、孤网是例外，政务服务上网是原则、不上网是例外，到2018年底，"一网、一门、一次"改革初见成效，省级政务服务事项网上可办率不低于80%，市县级政务服务事项进驻综合性实体政务大厅比例不低于70%，省市县各级30个高频事项实现"最多跑一次"。到2019年底，重点领域和高频事项基本实现"一网、一门、一次"，省级政务服务事项网上可办率不低于90%，政务服务事项进驻综合性实体政务大厅基本实现"应进必进"，省市县各级100个高频事项实现"最多跑一次"。

政府提高行政办事效率的案例还有很多，我国也在不断推动政府部门的"提速"，不断提高其为人民服务的效率，服务于城市经济发展，将"看得见的手"和"看不见的手"更好地结合起来，为城市"快"经济的发展提供支持。

三、时间经济与都市圈

18世纪初的西欧正处于由封建社会向资本主义社会过渡时期，德国经济学家约翰·冯·杜能（1783~1850）提出了第一个实践性较强的区域经济理论——孤立国理论。他根据在德国北部麦克伦堡平原长期经营农场的经验，于1826年出版了《孤立国对于农业及国民经济之关系》一书，提出了一个农业区位的理论模式。他假设有一个巨大的城市，坐落在沃野平原的中央，那里没有可以通航的自然水流和人工运河。这一平原的土地肥力完全均等，各处都适宜耕作。离城市最远的平原四周，是未经开垦的荒野。那里与外界完全隔绝，把它称作孤立国。在该理论中，一个区域被划分为由内向外的6个同心圆式的农业地带，每个经济带根据与城市中心的距离来安排农业品生产的种类。杜能的农业区位论体现了时间经济的相关理论，例如，在杜能圈中第一圈为自由式农业圈，主要生产易

---

① 北京时间网：《预约办税节省80%排队时间》，https://item.btime.com/m_965e8565f204d02de，2018年3月29日。

腐难运的产品，如蔬菜、鲜奶等，而一些相对容易储存的农产品则分布在农业圈外围。在这里，时间对于不同的农产品来说价值是不一样的，时间的价值会以一定的"权重"被赋予在不同种类的农产品中，进而成为农产品价格差异的一个重要因素。

随着时代的进步，各地区之间的联系日益加强，"孤立国"早已不复存在。世界上没有哪个地区可以像理论中假设的那样脱离其他地区生存和发展，并且随着区域分工的进步以及联系的加强，各区域也在积极探讨促进区域交流合作的模式，各大都市圈就应运而生。

都市圈是指在城市群中出现的以大城市为核心，周边城市共同参与分工、合作，一体化的圈域经济现象。1957年，法国地理学家戈特曼首次提出了大都市圈概念，用以概括一些国家出现的大城市群现象。目前，我国形成的三大都市圈包括京津冀都市圈、长三角都市圈和珠三角都市圈，另外，还有其他区域性的都市圈，包括成渝都市圈、南京都市圈、徐州都市圈、武汉都市圈、杭州都市圈、太原都市圈、济南都市圈、郑州都市圈等。都市圈的特点反映在城市之间经济的紧密联系、产业的分工与合作，以及交通与社会生活、城市规划和基础设施建设的相互影响上。

从时间经济学的角度讲，都市圈的出现是重视时间价值、追求城市发展和城市交流合作效率的结果。

第一，都市圈融合，交通先行。都市圈交通一体化建设大大缩短了城市之间的时空距离，节省了时间成本，是一种"时间经济"的体现。以杭州都市圈为例。目前，以杭州为圆心的杭州都市圈综合交通体系，正在日益完善，已经形成了以杭州为中心，以城际高速、高速环路、城际轨道交通为骨架，干线公路网及城市间常规公交线网为补充和覆盖整个都市圈县级以上节点的"高铁半小时交通圈""高速1小时交通圈"。这些交通圈的形成加快了城市之间的交流步伐。

第二，都市圈有助于缩短城市发展时间，提高城市运作效率。当前，我国城市化进程明显提速，在一些中小城市中，仍存在经济基础薄弱、产城相互割裂、创新驱动能力不足等问题。实现区域的协调发展、促进区域发展的一体化离不开各城市之间的交流协作。经济发展水平较高的城市可以对周边实力相对落后的城市起到"带头示范作用"，通过一些产业、技术等转移，促进整个区域城市的协调发展，提高城市发展效率。一方面，对于都市圈中较发达的城市来说，都市圈有利于促进产业的转移升级，并且由于人文地理具有一定的相似性，因此这种转移相对于较远距离的转移来说，难度较小，转移完成所需时间较短，效率较高。

另一方面，对于都市圈中较为落后的城市来说，接受就近发达城市的产业转移以及人才、资金、技术和管理经验的流入比"舍近求远"的效率更高。

可见，都市圈的发展是一种高效利用时间的经济发展模式，有利于节约城市发展中的时间，带来"时间经济"。

四、时间经济与延迟退休政策

时间是有价值的，并且随着时代发展步伐的加快，我们每个人的时间好像总是不够用。人口老龄化就是"时间短缺"的一个重要体现。因为人口老龄化直接影响劳动力数量，进而影响工作的时间。面对老龄化问题，不同国家有不同的解决方法。缓解时间危机无非就是从两个角度入手。一方面即绝对延长可利用安排的时间，尽量"挤出"时间。另一方面是相对地延长劳动时间，即通过提高劳动生产率来保证生产的时间供给。

随着我国老龄化日益严重，劳动力短缺状况日益加剧，城市发展节奏加快，这些挑战要求各种产品和服务要快速高效跟进。随着十八届三中全会的召开，我国养老制度也提上了改革日程，其中退休年龄延迟的最新规定已经在部分城市执行。

显然，延迟退休政策的制定体现了时间的价值属性。一方面，延迟退休会使部分劳动者工作的时间延长，这是一种绝对延长劳动时间的方式。此时工作时间增加，人们利用时间创造价值成为可能。另一方面，从长期来看，延迟退休政策的提出也体现出了对时间的高效安排。众所周知，很多面临退休的劳动者都已经具备了某项超越常人的能力，其学识、技能、经验等都已经积累到一定程度。如果他在60岁退休，那么即使他已经具备了很强的个人能力，但是由于他已经退休，不能继续在原来的岗位上创造巨大的时间价值，那么他就失去了一些将自身时间价值转化为实际经济效益的平台和机会。在某种意义上，这是一种时间的浪费。并且，随着生活水平和医疗条件的完善，人的寿命在一定程度上得到延长，老龄劳动者的身体素质有所提高，这为他们继续奋斗在工作岗位上创造了可能。继续工作使得他可以将时间价值转化为经济价值，在经济发展节奏明显加快的背景下，有利于经济社会的可持续发展。

但对于延迟退休政策，人们看法不一。很多人支持这个政策，也有很多人并不看好。延迟退休政策一方面使人们创造时间价值的时期跨度拉长，所创造的时间价值总额也会不断增加，这对于社会的发展是利好的。但社会中也有一些反对的声音，因为受一些因素的影响，有些人在退休后继续工作的意愿很低，他们更愿意将这些时间用于养花遛鸟等休闲活动，继续工作可能会在一定程度上损害他们的权利。

延迟退休体现了政策的强制性，但良好的道德风尚永远都会走在政策的前面。一直以来，我们身边并不缺乏已是高龄却仍奋斗在工作一线的劳动者们，这种情况在医学界、教育界尤为常见。如已是96岁高龄仍然坚持亲自为患者进行手术的"中国肝胆外科之父"、中国科学院院士吴孟超，还有中国第一代超声医学人，被美国超声学会及中国超声医学工程学会授予"医学超声先驱奖"的周永昌……他们意识到自己的时间价值的宝贵性，也意识到国家和社会需要他们，所以他们选择继续在岗位上"发光发热"，争取在利用自身时间创造价值的同时将技能传授给更多的人，以提高他们的时间价值。所以，延迟退休政策是迫不得已而为之，要想从时间角度缓解劳动力短缺问题，提高时间的利用效率，关键还是要靠每一位劳动者的自觉自律，靠每一位工作者实实在在的付出，否则，政策也将形同一纸空文。

第三节　时间经济——"快"与"慢"的思考

培根曾说过，真正迅速的人，并非事情仅仅做得快，而是做得成功而有效的人。

时间是有价值的，而且时间的价值也会随着时间的推移产生一定的增值。我们一直在探究如何节约时间，使自己在有限的时间维度内创造更多的价值。经常的做法是把一切活动机械变"快"，将我们生活和工作的时间缩短。如果我们只注重对时间的缩短而忽视了质量，那么随之而来会产生很多问题，如健康问题、任务的质量问题等。我们享受着快节奏下的时间利用所带来的各种福利效应，但是，面对城市的"快"经济，我们能做的只有紧跟它的步伐甚至更快吗？

我们每个人都是时间的所有者，对时间的利用不能一味地受到外界因素的影响，应该有自己的"节奏"，我们应该成为时间的主导者而非被支配者。有时候我们可以学会适当地慢下来，学会在闲适的情境下发现身边的美，享受生活，而不是一味地向前跑。我们每个人应该学会转变时间利用的方式，不能一味地追求快速地实现目标、完成任务，而是注重个人发展的质量以及工作效率。社会的进步、科技的革新给我们的生活方式带来了极大的影响,在这种影响下,时间的管理更应该得到重视。近年社交媒体和电子产品的发展的确拉近了远距离人的距离,但也逐渐拉远了近距离人的距离。现实生活中我们每个人都成为了"低头族"、电子产品的"被绑架者",一天中大量时间在玩电子设备中匆匆流逝……这是我们想要的生活吗?我们必须要以这种方式来紧跟时代的步伐吗?答案是否定的。我们应该学会在碎片化时代的"快时间"中适当慢下来,给自己时间去思考和体会生活,而这些是科技无法做到的。

  城市的健康发展也应该是"快慢结合"的过程。一方面,随着全球化的发展和区域竞争的加剧,城市的发展应该有紧迫感,要紧跟时代潮流,让城市中的一切要素充分发挥其作用,在激烈的城市竞争中占有一席之地。另一方面,当前我国已由高速增长阶段转向高质量发展阶段,不能再像以前那样过多地注重经济发展的速度而非质量。放眼城市发展也是这样。城市"快"经济不能过度着眼于其"快",它首先应该是一种经济。换一种说法,"快"不是目的,"又好又快"才是城市发展的目标。当前我国"城市病"问题突出,交通拥堵、住房紧张、就业压力大、环境污染、社会秩序混乱等城市问题严重阻碍了城市的可持续发展。"城市病"的出现可以看作是过快发展的结果。对于城市来说,适当慢下来、静下心来去发现问题,思考城市管理、运行和发展的策略,然后对症下药,逐渐改善城市发展的不足,这样才有利于城市经济的良好运行。近年来一些"慢经济"开始兴起,很多城市为提升自身的竞争力,开始着手发展城市"慢经济"。各种咖啡馆、茶馆不断增多,"慢主题"房产等项目逐渐发展起来。这里的"慢"并不代表着降低生活和工作的效率,因"快"和"慢"相辅相成、相互依存,所以适当慢下来有利于为"快经济"的发展养精蓄锐,也有利于防止一味地追求经济发展速度而忽视质量的做法,有利于经济社会的可持续发展。

第四章
时间的节约

时间是有价值的,做好时间管理至关重要。节约时间和提高时间价值都可以看作是时间的管理方法,但二者既相互区别又相互联系。二者的不同之处在于时间的价值并不是每时每刻都可以提高的,因为价值的增加受到众多因素的制约,但我们每时每刻都能够做到的是——节约时间。时间的节约和时间价值的提高二者是相互联系的,这体现在两个方面:一方面,节约时间是提高时间价值的基础和前提,如果存在大量的时间浪费和滥用,那么最终的结果将是时间的贬值。另一方面,提高时间价值是最终目标和追求,时间的节约只是对时间最基本的管理,真正的时间管理者必将是能够不断提高自身时间价值的人。前面我们已经根据影响时间价值的因素分析了如何提高时间价值以及促进时间价值的货币转化,接下来我们将着重分析如何来节约时间。

第一节 个人的时间节约

鲁迅曾说过,时间就像海绵里的水一样,只要你愿挤,总还是有的。人是时间的直接拥有者和支配者。任何经济的发展都离不开对个人时间的整合利用,没有人的时间付出也便没有城市时间管理和经济发展可言。所以,发展时间经济首先要从个人的时间入手,即合理利用和安排个人时间,提高个人的时间价值。在节约个人时间方面,我们可以从以下几个角度入手:

首先,如果生活没有计划就显得杂乱无章,所以我们要合理制定生活和工作的计划。这样我们就可以按照计划来安排利用自身的时间，减少时间的浪费。

其次，克服"拖延症"。随着我们生活节奏的加快、工作难度的加大，我们逐渐被"拖延症"支配，拖延心理是时间浪费的一大"杀手"。在这种心理下，我们总是习惯于将各项工作拖到最后期限才去着手完成，在这之前我们总会以各种理由和借口来试图"说服"自己，比如对自己进行心理暗示：这项任务太难了，如果失败了该怎么办……今天就先放松一下吧，反正离最后期限还有很长时间。就是在这种心理的支配下，我们在"心安理得"中浪费着时间。拖延症从心理学上看就是自我防御机制的一种。这个概念由弗洛伊德提出，指人们在面对挫折和焦虑时启动的自我保护机制。比如说否定某件事情的发生、压抑自己的心情、逃避影响、对于所发生的伤害等给予自我合理化的解释或者以自嘲幽默等方式逃避等，那么要怎样克服这种心理障碍呢？第一，对需要完成的工作或任务有一个大概的了解和掌握，做到"心中有数"，然后制定合理的完成步骤和计划安排。第二，经常对自己进行积极的心理暗示，正视困难、挫折和不足。第三，在完成任务的过程中，学会对其进行适当分解，将分步完成和分时完成相结合，分散任务的难度，减轻压力。第四，养成良好的习惯，学会对任务进行优先和难度等级的排序，制定属于自己的工作清单等。

再次，学会"收集"我们日常的"碎片化"时间。很多人之所以成功，其中一个很重要的原因就是善于管理自己的碎片化时间。例如，我们可以积极利用地铁上的时间、排队的时间、睡前半小时的时间去做一些更有意义的事，比如浏览国家国际大事、看一篇有价值的文章、对一天的所见所闻进行总结思考，甚至可以闭目养神，为接下来的工作养精蓄锐……总之，只要我们不总是在进行无谓的"忙碌"，时间的有效管理还是比较容易做到的。

爱因斯坦作为著名的科学家，十分注重时间的节约和高效利用。1903年，爱因斯坦与米列娃结婚，第二年生了个儿子。工作、研究、家庭，一匹马拉上三部车。人的智慧、精力、耐力，这时在爱因斯坦身上发挥着奇迹：在家里，他左手抱儿子，右手做计算，孩子的啼哭和哄孩子的声音似乎来自另外一个世界，头脑里却转动着分子、原子、光量子；在街上，他一边推婴儿车，一边思考几行数学公式；在晚间，妻子、儿子睡熟了，他悄悄起床，到屋外点上煤油灯开始撰写论文。这一切都发生在1905年，这一年他一共写了四篇论文，发表了三篇，这三篇论文在物理学领域中引起了一场伟大的革命，这场革命却是一个26岁青年挤出业余时间开创的。爱因斯坦在研究相对论的过程中，把一切业余时间都用在研究上了，但是仍然不够用。专利局松散的工作使他找到了新天地，他决定从上班的八小时中"偷"些时间。上班时，爱因斯坦认真而紧张地工作着，他以敏锐的直觉快速地从报上来的专利申请中抓出本质的东西，把荒唐的、异想天开的图纸往旁边一扔；把有价值的、真正的发明分别写出鉴定并归档。一天工作半天就做完了，余下的时间他想搞科研。可是专利局局长有规定，上班时间不准做私事，违反者要遭训斥或被解雇，然而"磨洋工"、说笑则被看作是正常的。爱因斯坦只好偷偷地做，他把抽屉拉开一个间隙，抽出一张纸片，一边计算，一边听着门外，一旦传来局长的脚步声，便把纸片送进抽屉关上，躲过局长的检查。一个小职员上班时间搞科研，在当时被看作是"不务正业"，可是爱因斯坦当时从事的正是伟大的事业。①

最后，学会统筹。我国著名数学家华罗庚先生著有《统筹方法平话及补充》，这本书阐述了统筹方法在一项工作或程序中所起的重要作用。书中写道："统筹方法，是一种安排工作进程的数学方法。"书中讲了三种烧水泡茶的经过，第一种经过是这样的：先洗水壶，然后烧水。在烧水的时候可以洗茶壶，洗茶杯，拿茶叶，这样做完以后只要等待水烧开就好。这样的经过只需花费16分钟。第二种经过是这样的：先洗水壶，再洗茶壶、茶杯，拿茶叶，然后烧水，再泡茶。这样的经过共花了20分钟。第三种经过是这样的：先洗水壶，然后烧水，然后拿茶叶，洗茶壶、茶杯，最后泡茶。这样花费的时间也是20分钟。我们可以看出，有时候同样去做一件事情，先做哪一步，后做哪一步，怎样安排时间的先后顺序，对于我们的时间利用具有巨大的影响，进而会作用于我们的时间价值。所以，我们应该合理分析每种时间利用安排方案的"收益"，学会将生活和工作中的各项任务进行统筹兼顾，以使总的时间效益最大化。

时间"四象限"法也体现了时间的统筹。著名管理学家史蒂芬·科维提出了一个时间管理理论，把工作按照重要和紧急两个不同的程度进行了划分，基本上可以分为四个"象限"：既紧急又重要（如人事危机、客户投诉、即将到期的任务、财务危机等）、重要但不紧急（如建立人际关系、新的机会、人员培训、制定防范措施等）、紧急但不重要（如电话铃声、不速之客、行政检查、主管部门会议等）、既不紧急也不重要（如客套的闲谈、无聊的信件、个人的爱好等）。可以看出，对于一些重要且较为紧急的工作我们应该马上执行，对于不重要但较为紧急的工作可以交由下属解决，对于不重要且不紧急的工作我们可以忽视它，而时间管理理论的一个重要观念是有重点地把主要的精力和时

---

① 《科学家的"时间运筹法"》，《青年文摘》（红版），2007年10月28日。

间集中地放在处理那些重要但不紧急的工作上,这样可以做到未雨绸缪,防患于未然。在人们的日常工作中,很多时候往往会忽视一些重要但不是很紧急的工作,最后导致无法完成这些重要的事务。因此,我们要把精力主要放在重要但不紧急的事务处理上,需要很好地安排时间。时间四象限法提出的一个好的方法是建立预约,建立了预约,自己的时间才不会被别人占据,从而可以更有效地开展工作。

具体内容如图 4-1 所示:

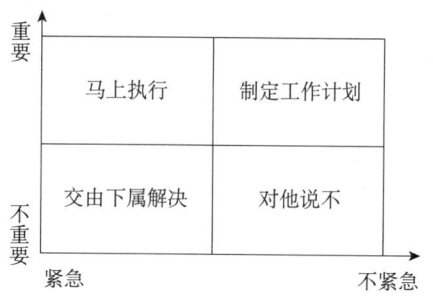

图 4-1 时间"四象限法"

尽管时间"四象限法"更偏向于企业的管理,但其中的理念对于日常生活中的普通人群来说也同样适用。这种方法告诉我们要学会对各项任务的轻重缓急进行科学的判断,然后做到有所侧重、"心中有数"。此外,时间管理的方法还有很多,例如新概念 GTD、帕累托原则、6 点优先工作制、麦肯锡 30 秒电梯理论、莫法特休息法等,我们可以结合自身实际来学习借鉴这些方法,形成一套属于自己的时间管理体系。

第二节 城市的时间节约

我们每个人需要节约时间,同样地,时间的节约对于城市来说也是至关重要的。个人的时间节约是城市时间节约的组成部分,而后者又可以为前者的实现起到正向的作用。不同于个人、企业的时间管理,城市的时间管理是一个庞大的体系,涉及政治、经济、文化和社会的方方面面。

一、建设智慧城市

据联合国预测，到 2050 年，全球将有三分之二的人口居住在人口密集的城市。随着城市化的推进，交通拥堵、住房紧张、环境污染、社会矛盾等"城市病"问题严重制约着城市的发展，而"智慧城市"的出现和发展将有利于改善这些问题，从而提高城市管理的效率。智慧城市是指在城市发展过程中，在城市基础设施、资源环境、社会民生、经济产业、市政管理五大核心领域中，充分利用物联网、互联网、云计算、高性能计算、智能科学等新兴技术手段，对城市居民生活和工作、企业经营发展和政府行使职能过程中的相关活动和需求，进行智慧的感知、互联、处理和协调，使城市构建成为一个由新技术支持涵盖市民、企业和政府的新城市生态系统，为市民提供一个美好的生活和工作环境，为企业创造一个可持续发展的商业环境，为政府构建一个高效的城市运营管理环境。

智慧城市有助于生活在城市的居民节省时间。2018 年初，一项由英特尔赞助并由 Juniper Research（朱尼伯研究）执行的调查显示，在智慧城市的帮助下，普通人每年可以节省 125 小时。其中，仅在交通、医疗、公共安全和无现金支付四方面，就可节省 65.6 小时。研究人员还对最为节省时间的智慧城市进行了排名，在排名前 20 名的城市中，新加坡、伦敦、纽约、旧金山、芝加哥分别排名前五位，而中国有三座城市上榜，分别是排名第十七、十八位的无锡、银川和排名第二十位的杭州。这些城市都以各种方式集成了物联网技术，例如，通过引入智能收费公路和停车系统、智能交通系统等，就可以避免许多工作时间的浪费，如果没有这些技术，市民可能在交通工具上耽误更多的时间。

那么我们该怎样从节约时间的角度来建立智慧城市呢？

浪潮集团董事长孙丕恕认为，建设智慧城市最核心的关键部分是数据，要完善建设三个基础设施："一是云数据中心建设，把信息化的系统打通，用云计算技术把分散在委、办、局的信息集中起来，建云数据中心；二是整合内部数据，共享、会聚、开放；三是建设智慧城市，要在应用上下功夫，构建基础设施。"他进一步指出，智慧城市建设分三个阶段，包括公共服务、公共设施服务和产生融合。在公共服务阶段，他表示，这是给建立大数据中心搭建智慧城市大脑，实现"七通"，即便民出行一路通、居民健康一卡通、公共安全一网通、和谐社会一格通、市民办事一站通、智慧金融一贷通和城市网一点通。①

可见，智慧城市应是高效、宜居、可持续发展的。智慧城市的建立应突破传统的发展思路，立足于公众等多方利益相关者的视角，不断提升城市运营和管理效率，营造更舒适、更现代化的生活环境和发展空间，不断提升城市的内涵、吸引力和竞争力。

二、合理的规划都市圈

如果说智慧城市是封闭式的城市时间经济，那么都市圈的建立将更适应开放背景下经济发展潮流的需要，因城市的时间管理早已不再只是自身的时间管理，而且相互联系、相互合作的城市之间在时间的管理上相互作用和借鉴。都市圈的建立促进了城市时间管理的高效，所以我们应该积极合理地规划和建设都市圈，加强城市间的交流协作，降低要素流动成本，促进各类要素的自由流动，节约城市经济发展运行的时间，实现城市发展的双赢。

然而，有的都市圈表面上也叫都市圈，但除了修建城市通行的道路以外并没有加强其他方面的建设，城市之间的联系不紧密，都市圈的"圈"并没有真正将城市"圈"在一起。我们应该注意，都市圈的建立对于城市时间的节省不仅在于可以缩短城市之间的交通距离，而且还在于各项经济要素在城市之间自由地流动。让我们看到城市之间在经济发展、政策制定、社会项目等方面更自由、活跃、高效的交流合作，看到城市之间发展差距的缩小和一体化进程的顺利进行。更深层次地，城市中生活的人们对他们所在都市圈的"心理距离"也应该得到缩短，即人们需要逐渐地消除地域偏见和歧视，增强对整个都市圈的心理认同感和自豪感，共同致力于都市圈的建设与成长。

---

① 人民网：《浪潮集团董事长孙丕恕：智慧城市最核心的是数据》，http://media.people.com.cn/n1/2018/0423/c120837-29944090.html，2018年4月23日。

第二篇 信息经济

现代社会的发展使信息对人们形成巨大的冲击,而人们也逐渐认识到了信息的价值。有关数据表明美国等发达国家已经出现了有一半以上的经济活动与信息有关的现象,即经济发展把我们推进到了信息经济时代。

随着信息化对各领域广泛而深入的渗透,在城市这个非农产业和非农人口的集聚地,信息的价值给城市的社会经济活动赋予了新的能量和活力。特别是近些年来大数据的应用进一步提高了有效信息资源的提炼加工能力和速度,这使信息交易和安全等问题逐渐被人们更加关注。

本篇首先总结了国内外在信息价值领域的主要研究成果,梳理了与之相关的理论;其次在以往研究成果的基础上提出了信息价值的三种评价方法;最后系统剖析信息化对城市经济增长、空间布局、城市管理等带来的影响。

第五章

信息价值研究综述及相关理论

"信息"这一科学术语最早出现在哈特莱（R. V. Hartley）1928年发表的《信息传输》一文中。英文、法文、德文、西班牙文均用"Information"表示信息，日文为"情报"，我国台湾称之为"资讯"，我国古代用的是"消息"。20世纪40年代，信息的奠基人香农（C. E. Shannon）对信息给出了一个明确的界定，此后许多学者从不同的研究领域给信息不同的定义，代表性的表述主要有：信息奠基人香农（Shannon）认为，"信息是用来消除随机不确定性的东西"。百度百科对信息的解释为"信息，指音讯、消息、通信系统传输和处理的对象，泛指人类社会传播的一切内容"。在通信科学中，信息则被定义为"以适合于通信、存储或处理的形式来表示的知识或消息"。

从不同领域对信息的界定来看，信息的概念存在两个基本的层次，即本身存在和能被感知，因此，信息既具有可感知、可存储、可加工、可传递和可再生等自然属性，也是社会上各行各业不可缺少的、具有社会属性的资源。按照不同的标准，信息有不同的分类，例如：按照载体，信息可分为文字信息、声像信息和实物信息；按照性质，信息可分为语法信息、语义信息和语用信息；等等。

总体来看，信息具有以下特性：第一，是可度量，如计算机技术中使用的二进制；第二，是可识别，可采取直观识别、比较识别和间接识别等多种方式来认识和感知；第三，是可转换，如自然信息加工为文字、语言、图像等；第四，是可存储，可以通过大脑也可借助其他工具来存储各种信息资源；第五，是可重复处理，可以根据需要来对信息进行加工处理，并且可以生成新的信息；第六，是可传递，借助语言、表情、现代通信工具等可以实现信息的传递和分享；第七，是可压缩，表达的信息可详可略，承载信息的编码可以压缩；第八，是可利用，信息具有时效性，合理利用将产生极大的社会经济效益。

关于信息价值，一般意义上指它的实用价值，即信息在社会经济中的作用和意义。信息经济学认为，信息的价值在于它能够满足人们的某种效用，并减少认识上的不确定性。信息的价值在于它是人类全部活动的认识前提和客观依据，信息是人类社会赖以生存、运转和发展的一个必要条件。就信息价值的研究，国内外已经有了一定的研究成果。

第一节　信息价值研究综述

一、国外的信息价值研究

关于信息是什么的问题：1948年，香农（C. E. Shannon）发表了关于通信的数学理论的论文，提出了信息熵的概念，为信息论和数字通信奠定了基础，人们因此把香农看作是现代信息理论的奠基者。与此同时，控制论的创立者维纳（N. Wiener）也在他的论著中研究了通信和信息问题。使信息论得以产生的技术基础是第二次世界大战中所运用的雷达、无线电通信、脉冲技术和自动控制技术；其理论基础则是统计理论和概率论。不过，香农时代的信息论（Information Theory）意义比较狭窄，他认为信息是用来减少随机不定性的东西，或者说信息是确定性的增加。这一概念同样没有包含信息的内容和价值，实际上指的是通信理论（The Theory of Communication），他着重讨论了电子通信技术中的编码抗干扰问题，以求得高效率和高可靠性，但只考虑了随机型的不定性，没有从根本上回答"信息是什么"的问题。

关于信息价值问题：80年代初，美国未来学、社会预测学家托夫勒（A. Toffler）、奈斯比特（J. Naisbitt）以及罗马俱乐部的一些成员系统阐述了信息价值论的思想，主要包括如下内容。提出了"信息社会的概念"，将信息在人类社会的价值提高到了前所未有的高度；提出了建立"信息的新经济学"，用"知识价值理论"来替代"劳动价值理论"，并形成了两种视角：一种是哲学或者社会学的角度，认为信息和知识可以成为构成某个基本社会形态的特征；另一种是经济学，认为信息和知识是财富的源泉。这些观点也存在一定偏颇，忽视了信息与其他物质和能源合力才能发挥作用，也不适当地把知识和劳动对立起来。

关于信息价值评估问题：20世纪30年代，美国经济学家列昂惕夫（Wassily Leontief）提出了投入产出法，这种方法同样可以用来测算信息的价值效应，通过建立信息投入产出模型，根据各部门之间的经济技术关系，利用线性方程组，计算国民经济系统各部门之间的投入产出依存关系。

二、国内的信息价值研究

关于信息价值的问题：主要集中在信息空间传递理论和信息生命周期理论两个方面。白君礼从空间传递角度出发，提出信息传递过程中会出现损失，影响有效性。索传军认为信息生命周期是一种针对信息做主动管理的策略，依据信息资源在生命周期价值变化规律，对不同阶段不同信息分级存储管理。他们从时间和空间角度提出了对信息生命周期和信息损失研究的重要价值。

关于信息价值评估的问题：目前主要有两种方法，用户角度和社会必要劳动时间。罗曼（1994）提出信息价值的双重标准：一是信息的供需结构对接标准，即信息提供者和使用者之间在信息内容、时效和流量三方面的一致性；二是信息的效应标准，包括信息转化为方针政策、社会实践后产生的社会效应。马丽则提出了信息的价值应该由社会必要劳动时间来决定。从生产交换角度，有学者提出信息商品的价值由不变资本（也称转移价值）、可变资本（也称必要劳动）和新增价值三部分构成。袁红（1998）则提出了信息价值测度的成本模型和收益模型。针对网络信息，郝金星（2003）认为注意力与信息价值成正比，影响注意力的I因素（包括注意力持续时间和强度），O因素（付出注意力的总人数、每人付出注意力的次数，获得注意力的时间和空间），以此建立计算信息价值的公式。

关于信息价值的影响因素问题：贺梅生（1987）对信息价值的影响因素和机制进行了研究，将信息的价值总结为信息的有用程度和信息传递时间这两个因素，并发现其呈现线性关系，得出一个计算公式：$Vi = Ui/Ts$。刘理（1988）在贺梅生研究的基础上，提出了信息价值还与传播媒介有密切关系，失真的信息也将贬值，他认为 $Vi = f(Ii, Ts) \times W^m$，其中 Vi 表示信息价值，Ii 表示信息量，Ts 表示传递信息的时间，W^m 表示信息传递媒介的优良程度，f 表示函数关系。还有一种比较有代表性的是模糊评价法，设计若干项指标对信息内容的价值进行评测，对信息编写质量设置若干指标进行评测，按照层次分析法确定权重，形成模糊综合评价矩阵，根据得分将信息价值分为五个等级。

第二节　信息价值相关理论

一、信息价值理论

通信技术角度的"消除不确定性说":这是香农在 1949 年参照玻尔兹曼熵所提出和建立的,利用系统状态的不确定性来描述信息的作用。具体定义是:当某个系统 X 有 n 个可能的状态 $S_1 = (s_{11}, s_{12}, \cdots, s_{1i}, \cdots, s_{1n})$,且 t 时刻各种状态产出的概率分别是 $P_i = (P_{11}, P_{12}, \cdots, P_{1i}, \cdots, P_{1n})$,系统 X 在 t 时刻的信息熵:

$$E_t(X) = -k \sum_{i=1}^{n} p_{ti} \ln P_{ti}$$

$$\sum_{i=1}^{n} p_{ti} = 1, 2, \cdots, n$$

其中,$k = 1/\ln 2$,$P_{ti} \geq 0$。

假设系统 X 获得信息(I)之前的信息熵为 E_0,则获取信息(I)之后系统新的信息熵为 E_1。则 $\Delta E = E_1 - E_0$。

其中,$\Delta E < 0$,说明信息是负熵,该信息对系统有利;当 $\Delta E > 0$,说明信息是正熵,该信息不仅不能消除系统的不确定性,反而会增加系统的总熵;$\Delta E = 0$,说明新信息不会改变系统的不确定性。信息熵值变化的方向表明了信息作用的性质,也反映了信息作用的大小。

社会学角度的"直接价值和间接价值论"还有一种观点,将信息的价值分为意义和功能(作用)两个层面:意义是指抽象度高的、宏观的,在现实中未必直接体现出来并被感受到的价值;功能则是指在现实中直接体现出来并感受到的价值。换句话说,意义是对功能(作用)的抽象与宏观概括;功能(作用)是意义在现实中的具体体现。

二、信息经济理论

信息经济理论主要包括 3 个不同层次的基本理论问题,第一是信息价值理论；第二是微观信息经济理论；第三是宏观信息经济理论。信息经济理论起源于20世纪40年代，发展于50~60年代，到70年代基本成熟。

信息价值理论的主要内容是：信息价值，一般包括两种含义，一是信息商品的劳动价值，二是信息的效用价值。

信息对人类社会和经济增长的巨大作用集中体现在信息的增值作用上。从信息所具有的根本特性中可以看出，信息是可以被感知、认识、加工、处理、传递和转换，并能够通过深度开发供人类社会利用的资源。而这种信息资源具有不断增长、取之不尽、用之不竭，为人类不断创造价值和社会财富的属性。信息的这种属性可以称为信息的增值性。信息的增值性是信息区别于物质与能量的一个根本特性。信息增值包括信息在量上的增值和在质上的增值。信息在量上的增值主要表现在信息加工、处理、交流、传递、利用等信息运动过程中信息量的变化，即信息量的增加。信息的质的概念是由贝里斯（Belis）和高艾斯（Gaiasu）在1968年提出来的。信息的质，是指信息的效用与价值大小的测度，它表示需求者对信息的满足程度，表示信息与目的的关系，是一种主管属性，信息在质上的增值就是指信息效用增大。

关于信息价值的计量理论仍在不断完善，美国诺贝尔经济学奖获得者阿罗在《信息经济学》中，经过理论推导得出：在一个经济系统实现福利最大和效用函数为对数形式的条件下，信息价值（效用价值）等于信息量。

微观信息经济理论的主要内容：以斯蒂格勒和阿罗为代表的微观信息经济理论研究信息的成本和价格，并提出用不完全信息理论来修正传统市场模型中信息完全和确知的假设，重点考察运用信息来提高市场经济效率的种种机制。

微观信息经济学起始于20世纪50年代，形成于60年代，发展于70~80年代。美国经济学家斯蒂格列茨和日本宫泽等是最早的研究者。1961年，乔治·斯蒂格勒发表《信息经济学》一文，对信息的价值及其对价格、工资和其他生产要素的影响进行了研究，认为获取信息要付出成本，不完备信息会导致资源的不合理配置。此后，美国的维克里教授和英国的米尔利斯教授还在不对称信息的前提下，延伸出了委托—代理理论。他们把掌握信息多的一方称为代理方，另一方称为委托方，通过引入"激励相容"等概念，把不对称信息问题转化为制度安排和机制设计问题。此外，美国主要从具体应用方面研究有关信息的成本和价值，信息对价格、工资和其他生产因素的影响；日本则侧重于抽象研究信息系统评价的基本原理和方法，两者都是信息经济学的理论基础。

70年代以后，美国霍罗威茨的《信息经济学》、日本增田米二的《信息经济学》、美国霍肯的《下一代经济》等著作相继问世。后来，美国的三位经济学诺贝尔奖获得者约瑟夫·斯蒂格列茨、乔治·阿克尔洛夫、迈克尔·史宾斯，在"使用不对称信息进行市场分析"方面做出了重要贡献。阿克尔洛夫阐明了这样一个事实，即：卖方能向买方推销低质量商品等现象的存在，是因为市场双方各自掌握的信息不对称。史宾斯则揭示人们应如何利用所掌握的信息来谋取更大利益。斯蒂格列茨为掌握信息较少的市场方如何进行市场调整提供了相关理论依据。

宏观信息经济理论主要内容有：以研究信息通信产业和信息经济为主，主要研究信息这一特殊商品的价值生产、流通和利用以及经济效益。

宏观信息经济理论的创始人有两个，第一位著名的早期研究者是弗里兹·马克卢普（Fritz Machlup），他在1962年发表了一本专著——《美国的知识生产和分配》，书中提出了知识产业的问题，并对1958年美国知识产业的生产进行了统计测定；自1980年起，马克卢普又扩展前书，陆续发表了《知识：它的生产、分配和经济意义》8卷本的巨著。第二位著名的早期研究者是美国斯坦福大学的马克·尤里·波拉特（Mac Uri Porat），他在书中更新了美国知识产业的统计数据，在马克卢普的研究基础上，在丹尼尔·贝尔（Daniel Bell）的影响下，于1977年完成了《信息经济》（*The Information Economy*）9卷本的内部报告。

马克卢普认为，国家生产部门中知识及其分配活动的测度，可以分为教育、研究与开发、通信媒介、信息设备和信息服务五个类别来进行。波拉特则认为，应该根据信息产品或服务是否进入市场交易为标准，将信息通信产业部门划分为一级信息部门（如信息设备生产部门和专业性信息服务）和二级信息部门（如政府机构或企业内为政府或企业内部服务的信息部门），以此分别测度这两个信息部门的产值，从而计算出信息通信产业总产值。在测度方法上，马克卢普和波拉特也不相同，马克卢普采用最终需求法测度信息部门产值，波拉特则采用增值法测度信息部门规模。

将信息纳入发展经济学分析框架中，宏观信息经济学获得了与传统理论截然不同的结论，宏观信息经济学理论认为，影响经济长期发展的基本要素不仅仅是资本和劳力，而应该是四个基本要素，即资本、非技术劳力、人力资本和新思想（信息）。由于知识是生产要素之一，它像资本那样必须以放弃当前消费为代价才能获得，所以知识（教育）会严重影响经济增长的稳定性和长期性。

三、新经济理论

(一) 新经济增长理论的演进历程

经历了古典经济增长理论—新古典经济增长理论—新经济增长理论发展演进,20世纪80年代中期出现了以罗默(Paul M. Romer)和卢卡斯(Robert E. Lucas Jr.)为代表的"新增长理论",再度焕发了经济增长理论沉寂20多年后的生机。

古典经济增长理论的基本情况:

古典经济增长理论强调在自由市场条件下,增加资本积累和投入是刺激经济增长的重要手段,主要代表人物是亚当·斯密和大卫·李嘉图。亚当·斯密(Adam Smith)在《国民财富的性质和原因的研究》中以经济增长问题为主线,表明要增加一国土地和劳动的年产物的价值,只有两种方法:一是增加生产性劳动者的数目,二是增进受雇劳动者的生产率。很明显,要增加生产性劳动者的数目,必先增加资本和增加维持生产性劳动者的基金。要增加同数受雇劳动者的生产力,唯有增加便利劳动或缩减劳动的机械和工具,或者把它们改良。不然,就要使工作细分得更合理。但无论如何,都有增加资本的必要。可见亚当·斯密高度重视资本积累。同时,他认为自由是经济增长的首要条件。大卫·李嘉图在继承亚当·斯密理论的基础上,他提出要区分"总收入"和"纯收入"的概念,他认为增加积累是扩大生产的必需选择,刺激资本家增加积累就要增加利润。同时,他悲观地认为经济增长会进入停滞状态,因为农业报酬的递减将压倒工业报酬递增的趋势,利润下降也将导致资本积累下降而使经济增长放慢或停滞。

新古典经济增长理论的基本情况:

一般指索洛(Solow,1956)和斯旺(Swan,1956)创立的,后来经过卡斯(Cass,1965)和库普曼斯(Koopmans,1965)重新说明了一个比较系统论述经济增长的理论体系。其核心思想基本都体现在索洛的经济增长模型中。

索洛在美国数学家C.W.柯布和经济学家保罗·H.道格拉斯创建的柯布—道格拉斯模型[①]的基础上,考察一个使用资本K和劳动L生产单一产品的经济

[①] 柯布—道格拉斯生产函数是美国数学家柯布和经济学家道格拉斯在探讨投入和产出关系时,根据1899~1922年美国制造业有关数据构建的,他们在生产函数的一般形式上引入了技术资源因素,在技术不变的条件下,将资本和劳动的投入与产出的关系表示为:$Y = AK^{\alpha}L^{\beta}$,Y表示产量,A表示技术水平,K表示投入的资本量,L表示投入的劳动量,α、β分别表示K和L的产出弹性。

体，假定生产的规模报酬不变，产品 Y 既可以消费也能作为生产投入，劳动人数以外生倍率 N 增加，不考虑技术进步、折旧储蓄。经济总量函数表示为：$Y(t) = F[K(t), L(t)]$。索洛模型得出以下结论：一是存在一条经济平衡增长的路径，不管现在经济处于什么位置，最终都将回到平衡路径上；二是总产出增长率、消费增长率、资本增长率等于外生的劳动力增长率 N；三是总产出的长期增长率与储蓄率无关，储蓄率的变化只改变收入，不具有增长效应；四是总产出增长率、消费增长率、资本增长率等于外生的劳动增长率 N。

如果将技术进步引进基本模型，新古典经济增长理论的基本方程就变为：$k' = s \cdot f(k') - (v + n)k$，$k' = K/[A(t) \cdot L]$ 是每一"有效"工人拥有的资本量。

因此，当引入技术进步后，仍然存在一个经济平衡的路径，当处于平衡路径时，人均产出增长率和人均消费增长率都是 0，总产出的长期增长率仍然与储蓄无关，储蓄只改变收入水平，总产出增长率、总消费增长率、资本增长率等于技术进步率与劳动力增长率之和 $v + n$，人均收入增长率等于技术进步率 v，人均收入增长率完全由外生的技术进步引起。新古典经济增长理论在研究方法和结论上都为后来的新经济理论奠定了基础。

新经济增长理论的出现：

新经济增长理论一般以保罗·罗默 1986 年的论文《递增收益与长期增长》及卢卡斯 1988 年的论文《论经济发展的机制》发表为标志。新经济增长理论的出现正逢信息通信产业的飞速发展，知识和技术改变传统工业经济生产方式的重要性被高度关注，成为与劳动和资本一样在生产过程中不可或缺的内在因素，所以技术进步是经济增长的内生决定要素是新增长理论与以往经济理论的重要区别。

(二) 新经济增长理论的主要内容

一是把新古典增长模型中的"劳动力"的定义扩大为人力资本投资，即人力不仅包括绝对的劳动力数量和该国所处的平均技术水平，而且还包括劳动力的教育水平、生产技能训练和相互协作能力的培养等，这些统称为"人力资本"。代表人物卢卡斯建立了人力资本溢出模型，认为全社会范围内的外部性是由于人力资本的溢出效应造成的；人力资本的溢出效应是因为向他人学习或相互学习所带来的，这样，政府对提高人力资本的投资是必要的；资本和劳动从发展中国家和欠发达地区流向发达国家和发达地区也是人力资本的溢出效应推动的。二是把经济增长建立在内生技术进步上。保罗·罗默在理论上第一次提出了技术进步内生的增长模型，模型的基础是：①技术进步是经济增长的核心；②大部分技术进步是出于市场激励而导致的有意识行为的结果；③知识商品可反复使用，无须追加成本，成本只是生产开发本身的成本。罗默在《递增收益与长期增长》这篇论文中，建立了一个知识溢出增长模型，假定知识是厂商投资决策的产物，由于知识溢出的存在，资本的边际生产率才不会持续降低，知识溢出对解释经济增长是必不可少的。新经济增长理论解释了现实中技术进步推动经济的持续增长，也是信息技术及信息化应用促进经济增长的核心理论依据。

（三）新制度经济增长理论

新制度经济增长理论形成于20世纪70年代至80年代间，以科斯和诺斯两位为代表。新制度经济增长理论突破以往只从生产要素和技术进步来考察经济增长的研究视角，主要关注经济增长现象的制度因素，美国一批研究经济增长问题的专家认为资本积累、人力资本和制度结构是三个不同层面的因素支撑。新制度经济学认为公司、企业、政府和管理机构、大学和科学技术学会等都是经济组织，并将社会组织范畴泛化；同时将制度作为一种变量，认为经济组织的变化是为了促进技术进步和其他活动，并为了刺激经济增长相关的投资；不管国家经济增长水平如何，明晰产权都是经济增长的有利条件，经济增长的制度环境决定了经济的自由度，经济自由度越高，人均收入的增长越快。

四、城市空间结构理论

城市空间结构是指一定历史时期，城市各个要素的空间分布，及通过内在机制相互作用而呈现出来的空间形态。在自由市场经济的理想竞争状态下，理性人的经济行为研究引入了空间变量，在寻求资源最优配置的目标下，区位、地租和土地利用之间存在一定的关系，其决定因素就是不同土地使用者的竞租出现表示了土地成本和区位成本之间的权衡，在最低成本条件下，土地的利用功能呈现一定的空间结构特征，后期研究中引入了行为因素和社会关系的考量，城市的空间结构特征偏离单纯的最低成本约束。由于信息化浪潮的冲击，后期出现的流动空间理论进一步补充和完善了城市空间结构理论。

（一）几何图形空间结构理论

从空间结构的平面几何图形特征总结的具有代表性的城市空间理论有以下几种：

（1）同心圆理论，由美国学者伯吉斯（E. W. Burgess）1923年提出，认为城市的发展将由内到外不断扩大，形成同心圆，中心是商业区，往外依次是过渡带、低收入居住带、高收入居住带和通勤带。

（2）扇形理论。由美国学者霍伊特（H. Hoyt）1939年提出，认为沿着运输线路发展起来的城市，用地功能分区往往由市中心往外伸展。中心区仍然是商业区，紧邻商业区的是批发和轻工业区及低收入居住区，往外依次是中等收入居住区和高收入居住区。

（3）多中心理论。由美国哈里斯（C. D. Harris）和厄尔曼（E. L. Ullman）1945年提出，认为城市会有各种具有不同用地功能的独立中心，如商业中心、工业中心、居住地中心等多个独立中心发展起来，每个中心由内到外仍然会呈现同心圆和扇形结构理论里面提出的空间结构分布特征，如低收入居住中心紧挨着批发和轻工业中心区，接近重工业区，中等收入和高收入居住中心则围绕市郊商业中心等。

（4）中心地点理论。由德国学者克里斯泰勒（W. Christaller）1933年提出，认为在一个均质的城市区域内，各个中心服务店有规则地分布在一个统一的整体内，每个中心店的市场区或辐射范围呈六角形状，构成一个六角形网络模式；不同级别的中心点有不同规模的六角形市场或辐射范围，地区中心六角形服务范围是郡的3倍，郡中心六角形服务范围是乡的3倍，以此类推。

（二）体系化空间结构理论

20世纪50~60年代，"增长极"与"增长中心理论""空间相互作用理论""核心边缘理论""空间扩散理论"等为城市空间体系研究提供了理论依据。在这时期，城市体系研究思想产生，伴随着运输与信息网络化带动城市体系经济联系的加强与城市化进程的加快，城市规模逐渐扩大，城市郊区化与土地扩展明显，大城市在优区位快速聚集，城市群体的现象大规模出现。日本学者狄更生等提出了城市体系地域分异的三圈层学说，之后许多学者不断延伸与发展建立城市体系的圈层结构理论，戈特曼则提出大都市带概念及区域空间组织发展理论，成为城市群空间结构组织理论的核心思想。

20世纪70年代，学者开始强调城市群经济联系的复杂性与动态性研究。利用居民出行流的调查资料，分析了城市群的两种等级水平，一种是大都市带水平控制整个城市地区，另一种是城市水平对邻里地区的控制。并且着重分析了城市群的技术等级扩散，认为在大都市层面上技术扩散处于较高等级并且具有优势。

希腊学者更是大胆预测世界城市群发展将形成连片的巨型大都市区。20世纪80年代工业化迅速发展，在城市群郊区化扩散中出现相对集聚现象，空间形态由单核心向多核心演化，形成边缘城市。

（三）流动空间结构理论

将城市空间结构研究的重点转移到城市体系研究之后，流动空间理论最具有代表性，也将全面影响城市空间形态。曼纽尔·卡斯特（Manuel Castells）在20世纪80年代开展了关于信息化和网络社会的流动空间研究。他在《信息化城市》以及《网络社会的崛起》《认同的力量》和《千年终结》等著作中集中阐述了他的流动空间理论。

卡斯特将流动空间的概念运用到地理学研究中，提出存在一种社会实践的新空间形态特征——流动空间，它主导和形成了流动社会，流动空间作为信息社会中支持支配性过程与功能的物质形式。地方区域的快速发展必须与高级空间接入，防止孤立和封闭，高级空间也必须与全球流动空间衔接，才能有效地参与全球分工和全球竞争，因此空间重组的终极目标是构建新型、有序的流动空间——地方空间的空间体系（Castells，1996）。卡斯特研究了经济、政治、文化和社会领域所发生的转变对时间的影响，他认为传统的时间序列在信息化范式和网络社会中发生系统性扰乱后，形成了新的时间逻辑，即"无时间的时间"，流动空间诱发了无时间的时间，地方则受到时间的限制。

流动空间的主要内容。流动空间理论认为网络社会特有的空间形式由三个层次共同构成：一是电子通信网络；二是各种指导性节点、生产基地或交换中心；三是占支配地位的管理精英（而非阶级）的空间组织。电子通信网络（包括高速运输系统）是流动空间的物质技术基础，而全球化的城市则是流动空间的主要节点和核心，它们以不同的方式和整个全球网络链接，并且按照它们在生产财富、处理信息以及制造权力等方面承担着不同功能从而构成一个复杂的世界城市等级体系，而这些功能的操纵者就是由占据社会领导位置的技术官僚—金融—管理精英组成的精英阶层。

流动空间与地方空间的联系。流动空间与我们绝大多数人日常生活感知的物理地方空间同时存在，这种地方一般以位置邻近和形式、功能的相似性与别的地方相互区别，是相对静态的固定位置区域。流动空间代表了一种动态的空间理念，强调生产和组织突破原有的区域限制甚至在全球范围内实现资源调配。流动空间理论随着信息通信技术革命的出现，与地方空间并存已有一段时间，由于技术基础和经济增长要求都尚未达到流动空间完全替代地方空间的条件，所以二者协同发展、相互补充，在部分信息化成熟领域内实现替代后者来增强效应。

流动空间的影响。按照流动空间理论的解释，流动空间依托城市或者地方作为节点而与地方空间相连，但流动空间的权力和功能对地方空间的影响日益深化，资本借助信息化支撑四处流动，生产活动逐渐分散于形式多变的拓扑地形中，劳工在操作层面的瓦解，组织上的片断化，集体行动的区隔化，即由一个集中的实体变为差别极大的个体存在。因此，传统的地理空间逐渐模糊化，融入信息化的城市空间打破了自然空间的地理、物理限制，人们的虚拟活动也不受国界限制，空间的界限逐渐隐匿了。同时，信息化的发展将对城市中的经济、商业、文化、娱乐、政治等各种社会活动呈现出巨大的影响力，社会文化将呈现以信息文化、网络文化为主导的多元共生态势，精英空间作为信息化城市中出现的新富裕阶层和中等收入阶层，将引发城市社会空间的分异。由于网上金融平台、网络购物平台、虚拟众创空间、虚拟众投平台等发展，城市土地利用类型重新调整，建筑物功能布局重新设计建造。城市在空间范围边界、市容市貌和市民的精神文化都呈现新的状态，城市之间的联系更加紧密。更具体地说，原有的有形边界城市逐渐消失，城乡的界限已模糊不可辨认，上百万的人口生活在一个无核心的城市区域中，完全依赖交通和传播手段与世界上其他和自己性质相近的地区保持联系，而彼此之间却少有来往，呈现原子化的生存状态。

第六章
信息价值的评估及其对城市发展的影响

第一节 信息价值的评估

价值是商品的基本要素之一,它是指凝结在商品中的无差别的人类劳动或抽象的劳动。具有不同使用价值的商品之所以能按一定的比例相互交换,是因为它们之间存在着某种共同的可以比较的东西,那就是商品生产中的无差别的人类抽象劳动。商品的价值是生产该商品的社会必要劳动时间决定的,价值是价格决定的基础,价格是价值的表现形式。

信息商品,是指用来交换的信息产品,即它是人们通过搜集、加工、传递和存储所形成,并且用来交换的信息。信息商品是一种特殊的商品,具有一系列不同于一般物质商品的特征,在生产、分配、交换和消费等再生产各环节具有许多与物质商品不同的特点。但是信息商品也是商品,也具备商品的三个基本条件:一是必须是劳动的产物,具有价值属性;二是要能满足人们的某种需要,即具有使用价值属性;三是必须用于交换。同时信息商品是信息产品的商品化的产物,也就是说,信息商品一定是信息产品。所以信息商品既包含着一定量的信息,也同时需要依附一定的物质产品为载体。

在信息商品的价值上,鉴于信息商品的特殊性,虽然它的价值仍然是凝结在信息商品中的无差别的人类劳动,但其价值也可以从它的价值(即 $C+V+M$ 或物化劳动、必要劳动和剩余劳动)、效用价值(即信息商品的使用价值)、效益价值（即信息商品的效用与费用的比较）三个方面去理解。

在信息商品交换过程中，信息商品的价值一般可分为完全的价值表现形式和不完全的价值表现形式。所谓完全的价值表现形式一般是指信息商品在市场交换活动中能够使其价值得到同等的或超出价值的补偿。所谓不完全的价值表现形式一般是指信息商品中所包含的劳动没有得到或没有完全得到同等的价值补偿。不管在理论上怎样去分析信息商品的价值，都必须承认这样一种现实，即信息商品的实现价值和创造信息商品的劳动量不完全是一个等量，这是信息商品区别于其他商品的最为突出的特点，出现这种现象最根本的原因是信息商品使用者的素质影响了信息商品使用价值的充分挖掘和利用。

正是因为信息价值的种种特殊性，我们对信息的价值的评估不能单纯依靠无差别的社会必要劳动时间来决定，需要综合全面考虑。我们可以从不同的角度设计不同的评估模型，主要有以下几种：一是从信息价值的决定因素，如时间、距离和传播媒介等；二是从供给和需求方各建立一套指标体系，对信息价值的初始状态和实际使用带来的效益进行综合评价；三是直接根据信息使用前后造成的经济或者社会效益差额比较对信息价值进行评估；四是综合信息价值的客观评价和主观评价进行全面性评估。

一、客观要素评价法

客观评价法是根据信息价值的影响因素，确定信息影响力大小的一种方法，既包括负面的也包括正面的，不反映信息供给方和需求方的主观评价。对信息影响力大小进行评价，需要考虑相关的影响因素：

信息载体是影响信息传播的关键因素，也将影响信息的价值。按照不同的载体，信息可以分为文字信息、声像信息、实物信息。

传播时间是影响信息价值的另一个关键因素，从信息内容出现的时间点来看，信息可以分为历史信息、现时信息、预测信息，这反映了信息与当前时点的距离以及可参考价值。同时，信息传播的时间长短也会影响其价值。随着通信技术的发展，信息交流在速度和数量方面快速提高，谁首先获得信息谁就将掌握竞争的主动权。信息价值的时间性有短期和长期的区别，信息价值的短期性表现为信息出现后，必须在一到两天或更短的时间内做出决策，而有效期一过则信息价值将为零。

信息量是信息影响力最核心的体现，信息量的衡量可以借助信息熵模型，首先借鉴了热力学的概念，把信息中排除了冗余后的平均信息量称为"信息熵"，并给出了计算信息熵的数学表达式。

不确定性函数 f 是概率 P 的单调递减函数；两个独立符号所产生的不确定性应等于各自不确定性之和，即 f（P1，P2）= f（P1）+ f（P2），这称为可加性。同时满足这两个条件的函数 f 是对数函数，即：

$$f(P) = \log \frac{1}{p} = -\log p$$

在信源中，考虑的不是某一单个符号发生的不确定性，而是要考虑这个信源所有可能发生情况的平均不确定性。若信源符号有 n 种取值：U1…Ui…Un，对应概率为：P1…Pi…Pn，且各种符号的出现彼此独立。这时，信源的平均不确定性应当为单个符号不确定性 $-\log P_i$ 的统计平均值（E），可称为信息熵，即：

$$H(U) = E[-\log p_i] = -\sum_{i=1}^{n} p_i \log p_i$$

其中，对数一般取 2 为底，单位为比特。但是，也可以取其他对数底，采用其他相应的单位，它们间可用换底公式换算。

信息论之父克劳德·香农，总结出了信息熵的三个性质：一是单调性，即发生概率越高的事件，其所携带的信息熵越低。极端案例就是"太阳从东方升起"，因为为确定事件，所以不携带任何信息量。从信息论的角度，认为这句话没有消除任何不确定性。二是非负性，即信息熵不能为负。这个很好理解，因为负的信息，即你得知了某个信息后，却增加了不确定性是不合逻辑的。三是累加性，即多个随机事件同时发生存在的总不确定性的量度是可以表示为各事件不确定性的量度的和。

在上述分析了信息价值的影响因素以后，我们可以建立影响因素与信息价值的函数关系如下：

V = F[H(u), C, T]

其中，V 为信息价值；H（u）为信息熵；C 为信息载体；T 为信息传播时间。

根据这个函数关系，我们可以研究不受主管因素判断影响的信息影响力的大小。

二、主观价值评价法

信息产品具有其特殊性，第一，从供给来说，信息一旦分享或者交易，其使用价值就迅速转移了,如公共信息,几乎没有价值,信息的私密性就是其价值所在,所以对于信息供给方来说,常常高估信息的价值。第二,从需求方来说,信息是一种经验商品,其价值只在使用后才被揭示(Shapiro & Varian, 1999),尽管客观上信息价值是有大小之分的,但是由于每个人的经历、经验不同,必然会对信息价值的判断出现较大的差异,而且信息使用过程中与其他因素交织在一起,从最终产出值的变化难以全面反映信息的价值。因此,对信息价值的评估可以对供给方和需求方都建立评价体系,综合双方的结果来评价信息的价值。

首先,从信息供给方来说,评价信息的价值主要有两个方面:一是信息内容的价值;二是信息编写质量。信息内容真实可靠、重要及时、完整全面,信息提取加工便利,这就是有价值的信息。因此,从供给方来看,我们可以设计一套指标体系来反映信息的价值(见表6-1):

表6-1 信息价值评价指标及方法

	评价指标	指标权重	指标含义
信息内容价值	真实性	层次分析法确定	信息反映事件的客观存在性
	重要性	层次分析法确定	所能发挥作用的大小
	时效性	层次分析法确定	信息提供的及时程度
	准确性	层次分析法确定	信息所反映情况的各个要素与客观实际符合的程度
	精确性	层次分析法确定	反映事件信息量的精确程度
	完整性	层次分析法确定	信息所反映事件特征的细微化程度
	针对性	层次分析法确定	信息对事件描述的充分程度
	预见性	层次分析法确定	反映的情况与决策者的利害关系;对势态未来发展趋势和发展动向进行预测的准确性和预测时间的长短
	必需性	层次分析法确定	提供的必要程度
	内幕性	层次分析法确定	信息反映时间的机密程度
	新颖性	层次分析法确定	信息所反映的事件是否为新的
信息编写质量	主题的明确性	层次分析法确定	观点的突出性
	思路的缜密性	层次分析法确定	材料组织的周密程度、论述的严密性
	语言的准确性	层次分析法确定	确定程度、用词的贴切性
	表达的简洁性	层次分析法确定	文字的精练性、层次的清晰性
	要素的全面性	层次分析法确定	全面性包括:何人何时何地何事为何如何

对于设定的关于信息价值的评价指标,对应每个指标设计5个评价等级(见表6-2),并且可以根据需要给每个等级赋予相应的分值。这样每个评价指标的得分=某个等级评价的总人数/专家总人数×该等级的分值;信息内容价值的得分=

每个指标得分×各项指标权重；以此类推，得出信息编写质量的得分；信息价值得分＝信息内容得分×信息内容价值权重＋信息编写质量得分×信息编写质量权重。

表6－2　信息价值评价等级

真实性	非常真实	真实	比较真实	一般	不真实
重要性	非常重要	重要	比较重要	一般	不重要
时效性	非常强	强	比较强	一般	不强
准确性	非常准确	准确	比较准确	一般	不准确
精确性	非常精确	精确	比较精确	一般	不精确
完整性	非常完整	完整	比较完整	一般	不完整
针对性	非常强	强	比较强	一般	不强
预见性	非常强	强	比较强	一般	不强
必需性	很必要	必要	需要	一般	冗余
内幕性	非常强	强	比较强	一般	不强
新颖性	非常新颖	新颖	比较新颖	一般	不新颖
主题鲜明性	主题鲜明	主题明确	比较明确	一般	主题不明
思路缜密性	非常强	强	比较强	一般	不强
语言准确性	非常准确	准确	比较准确	一般	含糊不清
表达简洁性	言简意赅	简洁	一般	冗长	词不达意
要素全面性	非常全面	全面	比较全面	一般	不够全面

其次，从需求方来看，信息带来的效益是衡量信息价值的关键。但是哪些效益是哪些信息带来的，非常难以确定，为了应对这种信息不完全性和信息对效益影响的模糊性，我们引入决策树模型来测算信息效益。

举一个简单的例子来说明这种方法的应用，如某企业打算生产一批产品，据估计，销路好（G1）的概率为 $P(G1)=0.7$，此时企业可以获得20万净利润，销路差（G2）的概率为 $P(G2)=0.3$，此时企业将产生10万元亏损，所以企业生产这种产品的期望利润 $=20×0.7+(-10)×0.3=11$（万元）。

为了实现这个期望利润，必须通过市场调查或者其他途径尽量获取相关信息，假设获取信息成本费用为4万元。

按照市场调查经验，实际销路和调查结果会有差异，一般地，调查结果和实际销路都好的概率 $P1=0.7$；调查结果好实际销路不好的概率 $P2=0.3$；调查结果不好实际销路不好的概率 $P3=0.8$；调查结果不好实际销路好的概率 $P4=0.2$。由此可以计算出市场调查结果好的概率为：

$P(D_1)=0.7×0.7+0.3×0.3=0.58$

市场调查结果差的概率为：

$P(D_2) = 0.3 \times 0.8 + 0.2 \times 0.7 = 0.38$

根据贝叶斯公式计算,调查结果好实际销路也好、调查结果好实际销路不好、调查结果不好实际销路也不好、调查结果不好实际销路好的概率分别为:

$P(G1 \mid D_1) = (0.7 \times 0.7)/0.58 = 0.84$

$P(G2 \mid D_1) = (0.3 \times 0.3)/0.58 = 0.16$

$P(G2 \mid D_2) = (0.8 \times 0.3)/0.38 = 0.63$

$P(G1 \mid D_2) = (0.2 \times 0.7)/0.38 = 0.37$

利用决策树模型可以计算各种条件的期望利润,并利用剪枝法去掉不合理方案及期望利润较小的方案,最后进行相关信息决策,如图 6-1 所示:

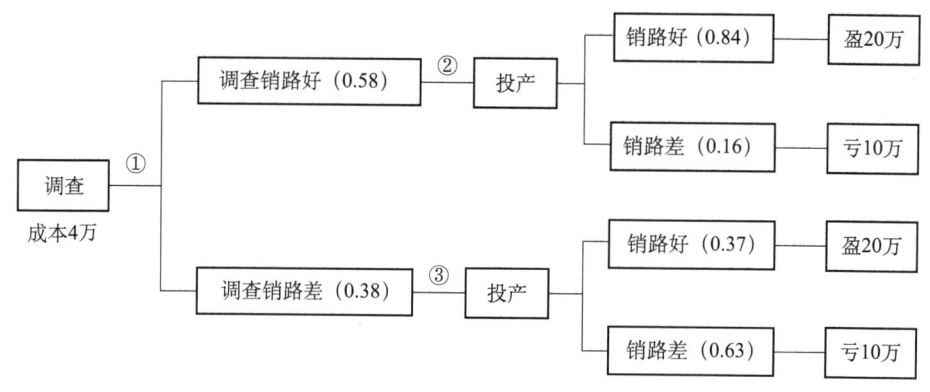

图 6-1 信息决策

综合来看,通过调查了解到,调查销路好的情况下投产,期望利润为 $20 \times 0.84 - 10 \times 0.16 - 4 = 11.2$(万元);调查销路差的情况投产,期望利润为 $20 \times 0.37 - 10 \times 0.63 - 4 = -2.9$(万元)。所以经过决策树分析,调查收集的信息导致期望利润从 11 万元增加到 11.2 万元,从信息使用方来看,这次调查的实际价值就可以用 0.2 万元来衡量。

三、信息价值综合评价法

信息价值一方面是客观存在的,另一方面也因为交易和使用而影响对其价值的判断,综合评价信息的客观价值,并考虑主观因素带来的影响,这是对信息价值比较全面的评价和判断。

利用前文信息价值的客观评价模型,$V = F[H(u), C, T]$,我们可以对信息的价值有一个判断,在此基础上,加入供给方和需求方的主观判断,可以根据实际情况和使用需要,对客观评价和主观评价的赋权进行经验值调整,最后形成对信息价值的综合判断。

第二节 信息价值对城市发展带来的影响

在经济学上,信息的价值是指凝结在信息商品中的无差别的一般人类劳动,与这个价值相关联的还有价值量、使用价值、交换价值、价格等。物联网、云计算、大数据等信息通信技术的快速更新迭代,海量信息的收集、加工、传输和存储都变得更加容易,围绕信息的价值使用和交换,信息化浪潮滚滚而来。信息化是21世纪推动经济增长的最重要技术力量,信息化对经济增长的影响方式和影响机制有其特殊性,影响程度也超越以往生产发展史上出现过的任何通用性技术,其对经济的影响具有时代意义。在城市层面上,信息价值对城市发展的影响可以分为以下几个层面:一是为收集、处理、传输和存储海量信息而快速发展的信息技术本身对城市发展带来的影响;二是信息通信技术通过对其他领域的渗透对城市发展的影响;三是经过处理后的有效信息实现共享和交换等对城市发展的影响。城市发展又可以分为经济发展、空间布局和城市管理等几个方面。

一、对城市经济发展的影响

技术进步对城市经济增长的影响,我国先后也有大量学者从理论和实证方面进行过研究。表6-3是近几年部分学者对我国城市经济增长影响因素定量分析的实证研究结果,可以说,以信息技术为代表的技术进步对我国城市经济增长的影响越来越大,深圳、广州这些快速发展起来的城市,技术进步对城市经济增长的贡献率高达60%以上。

表6-3 技术对城市经济增长的影响部分实证研究成果

分析结论	技术进步	出处
技术进步是影响城市经济增长的主要因素	对香港、深圳、广州三市贡献率达到60%以上	徐永健:《珠江三角洲中心城市经济增长中生产要素作用初探》,《系统工程》1999年第4期

续表

分析结论	技术进步	出处
技术进步增长率对城市生产率的提升有着直接的正向作用，但存在阶段性差异	初期技术进步的贡献力呈加速上升态势，在技术贡献达到一定水平后，呈现平稳增长状态	邓智团、宁越敏：《要素集聚、技术进步与城市生产率——基于长三角16城市的实证研究（1978~2008）》，《南京社会科学》2011年第2期
资本和技术是我国城市发展的主要因素	20%~40%（资本占40%~60%；劳动占5%；土地占15%）	秦敬云：《要素投入与我国城市经济增长》，厦门大学博士学位论文，2007

资料来源：根据中国期刊网的论文整理。

计算机技术和互联网技术对城市经济增长的渗透也日渐加深。在这个过程中，信息通信技术也在更新换代：最开始，信息以文字、编码等形式存在，通过专用邮政车等工具传递；随着电话的出现，信息传播的途径更加便捷；随着电脑和互联网的出现，信息可以实现更加高效的收集加工和传输，计算机和互联网逐渐成为经济增长的核心生产工具；随着大数据、云计算、物联网等新技术的出现，信息化开始广泛而深入地渗透到城市相关领域。不同阶段经济形态主要特点如表6-4所示。

表6-4 不同阶段经济形态主要特点

	农业经济	工业经济	信息经济
生产要素	土地、简单劳动力	资本、能源	信息、知识
核心生产工具	锄头、犁等	大型机械设备	计算机、互联网
主导产业	农业	工业	信息通信产业
基础设施	土地、运河	铁路、公路、电网	互联网

从信息化影响的范围和深度来看，城市信息化在政府部门经历政府重要工作部门办公自动化—重要部门工作内容数字化—城市管理信息化—城市决策信息化的过程；在生产生活领域经历了人们生活娱乐信息化—部分生产部门非生产环节信息化（如物流、售后等）—部分生产部门生产过程信息化—生产领域全面信息化。

总体来看，信息化对经济增长的影响分两个层面：一是直接影响，如信息通信产业规模持续扩大从而带动产业链发展，对GDP增长、经济结构产生影响等；二是间接影响，如对就业、社会发展、精神文化等的影响，这些因素被影响后对经济增长也产生了联动作用。

(一) 对城市经济总量的直接影响

20世纪90年代以来，信息通信产业迅速发展。以美国为例，1999年信息通信产业给美国增加了5070亿美元的产值。目前，信息通信产业已占美国GDP的10%，对经济增长的贡献率达30%。专家预测，未来10年，美国信息通信产业的产值将增加1倍，对经济增长的贡献率将超过50%[①]。

从经济合作与发展组织（OECD）统计的结果来看，2013年，信息和通信技术（ICT）行业在经济合作与发展组织区域占总价值增值的5.5%（即大约2.4万亿美元）。其中，韩国占价值增值的10.7%，爱尔兰和日本占比7%，瑞典和匈牙利6%以上，冰岛和墨西哥则仅占3%（见图6-2）。

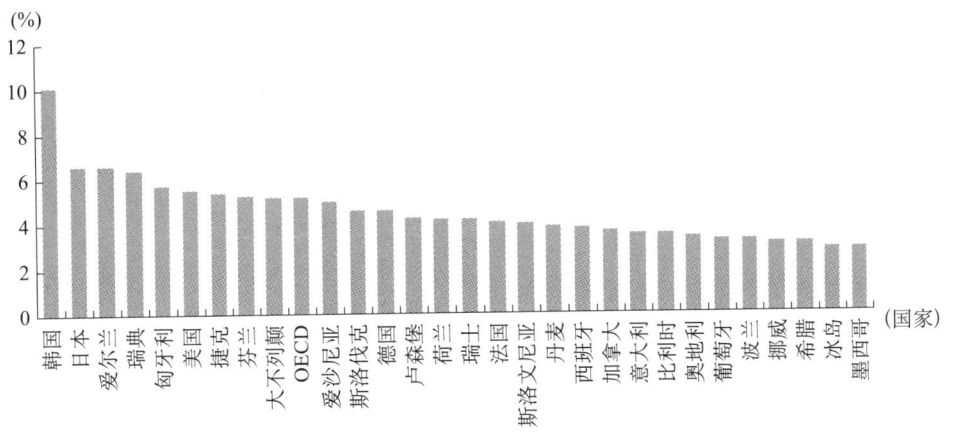

图6-2 2013年OECD信息通信产业增加值占GDP的比重

资料来源：OECD、国家经济核算数据库、欧洲统计局、国家经济核算统计数据资料，2015年4月。译自：www.oecd.org，2015年7月。

各国信息化生产与应用对GDP增长的贡献来看都是显著的，而且信息化贡献较大的国家，经济增长率也相对较高（见表6-5），如美国、荷兰，信息化的贡献率是最高的，都达到1%及以上，经济增长率也是最高的，分别达到3.2%和2.5%，信息化投资增长同GDP增长的Pearson相关系数为0.76[②]。总体来看，各国信息化应用对经济增长的贡献率都大于信息化生产，也就是信息化应用对经济增长的影响普遍大于信息通信产业本身的发展。

---

① http://wenwen.sogou.com/z/q459909584.htm.
② 秦海等：《信息通信技术与经济增长——一项基于国际经验和中国实践的研究》，中国人民大学出版社2006年版。

表6-5 各国信息化对GDP增长的贡献率

	实际GDP增长（%）	信息化的贡献（%）		
		总计	信息化应用	信息化生产
加拿大	2.1	0.8	0.6	0.2
丹麦	1.8	0.5	0.3	0.2
芬兰	1.6	0.7	0.0	0.7
法国	0.3	0.5	0.2	0.3
德国	1.1	0.5	0.4	0.1
意大利	1.4	0.7	0.5	0.2
日本	1.4	0.8	0.5	0.3
荷兰	2.5	1.0	0.7	0.3
英国	2.1	1.0	0.6	0.4
美国	3.2	1.4	0.9	0.5

资料来源：OECD、国家经济核算数据库、欧洲统计局、国家经济核算统计数据资料，2015年4月。译自：www.oecd.org，2015年7月。

从我国的情况来说，从2006年到2012年，包括信息传输、计算机服务及软件业的信息通信产业占GDP的比重在2%以上，这个口径比国外小得多（OECD的ICT统计范围包括：电脑、电子及光学产品制造；信息和通信；出版和广播行业；电信；计算机编程与信息服务），计算出来的信息通信产业占GDP的比重也比国外小得多。有相关研究从较大口径测算，包括电子信息制造业、信息通信业、软件服务业及信息化融合渗透所产生新兴行业在内的信息经济，2014年达到16.76万亿元人民币规模，占GDP的比重不断增加，从2002年的10.3%提升至2014年的26.1%，13年间增长了15.8个百分点[1]，这充分说明了信息化应用对我国经济增长的影响。

另外，在近年的研究工作中，根据2014年我国部分申报信息消费试点城市的统计数据来看，这些城市的GDP与信息通信产业总产值呈现几乎完全一致的增长起落趋势。需要说明的是，这些统计数据的口径略大，因为各城市为了争取列入信息消费城市，对信息通信产业规模统计可能略偏大，但基本上不影响对信息通信产业与GDP发展趋势的相关性。

信息化刚刚出现的阶段，其对经济增长的作用主要是通过信息通信产品得以体现，从统计角度来看，它们就是作为GDP分类产品的一部分被统计到国内生产总值增加值内，直接反映在GDP总量或增长速度中，这是对经济增长最直接的影响。信息通信产业的构成如图6-3所示。

---

[1] 中国信息通信研究院：《中国信息经济增长白皮书（2016年）》，http://www.imxdata.com/archives/14239。

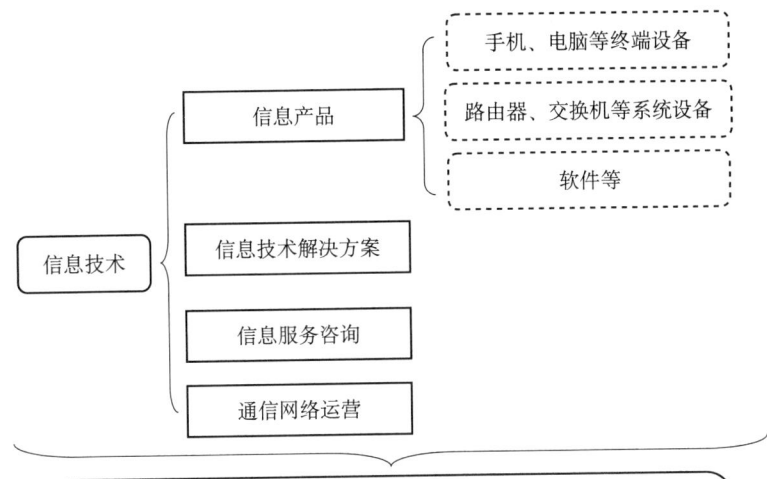

图 6-3 信息通信产业的构成

(二) 对城市经济总量的间接影响

对经济增长的间接贡献指对城市经济结构、城市发展模式、城市管理效率、城市劳动人口就业、城市文化与创新、城市精神和风气等产生的影响。信息化通过对其他领域的渗透,改变人们的经济行为、生产方式,改造提升其他产业生产效率,提高社会的整体经济运行效率,提高人力资源知识水平,创造大量就业机会,改变就业结构和劳动力素质,对社会生产和生活都发挥重要支撑作用。通过这些方式,信息化对经济产生的间接贡献日益受到关注,这也是城市信息化对经济增长产生持久贡献力的关键。

根据 OECD 统计,全球 ICT 行业就业人数超过 1400 万,IT 和其他信息服务,以及电信行业在经济合作与发展组织中占 ICT 就业的 80%。ICT 行业对总就业增长的贡献在过去 15 年中发生了巨大的变化(见图 6-4)。2013 年,ICT 行业占总就业增长的 22%,ICT 就业占比各国稍有差异,爱尔兰和韩国的年同比高于 4%,希腊、葡萄牙和墨西哥年同比低于 2% 不等。

信息化对就业总量的影响体现在,一方面通过新业态的出现来创造新就业岗位,如信息化柔性定制使得拥有特殊技能的个人制造者能够与大型工厂平等竞争,专业技能人才可以通过众包、众创、众筹等方式利用碎片化时间参与创新创业,实现集中式向分散式的形态转变,创新创业主体依托新工具、新平台从企业

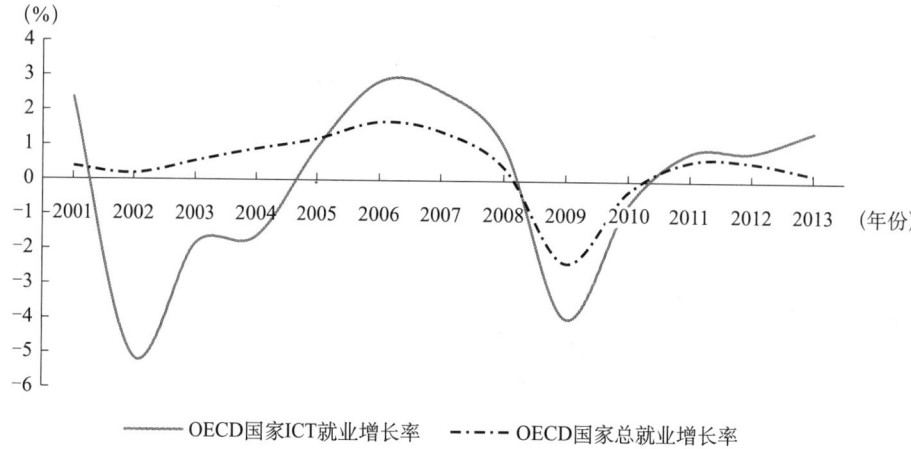

图 6-4 OECD 国家/地区 ICT 就业情况

注：经合组织区域的加总包括 27 个可获得完整资料的经合组织国家。2013 年的数据为估计值。
资料来源：国家经济核算数据库和国家资料。

延伸至个人。另一方面替代了传统行业缺乏技术技能的岗位，或者是高危领域就业岗位。

二、对城市空间布局的影响

布罗特奇（J. Brotchie）的技术变化空间影响模型描述了信息化条件下经济形成的空间特征（见图 6-5），他认为后工业社会的信息化综合了前工业社会经济活动分散、工业社会经济活动集中与互动性强的特点，信息化经济集中发展到一定阶段后，开始分散发展。加鲁（Joel Garreau）认为在美国最大的 35 个城市周边已有 123 个边缘城市，正在出现 77 个边缘城市，缓解了大城市的压力，由于信息化的作用，边缘城市和中心城市数量不断增加，但边缘城市与中心城市的联系并未减弱。

早期信息化开发相关产业往往聚集在城市中心区或一个区域内，信息经过一定程度编码和抽象后则可以分散到各个区域。信息通信产业的分级和发展导致其分布出现空间二元化，高级开发和制造业占据中心位置，装配或劳动密集的生产部门分散到特定地区。而信息化渗透的其他行业区位选址也发生变化，研发、创新与原型制作集中在创新中心；分支工厂里技术性制造常位于本国新兴工业化地区；技术、大规模的组装和测试工作大部分位于发展中国家；售后服务、技术支持与调整设备等在全球范围内的区域中心被组织起来，形成了一个网络①。生产服务业不再依赖消费者空间邻近，可以远程服务；信息生产与处理一般集中在大城市；公司总部、分支机构及后勤部门和零售办公出现空间布局差异化，总部集中在城市中心区，其他部门则分散布局。

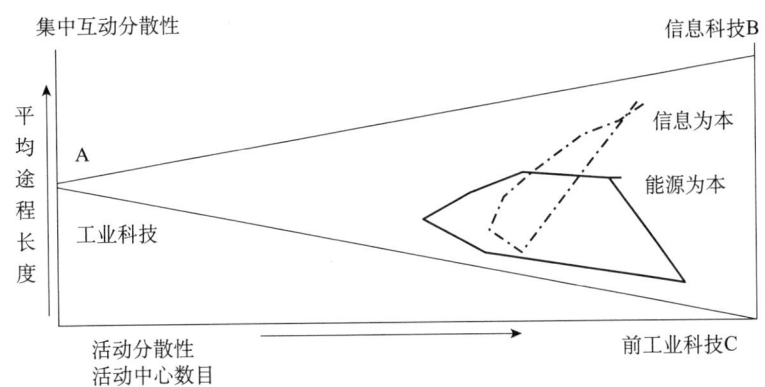

图 6-5　技术变化的空间影响

资料来源：闫小培：《信息通信产业与城市发展》，科学出版社 1999 年版，第 18 页。

空间布局是影响城市资源配置效率的关键要素，信息化的发展对城市各项活动的区位选择产生了深远的影响。从产业布局的角度来看，信息化降低了距离摩擦作用，压缩了产品的体积和重量，使传统选址布局的综合约束成本都出现了不同程度的变化，产业布局的范围选择更加灵活自由。同时，信息化发展打破了传统"核心—边缘"的城市空间结构模式，形成了各种资源新的集聚和扩散方式，如金融、信息服务、管理等职能集聚化更加明显，而居住、工业等城市一般功能则呈现分散趋势。

无论城市空间发生哪些具体的变化，总体上，信息化对城市空间结构的影响机制基本上是遵循综合成本最低化的方向发展的，这是市场力量作用的结果，政府宏观调控也只能顺势而为。信息化将提供便捷的信息交流，提高劳动生产率，减少产品大、笨、重带来的高运输成本，提高物流效率，改善服务水平，在这个过程中，相关产业根据各自特点，利用信息化，选择在可以最大限度地减少生产成本的地方布局，同时，这个过程中催生的新兴产业也需要在城市中占据一定的空间。当前，信息化只是在传统的影响因素之上发生作用，随着信息化的深入发展，其对城市功能分区的作用会产生颠覆性的影响，城市将成为全球网络空间的

---

① [美] 曼纽尔·卡斯泰尔：《信息化城市》，崔保国译，江苏人民出版社 2001 年版。

一个节点，为自身网络空间拓展提供物质、能源和技术支持，与网络中其他城市共谋发展，在自身迈向世界性城市的同时也调整城市空间结构。

（一）孕育网络化城市空间结构

在信息化背景下，时空距离对各种功能活动的空间位置约束作用极大程度地缩小，便捷的通信网络取代交通可达性因素，成为城市发展主导影响因素之一，区域间的时空距离以及区域间的界限逐渐淡化或模糊。城市在区域中的地位和作用不再仅取决于其规模和经济功能，在很大程度上还取决于其作用复合网络连接点的影响力，区域的发展不仅取决于网络节点的规模和功能，还取决于网络节点间的联系类型及其联系的复杂性。

城市中心区高额的土地租金促进许多企业及其办公室向郊区转移，许多不需要面对面信息交流的产业被转移到了郊区地点，人们可以不用进入城市中心区，通过互联网进行办公，与城区进行信息交流。比如靠近北京、上海等大城市分布的一些开发区，通过信息化，许多信息处理可以不通过城市中心而直接传递到其他城市，信息化使企业的活动大部分集中在开发区内部完成，这样使生产、工作、生活与居住相对集中于开发区，推动了城市郊区化。我国部分城市对围绕产业形成的城市功能聚集区也反映了信息化对城市结构的影响，如北京，1996～2008年生产性服务业空间结构呈现由单中心到双中心的演化特征，集聚中心外围零星分布若干区域性峰值中心，围绕集聚中心和峰值中心呈现圈层递减分布特征，核心区域集聚趋势增强[1]。

网络式结构特征[2]可以反映信息社会区域——城市的空间形态，在这个巨大的网络系统中，中心大城市的作用被进一步强化，网络的主干是国际性城市之间的连接通道，分支是国内的大城市与其他地方中心城市的连接通道，次中心城市则是参与经济全球化分工的中小城市，世界级大城市往往就是国际化网络的集聚节点。连接各城市之间的通道不仅是传统的交通通道、资金通道，还依赖信息化发展起来的网络通道，交通道路联系的紧密度也可能被信息化进一步强化，也有可能被弱化，被强化或者被弱化主要看交通通道和信息通道的互补性。在中心城市周围分布的边缘城市可以依靠网络加强联系，空间上看起来更远、更加分散，但这种联系紧密度正好满足城市体系发展的需要，如图6-6所示：

---

[1] 邱灵：《北京市生产性服务业空间结构演化机理研究》，《中国软科学》2013年第5期，第74-92页。
[2] 李和平、严爱琼：《信息时代城市空间结构的发展》，《重庆建筑大学学报》2002年第24卷第4期，第1-6页。

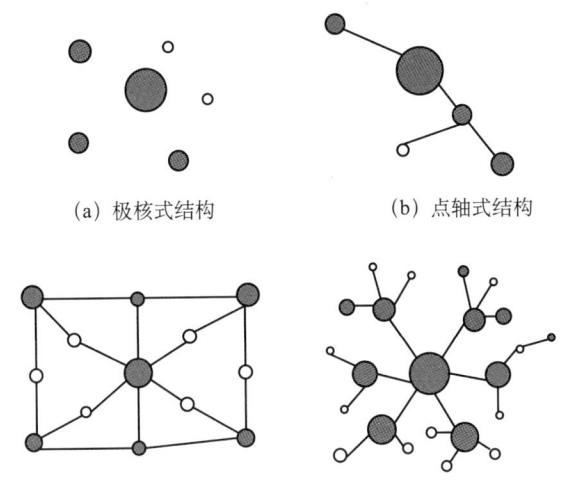

(a) 极核式结构　　(b) 点轴式结构

(c) 网络式结构

图 6-6　信息化时代城市空间结构模型

资料来源：根据《信息时代城市空间结构的发展》（李和平、严爱琼）整理所得。

（二）助推"都市圈"快速发展

都市圈又称城市带、城市圈，指在城市群中出现的以大城市为核心，周边城市共同参与分工、合作、一体化的圈域经济现象。一般认为都市圈是在特定的地域范围内，以一个或者多个经济较发达并且有较强城市功能的大城市或者特大城市为核心，以一系列不同性质、规模、等级的中小城市为主体，共同组成在空间上位置邻近，在功能上相互补充、相互依存、紧密联系的具有圈层式地域结构和经济一体化趋势的地域空间组织。

城市群或都市圈的发展就意味着城市发展到一定阶段，城市空间开始逐渐突破行政区划的限制，一个城市内部的经济格局和配套设施及相关服务跟不上城市圈的整体发展，城市之间的交通、物流、基础设施、相关服务的一体化要求越来越高，信息通信技术对相关领域的协同发展发挥了较好的促进作用，城市国际网络化发展使城市区域的界限逐渐消失，城市、区域结构在较高水平上达到新的平衡，形成功能上一体化的空间结构体系。

当前，我国主要城市群有三个，分别是京津冀都市圈、长三角都市圈和珠三角都市圈，此外还有规模相对较小的城市群，如沈阳—大连城市群、关中城市群、中原城市群、武汉城市群、长株潭城市群等。这些城市群目前的联系干道仍然主要是交通，所以它们还是分布在地理距离较近的范围内，但信息化在改善这些城市的管理、基础设施建设和居民生活便利的同时，也在逐渐增强自身对城市群的影响力,强化城市通过信息化逐渐建立网络联系通道并产生依赖。

目前,我国信息化助推城市圈发展主要表现在以下几个方面:

第一,是电子收费系统全国统一管理。截至2013年底,全国有26个省市先后建成 ETC 专用车道7600条,通过10多年的推广普及,用户规模达到1300万,绝对规模可观①。而且,国家层面不断加大 ETC 的推广力度。2013年交通运输部发布《关于改进提升交通运输服务的若干指导意见》,要求各地政府在 ETC 联网方面加大资金投入,加快实现全国 ETC 联网,为 ETC 用户提供跨行政区服务。国务院也发布促进旅游业改革发展意见,提出加快推进高速公路电子不停车收费系统(ETC)建设。在政策鼓励下,河北省交通厅宣布京、津、冀、鲁、晋五省市高速 ETC 可享受九五折优惠;浙江对 ETC 用户的高速公路通行费给予3%的优惠,同时为首批1万名用户免费安装 ETC 电子标签,第二批两万套电子标签以半价方式提供等系列优惠政策。据交通部领导表示,2015年底,全国29个省份实现了高速公路 ETC 的联网。

第二,是区域通关一体化。2014年9月,长三角海关区域通关一体化改革,此次在上海、南京、杭州、宁波、合肥海关的启动运行大大提高了工作效率,目前,南昌、武汉、长沙、成都、重庆、贵阳、昆明7个长江经济带海关的监管、风险、审单业务骨干已到长三角海关区域通关一体化应急协调中心来观摩改革试点切换和业务培训。长三角区域5个海关正在强化跨关区联系配合,下一步将启动第二阶段改革计划,配合长江经济带的其他7个海关,开展改革试点各项准备工作,确保一体化改革在整个长江经济带海关的全面启动。在区域通关的基础上,2015年实现全国42个直属海关关区的全覆盖,实现全国一体化通关,2016年6月1日,海关总署表示已经在上海启动全国通关一体化试点。

第三,是跨行政区享受公益服务。2015年通过的《全国医疗卫生服务体系规划纲要》就明确提出,在京津冀、长三角、珠三角等地区探索建立跨区域医疗卫生机构。跨区域医疗卫生机构的正常运转需要医保信息、病历、药品等医疗相关信息配套。长三角启动"一日就医"的绿色通道服务,早上乘动车组列车从江苏镇江出发,不到8:00就抵达上海某医院门诊部,按电话预约的时间看专家门诊,下午就拿到了检查报告,小到就医绿色通道,大到医保异地联动"破冰",长三角医疗服务一体化的进程正在不断提速。上海、江苏和浙江已实行公交卡一卡通,其他领域也在积极推进。

---

① http://www.qianzhan.com/qzdata/detail/149/150116 - a7f50319.html,2015年1月17日。

第四，是其他生产生活服务领域。如物流标准化、农产品流通、商品市场转型升级等领域，利用信息化加快这些领域跨城市跨区域一体化服务，也是长三角、珠三角和京津冀等城市群合力积极推进的领域，目前部分地区已经取得较好成效。

在今后的发展过程中，信息化也将允许部分城市功能转移到空间距离相对更远的地方，逐渐发展若干边缘性城市，这样使原来的城市群功能进一步提升为中心城，边缘城市形成辅助中心城市发展的格局，这种演变过程促使城市化不断提高，中心城经济效益外溢，带动周边地区发展，城镇化发展战略的目标也正是如此，在实现这个目标的过程中，信息化将成为可以依赖的重要支撑力量。

（三）推动欠发达城市跨越式发展

信息化激活优质资源，为落后城市插上腾飞的翅膀。据调研，湖南南部的永州市，利用信息化应用机遇，结合特色优势资源，开启"互联网+农产品"行动计划，打造集"电商区""快递物流区""第三方服务区""冷库及冷链物流"等六大功能区域于一体的江永电子商务街。2015年11月，永州市及下属的11个县区政府分别与阿里巴巴集团、杭州甲骨文科技有限公司签订"村淘"及农产品防伪溯源合作协议。永州正式成为全国首个由地级市政府牵头，下属所有县区同时整体推进阿里巴巴农村淘宝、农产品质量追溯体系项目的地级市，"农产品上行"与"消费品下行"比翼齐飞，部分人实现了脱贫，大部分人的生活水平大有改善，关于这方面的案例还有很多。

信息化对接优质教育资源，播下了改变落后贫穷的种子。甘孜康定市位于四川西部，在康定，建立了一套"智慧教育系统"，分为A、B两个平台，A平台目标定位是"省内优质带动州内优质"，依托成都市机关三幼、成都市实验小学、成都七中育才学校、成都七中四所省内优质幼儿园和学校，把教学资源引入州内，同时，根据学生年龄及接受程度，针对不同年级，开展幼儿园"远程观摩式"教学、小学"远程植入式"教学、初中"远程录播式教学"和高中"远程直播式"教学。为了防止教学的"水土不服"，B平台目标定位是"州内优质带动州内薄弱"，录制甘孜州内康定市回民小学、康定市民族中学、康定中学等本土学校的优质资源，通过网络传输到较为偏远的农牧区学校。A平台覆盖30%左右的学生，实现学生足不出户就能远程跟读省内名校的梦想；B平台覆盖70%左右的学生，坚持教学贴近农牧区实际，促进州内教育均衡优质发展，B平台与A平台形成互补。目前，这些做法正在贵州、西藏、新疆、甘肃等西部地区和东部、中部落后地区推广应用。

信息化应用超前城市经济增长，为城市持续发展注入活力。根据腾讯研究院对2016年中国各城市"互联网+"指数测算表明,由于"互联网+",也就是信息化与其他领域的融合,引发产业信息化程度加深和创新创业发展[①],形成产业分指数和创新分指数的加权排名,对比2015年各城市GDP总值排名(具体情况见表6-6),在中部、西部和东部一些相对落后的城市,信息化应用对各产业的发展和创新创业的带动作用明显,指数排名已经超过当前GDP排名,这些相对超前的信息化应用将刺激经济的更快发展,为下一轮GDP增长提供保障。

表6-6 信息化应用引发"产业+创新创业"排名领先GDP的黑马城市

城市	产业+创新创业排名	GDP排名	领先位次	城市	产业+创新创业排名	GDP排名	领先位次
洛阳	56	211	155	阳泉	166	258	92
海口	43	191	148	忻州	159	250	91
甘孜	183	320	137	大同	117	207	90
三亚	170	294	124	张家界	203	292	89
丽江	188	310	122	梅州	129	217	88
潮州	109	225	116	阜阳	95	175	80
云浮	141	255	114	运城	90	169	79
秦皇岛	72	171	99	佳木斯	166	234	69
巴中	193	286	93	丽水	128	196	68
清远	80	172	92	喀什	274	342	68

资料来源:腾讯研究院:《中国"互联网+"指数(2016)报告》。

信息化在推进城市空间优化和协同中的突出问题表现在:一是各地区有不同的标准,标准的差异会影响互联互通;二是各地方的政策差异,对公共领域的政策差异影响了建设进程和共享积极性;三是地方利益诉求的差异,这是影响地区协同的根本原因,在某些领域的发展需要突破地方层面所制定的相关措施;四是在促进欠发达城市发展中的突出问题表现在信用体系的建设不完善,以及老百姓对信息化的理解与认识不足。

三、对城市管理的影响

信息化对提高城市管理效率、便利服务民众、加强市民与政府沟通等都发挥了重要作用,这种案例也是数不胜数。如美国纽约警察局的CitiStat与311电话平台联合,311电话系统主要处理市民非紧急类事物,是市民和政府的沟通平台。CitiStat通过311获得市民的需求和投诉信息,并且可以很方便地跟踪管理部

---

① 腾讯研究院:《中国"互联网+"指数(2016)报告》,2016年。

门的处理情况和反馈时间，每周处理 15000 个电话，为市民提供了便利。新加坡已经实现了城市信息互联互通和数据交换与共享，消除了"信息孤岛"，实现信息与应用的整合，为民众生活便利提供了有力支撑。深圳市在 2006 年开始数字管理后，日立案数量提高了 136 倍，任务派遣准确率达到 96%，结案率达到 97%，案件平均处理时间由刚试运行的 100 小时缩短为 11.7 小时，并且逐月呈递减趋势。据悉，2006 年斯德哥尔摩开始试用智能交通系统，到 2009 年实现交通堵塞降低 25%，交通排队所需时间降低 50%，出租车的收入增长 10%，城市污染也下降了 15%，并且平均每天新增 4 万名使用公共交通工具的乘客，有效地实现了绿色、便利的交通。

我国所有城市管理或多或少引入了信息化，在一些大城市，信息化对城市管理效率提升已经初步显示成效。如北京已建立覆盖城六区的两级信息化城市管理系统，"十一五"期间主动发现和解决了城市管理问题约 600 万件[1]，基本实现城市信息化管理常态化，并将网格化管理模式向污染源监控、流动人口和出租房屋管理、文物保护、文化市场监管、经济运行监测等领域渗透。实现了"管得了的看得见，看得见的管得了"，将监督和执行两者有机结合[2]。即使在西部地区，贵州移动建设的"数字城管省级平台"运行后，市民可拨打城市管理热线或发送短彩至 12319 反映城市管理问题，"数字城管"指挥平台会将市民反映的问题一一交由具体部门处置。

移动通信技术的发展进一步推动了信息化在城市管理中的应用，手机短信可以为市民提供信息服务，如重大灾难性天气提醒、紧急事故应对措施提醒、重要公共信息告知等。在政府实现各部门信息化办公、市民通过信息化与政府实现更好互动的基础上，政府通过城市信息化系统对城市全面管理的能力加强，在全市范围内实现更好的资源配置和管理效率。

城市管理是政府与市民、第三方机构和企业组织等城市主体群，综合运用行政、经济、法律、教育等手段，对城市经济、社会、环境发展和规划、建设、运行全过程进行全面的综合管理，以充分利用资源、促进城市发展。

电子政务是信息化对城市管理最早的影响方式，通过信息化提高政府办公效率，加强政策透明度，增加政府信息可获性，促进政府与市民互动等，这是各国在城市管理中最先引入信息化的主要方式。

---

[1] 《北京市"十二五"时期城市信息化及重大信息基础设施建设规划》，http://zhengwu.beijing.gov.cn/ghxx/sewgh/t1202570.htm。

[2] 颜文明：《关于数字化城市管理的调研及思考》，http://wenku.baidu.com。

数字城市随着信息化应用深入而开始成为城市管理的新手段，地理信息系统成为重要应用领域，政府可据此开展城市规划、环境服务、交通服务、安全服务、行政管理等，更重要的是，市民可通过地理资讯查询服务，了解自己需要的基本信息，如公共服务机构、休闲娱乐场所、交通换乘等。数字化基础设施，如城市管网系统智能化能够避免重复建设，加大资源利用率，为民众生活提供更大的便利；部分发达城市信息化系统开始延伸到社区服务，如社保、保健、居民管理等。综合了智能基础设施、电子政务、便民信息服务系统、智能电网、智能监控等功能，可以统称为城市信息化系统的功能细分，从而逐渐提升整个城市的管理水平。

（一）加强城市基础设施管理

数字化城市管理很早就被提出了，主要是通过信息通信技术应用在城市管理的相应领域或者部门，以实现现代城市管理决策、执行和监督分离，提高城市综合承载能力，促进城市可持续发展。目前在推进范围和推进深度方面确实取得了较大进展：

第一是在燃气、电力等高危资源传输管道建设维护方面。依托行业自身信息管理系统建设，在资源调配、实时监控、管道维护、应急处置等方面都已采用了较为先进的信息化手段。如北京燃气集团利用北斗卫星导航定位技术，在全市布设6座北斗地基增强基准站，基于"北斗＋GPS"的混合定位方式，可让巡检人员通过移动设备实现五环路范围内5厘米的高精度定位，准确记录问题管线地理位置，并上报系统以快速应对和处理。港华燃气已在东莞市实现对城市内的所有燃气管线布局进行电子化监控，并在所有关键传输节点部有燃气泄漏报警装置。一旦发生管线破损和燃气泄漏，信息系统可以第一时间进行报警，并迅速锁定泄漏管线段，工作人员可依托信息系统实现泄漏管线段燃气供给的远程关停，防止危险扩散。

第二是基础设施地下管线信息化管理。地下管线历来是城市的"血管"和"神经"，地下管线涉及给水、雨水、污水、有线电视、工业等十多种地下管线，形成了一张错综复杂的地下管线网络，传统的二维管理方式难以准确、直观地显示地下电力管线交叉排列的空间位置关系。采用地理信息系统（GIS）技术、数据库技术和三维技术等信息化技术，能直观显示地下管线的空间层次和位置，以仿真方式形象展现地下管线的埋深、材质、形状、走向以及工井结构和周边环境，极大地方便了排管、工井占用情况、位置等信息的查找，为今后地下管线资源的统筹利用和科学布局、管线占用审批等工作提供了准确、直观、高效的参考，因此，许多城市将管线信息化作为城市信息化的重要内容。据天津市城市规划局表示，天津市地下管线普查及信息化建设测绘阶段工作已基本结束，各区县制定了详细可行的地下管线信息化建设方案,并按计划实施,部分规划分局已安装了辖区的地下管线综合管理信息系统,并配置了基础数据。

(二) 改善社会治理效率

数字化城市管理从以往的概念和规划阶段逐渐到落实;从以往主要从社会经济管理的核心部门开始逐渐发展到对基础设施的信息化管理和监控;从以往的宏观或中观管控发展到细分的网格化管理,对城市管理更加全面和深入,与通过信息化实现城市管理智能决策还有差距,但是部分领域,如社会治安方面,在部分城市已经基本可以实现实时监控和处理。

关于数字化受理处理城市管理问题。据统计,2009年末,重庆市数字化城市管理市级平台共受理城市管理问题案卷143061件,结案139848件,处置完成134498件,处置率为94%;2015年5月重庆市主城数字化城市管理工作情况,主城区受理案件最多的是渝中区,共计13056件,有效立案数13039件,结案数11444件,结案率为87.8%。城管问题的平均处理时间由一周左右缩短为一天左右[①]。北京西城区2006年完成了7个街道办事处和9个主要城管和应急单位的分中心建设,将案件办理延伸到委办局下属的科、所、队,实现了区、街(委办局)、居(科、所、队)的三级协同办公,建立了与区中心系统配套的业务办理、指挥调度、传真群发、多媒体显示、视频监控和会议电视等分中心系统,在全区范围内实现了信息资源共享,从而整体提高了全区城市管理部门的信息化水平,消除了城市管理的"短板效应"。2010年,天津市数字化城市管理市级系统和中心城区6个区级系统正式联网运行,2015年,城市数字管理系统全面验收。上海城市管理信息化也是走在前列,2006年起,上海在中心城区全面推开城市网格化管理,将市政、交通、税务、房地、市容、环卫、绿化等部门各自建立的GIS系统纳入网络化管理大系统中,上海已经形成了市、区、街道三级之间的大型数据库,6000多个管理网络以及其中数百万个部件和事件在这个平台上系统运行后,市容面貌进一步改观,基础设施完好率明显提高,可以实现各个层面之间的实时沟通和信息共享[②]。

(三) 提高城市管理决策能力

2008年底,IBM前任CEO彭明盛首次提出"智慧的地球"概念,其内涵是利用新一代信息化,以整合、系统的方式管理城市的运行,让城市中各个功能彼

---

① 江小姣:《数字化:让城市管理逐步实现现代化》,《重庆日报》,2010年1月22日。
② 葛伟民:《上海城市网格化管理信息系统建设的经验和问题》,http://www.doc88.com/p-3099512127274.html,2005年5月21日。

此协调运作，为城市中的企业提供优质的发展空间，为市民提供更高的生活品质。从目前的发展趋势来看，智慧城市将在城市运行和发展的各个环节，充分利用各种信息感知、自动控制、网络传输、智能处理等信息通信技术，使城市管理更科学，使市民生活更美好，使经济增长更具竞争力，使城市发展更可持续。图6-7是关于智慧城市的架构示意图，主要包括感知层、网络层、平台层、应用层，通过各种感知设备获取相关的信息资源；经过通信网、互联网和物联网传递到平台层；云数据中心存储，公众信息平台和大数据平台加工处理；将加工后的信息应用在应急指挥、数字城管、平安城市、政府咨询、智能交通、数字物流等各个行业和应用领域。

目前，我国各大城市在推进智慧城市建设中，都取得了一定的进展，截至2014年9月已经有400多个城市提出建设智慧城市，通过对信息价值的充分利用改善城市的管理，加强城市资源优化配置，提高城市综合承载力。

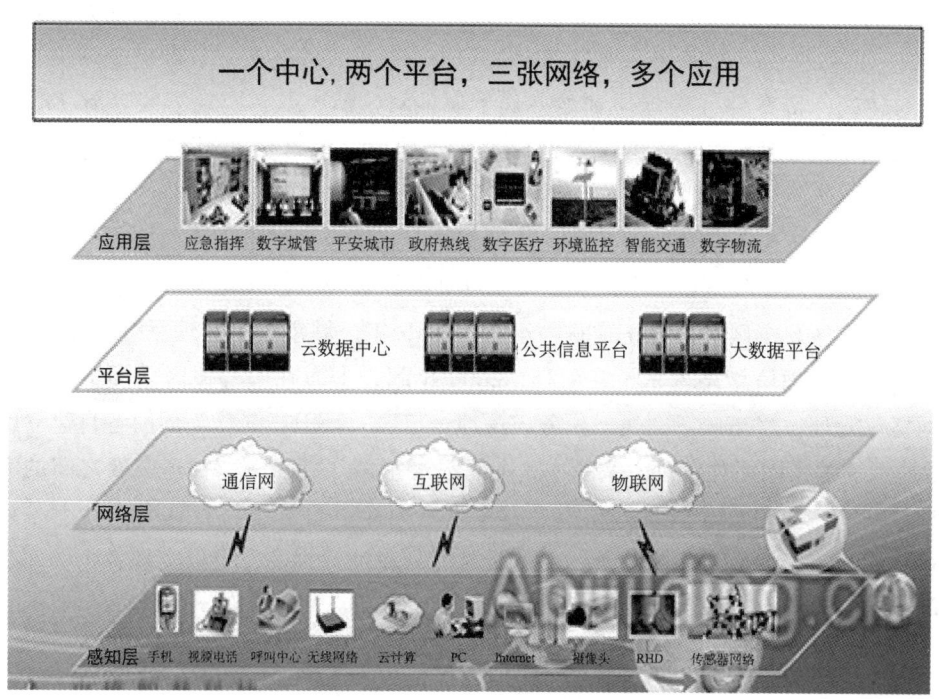

图6-7 智慧城市的架构示意

资料来源：中国信息通信研究院智慧城市项目研究成果总结。

第三篇　文化经济

　　文化和经济发展是密切相关的，企业要有企业文化，城市要有城市文化，区域要有区域文化，国家要有国家文化，文化以其软实力发挥着重要作用。因此，研究文化和经济的关系，研究二者的作用机理是一项很重要的工作。

　　发达地区有发达地区的文化，大的企业也与企业文化挂钩，而人的发展最后也归为文化理念。因此，在界定文化概念的同时，我们对文化的层次进行梳理，并对其经济转化进行演化分析，我们可归总出特殊规律，这就是社会文明不断进步和经济发展所呈现同步的过程。

　　不同国家，不同地区，不同城市，其文化不同，而特殊文化在助推经济的同时，其本身也演化成产业，而且成为前沿产业，越是发达的国家和地区，其文化产业所占的比重越大。所以，文化经济绝对是城市经济中前沿经济的重要组成部分。现在，很多发达国家和地区都开始了文化产业发展规划，因此，理论上对文化产业进行定位，这是制定文化产业发展规划的重要依据。

　　本篇就从文化概念界定，分层梳理及与经济发展挂钩，以及文化产业发展定位等多方面进行研究，以期对文化的重视、保护、挖掘以及文化产业的发展能有一定的指导作用。

　　文化内容广博，准确界定较难。

　　英国人爱德华·泰勒1871年在《原始文化》中对文化的界定是：文化是一

个复杂的总体，包括知识、信仰、艺术、道德、法律、风俗以及人类在社会里所得到的一切能力与习惯。

《法国大百科全书》对文化的界定是："文化是一个社会群体所特有的文明现象的总和。"西班牙《世界大百科全书》则认为，文化就是在某一社会里，人们共有的由后天获得的各种观念、价值的有机整体，也就是非先天遗传的人类精神财富总和。

《中国大百科全书》（哲学卷）中对文化的定义为："广义的文化总括人类物质生产和精神生产的能力，物质和精神的全部产品；狭义的文化指精神生产能力和精神产品，包括一切社会意识形态，有时又专指教育、科学、文学、艺术、卫生、体育等方面的知识和设施，以与世界观、政治思想、道德等意识形态相区别。"

《现代汉语词典》给文化下的定义是："人类在社会历史发展过程中所创造的物质财富和精神财富的总和，特指精神财富，如文学、艺术、教育、科学等。"

但大道至简，我们可以把文化简单归为文明教化。"化"字在《说文解字》里属"匕"（huà）部。许慎解释"匕"为"变"也。"匕"加个"亻"旁，作"化"。《说文》又曰："化，教行也。从匕从人。"不难看出，"化"作"教化"解。《易经·贲》中"故'小利有攸往'，天文也。文明以止，人文也。观乎天文，以察时变。观乎人文，以化成天下"，意即通过观察天象来了解四时的变化，凭借观察礼教文化来教化天下。

对文化进行梳理，我们可把文化分为三个层次：一是以器物技术为主的表层文化，是人类对物质利用的形态和技术；二是以制度组织为主的中层文化，又可以称之为管理文化；三是以意识形态为主的深层文化，又可以称之为精神文化，如观念、价值观等。

不同地域有不同的文化，不同城市有不同的文化，不同企业有不同的文化，而不同的文化，其带来的发展结果是不一样的。因此，研究文化，特别是文化的经济转化，这是一个非常重要的前沿课题。

2017年10月28日，阿里巴巴董事局主席马云在个人微博上公布一张电影海报，并配以大有深意的"那一夜，那一梦"六个字，证实他将出演一部宣传太极文化的电影——《功守道》。马云在多个场合都表示，"个人或者社会，没有对文化的追求和创新，就没有办法发展"。实际上，马云痴迷太极要早于阿里巴巴的创立。在1988年马云大学毕业之初，他就在西湖边上的公园里学习太极拳，此后他跟过的太极拳老师不下8位，至今已近30年。马云也曾讲述他喜欢太极拳的理由——太极的阴和阳，物极必反，什么时候该收，什么时候该放，什么时候该化，什么时候该聚，这些跟企业管理有异曲同工之妙。可见，文化是根，文化是魂。

第七章
文化价值的分层梳理

第一节 文化价值的概念

不同文化其创造力不同,依创造力的大小,我们就可判断文化的价值,比如一项技能,一件产品,一门知识,它们都能体现经济价值,但依技能复杂程度、知识深奥程度的不同,其经济价值的体现又有所差异。

文化的价值还可以从"文物"上来看,即从"文而化物"的角度来衡量。唐代以前,文物即指"礼乐典章制度"的"物化",《左传·桓公二年》记载:"夫德,俭而有度,登降有数,文物以纪之,声明以发之;以临照百官,百官于是乎戒惧而不敢易纪律。"之后,《后汉书·南匈奴传》有:"制衣裳,备文物。"唐代以后"文物"一词被界定为"具有历史、艺术价值的古代遗物"。骆宾王诗:"文物俄迁谢,英灵有盛衰。"杜牧诗:"六朝文物草连天,天淡云闲今古同。"这里所指的"文物",其含义已接近于现代所指文物的含义,所指已是前代遗物了。北宋中叶(11世纪),以青铜器、石刻为主要研究对象的金石学兴起,以后又逐渐扩大到研究其他各种古代器物,把这些器物统称之为"古器物"或"古物"。在明代和清初比较普遍使用的名称是"古董"或"骨董"。到乾隆年间(18世纪)又开始使用"古玩"一词。这些不同的名称,含义基本相同,但在很多场合,古董、骨董和古玩,是指书画、碑帖以外的古器物。中华人民共和国成立以前,古物的概念和包括的内容比过去广泛。1930年《古物保存法》

明确规定:"本法所称古物是指与考古学历史学古生物学及其他与文化有关之一切古物而言。"说明其概念已远远超出过去所称"古物""古董"的范围。20世纪30年代中,"文物"一词又重被使用。1935年北平市政府编辑出版了《旧都文物略》,同年成立了专门负责研究、修整古代建筑的"北平文物整理委员会"。这里"文物"的概念已包括了不可移动的文物。

关于文物古迹价值的认识,在不同的时代、不同的国家具有不同的认知,如1964年《威尼斯宪章》中对文物古迹价值定位为应具备美学、考古及艺术价值;而国际公约中则强调具备历史、科学和艺术的普遍价值。我国经过几十年的发展和不断更新将文物古迹的价值明确为三大方面的内涵:

1. 历史价值

文物古迹的历史价值内涵主要表现在以下几个方面:①是由于某些历史事实造就,能够真实地反映这一历史事件。②能够在某种程度上体现特定历史时期的生活方式、风俗习惯、生产方式、思想观念以及社会风尚。③发生过重大历史事件、与重要历史人物的重大活动有关,并可以真实地突出事件发生或人物活动的特定历史环境。④能够有效地补充或证实某项在录史实。⑤在所有现有的历史文物中,它的年代以及类型具有一定的稀有性和独特性,最具有其时代的特点,具有一定的代表性。⑥在一定程度上能够体现文物古迹本身的发展和变化。

2. 科学价值

科学价值主要体现在:①其设计规划包括布局选址、防御自然灾害、造型和结构设计选取等,具有一定的时代特色。②文物古迹的材料、造型、建造工艺及特定的场所。③文物古迹中保留或记录着当时重要的关于科学技术成果的科学技术水平和科学技术发展历程。

3. 艺术价值

艺术价值的体现又分为以下几个方面:①具有包括空间造型设计、构成、装饰类型等的建筑艺术价值。②景观价值,包含人文景观、园林景观、城市景观在内的风景名胜,以及风貌特殊的古迹遗址景观。③附属在文物古迹之中的雕像、壁画等艺术品以及陈列物装饰物等。

就艺术品而论,蔡醒善(2010)认为,"艺术价值一般包括艺术的审美价值和经济价值。艺术的审美价值是艺术价值的主体,是一切艺术品存在的根本。艺术的经济价值是指艺术的市场价值,它以价格来表示"。"一件艺术品的产生其实是艺术家创造艺术审美价值的劳动过程。艺术家必须借助于外部世界的自然属性,通过其本身的发现与创造美的素质,能够从客观世界中找到具有审美价值的元素，把它以创作的形式表现在自己的作品中，并能够高于所提取的素材。""作品的艺术价值是以艺术本身为依据和准则对艺术作品作出一种价值判断"。①

文化所创造的价值既有直接的，也有间接的。拉什顿（Rushton）在《文化经济学的视角：文化多样性和艺术的公共资助》中谈道："诸如文化遗产、博物馆之类的公共文化产品，还存在一种'外溢效果'，影响其他经济单位的效益或成本，如提供就业机会、发展文化旅游、提升周边房产价格、促进招商引资，所有这一切给所在地域带来可观的经济收益，增加政府税收。"

但认真分析，影响力大的还是以理念为核心的深层文化，它渗透在每个角落，所以，梳理理念，探讨其影响力，这是一个很重要的内容。

第二节 文化的分层划类

对于文化理念，我们可以从阴阳的角度，按一分为二的辩证思维，形成对立的两极，如图7-1所示。但好的理念亦有层次之别，比如真、善、公、正这是至高的层次。我们研究各种宗教，最后可以得出这样的结论：所有的宗教都是殊途同归，劝人向善，没有劝人向恶的宗教，如果有，那就是邪教。

图7-1 文化理念的阴阳分化

80%的美国人都信奉基督教，很多大富豪都是讲捐钱。天下最闻名的富豪当数比尔·盖茨。他曾经一连20年成为美国首富，2000年他建立一个比尔及梅琳达·盖茨基金会，2008年比尔·盖茨公布将580亿美元资产捐给慈善基金会。2006年6月25日，美国大富豪巴菲特签署捐款意向书，正式决定向5个慈善基

---

① 蔡醒善：《浅谈艺术的审美价值和经济价值》，《大庆社会科学》2010年第6期。

金会捐出其财富的85%，约合375亿美元。巴菲特有这样一句名言："我想留给子女的东西，应该是足以让他们能够一展抱负，而不是多到让他们最后一事无成。"

2010年由美国微软公司创始人比尔·盖茨和投资家沃伦·巴菲特联合发起的"捐赠承诺"行动，现已有40位亿万富翁或家庭承诺将把自己的过半财产捐献给慈善事业。根据"捐赠承诺"公布的名单，这40位亿万富翁主要为白手起家的大亨。除盖茨夫妇及巴菲特外，还包括微软创始人之一保罗·艾伦、甲骨文公司创始人拉里·埃里森、纽约市长迈克尔·布隆伯格、华裔生物制药大亨陈颂雄夫妇、《星球大战》系列电影导演乔治·卢卡斯等。此外，洛克菲勒家族族长戴维·洛克菲勒、希尔顿家族的巴伦·希尔顿等大家族继承人和美国有线电视新闻网创始人特德·特纳也出现在名单之列。

实际上，一个世纪前，美国财阀的两个主要代表人物洛克菲勒和卡内基就曾捐出相当于现在的140亿美元的善款。卡内基的名言"在巨富中死去，是一种耻辱"发人深省，现在美国富豪热心慈善事业已经成为一种传统。

世界最大社交网络脸书（Facebook）的创始人马克·扎克伯格在他的脸书日志上发表了一篇日志。在这篇题为《致爱女的一封信》的日志中，夫妻两人不仅向女儿表达了浓浓的爱意，更宣布在有生之年将把所持有脸书股份的99%捐出，这是一笔高达450亿美元的财产。

当前我国是位列美国之后的第二大经济体，研究我国的传统文化，我们不难发现，善居首位。儒家的核心思想是仁、义、礼、智、信，以仁为首，《大学》开篇即讲："大学之道，在明明德，在亲民，在止于至善。"老子在《道德经》里也讲："我有三宝，一曰慈，二曰俭，三曰不敢为天下先。"亦是善居首位。

另外，"真"也是一种至高理念，《大学》讲："古之欲明明德于天下者，先治其国；欲治其国者，先齐其家；欲齐其家者，先修其身；欲修其身者，先正其心；欲正其心者，先诚其意。""所谓诚其意者，毋自欺也。""小人闲居为不善，无所不至，见君子而后厌然，掩其不善而著其善。人之视己，如见其肺肝然，则何益矣。此谓诚于中，形于外，故君子必慎其独也。"道家更强调"真"，《南华真经》讲："真者，精诚之至也。不精不诚，不能动人。故强哭者，虽悲不哀；强怒者，虽严不威；强亲者，虽笑不和。真悲无声而哀，真怒未发而威，真亲未笑而和。真在内者，神动于外，是所以贵真也。""故圣人法天贵真，不拘于俗。愚者反此。不能法天而恤于人，不知贵真，禄禄而受变于俗，故不足。"《黄帝内经》首先就提到"上古天真"。道家全真道始祖的老师，叫"白云上真"。道家修炼得道的称作真人，如《水浒传》里戏弄李逵的罗真人。"真"在道家内丹修炼中扮演了极其重要的角色，并且成为其修炼的目标。道教南宗初祖张伯端祖师将自己的著作命名为《悟真篇》，所谓悟道成真。而北宗王重阳祖师更是直接将自己传道修炼的庵堂命名为"全真"，全真道之名由此兴起。"全真"即是全性保真，或全其本真之意。《庄子·盗跖》说："子之道狂狂汲汲，诈巧虚伪事也，非可以全真也，奚足论哉！"《旧唐书·高祖纪》："且老氏垂化，本贵冲虚，养志无为，遗情物外，全真守一，是谓玄门，驱驰世务，尤乖宗旨。"《老子妙真经》中有："自然者，道之真也。"《河上公道德真经注》中多次用"真"字来诠释"道"。比如"浑兮其若浊。浑者，守本真，浊者，不照然""绝巧弃利。绝巧者，诈伪乱真也""见素抱朴，见素者，当抱素守真，不尚文饰也"。

再有，"公"也是至高理念。原来苏联的强大和现在强大的中国都得益于以公为核心的社会主义制度。毛主席《为人民服务》开篇就讲："我们的共产党和共产党所领导的八路军、新四军，是革命的队伍。我们这个队伍完全是为着解放人民的，是彻底地为人民的利益工作的。"《共产党宣言》是卡尔·马克思和弗里德里希·恩格斯为共产主义者同盟（Communist League）起草的纲领。在《共产党宣言》中，马克思和恩格斯系统、集中地阐述了他们的观点："消灭私有制"，"推翻资产阶级的统治，由无产阶级夺取政权"，然后"一步一步地夺取资产阶级的全部资本，把一切生产工具集中在国家即组织成为统治阶级的无产阶级手里，并且尽可能快地增加生产力的总量"。实际上，研究历史，我国古籍中也多有对公的论述。《礼记·礼运》："大道之行也，天下为公。"东汉班固《汉书·贾谊传》："故化成俗定，则为人臣者主耳忘身，国耳忘家，公耳忘私，利不苟就，害不苟去，唯义所在。"诸葛亮在《将苑》中讲："将之器，其用大小不同。甚乃察其奸，伺其祸，为众所服，此十夫之将。夙兴夜寐，言词密察，此百夫之将。直而有虑，勇而能斗，此千夫之将。外貌桓桓，中情烈烈，知人勤劳，悉人饥寒，此万夫之将。进贤进能，日慎一日，诚信宽大，闲于理乱，此十万人之将。仁爱洽于下，信义服邻国，上知天文，中察人事，下识地理，四海之内，视如室家，此天下之将。"由此可见公是至高理念。

而正融善、真、公，其力量更不可思议。《孟子·公孙丑上》中，孟子讲："我善养吾浩然之气。"公孙丑问："敢问何谓浩然之气？"孟子说："难言也。其为气也，至大至刚，以直养而无害，则塞于天地之间。其为气也，配义与道；无是，馁也。是集义所生者，非义袭而取之也。行有不慊于心，则馁矣。"南宋诗人文天祥在狱中写了《正气歌》。诗的开篇写道："天地有正气，杂然赋流形。

下则为河岳，上则为日星。於人曰浩然，沛乎塞苍冥。皇路当清夷，含和吐明庭。时穷节乃见，一一垂丹青。"随后连用十二个典故，都是历史上有名的人物，他们的所作所为显示出浩然正气的力量。美国哈佛大学教授约翰·罗尔斯的《正义论》一书，自1971年问世后（罗尔斯针对该书出版后的批评意见，1999年重新做了修订），在西方国家引起了广泛重视，被视为第二次世界大战后西方政治哲学、法学和道德哲学中最重要的著作之一，将被列为历史经典名著之林。该书出版之后，受到热烈讨论，被列为不少大学课程的必读书籍之一。由它引发的各类争鸣或研讨文章，更是令人目不暇接。美国著名的政治学者罗伯特·达尔表示：罗尔斯的著作在英语国家中立即被承认是因为其对政治哲学的一个根本性的贡献。罗尔斯提出著名的两个正义原则：第一，每一个人都有平等的权利去拥有可以与别人的类似自由权并存的最广泛的基本自由权。第二，社会的和经济的不平等应该遵从差别原则和机会的公平平等原则。差别原则是讲任何差别的存在，都要能够有利于境况差的人，有利于最少受惠者。实际上，美国《独立宣言》中开篇就讲："人生而平等，并被造物者赋予某些不可剥夺的权利，包括生命权、自由权和追求幸福的权利。"这里讲的就是公平正义。

相反，和善、真、公、正相对的恶、假、私、邪都是为人所不齿的。因此，对邪恶势力要无情打击。早在改革开放之初，境外黑社会势力就开始对中国渗透。在我国历次的严打中，涉黑犯罪一直是重点打击对象。在2000年我国公安机关第一次开展打黑除恶专项斗争，2006年2月，中央政法委部署全国开展打黑除恶专项斗争，在中央成立了打黑除恶专项斗争协调小组，并设立全国"打黑办"。2018年开年伊始，中共中央、国务院又发出《关于开展扫黑除恶专项斗争的通知》（以下简称《通知》），决定在全国范围内开展为期三年的扫黑除恶专项斗争。此次《通知》规定，要聚焦涉黑涉恶问题突出的重点地区、重点行业、重点领域，把打击锋芒始终对准群众反映最强烈、最深恶痛绝的各类黑恶势力及违法犯罪。要坚持依法严惩、打早打小、除恶务尽，始终保持对各类黑恶势力及违法犯罪的严打高压态势。

另外，就是打假。人类社会与生产销售假冒伪劣商品违法行为的斗争已超过一二百年的历史，至今仍未停息。早在19世纪70年代，在欧洲工业革命以后，英国有些不法商人为了赚钱和迅速致富，不择手段地追求利润，出现了在食品里掺杂黏土、茶叶里掺黄荆叶、药品未经试验和鉴定就投入市场等现象。这些现象迫使英国政府采取立法、行政、教育等多种手段，用了约20年的时间，才使假冒伪劣商品泛滥的现象得到控制。国际消费者联盟组织于1983年确定每年3月

15 日为"国际消费者权益日"。这一日期的选定是基于美国前总统约翰·肯尼迪于 1962 年 3 月 15 日在美国国会发表的《关于保护消费者利益的总统特别咨文》中首次提出了著名的消费者的"四项权利",即：获得消费安全的权利；取得消费资讯的权利；自由选择商品的权利；合法申诉的权利。1983 年以来,每年的 3 月 15 日世界各国的消费者组织都要举行大规模活动,通过各种形式,利用各种宣传媒体来集中宣传消费者的权利。改革开放后,随着市场经济的快速发展,我国假冒伪劣产品及知识侵权现象也大量出现,1992 年国务院开始部署打假,而后逐渐加大力度。2017 年 3 月国务院印发《关于新形势下加强打击侵犯知识产权和制售假冒伪劣商品工作的意见》(以下简称《意见》),部署进一步加强打击侵权假冒工作,《意见》中特别提到,修订完善的相关法规和标准,改革创新监管制度和机制,加强信息技术等新技术新手段运用,强化事中事后监管。加大处罚力度。《意见》要求,到 2020 年,要基本形成行政执法、刑事执法、司法审判、快速维权、仲裁调解、行业自律、社会监督协调运作的打击侵权假冒工作体系。

所以,研究文化层次,并进行梳理,这是很重要的工作。当然,同样是高层文化,其本身也有差异。对高层次的理念再做梳理,我们可做这样的粗略划分,见表 7-1。

表 7-1 名人层级划分

层级	特征	代表人物
一层	传承精神,名垂青史； 影响深远,万人仰拜。	孔子、关羽、包拯、范蠡
二层	盛世帝王,丰功伟绩； 泽被万民,冲天浩气。	李世民、赵匡胤、朱元璋、康熙
三层	文人墨客,贤良智士； 才子佳人,灵秀同日。	李白、张良、王昭君、葛洪
四层	王侯将相,富商巨贾； 高官显贵,社会名流。	
五层	乡绅名士,举人秀才； 贞节孝义,州官抚台。	

晋商纵横商界五百余年,其文化精髓就是秉持"义利相通"的理念。所以,晋商都崇拜关羽。关羽也被百姓奉为武财神。

而比干和关羽同样都是忠义千古,只是文武之别,故比干被奉为文财神。商朝末期,比干因纣王暴虐无道,谏而被纣王挖心。小说《封神榜》中,记述比干因姜子牙的法术保护,服食神符后可以保护五脏六腑,剖出心脏后仍然不死；

但剖心后若在路上遇见人卖无心菜,比干必须问他:"人若是无心如何?"若卖菜人回答"人无心还活",则比干可保不死,若卖菜人回答"人无心即死",比干就会立即毙命。结果比干遇到了一老妇叫卖"没心菜"。老妇说:"菜没心能活,人没心怎么能活?"比干听后,长叹一声,口吐鲜血而死。霎时,天昏地暗,飞沙走石,卷土成墓,埋比干尸于其中,且没心菜护满坟堆。周遭的古柏,一片悲咽,低头致哀,树冠皆平。至今,比干墓上的菜依然没心,周围的古柏都是没了树尖的平冠。比干庙里有个石碑,是孔子用剑刻的碑,上书"殷比干莫"几个字,这是孔子留在世上的唯一真迹,被称为"天下第一碑"。可见,比干的精神感天动地,特别是在我们中华民族走向复兴之路的今天,我们更应该弘扬这一文化。

第三节　文化价值的解剖判断

上面我们简略分析了文化的层次,下面我们再对文化价值做一分层的解剖分析。

一、善的价值论

对"善"进行研究,我们不难发现,其影响意义深远,所以,它是至上的。《礼记·孔子闲居》:"子夏曰:'敢问何谓三无私?'孔子曰:'天无私覆,地无私载,日月无私照。奉斯三者以劳天下,此之谓三无私。'"

另外,善可以激发所有人的潜能,它让人们讲奉献,所以,善具有一种特殊的推动力。

还有,善具有一种特殊的传导力。它可以使人迅速产生共鸣效应,最后产生特殊的合力。"和气生财"也是讲这个道理。

所以,善就像一个火球,它具有向上、全方位、无边界的生发,如图7-2所示。

特蕾莎修女以博爱的精神,默默地关注着贫穷的人,使他们感受到尊重、关怀和爱。特蕾莎修女,没有高深的哲理,只用诚恳、服务而有行动的爱,来医治人类最严重的病源:自私、贪婪、享受、冷漠、残暴、剥削等恶行;也为通往社会正义和世界和平,开辟了一条新的道路。

图 7-2　善的发力示意

资料来源：百度图片。

特蕾莎修女一生的使命既简单又直接，就是服侍穷人中的穷人。她认为人最大的贫穷不是物质上的缺乏，乃是不被需要与没有人爱。她在接受记者采访时说："感觉自己没有人要，是人类所经验到最糟糕的一种疾病。"因为别的病有药可医，唯独"不被需要"，除了一双愿意服侍的手与一颗充满爱的心肠外，再没有一帖药可医治。

特蕾莎修女于 1910 年出生在塞尔维亚。她的家庭很富有，家中包括特蕾莎共有三个孩子。她小小年纪就开始思索人生，12 岁时感悟到自己的天职是帮助穷人，这决定了她被人称为"活圣人"。17 岁时，她决定到爱尔兰的劳莱德修女院学习。1928 年，她来到印度大吉岭工作，担任当地学校的老师，教授地理及历史。后来当她看到校外贫民窟的景象，便毅然离开了修道院，进入最破烂的贫民窟，在那里救济饥寒交迫的孩童。后来特蕾莎又创办了死者之家，开始收容垂死的游民；创办了弃婴之家，收养被遗弃的孩子；创办麻风病之家，收容被遗弃的麻风病患者。

南斯拉夫爆发科索沃内战，特蕾莎去问负责战争的指挥官，说战区里面那些可怜的女人跟小孩儿都逃不出来，指挥官跟她这样讲："修女啊，我想停火，对方不停啊，没办法。"特蕾莎说："那么只好我去了。"特蕾莎走进战区，双方一听说特蕾莎修女在战区里面，便立刻停火，后来她把一些可怜的女人跟小孩儿带走以后，两边又打起来了。这是什么力量啊！联合国秘书长都做不到的事，特蕾莎修女做到了。

1979 年，特蕾莎获得了诺贝尔和平奖，同年也获得印度政府颁发的全国最高荣誉奖。全世界许多的大学争相颁授荣誉学位予特蕾莎,各地也纷纷邀请她去演讲。一夕之间,特蕾莎修女竟成为拥有众多头衔的名人。但是,她从未被这些虚荣迷惑,她穿着朴素,单纯地接受这些由人而来的赞美与光荣。她代表穷人发表简单的感言,词句里充满了爱与感谢。她这样说道:"这项荣誉,我个人不配领受,今天,我来接受这项奖金,是代表世界上的穷人、病人和孤独的人。"所以,把这笔巨额奖金全部用来为穷人和受苦受难的人们办事,这对她来说是最自然不过的事情。

1997年9月特蕾莎逝世,葬于加尔各答。特蕾莎去世的噩耗传来,引起了全世界更大的震动:在印度,成千上万的普通人冒着倾盆大雨走上街头,悼念他们敬爱的"特蕾莎嬷嬷",政府宣布为她举行国葬,全国哀悼两天,总统为此宣布取消官方活动,总理亲往加尔各答敬献花圈、发表吊唁演说;从新加坡到英国,从新西兰到美国,各国元首和政府首脑纷纷发表讲话,为这位"仁慈天使"的逝世感到悲痛;联合国教科文组织专门发表声明向她致敬。

富商李晓华,美国福布斯杂志曾连续五年评选他为中国最富有的企业家。说起来他的发迹还有一些传奇经历。

1990年,一位喜欢冒险的中国青年来到马来西亚。来这之前,青年已经身家过亿。他打听到,这儿发现了一个大型油气田,准备修一条高级公路。如果这个项目成功,则会带来公路两边的土地价格大幅度升值。经过仔细分析之后,青年做出了一生中最冒险的一个决定:利用所有资产担保向银行贷款,拿到公路两边土地的开发权。4个多月过去了,油气田的立项依然没有结果。青年如坐针毡。这时候,他的盘缠已经所剩无几,住所由五星级酒店搬到四星级,再到三星级,最后连旅馆也住不起了。为了省钱,他打算租用旅馆的一个小仓库,每天只吃最便宜的盒饭,再找机会偷偷溜到旅馆的大厅里看当天的晚报。仓库的管理员是一位老华侨,看到他的处境,非常同情,不仅免了他租仓库的钱,每天还将自己订的一份晚报带给他看。这样的日子一晃过了44天,青年的心也一天天走向绝望,连自杀的想法也有了。那天,青年意外地得知老华侨并不识字,这44份晚报是特意为他买的,顿时心里一热,仿佛看到一线温暖的光,将自己从死亡的边缘拉了回来。晚上,他认真地翻看着报纸,其中一条消息让他兴奋得差点没背过气去:油气田立项了!随后,在一周之内,青年所买的土地价格翻了一番,他的生活一下子由地狱又回到了天堂。暴富后的青年第一个想到的是老华侨,他准备了一个信封,里面是一套当地最高档别墅的钥匙。当他把信封交到老华侨手里的时候,老华侨摇摇头:"我只是给你买了44天的报纸,为什么值得你送这样的大礼呢?"青年说:"那44份晚报,是我一生中得到的最珍贵的帮助和关怀,就凭您的爱心,您有资格得到它。"老华侨依然摇摇头:"谢谢你的好意,我已经习惯了现在的生活,不想去住那种地方。真正值得你报答的,也不是我,而是帮助你的这个社会呀。"这位青年,就是后来被誉为"情义商人"的李晓华,他成了中国最有名的企业家和慈善家之一。

晋商纵横商界五百余年,大院也成了山西特有的文化,但研究大院文化,无一不是和善密切相连的。乔家大院的乔氏家族原是穷苦农民,发家始祖是乔贵发。乔贵发幼年父母双亡,寄人篱下。乾隆初年,乔贵发为做生意"走西口",后来和秦姓同乡在包头开了一个小字号"广盛公",经营草料、粮、油、米、面等商品交易业务。在发展过程中,有一次,因为乔秦两人投资失败,再加上当时生意不景气,欠下不少债,"广盛公"一度濒临破产。好在"广盛公"的许多生意伙伴认为乔秦两人为人处世不错,讲究诚信,不忍看他们破产,便借给"广盛公"很多银两,以度过危机,并相约三年后再来收回欠账。三年后,"广盛公"得以起死回生,不但还清欠款,而且生意更加兴隆。由此,乔贵发立下家规,要"慎待相与"(相与,山西方言,指生意伙伴)。他告诫家人:一定要谨慎考察生意伙伴的人品信誉,不本分老实的人,就是利润再大,也不与之交往;一旦认准结交了,在对方遇到困难的时候,就要竭力相助,即使明知无利可图,也不绝交。乔贵发之后,乔氏家族的产业由乔贵发的孙子乔致庸接手,他也是乔氏家族中经商成就最大的人。乔致庸将"为善最乐"的匾额高悬在正房门楼上,劝诫子孙不能只顾着一己之私,要积德行善,心怀天下。乔家为帮助乡邻,常年把三头牛拴在门外,谁家要用就牵去,傍晚再送还。乡邻如有病无钱求医,家境困难过不了年的,只要找到乔家门前,都可以得到救济。光绪三年,山西遭遇大旱,乔致庸开仓赈济,在乔家堡村大街上搭设粥棚,施舍灾民,尽管开销很大,却从不吝啬。对于国家大业,乔家也十分支持。左宗棠任陕甘总督兼新疆督办时,他所需的军费大都由乔家的大德通、大德恒存取汇兑。这些善行和大义之为,不仅让乔家得到人们的广泛尊重,也使其商号获得了良好声誉。

所以,财富和善行应是正相关的关系,如图7-3所示。但因善念是无形的,不好计量,所以,相应的价值也不好估量。但有一点是确定的,那就是在特殊机缘,善行一定会得到回报,而且是成百倍、千倍,乃至万倍、亿倍的回报。

城市在慈善上的表现,标志着城市的文明水准。一座城市对弱势群体的帮扶力度有多大?市民参与慈善捐赠和志愿服务的热情有多高?这些都可以通过"中国城市公益慈善指数"来衡量。该指数是由中民慈善捐助信息中心在民政部的指

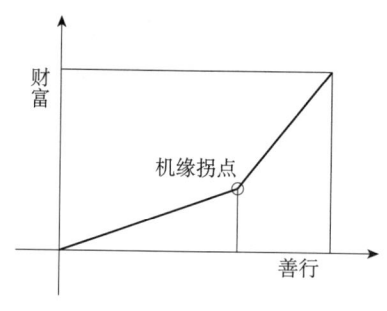

图7-3 善行与财富的正相关

导下,组织研发的一套对城市慈善事业发展水平进行综合监测和科学评价的指标体系,被业界形象地称为"城市爱心GDP"。最初,该体系采用社会捐赠、慈善组织、志愿服务、政府支持4个方面共36个指标,从规模、结构、发展潜力3个维度对2012年和2013年中国城市公益慈善事业发展状况进行综合考量。

2011年8月26日,首届"中国城市公益慈善指数"在安徽芜湖市发布,调查对象涵盖了我国53个城市和新疆建设兵团,全面反映了其2008~2009年公益慈善事业的发展水平。其中,深圳的慈善综合指数得分最高,上海、北京、无锡紧随其后。

而后,该指标体系不断被完善。

2012年8月27日,第二届"中国城市公益慈善指数"发布典礼在宁夏吴忠市举行,首次发布了慈善城市百强名单。其中,慈善百强城市前五名,分别是北京市(94分)、上海市(93分)、深圳市(91分)、无锡市(91分)、南京市(90分);90~80分的有22个。活动还授予吴忠市等27个城市为七星级"慈善城市"称号。参与第二届"中国城市公益慈善指数"编制的城市达321个,覆盖了全国90%的省(市、区),城市覆盖率为52.5%。

第三届"中国城市公益慈善指数"发布典礼于2014年8月16日在北京会议中心举行。北京市总指数排名第一,蝉联中国"最慈善"城市。上海和深圳分别以93.28分和93.06分位列第二和第三。其中,在"社会捐赠"指数方面,排名前五位的城市是江阴、无锡、南京、北京、厦门;在"志愿服务"指数方面,排名前五位的城市为苏州、大连、北京、上海、南京;在"慈善组织"指数方面,排在前五位的是南京、昆山、北京、宁波、深圳;在"经济贡献"指数方面,排名前五位的城市是盐城、临沂、无锡、南通、深圳;在"政府支持"指数方面,排名前五位的城市是北京、广州、上海、荥阳、深圳;在"慈善文化"指数方面,排名前五位的是上海、北京、广州、荥阳、银川。

2016年底，中国慈善联合会在北京发布第四届"中国城市公益慈善指数"。城市公益慈善指数统计分析结果表明，我国城市慈善事业总体发展态势良好，捐赠总额稳步增长，志愿者队伍不断壮大，社会组织发展迅速，其中，北京、上海、南京、广州、深圳、无锡、苏州、长沙、成都、厦门等城市位居综合指数前列。在综合指数中位居前100位的城市里，东部64个，代表城市有北京、上海、南京；中部23个，代表城市有长沙、郑州、绥化；西部13个，代表城市有成都、遂宁、吴忠。在"社会捐赠"单项指数中，南京、厦门、无锡得分依次最高；"志愿服务"指数中，郑州、上海、无锡居前列，其中，在注册志愿者总人数上，北京、上海、无锡连续两年进入前三；"慈善组织"指数中，位居前三的分别为南京、北京、宁波；"经济贡献"指数中，前三甲依次为深圳、北京、南京；"政府支持"指数中，晋江、深圳、绍兴表现突出；"慈善文化"指数中，北京、深圳、广州占据优势。

二、忠的价值论

忠义是我国传统文化中的主导思想之一，我国很多古典名著实际都贯穿忠义这条主线。如《西游记》中的孙悟空，《三国演义》里的关羽，《水浒传》里的宋江、李逵，《说岳全传》中的岳飞，《杨家将》里的杨继业、佘太君等。相反，反复无常、背信弃义的小人都没有好的下场。如《三国演义》的"三姓家奴"吕布、脑后有反骨的魏延，《水浒传》里的李鬼等。

忠义的价值在一种特殊的信仰。所以，自古以来，帝王将相用人首看忠义。如《三国演义》里刘备的贴身侍卫赵云、曹操的贴身侍卫典韦和许褚，《水浒传》里宋江的心腹李逵都是这样。

自古以来人们就认为忠孝是一致的。《孝经》开篇就讲："夫孝，始于事亲，中于事君，终于立身。""子曰：君子之事亲孝，故忠可移于君。事兄悌，故顺可移于长。居家理，故治可移于官。是以行成于内，而名立于后世矣。"汉王朝还提出"以孝治天下"，选拔官员也把"孝"作为一个基本标准，兴"举孝廉"，元光元年，汉武帝采纳董仲舒的建议，"初令郡国举孝廉各一人"。元朔元年，武帝又下诏，凡两千石以上官吏必须察举孝廉，否则按不敬和不胜任论处。"兴廉举孝，庶几成风，绍休圣绪。"（《汉书·武帝纪》）自此以后，以孝为本就成为选拔官吏的标准。汉武帝以后，从中央到地方各级政府官吏多为孝廉出身，被视为仕宦之正途。桓帝诏书说："孝廉、廉吏皆当典城牧民，禁奸举善，兴化之本，恒必由之。"(《后汉书·桓帝纪》)宋代徐天麟说，汉代"得人之盛，则莫如孝廉，斯为后世所不能及"(《东汉会要·选举上》)。可见孝廉任官，对稳固汉朝的统治秩序具有长久的效用。

汉武帝时立五经博士，以后又增《论语》《孝经》为七经，作为从京师到各郡、县、乡各级各类学校中的必修课和必读教材。无论贵族官僚还是平民百姓，都要接受"孝"的教育。《孝经》成了国家教材。它不仅要求人们事父母以孝，事兄长以悌，而且把家庭父子关系运用于国家君臣关系中，把孝亲与忠君直接相连。

岳飞就是典型的忠臣孝子，据《宋史·岳飞》："飞至孝，母留河北，遣人求访，迎归。母有痼疾，药饵必亲。母卒，水浆不入口者三日。"传说岳飞投军临走时，其母姚氏在他背上刺了"精忠报国"四个大字，这成为岳飞终生遵奉的信条。岳飞抗击金兵，使金军发出了"撼山易，撼岳家军难"的哀叹。但后来岳飞被秦桧陷害，岳飞遇害后，临安义士隗顺，负尸越城，草草地将其埋葬于九曲丛祠旁。为了便于以后识别，隗顺将岳飞随身佩带的玉环系于遗体腰下，坟前种植了两棵橘子树。道光年间（1821~1850），因重修栖霞岭下岳飞庙，追寻岳飞初葬地，终于在杭州市众安桥螺丝山下扁担弄内的红纸染坊旁，找到了最初的岳坟。光绪二年（1876），在这里修建"忠显庙"，杭人俗呼为"老岳庙"。

《水浒传》里的李逵也是典型的忠臣孝子。话说李逵下山寻母，到家见娘双眼都盲了，坐在床上念佛。李逵道："娘，铁牛来家了！"娘道："我儿，你去了许多时，这几年正在那里安身？你的大哥只是在人家做长工，止博得些饭食，养娘全不济事！我时常思量你，眼泪流干，因此瞎了双目。你一向正是如何？"李逵寻思道："我若说在梁山泊落草，娘定不肯去，我只假说便了。"李逵应道："铁牛如今做了官，上路特来取娘。"娘道："恁地好也！只是你怎生和我去得？"李逵道："铁牛背娘到前路，觅一辆车儿载去。"正准备走时，恰巧哥哥李达回来，道破真相。李逵情急之下，顾不得许多，给哥哥留下五十两银子，背娘就走了。后来去给老娘找水，老娘被老虎吃了，这才有了"李逵沂岭杀四虎"。正因李逵是孝子，所以宋江对他特别偏爱，甚至李逵砍倒"替天行道"大旗时，宋江亦对他法外开恩。

忠义是成就大事业的脊梁，所以它的价值难以估量。而且，忠义具有历史传承，演化到现在，叫"忠诚"为"讲政治"。因此，忠义的理念是不能丢的。它虽有一定的局限性，但它是主导的、永续的，像财神庙、岳飞庙都是忠义的精神传承。

儒家把义排在仁之后，居第二位，这也就体现了忠义的价值地位。山西商人的伦理，可以用八个字概括："先义后利""以义制利"。规定"重信义，除虚伪，节情欲，敦品行，贵忠诚，鄙利己，奉博爱，薄嫉恨，喜辛苦，戒奢华"，反对采用任何卑劣手段骗取钱财，不惜折本亏赔也要保证企业信誉。认为"仁中取利真君子，义内求财大丈夫"，义利相济相通。在义利相通观的影响下，"先义后利，以义制利"成为晋商伦理哲学的核心。清代著名的山西介休商人范永斗，就是由于"与辽左通货财，久著信义"而受到清政府的垂青，后来当上皇商，并由此获得厚利。其子范毓宾，"极重义气，官办铜铅，有王某者亏帑83万银两，既死，范氏则代王某按期加额赔补"。"君子爱财，取之有道。"晋商的诚信义利观，集中表现为关公崇拜。晋商在外，一赚了钱，首先想到的是修建关帝庙，以关公为诚、信、忠、义的化身，无论在何地，也无论是哪个行业，都供奉关云长为"关圣帝君"。关公一生身体力行一个"义"字，忠肝义胆，诚信磊落，令万民景仰，被政府封为"关圣大帝"，民间视为战神、财神。山西商人财雄势大，足迹所至，到处建有规模宏大的"关帝圣庙"作为会馆。晋商的关公崇拜，一是与关公有地域亲情，以关公的忠义楷模教育约束员工；二是政府的褒封，关公已经神化，借关帝君的神威保卫商人事业的发展和财产的安全。明代山西蒲州商人王文显说："夫商与士，异术而同心。故善商者，处财货之场而修高明之行，是故虽利而不污。善士者引先王之经，而绝货利之途，是故必名而有成。故利以义制，名以清修，各守其业，天之鉴也。"可见各业背后渗透的都是文化。

忠义是事业成就的支柱和基石，大到国家、小到企业、家庭，道理是一样的。其价值如图7-4所示。所以，具备忠义理念，这是平台高、机会多的重要资本。

四川忠县因县人巴蔓子"刎首留城"的壮举和严颜"只有断头将军，没有投降将军"的气节而被唐太宗赐名忠州。它是中国历史上唯一一座以"忠"命名的城市，几千年流淌的忠文化成为这座城市深厚的文化底蕴和文明追求。近年来，忠县在传承弘扬以"忠勇、忠义、忠信、忠孝"为内核的传统忠文化基础上，发展为"忠于党、忠于祖国、忠于人民、忠于事业、忠于法纪"的当代"忠文化"，并由此塑造起"忠勇、诚信、求实、创新"的忠县精神，成为社会主义核心价值观在忠县落地生根的有效实践，在多个层面契合、涵养和培育了忠县人的核心价值理念。为传承、演绎、弘扬忠文化，忠县主动承办中宣部"核心价值观百场讲坛"，探索忠德的多重意义价值；打造与忠文化高度融合的大型实

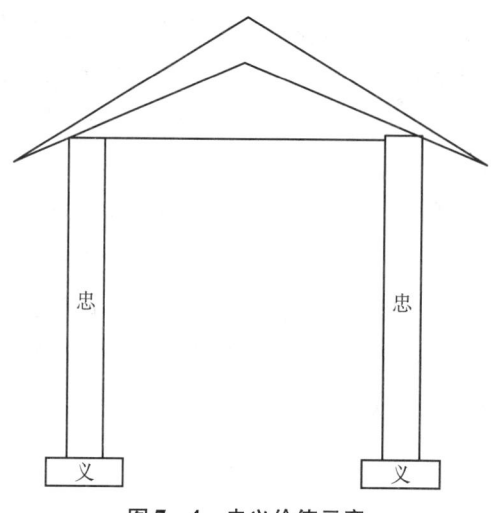

图 7-4　忠义价值示意

景演艺《烽烟三国》；拍摄忠文化纪录片《忠·城》；建成有忠义人物雕塑的忠义广场，使"忠德"精神成为了忠县人普遍认同的价值观念和行为导向。

三、和的价值论

"和"是中国传统文化的基本精神之一，也是中华民族不懈追求的理想境界。在河南安阳殷墟出土的，甲骨文中，"和"就早已出现，后来到经文、篆文，"和"就更多了。到了春秋战国时期，诸子百家都阐述了"和"的人文理念，达到了有效统治天下的目的。管子曰"学之以道则名和"；老子曰"知和曰常，知常曰明""万物负阴抱阳，冲气以为和"；孔子曰"礼之用，和为贵""君子和而不同，小人同而不和"；孟子曰"天时不如地利，地利不如人和"；荀子曰"知和者天下之大道也"。《中庸》讲"喜怒哀乐之未发，谓之中；发而皆中节，谓之和。中也者，天下之大本也；和也者，天下之达道也。致中和，天地位焉，万物育焉"。

《诗经》云："妻子好合，如鼓瑟琴；兄弟既翕，和乐且湛。"早在两千多年前，我们的先人就研究了音乐与治国的关系。"治世之音安以乐，其政和；乱世之音怨以怒，其政乖；亡国之音哀以思，其民困。"（载《诗大序》）然则，音乐的功能是："以和邦国，以统百官，以谐万民，以安宾客，以说远人，以作动物。"（载《周礼》）民间传说中有"和合二仙"，以示祥和美好。此外，同时发出的声音配合协调称"和音"，同心协力称"和衷共济"，说话方式和缓曰"和风细雨"，恢复和睦关系曰"和好如初",恢复和平关系的条约称"和约"。

历史上,为维持边疆稳定,我们常用的策略就是和亲。纵观中国历史,从秦汉到明清,很多王朝都采取了与异族和亲的制度。汉朝的昭君出塞、唐朝的文成入蕃、清朝的和硕嫁到准噶尔,都是中国历史上有名的"和亲"。

世界要和平,不和则战;民族要和好,不和则斗;团体要和合,不和则分;经商要和气,不和则亏;家庭要和睦,不和则离;环境要和谐,不和则乱。出现各种矛盾要和解,不和则结怨,结怨的后果往往是两败俱伤。

延续到今天,习近平总书记提出的社会主义核心价值观:第一层面(国家层面)是富强、民主、文明、和谐,第二层面(社会层面)是自由、平等、公正、法治,第三层面(个人层面)是爱国、敬业、诚信、友善。其中和谐列第四位。

"和"的价值体现在凝聚。俗话说,"家和万事兴"、和气生财,乃至现在的规模经济、集聚经济都是"和"的重要体现。如图7-5所示,外圆而内方,对内要严格,对外要圆通。

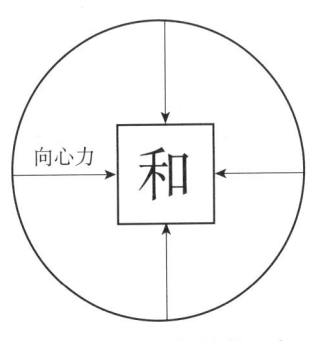

图7-5 "和"价值示意

改革开放以后,我们引进外资和技术,从而使国家走向富强。另外,随着中国经济的跨越式发展和社会财富的急速积累,中国社会的软硬件环境都发生了根本性的变化。中国开始成为很多外国人就业、创业和生活的"新大陆"。在这一背景下,我国涉外婚姻的数量稳步增加。数据显示,1996~2002年的7年间,在上海登记的涉外婚姻超过2.1万对,平均每年3000对,这个数字比1980年增加了7倍多。近些年,北京每年新增涉外婚姻千余对;江西2012年涉外婚姻登记1550对,联姻范围涉及20多个国家和地区,其中"洋媳妇"嫁到江西的占80%;青岛近几年年增涉外婚姻约400对;山西涉外婚姻2010年106对,2011年115对,2012年111对。洋女婿、洋媳妇分别来自日本、韩国、美国、英国、加拿大、澳大利亚等40多个国家和地区;安徽省2010~2012年每年办理跨国婚姻登记都在 400 对左右，从 2013 年起明显增多，平均每年超过 950 对。其中，2013 年办理 1015 对，2014 年办理 875 对，2015 年办理 804 对，2016 年办理 1111 对。可见，中国的"和"文化在经济发展过程中具有一种强大的作用。

四、信的价值论

信即讲信用，是儒家的核心理念之一。孔子说："信近于义，言可复也。"（《论语·学而》）《论语·阳货》云："子张问仁于孔子。孔子曰：'能行五者于天下，为仁矣。'请问之。曰：'恭、宽、信、敏、惠。恭则不侮，宽则得众，信则人任焉，敏则有功，惠则足以使人。'"孔子解释"信"时说："信则人任焉。"《论语·颜渊》："子贡问政。子曰：'足食，足兵，民信之矣。'子贡曰：'必不得已而去，于斯三者何先？'曰：'去兵。'子贡曰：'必不得已而去，于斯二者何先？'曰：'去食。自古皆有死，民无信不立。'"荀子说："耻不信，不耻不见信。"荀子强调说："为人上者，必将慎礼义、务忠信然后可。此君人者之大本也。"（《荀子·强国》）荀子还从历史上寻找根据来论证"信"的作用。齐桓公、晋文公、楚庄公、吴王阖闾、越王勾践，他们的国家都地处偏僻，威力却可以震动天下，强盛可以危及中原，这是什么原因呢？荀子明确回答说："无它故焉，略信也。是所谓信立而霸也。"（《荀子·王霸》）刘安在《淮南子·说林训》讲："人先信而后求能。"这说明诚实守信重于能力。诸葛亮在《后出师表》中讲："勿恃功能而失信。"《左传》云："信，国之宝也。"古代皇帝说话所谓金口玉言、君无戏言、一言九鼎都是讲的信。

张良受书也是源于信。《史记·留侯世家》记载："留侯张良者，其先韩人也。良尝闲从容步游于下邳圯上，有一老父，衣褐，至良所，直堕其履圯下，顾谓良曰：'孺子，下取履！'良愕然，欲殴之。为其老，强忍，下取履。父曰：'履我！'良业为取履，因长跪履之。父以足受，笑而去。良殊大惊，随目之。父去里所，复还，曰：'孺子可教矣。后五日平明，与我会此。'良因怪之，跪曰：'诺。'五日平明，良往。父已先在，怒曰：'与老人期，后，何也？'去，曰：'后五日早会。'五日鸡鸣，良往。父又先在，复怒曰：'后，何也？'去，曰：'后五日复早来。'五日，良夜未半往。有顷，父亦来，喜曰：'当如是。'出一编书，曰：'读此则为王者师矣。后十年兴。十三年孺子见我济北，谷城山下黄石即我矣。'遂去，无他言，不复见。旦日视其书，乃《太公兵法》也。良因异之，常习诵读之。"可见，守信是上层人的理念，是得贵人相助的基本资质。

相反，不讲信用，你就会有损失，甚至会付出更大的代价（见图7-6）。

图 7-6 不讲信用所付出的代价

资料来源：流金岁月_新浪博客：《人无信则不立，信用重于生命》，http://blog.sina.com.cn/jnsg/2016-12-01。

个人讲信用，企业要讲信用，国家要讲信用。信用就像一把伞，它可以节约成本，规避风险。所以，信用是有价值的。如图7-7所示：

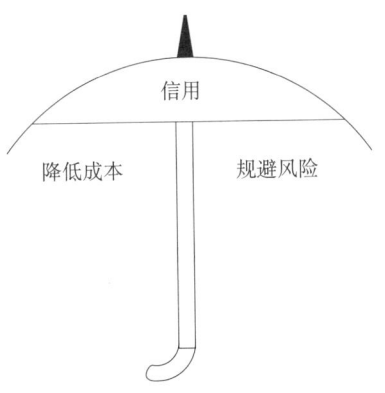

图 7-7 信用价值示意

我国历史上的商帮无不秉持诚信。晋商讲"以义制利"，讲"重信义，贵忠诚"。徽商讲"唯诚待人，人自怀服"。甬商讲"信誉招千金"。这些商人都以诚信成就了事业。当年，许多晋商在包头一带从事贸易活动，那些不讲诚信者在食用油中掺假，卖面缺斤短两，最后无一成事者。但乔家坚持油不掺假，买一斤面给顾客十七两（十六两一斤），结果发展成"复字号"商业连锁体系。晋商最辉煌的是票号业。当时并没有对票号的立法，政府对票号也没有任何限制，自由创办、经营，甚至连税收也没有。这就是说，客户把真金白银交给票号换取一张银票，能否再换回真金白银并没有制度保证，完全取决于票号是否守信。光绪年间，日升昌发生了这样一件事。平遥城内有一位以乞讨为生的老太太，一天突然拿着一张皱巴巴的汇票来到西大街日升昌总号，数额为12000两，开具者是日升昌张家口分号，时间在同治七年。时隔三十多年，伙计分辨不出真假，赶紧请示柜头柳芬。柳芬又赶紧请示大掌柜张兴帮。两人问清汇票来历，并认真查阅了数十年的账簿，如数兑付了现银。原来，老太太的丈夫早年在张家口经商，同治七年在日升昌分号汇款12000两白银，同年返乡途中暴病身亡。由于事发突然，没留下遗嘱或口讯，老太太并不知情，只能苦挨度日，乞讨为生。不料，一天整理先夫遗物时，在一件夹袄的夹层中发现了这张汇票。由于时隔多年，人事全非，老太太只能抱着碰运气的态度来试试，没想到竟如数兑付，毫无阻碍。"见票即付"成为各票号诚信的底线，正是这种"义不负心，有诺必践"的诚信意识，推动了晋商的发展和山西票号的兴旺。甬商包玉刚把讲信用看作企业经营的根本。他讲，纸上的合同可以撕毁，但签订在心上的合同是撕不毁的，人与人之间的友谊应该建立在相互信任的基础上。他的"言必信，信必果"的作风，树立了良好信誉，得到了银行家们的信赖，为其企业的兴盛发达注入了活力。其成功之道就是"与信誉成交，借信誉发展"。

当代中国正加速步入"信用时代"，以个人信用体系为基础的信用经济正在逐步"变现"。目前，我国的个人信用主要有两方面体现：一是传统的个人征信；二是市场化的个人征信。传统的个人征信主要是指与银行业务相关的信贷信息的收集以及其他相关活动。它主要体现在央行的个人征信报告上，而央行征信报告的数据主要来源于银行等传统意义上的信贷机构，同时也包括社保、公积金等公共信息。到了互联网时代，征信的数据源和应用范围在不断地延伸，网购、支付、理财、互联网行为、社交等数据被逐渐纳入个人信用信息采集中。征信服务的范围也不再局限于金融机构对信贷信息的提供与反哺，应用领域拓宽到担保、租赁、保理等各类授信活动，甚至住宿、出行等各种生活场景中。就目前而言，市场化征信机构主要是芝麻信用、腾讯征信、考拉征信、华道征信、前海征信、中智诚、中诚信和鹏元征信这8家民营征信机构。在这8家机构中，既有在互联网大数据方面具有明显优势的互联网征信企业，如芝麻信用、腾讯征信，也有老牌的传统征信企业，如中诚信、鹏元征信。

传统的央行征信报告主要内容就是个人在银行、互联网小贷机构等办理贷款的信息，以及信用卡账户的相关信息。此外，央行个人征信报告还包括征信报告的查询信息，即什么时间、什么机构查询了你的信用报告。

在市场化个人征信产品方面，由于8家征信机构的股东背景不同，其数据来源和开发的征信产品也各有不同。例如，芝麻信用的数据主要是基于天猫、淘宝的电商交易数据和蚂蚁金服的互联网金融数据（包括支付宝、余额宝、招财宝、蚂蚁小贷、蚂蚁花呗等），并接入了公安等部门的公共数据。数据涵盖了信用卡还款、网购、转账、理财、水电煤缴费、租房信息等。信用评分"芝麻信用分"综合考察信用历史、行为偏好、履约能力、身份特质、人脉关系五个维度的信息。腾讯征信的数据则包括微信和QQ的社交数据、财付通的交易数据以及其他第三方机构提供的教育、交通方面的数据。目前的产品主要是反欺诈产品和信用评级产品。其中，信用评级综合考察用户的消费偏好、资产构成、身份属性和信用历史四个维度。从这些市场化的征信机构的征信产品以及数据来源看，个人在互联网上的购物、社交、金融交易等数据，全部都会纳入个人信用的评估框架内。

从当下各种个人征信产品来看，我们现在的金融借贷行为、信用卡、网上购物、网络金融交易、社交等行为都会影响我们的个人征信。在当今社会，个人信用会影响我们生活的方方面面，往大了说，如果你信用不好，可能购房贷款就批不下来；往小了说，如果你信用不好，骑共享单车都需要交更多的押金。所以说，保持良好的个人征信非常有必要。

近年来，我国企业信用体系建设取得了积极进展。但是，我们应当看到，与市场经济相适应的企业信用基础薄弱，一些企业信用状况不容乐观。

（1）生产的产品或提供的服务达不到规定的标准，假冒伪劣商品充斥市场。产品以次充好、掺假、以假充真、以旧充新、缺斤短两、假冒注册商标、假冒专利、盗版复制、假冒产地、假冒厂名、假冒厂址、假冒认证标志、假冒国际标准采用标志、假冒名优标志、假冒防伪标志等手段层出不穷；不符合执行标准的产品屡见不鲜，特别是食品、药品、医疗器械、化妆品、室内装修等，直接危及人民的生命安全。

（2）商品和服务存在价格过高、价格欺诈、虚假折扣等不良现象。比较严重的方面有：部分放开价格的商品，如药品；一些地方高速公路收费；房地产价格、物业管理；节假日交通运价、旅游价格；农村电价和农网改造；铁路、民航、电信、成品油、自来水等垄断性行业价格。

（3）企业之间货款相互拖欠，企业拖欠银行贷款，形成三角债。企业相互拖欠，导致销货企业不能及时收回销货款，企业无法归还到期银行贷款，造成银行的不良资产增加，等于银行接受了被拖欠货款企业转嫁过来的损失，使社会信用恶化。因为三角债的存在，有很多企业在经营活动中不得不采取现款支付的方式，在签订合同等方面，增加了很多不必要的附加费用。

（4）虚报注册资本、虚假出资和抽逃资金，信息披露不规范。为骗取资质证明或虚增注册资本，不少企业在资产审计和工商登记注册中提供虚假评估报告、验资报告、审计报告和证明材料。一些上市公司信息披露避重就轻，少数公司在大众传媒中以新闻的形式向外传播重要信息，既误导了投资者的行为，也扰乱了证券市场秩序。

企业信用建设的根本环节是对诚信文化的传承发扬。这是一项长期而艰巨的工作。我们必须着眼长远，把诚实守信作为做人、办企业的基本准则，不断培育信用文化，让诚实守信成为企业的核心文化。评判一个企业是否诚信，诚信度又如何，这是企业信用体系建设的关键环节。从实践来看，一个企业未来是否诚信，我们很难准确判断。但我们可以通过考察其过去的历史信用记录，量化其诚信度。还有，对于企业信用信息的消费者而言，最重要的是通过畅通的信息系统来了解企业的信用状况，并作出是否能够履约、履约能力如何的判断。因此，还需把企业信用状况集中到能够方便查阅的统一信息平台上，才能满足消费者的需求。

现在的温州，许多私营企业老板手里都有一支"金笔"，无须担保，也不用抵押，仅凭自己的签名就可以在银行贷到数百万元。据中国人民银行统计，温州地区的不良贷款比率仅为5.9%，远远低于全国平均水平。原因就是温州树立了诚实守信的理念，被誉为"温州信用"。信用成了温州近几年经济发展的助推器，使温州发展成为"中国鞋都""中国电器之都"。"信用就是生产力"在温州得到了最好的验证。"祸莫大于无信"，讲诚信是最大的财富。如果恪守信用，就会像温州的"金笔效应"一样，赢得尊重、信任和合作，吸引各方资源为我所用，创造更大的财富。反之，失信不但不可能得到财富，而且原来的财富也会很快丧失。

现在，很多城市都在进行信用体系建设规划。2015年8月，国家发展改革委和中国人民银行联合发文，将沈阳、青岛、南京、无锡、宿迁、杭州、温州、义乌、合肥、芜湖、成都11个城市列入首批全国创建社会信用体系建设示范城市，用改革创新的办法积极推进，以创建社会信用体系建设示范城市为重要载体，务实开展示范创建工作，进一步推动我国社会信用体系建设。2016年4月6日，国家发展改革委、中国人民银行联合印发《国家发展改革委中国人民银行关于同意北京市海淀区等 32 个城市（城区）创建社会信用体系建设示范城市（城区）工作方案的复函》（发改财金〔2016〕769 号），批复了 32 个城市创建全国第二批社会信用体系建设示范城市工作方案，第二批创建社会信用体系建设示范城市包括北京市海淀区，内蒙古自治区呼和浩特市、乌海市，辽宁省大连市、鞍山市、辽阳市，黑龙江省绥芬河市，上海市浦东新区、嘉定区，江苏省苏州市，浙江省台州市，安徽省安庆市、淮北市，福建省福州市、厦门市、莆田市，山东省潍坊市、威海市、德州市、荣成市，河南省郑州市、南阳市，湖北省武汉市、咸宁市、宜昌市、黄石市，广东省广州市、深圳市、珠海市、汕头市、惠州市，四川省泸州市等 32 个城市（城区）。截至目前，创建信用体系建设示范城市共 43 个。中国城市信用体系建设评价研究课题组以国家发改委颁布的"社会信用体系建设示范创建城市评估参考指标"为依据，将荣成市等 20 个示范城市纳入评价范围，同时为了增强评价工作的覆盖性和代表性，课题组又从非示范城市中随机选取了20 个城市作为研究的比较样本。"评价范围覆盖的 40 个城市兼具地理上的辐射性和城市发展的代表性，做到以点带面，充分反映了近年我国城市信用环境建设的整体情况。"《2017 年中国城市信用体系建设评价研究报告》显示，40 个参评城市社会信用建设工作整体向好，平均分为 68.7 分，其中荣成市以 96 分拔得头筹。将 40 个参评城市以"是否为示范城市"进行区分，比较评价结果，可以看到，20 个示范城市的评价平均分为 80.7 分，而参评的非示范城市的平均分为56.8 分。这说明，示范城市的创建工作积极有效，代表了我国社会信用体系建设的先进水平。2018 年 1 月 9 日，国家发展改革委办公厅、中国人民银行办公厅明确杭州市、南京市、厦门市、成都市、苏州市、宿迁市、惠州市、温州市、威海市、潍坊市、义乌市、荣成市 12 个城市为首批社会信用体系建设示范城市。

第四节　文化价值的至简原理

从个体的角度进行分析，文化的价值至简原理就是由自我到忘我的演化。自我衍生出贪、嗔、痴、恶、假、邪，而忘我则衍生出真、善、正、公、清、廉，在自我和忘我的中间还有一个大我，那就是集体观、国家观等。如图 7-8 所示。

基于此原理，我们就不难理解古代圣贤所讲的话。老子在《道德经》开篇就讲:"道可道,非常道;名可名,非常名。无名,天地之始;有名,万物之母。故常无欲,以观其妙;常有欲,以观其徼。此两者,同出而异名,同谓之玄。玄之又玄,众妙之门。"这就是讲无中生有。《道德经》第七章则讲得更具体:"天长地久。天地所以能长且久者,以其不自生,故能长生。是以圣人后其身而身先,外其身而身存。非以其无私邪?故能成其私。"《心经》里面也讲:"色不异空,空不异色,色即是空,空即是色。"

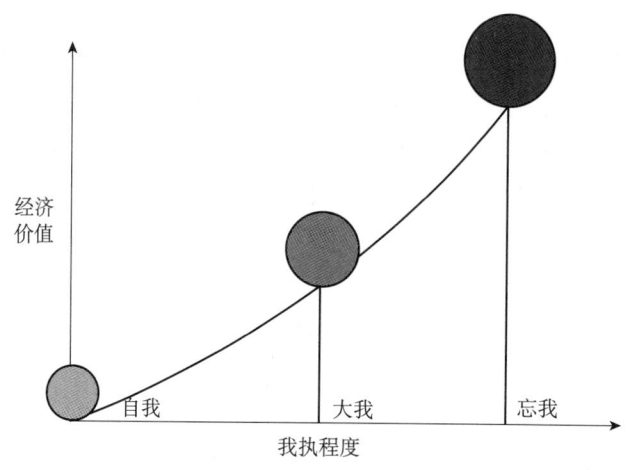

图7-8 价值理念基本原理

美国成功学家安东尼·罗宾在谈到"华人首富"李嘉诚时说道:"他有很多哲理性的语言,我都非常喜欢。"有一次,有人问李泽楷,他父亲教了他一些怎样成功赚钱的秘诀。李泽楷说父亲没有教他赚钱的方法,只教了他做人处世的道理。李嘉诚这样跟李泽楷说:"假如和别人合作,如果拿7分合理,8分也可以,那么拿6分就可以了。"也就是说,他让别人多赚2分。所以每个人都知道,和李嘉诚合作会赚到便宜,因此更多的人愿意和他合作。你想想看,虽然他只拿6分,但现在多了100个人,他现在多拿多少分?假如拿8分的话,100个人会变成50个人,结果是亏是赚可想而知。

我看过这样一个故事,至今还记得。

从前有一个乞丐每天出门乞讨,他很想过正常人的生活,于是他总要乞讨一些粮食积攒起来。可是他积攒了好多年,他的粮仓还是只有那么一点米。他不明白是怎么回事,于是他打算弄个明白。一天夜里,他悄悄地躲在一个角落看着他的粮食。结果,他看见一只大老鼠来偷吃他的粮食。于是他很气愤,就对老鼠喊道:"富人家那么多粮食你不去吃,为什么偏偏偷吃我辛辛苦苦攒下的粮食?"

突然，老鼠说话了："你命里只有八分米，走遍天下不满升。"乞丐问老鼠："这是为什么？"老鼠对他说："我也不知道，你去问佛祖好了。"于是，乞丐下了决心，要去西天向佛祖问个明白，看看到底是什么原因才有此命运。乞丐第二天就出发了。他一路乞讨，走了好多路。有一天，他好不容易赶到天黑才见到一户人家，便上前敲门，出来一个管家问他有什么事，他说讨点饭吃。正好员外出来看见了，就问乞丐为什么这么晚了还在赶路。乞丐就说了他的命运，说要去问佛祖一个明白。员外听了赶紧把他请到屋里坐下，给他拿了好多干粮和一些银子。乞丐问这是为什么。员外说明缘由，他说他家女儿都16岁了还不会说话，拜托乞丐去西天帮忙问问佛祖，是什么原因。员外曾经发过誓说谁能让他的女儿说话，他就把女儿嫁给谁。乞丐听了觉得反正都是去西天，就顺便帮他去问一下佛祖也好，于是乞丐答应了。乞丐又走了许多山路，走到一座山上看见一座庙，就进去讨水喝，看见一个老和尚拄着一根锡杖，很老的样子，但很精神。老和尚给了他水喝并且叫他休息一会儿，遂问他要到哪里去。乞丐说明去向，老和尚赶紧拉住乞丐的手说："拜托你一定帮我去西天问问佛祖。我都修行了500多年了，按说早该升天了，为什么还飞不起来？"于是乞丐也就答应了这个老和尚。再往前走，又过了许多沟沟坎坎。乞丐来到一条大江边上，江里没有一条船。乞丐着急了，这可怎么办？怎么过去？乞丐哭了起来说，难道我的命就该这么苦吗？突然，江里一个大老龟浮出水面。老龟说人话了，问乞丐在这里哭什么。乞丐把事情经过说了一遍。老龟对他说："我都修行了1000多年了，按说早该成龙飞走了，为什么还是一个老龟？如果你去了西天能够帮我问问佛祖，我就把你驮到对面。"乞丐很高兴地答应了。乞丐又走了不知多少天，可是怎么也见不到佛祖。乞丐纳闷了，心里想：佛祖到底在哪里？西天按说早该到了啊。乞丐很伤心，于是迷迷糊糊地就睡着了。睡梦中佛祖突然出现了，乞丐很高兴，佛祖问乞丐："你这么大老远来这里一定是有什么很重要的事来问吧？"乞丐说："是的，我要问几个问题，希望佛祖能够给我说个明白。"佛祖说："好啊，不过有个条件，你最多只能问三个问题。"乞丐答应了，心里想：我问哪几个问题？乞丐觉得自己的问题太不重要了，老龟修行了1000多年了很不容易，它的问题应该问；老和尚修行了500多年了也很辛苦，他的问题也应该问；员外的女儿很可怜啊，不能说话怎么嫁得出去？他的问题也应该问。于是乞丐毫不犹豫地问了第一个问题。佛祖告诉他："老龟是因为舍不得它那背上的龟壳才变不成龙的，它的龟壳里有二十四颗夜明珠在里面。如果它把龟壳去了，就可以化成龙了。"第二个问题佛祖回答："老和尚整天都拿着他的宝贝锡杖，心里整天记挂着，他的锡杖是个宝物,用它在地上一扎,地上就会有清泉出现,如果老和尚舍得扔掉那个锡杖,他就可以升天了。"乞丐很高兴,又问了第三个问题。佛祖回答:"如果哑巴女孩见到她的心上人来了就会说话了。"说完佛祖就不见了。乞丐觉得自己的事也没有什么,还是乞讨过日子吧,于是就赶紧往回赶路。乞丐来到那个江边,老龟已经算到乞丐该回来了,就急着问:"佛祖是怎么说的?"乞丐说:"你先把我渡过江去我给你说。"老龟把乞丐渡了过去,乞丐说了缘由,老龟一听就明白了,于是就把龟壳脱了下来送给乞丐说:"这里面有24颗夜明珠,是无价之宝,对我已经是没有用处了,我就把它送给你了。"于是老龟马上就变成龙飞走了。乞丐拿着24颗夜明珠又往回赶路。来到山上见了老和尚,老和尚急着问:"佛祖怎么回答的?"乞丐说了缘由,老和尚一听非常高兴,于是就把那个宝贝锡杖送给了乞丐。老和尚马上就腾云飞走了。乞丐来到员外家门口,突然从里面跑出一个大姑娘大声喊道:"那个问佛祖话的人回来了。"员外也跑了出来,他很吃惊他的女儿怎么突然会说话了。乞丐说了佛祖的话,员外非常高兴地就把女儿嫁给乞丐了。这正是:有舍才有得啊。

诸葛亮在《诫子书》中讲:"非淡泊无以明志,非宁静无以致远。"也是讲的这个道理。

林则徐自撰一副对联,联曰:"子孙若如我,留钱作什么?贤而多财,则损其志。子孙不如我,留钱作什么?愚而多财,益增其过。"海瑞是中国历史上的著名清官。推行清丈、平赋税,并屡平冤假错案,打击贪官污吏,深得民心,被称"海青天"。海瑞曾任淳安县县令,离任时,家家户户都在门前的供桌上摆放一碗清水和一面明镜,以此颂扬这位清官"清如水,明如镜"的官德。嘉靖四十五年(1566),户部主事海瑞买棺材,别妻子,散童仆,以死上书,劝说世宗不要相信陶仲文这帮方士的骗术,应振理朝政,因而激怒世宗,诏命下狱论死。世宗死,海瑞获释。万历十三年(1585),海瑞任南京吏部右侍郎、南京右都御史,力主严惩贪官污吏,禁止徇私受贿,后病死于南京。海瑞没有儿子,去世时,南京都察院佥都御史王用汲去照顾海瑞,只见用布制成的帏帐和破烂的竹器,有些是贫寒的文人也不愿使用的,因而禁不住哭起来,凑钱为海瑞办理丧事。海瑞的死讯传出,南京的百姓因此罢市。海瑞的灵柩用船运回家乡时,穿着孝服的人站满了两岸,祭奠哭拜的人百里不绝。此正是:"天地之间有杆秤,那秤砣是老百姓。"

毛主席在《纪念白求恩》里讲:"我们大家要学习他毫无自私自利之心的精神。从这点出发,就可以变为大有利于人民的人。一个人能力有大小,但只要有这点精神，就是一个高尚的人，一个纯粹的人，一个有道德的人，一个脱离了低级趣味的人，一个有益于人民的人。"

人只有达到纯粹忘我的境界，他的精神生命方可永存。当然，他的创造力就会趋于至大。

第八章

文化产业的解剖定位

文化的挖掘和开发使得文化产业产生,而城市发展到一定程度,文化产业则更显示出很强的发展活力,所以,本章我们就对文化产业做一解剖定位。

第一节 文化产业的概念及分类

一、文化产业的概念

首次将"文化"和"工业"活动联系起来的是马克思,他在《1844年经济学哲学手稿》一书中指出,政治、艺术和文学是"工业本身的一个特殊部门",马克思将艺术家的劳动分为非生产劳动和生产劳动,非生产劳动是艺术家"天性的能动表现",而生产劳动则是被资本家雇用,为"增加资本的价值"的劳动。一旦艺术家加入到生产不是由劳动能力本身构成的商品,而是为了大量出售而制作商品的行列,那么文化产品的批量化、复制化、标准化就产生了。1926年,法兰克福学派的重要人物本雅明发表了一篇文章——《机械复制时代的艺术作品》,文章提到文化复制现象,指出艺术品可以批量生产。这篇文章虽然描述了文化产业的现象,但没有明确提出"文化产业"这个术语。

文化产业这一术语最初出现在霍克海默和阿道尔诺合著的《启蒙辩证法》一书中。它的英语名称为 *Culture Industry*,可以译为文化工业,也可以译为文化产业。文化产业作为一种特殊的文化形态和特殊的经济形态,不同国家、不同组织从不同角度看文化产业有不同的理解。联合国教科文组织关于文化产业的定义如下:文化产业就是按照工业标准,生产、再生产、储存以及分配文化产品和服务的一系列活动。文化产业是以生产和提供精神产品为主要活动,以满足人们的文化需要作为目标,是指文化意义本身的创作与销售,狭义上包括文学艺术创作、音乐创作、摄影、舞蹈、工业设计与建筑设计等。美国没有文化产业的提法,他们一般只说版权产业,主要是从文化产品具有知识产权的角度进行界定的。日本政府则认为,凡是与文化相关联的产业都属于文化产业。除传统的演出、展览、新闻出版外,还包括休闲娱乐、广播影视、体育、旅游等,他们称之为数字内容产业,更强调内容的精神属性。英国创意产业特别工作组对创意产业的定义为:源自个人创意、技巧及才华,通过知识产权的开发和运用,具有创造财富和就业潜力的行业。其产业范畴包括广告、建筑、艺术和文物交易、工艺品、设计、时装设计、电影、互动休闲软件、音乐、表演艺术、出版、软件、电视广播等行业。德国叫文化经济,中国香港和中国台湾叫文化创意产业。

芬兰文化产业委员会把文化产业确定为一个伞状概念,从广义到狭义做了如下四个层面的定义,包含不同的文化内涵和范围,服务于不同政策目标的需求。第一,文化产业是指以文化价值或文化意义为基础的生产活动,这是关于文化产业最综合、最广义的定义。它包括所有具有文化价值的产品生产,如服装和各种品牌、商标的产品生产,娱乐活动和所有可交换的商品等。这一定义容易让人得出"每一事物都是文化产业"的结论。但是,它有助于人们更好地理解社会文化氛围、社会进步的文化基础,对于增强公众的文化意识具有十分重要的意义。第二,文化产业是指艺术创作、传统的和现代的艺术作品、艺术展览和文化传播活动。根据这一定义,文化产业具体包括文学作品、造型艺术、音乐、建筑艺术、戏剧、舞蹈、摄影、电影、设计、媒体艺术和其他形式的艺术创作,以及书籍、报纸和杂志、录制或印刷形式音乐的出版发行、节目制作、画廊、艺术交流、图书馆、博物馆、广播电视等艺术和文化系统的生产、销售和传播活动。通过这一定义,可以为艺术和文化机构活动提供指导方针和行动建议。第三,文化产业是指与商业运作、听众和观众规模以及文化和艺术作品的传播扩大能力有关的商业活动,具体包括电影、广播电视、出版活动、音乐行业和文艺作品的创作活动。它强调电子产品的作用,以文化和艺术作品的传播扩大能力为标准对文化产业下定义。这也是欧盟对文化产业活动领域的传统观点。第四,文化产业即指文化企业,把文化和艺术的创作看作企业的行为,这是文化产业最狭义的定义。

在芬兰文化产业委员会的工作中，这一定义很重要，它强调了文化产业对经济与就业的直接影响。芬兰统计局围绕第三种和第四种较狭义的概念开展文化统计工作，收集文化和艺术活动的筹集资金状况、劳动市场、文化企业情况等方面统计数据。

2003年9月，中国文化部制定下发《关于支持和促进文化产业发展的若干意见》，将文化产业界定为："从事文化产品生产和提供文化服务的经营性行业。文化产业是与文化事业相对应的概念，两者都是社会主义文化建设的重要组成部分。文化产业是社会生产力发展的必然产物，是随着中国社会主义市场经济的逐步完善和现代生产方式的不断进步而发展起来的新兴产业。"2004年，国家统计局对"文化及相关产业"的界定是：为社会公众提供文化娱乐产品和服务的活动，以及与这些活动有关联的活动的集合。所以，中国对文化产业的界定是文化娱乐的集合，区别于国家具有意识形态性的文化事业。

文化产业一般可分为三个层次：一是核心层文化产业，宣传文化部门主管的这些门类，主要包括广播电视、新闻出版、文艺表演等；二是相关层面的文化产业，像文化旅游、文化娱乐、动漫游戏、文化体育等；三是外围层面的文化产业，就是文化用品、设备等相关产业的生产和销售。

二、文化产业的分类

文化产业基本上可以划分为三类：一是生产与销售以相对独立的物态形式呈现的文化产品的行业（如生产与销售图书、报刊、影视、音像制品等行业）；二是以劳务形式出现的文化服务行业（如戏剧舞蹈的演出、体育、娱乐、策划、经纪业等）；三是向其他商品和行业提供文化附加值的行业（如装潢、装饰、形象设计、文化旅游等）。

但从统计的角度，文化产业的具体分类也有一个发展过程。

为方便收集联合国各成员国的文化统计数据，1986年，联合国教科文组织召集20多个欧洲和北美发达国家，第一次制定了一个国际性质的文化统计框架。1986年制定的文化统计框架，把文化部门分为文化遗产、出版印刷业和著作文献、音乐、表演艺术、视觉艺术、音频媒体、视听媒体、社会文化活动、体育和游戏、环境和自然10个大类。每一部门分别划分为资源投入、活动过程和产出等环节。其中，资源投入包括从事文化活动的能力和资金筹集情况，衡量的指标有公共和私人用于文化活动的经费支出、从事文化活动的人员规模等；活动过程包括各项文化活动的安排、组织以及传播，衡量的指标有居民用于各种文化艺术活动所花费的时间、参加各项活动的人次、开展文化艺术活动的次数等；产出是指文化活动的成果，人们从中获得的知识、技能和满意程度，要求衡量的指标具有可量化、被社会普遍接受，并具有一定的灵活性，一般通过专门的社会调查来收集统计数据。进入 21 世纪，随社会快速的发展演化，2009 年，联合国教科文组织又制定了新的《2009 文化统计框架》，新框架立足于相关国际统计分类标准，把整个文化领域划分为关键领域和扩展领域。关键领域包括：文化与自然遗产、艺术表演与节日、可视艺术与工艺品、设计和创造性服务、书籍出版、视听与互动媒体。扩展领域包括：体育与休闲、旅游。

澳大利亚国家统计局把以从事文化和休闲活动为目的的行业、产品和服务归为文化和休闲产业。根据这一定义，文化、休闲产业包括：①文化遗产和古迹，如博物馆、自然遗产和保护、图书和档案馆等；②艺术活动，如文学作品的创作、出版和印刷，表演艺术、音乐创作和出版，广播、电视和电影等；③体育和娱乐活动；④餐饮业；⑤文化产品的制造和销售；⑥文化休闲设施建筑。澳大利亚国家统计局在现有统计分类的基础上，分别从行业、产品和职业三个角度对文化和休闲活动进行分类，反映文化和休闲活动的生产、支出和就业规模，形成澳大利亚文化和休闲分类体系：①文化和休闲活动行业分类包括文化遗产古迹、艺术、体育和娱乐活动、其他文化和休闲 4 个大类、22 个中类和 75 个小类。②文化和休闲产品分类包括 26 个大类和 227 个小类。③文化和休闲职业分类具体包括从事文化和休闲活动的经理和管理人员、专业人员、助理专业人员、相关的服务人员和工人等 9 个大类、159 个具体职业。

参照联合国教科文组织的分类，我国于 2012 年制定了文化及相关产业分类，将文化及相关产业分为五层。第一层包括文化产品的生产、文化相关产品的生产两部分。第二层根据管理需要和文化生产活动的自身特点分为 10 个大类，第一部分有 7 类，分别是新闻出版发行服务、广播电视电影服务、文化艺术服务、文化信息传输服务、文化创意和设计服务、文化休闲娱乐服务和工艺美术品的生产；第二部分有 3 类，分别是文化产品生产的辅助生产、文化用品的生产和文化专用设备的生产。第三层依照文化生产活动的相近性分为 50 个中类。第四层共有 120 个小类，是文化及相关产业的具体活动类别，直接用《国民经济行业分类》（GB/T 4754—2011）相对应行业小类的名称和代码表示。对于含有部分文化生产活动的小类，在其名称后用"＊"标出。第五层为带"＊"小类下设置的延伸层。

但近些年随社会的高速发展，特别是受互联网的影响，文化产业的内涵也发生了巨大变化，于是国家统计局于 2018 年又在原有分类的基础上制定了新的分类标准。2018 年文化产业分类标准，将原来的大类由 10 个修订为 9 个、中类由 50 个修订为 43 个、小类由 120 个修订为 146 个。其中 1~6 大类为文化核心领域，7~9 大类为文化相关领域。新修订的分类设置的 9 个大类分别是：新闻信息服务、内容创作生产、创意设计服务、文化传播渠道、文化投资运营、文化娱乐休闲服务、文化辅助生产和中介服务、文化装备生产、文化消费终端生产。小类里新增加了"互联网文化娱乐平台""观光旅游航空服务""娱乐用智能无人飞行器制造""可穿戴文化设备"等。这些变化是因随着互联网时代的到来，以"互联网+"为依托的文化新业态不断涌现并发展迅猛，日益成为文化产业新的增长点。日益普及的宽带连接、移动手机升级、视频和音乐播放器等技术都在促进文化产业结构调整与升级。

第二节　文化产业的发展定位及发展模式

一、文化产业的发展定位

不论是国家，还是城市，其文化产业的发展都与其经济发展水平有关，即越发达的国家和城市，其文化产业的占比越高。

（一）国家的文化产业发展定位

随着社会的发展，人们对精神需求的追求越来越多。据韩国文化内容振兴院估算，2013 年世界文化产业市场营业额达到 2.337 万亿美元。分区域看，北美市场份额最高，达到 35.2%；欧洲、中东和非洲共占 30.9%；亚太占 27.4%；中南美洲占 6.5%。另据普华永道（PWC）测算，2011 年美国、日本、中国、德国、英国、法国、意大利、加拿大、巴西和韩国娱乐的传媒业市场规模居世界前十位。其中，美国遥遥领先，营业额达到 3630 亿美元，是排名第二位的日本（1730 亿美元）的 2.1 倍；中国、德国、英国、法国、意大利和加拿大的营业额分别为 890 亿、720 亿、690 亿、610 亿、590 亿和 370 亿美元，位居世界第三至第八位；巴西和韩国均为 350 亿美元，分列第九位和第十位。世界知识产权组织的数据显示，2013年，全球文化产业增加值占GDP的比重平均为5.26%，其中，美国最高，达11.3%，韩国、巴西、澳大利亚、中国、新加坡和俄罗斯均超过6%，加拿大、英国、中国香港、南非和中国台湾则分别达到5.4%、5.2%、4.9%、4.1%和2.9%。

文化产业大发展是居民消费升级的必然结果，随着居民消费结构升级，发达国家文化消费支出不断增加，这是发达国家发展进程中的共同规律。美国在收入增加和恩格尔系数大幅下降的过程中，其食品、住房、交通消费支出所占比重逐步下降，而娱乐消费支出占比则持续较快上升。1970~1993年，美国居民人均消费支出由3100美元增加到16429美元，增长了4.3倍，而同期娱乐人均消费支出由115美元增加到887美元，增长了6.7倍，娱乐消费支出占比也从3.7%提升到5.4%。2012年美国娱乐消费在居民消费支出中的占比已超过5.5%，位列食品、住房、交通类支出之后，是第四大消费支出项目。日本在1965年居民平均每户娱乐消费支出为1742日元，占居民家庭消费支出的3.5%；1993年，日本居民家庭平均每户娱乐支出为17275日元，比1965年扩大了近9倍，在消费支出中的占比为4.9%，比1965年提高了1.4个百分点。

(二) 城市的文化产业发展定位

我国区域发展不平衡，不同城市文化产业的发展也有很大的差异。综合考虑2016年全国各城市经济总量（GDP），以及文创产业的发展水平和文化资源等因素，21世纪经济研究院选择了杭州、北京、上海、深圳、长沙、西安、苏州、武汉、成都、广州、重庆11个主要城市进行分析研究。通过分析比较各地文创产业增加值在GDP中的比重，21世纪经济研究院分析师发现，杭州、北京、上海和深圳是国内文创产业第一梯队，除杭州以超20%的占比遥遥领先外，其余三城文创产业比重均超过10%。长沙、西安、苏州等文创产业占比超过7%的城市，则属于第二梯队。由此，21世纪经济研究院分析师认为，尽管杭州在多个经济指标方面并非名列前茅，但就文化创意产业而言，杭州有望成为国内最发达的文创中心。2016年，杭州文化创意产业增加值达2541.68亿元，按可比价增长21.2%，高出全市GDP增幅11.7个百分点，占全市GDP的比重为23.0%。21世纪经济研究院分析师认为，杭州文创产业的发达，主要有如下原因：第一，苏杭地区自古以来的文化积淀。杭州、苏州人文古迹众多，周边有大量的自然及人文景观遗迹，同时杭州是吴越文化的发源地之一，历史文化积淀深厚。第二，杭州提出发展文创产业的城市定位时间较早。2007年杭州市就提出打造"全国文化创意产业中心",抓住了国内发展的先机。2010年,国务院批准杭州将"建设全国文化创意中心"确定为城市发展功能定位的重要内容之一,由此推动杭州的文化创意产业从地方性战略升级为国家战略。第三,杭州借助一系列会议、赛事提升城市综合能级,为文创产业发展注入了新动力。如2016年9月,举世瞩目的G20杭州峰会成功举办。第四,借助浙江卫视、横店影视城等超级IP的影响力,推动了文创产业的聚集。同时,杭州也注重发挥资本市场力量。根据2016年数据,杭州127家上市公司中,文创企业占24席,打通了文创产业与市场化接轨的途径。

2017年底,由深圳大学管理学院、深圳大学文化产业研究院、深圳大学国家文化创新研究中心联合完成的2017中国城市创意指数(CCCI 2017)发布。2017年创意指数的指标体系涵盖了要素推动力、需求拉动力、发展支撑力和产业影响力4个一级指标、11个二级指标和28个三级指标。评估的对象是中国50个大中型城市(含直辖市、省会城市、副省级城市、经济较发达的城市及特别行政区)。研究结果:北京、上海、香港、深圳、杭州、广州、重庆、苏州、天津、台北分别位居2017中国城市创意指数榜前十强。总体而言,我国文化产业发展仍呈现明显的区域发展不均衡。前十名中有9个城市属华东、华南以及华北地区。西南地区的重庆表现较为抢眼,入榜前十,而华中、西北、东北地区无一城市入榜前十。

二、文化产业的发展模式

作为一种新兴产业,文化产业在许多国家已经成为经济发展的强大动力。目前,国外的文化产业发展主要有三种比较典型的模式:市场驱动型、资源驱动型和政策驱动型。通过对这三种模式的分析,可探寻国外文化产业的发展经验和对我国的启示。

(一)市场驱动型

美国的文化政策秉承自由主义传统,以强调文化产品生产、销售的高度市场化和最小化政府干预为主旨。在美国,文化产业在经济领域不具有特殊地位,美国政府认为文化产品与钢铁、汽车等其他产品没有什么不同,文化不需要特殊的规划和保护,政府所做的就是为文化企业的经济活动以及个人的文化创造提供一个公平合理、充分竞争的舞台。美国没有文化部,而是以各州政府为核心协调单位，为创意文化产业的发展提供了良好的环境，包括在遵循创意文化产业自身发展规律、考虑文化产业特点的基础上，给予开放、优惠的扶植政策，鼓励多元投资机制和多种经营方式。遵循市场规律，追求高额利润，与普通商业投资相比，投资美国文化产业的回报更为巨大和迅速。美国文化产业严格按市场规律办事，通过产品开发，建立全球销售网络、宣传促销和捆绑销售等多种手段和方法，以实现利润最大化。迪士尼可以说是这方面的"行家里手"，在全球大规模的广告和促销攻势的配合下，迪士尼一般分五步提取最大盈利：票房收入是第一轮收入；发行录像带、DVD 是第二轮收入；迪士尼主题公园的推广是第三轮收入；特许经营和品牌专卖是第四轮收入；通过电视媒体获取最后一轮收入。据统计，在迪士尼的全部收入中，电影发行加上后续的电影和电视收入只占 30%，主题公园的收入占 20%，其余的 50% 则全部来自品牌销售。

虽然美国政府鼓励文化产业积极发展，但还是会采取各种手段，对文化市场进行合理调控，以保证产业健康发展。为了扶持文化企业的扩张，促进媒体行业竞争，提高它们的国际竞争力，适应经济全球化和传媒革命的新形势，美国政府逐步放宽对媒体的管制。1984 年，里根政府在减少政府管制、增强竞争活力的理念下，放松了对媒体所有权的限制，在传媒业里形成了所有权兼并和集中的浪潮。1996 年，克林顿政府签署了《联邦电信法》，大大放宽了对媒体所有权和跨媒体所有权的限制，规定有线电视无须申请特许就可以运营电话业务，鼓励电信和互联网业进入传统媒介市场，从而形成了世纪之交规模空前的媒体兼并浪潮，促成了少数超大规模的跨媒体文化产业集团的出现。为了打破电视媒体对节目市场的垄断，美国在 1971 年颁布实施《黄金时间机会条例》，规定每天 19：00～23：00 的黄金时间，电视网及附属台不能全部播出自己制作的娱乐节目。由此出现了独立节目制作公司，它不仅丰富了广播电视网的内容、提高了利润，而且还使节目从国内市场扩张到国外市场，从而造就和培育了美国的节目市场。

（二）资源驱动型

文化产业具备资源产业的特征，欧洲有许多国家像英国、法国、意大利、德国、丹麦等，拥有丰富的历史文化资源。

英国具有悠久的城市文化历史，文化的多样性以及长期积累的科学技术基础，为创意阶层的形成提供了湿润的"土壤"。20 世纪 90 年代，英国专家学者率先提出了创意经济这个概念。经过 10 年的努力，创意产业在英国已成为与金融业相媲美的支柱性产业，帮助其国民和政府突破了经济发展的困境，找到了新的经济增长点。以格拉斯哥为例，为了应对传统工业城市衰退，文化引导城市更新的思想随着西方新自由主义潮流开始兴起，并成为一项在英国颇有影响力的城市规划更新策略。格拉斯哥是苏格兰最大的城市之一，位于苏格兰西部，以其辉煌的文化和传统闻名于世。对格拉斯哥来说，如何充分发掘它的传统历史文化资源，吸引更多的外来投资，从而从根本上改变城市的形象，成为一项现实且迫切的任务。因此，政府投入了相当多的资金、人力、物力用于历史文化设施的修复和建设，并策划展览、竞赛活动等。格拉斯哥行动的主要目的就是通过文化引导旧城改造，更新并且提升城市形象，使其成为更加适宜人们来居住、工作和游乐的地方。如今，格拉斯哥成功地重建了城市的新形象，它拥有英国诸多著名的艺术馆和美术馆及知名的艺术团体，如皇家苏格兰国家交响乐团、苏格兰歌剧院、苏格兰芭蕾舞团以及 BBC 苏格兰交响乐团等，这些都成为提升城市形象的重要新元素，成功地将格拉斯哥推介给全世界。

英国的演出业非常繁荣，演出的剧目很多都是历史名剧，伦敦市中心的街区集中了数十家剧院，《西贡小姐》《猫》《悲惨世界》《李尔王》《哈姆雷特》等名家名剧，在不断地获得巨大经济效益和社会效益的同时，也为英国创意阶层的产生提供了温润的"土壤"。此外，英国拥有超过 2400 家以上鉴定合格的博物馆，其中包括 18 家国家博物馆、200 家以上的公共博物馆、300 家大学博物馆、800 家地区性的博物馆等。整个英国博物馆每年有超过 8000 万人次的访客。浓郁的艺术氛围使得几个世纪以来伦敦一直是创意中心。它的人才储备通过国内外的移民得到了持续补充，培育了这架创意机器，同时通过艺术区域的兴衰变迁吸纳着国内甚至全球的人才。借助创意产业，英国在经济上成功地实现了产业结构的优化和升级。如今，英国创意产业产值占国内生产总值的 8% 左右。

法国是一个拥有悠久文化传统的国家，艺术和文化的财富超越了政治制度，法国人对其文化有着强烈的自豪感和保护欲，对文化的重视是深入骨髓的，因此任何外来的文化侵入都会引起法国人的强烈反感，或许这也是法国政府能有效掌控文化政策的原因。早在 17 世纪和 18 世纪，法国就在欧洲推广它的文化，法语成为外交用语。当时法国的公众外交目标是想通过推动欧洲一体化来提高自己的国际地位。如今，法国的文化外交队伍已十分庞大，涵盖教育、文化、经济等多个领域，其网络遍布上百个国家。除了驻各国使馆的文化处外，法国目前已在91 个国家建有 151 个文化中心，这些中心被认为是体现法国"软实力"的核心机构。法国政府非常重视文化产业，制定了一系列优惠政策，使文化产业得以顺利发展。主要有三种形式的财政支持或赞助：一是中央政府直接提供赞助、补助和奖金等，每一个从事文化活动的企业或民间协会，均可向文化部直接申请财政支持。二是来自地方财政支持，法国的大区、省、市、镇政府都有支持文化事业发展的财政预算。三是政府通过制定减税等政策鼓励企业为文化发展提供各类帮助，有关企业可享受3%左右的税收优惠。

从20世纪80年代开始，法国地方政府即拥有相当的文化自主权，区域性文化发展与中央政府的政策并不抵触，而是形成一种互助合作的关系，这成为法国文化体系的特色。法国文化部向来都积极支持地方发展，各城市的地方机关在文化事务上被赋予的职责也日益增加，各地发展出自己的文化政策。地方机关在文化政策上的参与程度越来越大。这些文化政策有三个主轴：创新现场文化活动、传统文化设施的翻新以及专为发展创意产业推出的文化设施与策略。文化活动带动文化繁荣，作为法国文化和创意产业中心的"法兰西岛"，仅占法国总面积的2%，但却创造30%的GDP。著名的巴黎"白色之夜"，通过公共艺术展示、夜间游乐场等丰富的文化活动，让人们徜徉在巴黎夜色与文艺飨宴中。2004年，法国北部的里尔市被选为欧洲的文化之都。里尔市借助火车站的改造，把公共空间重新利用并结合艺术转化，进行一连串的文化转型。在2004年创造了17000位艺术家参与、200万人次访客的惊人数字，同时超过1万名居民参与执行文化活动。马赛为赢得2013年欧洲文化之都的评选资格，也展开了地方艺术文化与建筑物等展演设施的系列改造。在鲁贝市，政府把一座废弃的游泳池重新改建为一座博物馆，文化软实力的注入，让当地纺织工业都市的形象有了重大转变。法国导演吕克·贝松在圣德尼这座城市建成了一座有如美国好莱坞规模的影视重镇，将发电厂改造成制片厂。法国地方政府在国家文化政策的推动上，扮演着举足轻重的角色，地方政府善用当代艺术文化的软实力，无论是成立新的文化中心，或者助推城市文化复兴，都成功地彰显了文化艺术与创意经济的完美结合，使文化产业成为重要的经济支柱。

（三）政策驱动型

这种模式以日本和韩国最为典型。

长期以来，日本的产业政策以制造业为中心，其制造业在世界经济中具有重要的地位。自20世纪90年代以来，由于泡沫经济的崩溃，日本经济持续低迷，制造业的出口竞争力逐渐衰落，本国经济一直在低谷徘徊。但在此10年内，日本的动画、漫画、游戏等产业日渐崛起，令世界瞩目。2001年，日本明确提出知识产权立国战略，把提高文化竞争力作为提升日本产品竞争力的重要举措，认为通过文化产品可以加深世界对日本文化的理解，使日本重新获得尊重，从而提高日本产品的文化含量和附加值。

日本为推动文化产业的发展进行立法施政。日本尤为重视通过健全和完善的法律法规体系为文化产业的发展保驾护航。一是法律法规完备，每个领域均有相应的法律法规进行规范。如1970年颁布的《著作权法》（2001年更名为《著作权管理法》）、2000年的《形成高度情报通讯网络社会基本法》、2001年的《文化艺术振兴基本法》、2002年的《知识产权基本法》等均在相关领域作出详细规范。二是配套措施及时跟进，可操作性强。一般在法律法规颁布后，往往还有更为具体的措施相配套。例如，同《文化艺术振兴基本法》相配套的有《关于文化艺术振兴的基本方针》，同《知识产权基本法》相配套的是《知识产权战略大纲》，使得政府调控文化产业的手段更加完善。三是根据法律组建相应组织机构，进一步提高执行效率。日本根据《信息技术基本法》成立了"知识财富战略本部"，首相任部长，明确将音乐、电影等文化产业与技术、工艺、名牌产品等并列为国民经济的基础产业。"知识财富战略本部"在制定"知识产业促进计划"的同时，设立"文化产业调查会"，以便及时发现问题，补充和修订文化发展策略，制定出切实可行的文化政策。通过立法保证以及完善配套服务，日本文化产业在其"文化立国战略"的推动下，通过政府的大力扶持，已经具备了较强的国际竞争力，成为其国民经济收入的重要产业。

韩国在1997年金融危机期间，对外向型经济带来的国民经济脆弱问题进行了深刻反思，认识到发展具有本土优势和本土活力的经济产业，对于国家经济发展具有重大意义，于是，文化产业发展便成为一个重要的战略选择，且文化产业被确定为21世纪国家经济的支柱产业。1998年，韩国政府及时提出了"文化立国"方针，规划自2001年起5年内把韩国文化产业产值在市场上的份额由1%提高到5%，成为世界五大文化产业强国之一。1999~2001年，韩国先后制定了《文化产业发展5年计划》《文化产业发展推进计划》等，明确了文化产业发展战略和中长期发展计划，推出一系列重大举措，有力地推动了文化产业的发展。韩国前总统金大中曾在竞选时提出要大力发展文化，并以提升文化经费占到国家总预算的1%为目标。金大中政府执政后，因为金融危机，政府裁减各部委人员，只有文化部门人员不减反增，可见其对文化事务的支持。目前，全世界只有法国和韩国的文化拨款达到国家预算的1%。韩国还设立了许多机构来推广韩国文化，从组织上保证"韩流"的影响力。包括：在首尔建立"韩流发祥园地"；在北京、上海等地建设"韩流体验馆"；由民间专家学者组建"亚洲文化交流协会",对出口的文化内容质量把关,防止因出口劣质文化产品而降低外界对"韩流"文化产品的信任度;对"韩流"文化盛行国家和地区的使领馆加派文化官员;成立"韩国文化振兴院",在"韩流"影响大的国家和城市设驻外办事处;在韩国多个城市举办过多届"韩流商品博览会";等等。通过将"韩流"输出到全世界,韩国不仅提升了本国形象,也使韩国文化在世界风行。而韩国制定的文化立国战略和一系列文化政策,更是带动了韩国各行业的发展,为其带来了很多实实在在的收益。

近些年,我们文创产业发展得如火如荼,但国内文创产业方面有哪些发展模式呢?21世纪经济研究院分析师通过对国内主要城市文创产业的发展历程进行分析,归纳出了三种模式。第一种是卫视IP带动型发展模式。当地有著名卫视,如湖南、浙江、上海等地,依托知名卫视以及产品,推动当地文创业发展。第二种是产业园区带动型发展模式。依靠大型演艺公司、文创产业园或影视城聚集,不断吸纳文创人才。如杭州,不仅有"宋城千古情""最忆是杭州"等著名演出赛事,周边还有横店影视城;北京则拥有宋庄、798、中关村文创产业园等。第三种是依托专业会展发展地方文创经济。如苏州、成都、深圳,拥有文化创意设计产业交易博览会或设计周。中国苏州文化创意设计产业交易博览会,简称"中国苏州创博会",2012年由中华人民共和国文化部文化产业司、江苏省文化厅、苏州市人民政府支持主办,每年举办一届的国内"高品质美学生活专业展"。2012年至今,中国苏州创博会已经成功举办六届,累计吸引10.2万名国内外创意设计领域专业人士和聚集85.2万名文创爱好者与文化产业相关人士参与到展会举办的各类活动中,集中展示了国内外3000多家文创及相关领域产业的数万件创意设计作品。六届展览,累计促成交易金额达227.7亿元。

总之,文化经济的发展是经济发展的前端,因此,及时的研究规划是一个城市,乃至一个国家把握发展命运的关键。

第四篇　知识经济

21世纪是知识大爆发的时代,密集的知识开发将全球经济和社会带入前所未有的发展速度中去,社会生产力和物质积累高度发展。知识经济被誉为世纪之交的一场新的产业革命,继工业革命之后的"第三次浪潮"。1998年5月4日在庆祝北京大学建校100周年大会上,江泽民同志指出,"当今世界,科学技术突飞猛进,知识经济已见端倪",知识经济作为一个崭新概念,在发达国家和发展中国家中都迅速得到了高度重视。

我国投入了大量科研力量创造"知识",知识密集型产业成为经济增速的支柱力量;国内各大城市想方设法地吸引人才,含有"知识"的人力资本成为城市发展的骨干力量;对家庭来说,教育成为最重要的支出之一,个人的未来收入水平与知识水平挂钩。知识作为生产的外生因素,改变了经济增长的核心要素,未来一个国家或城市的核心竞争力,不再完全依靠自然资源与区位条件,以人才和知识为抓手,就能创造出新的发展"禀赋",始终走在经济发展的最前沿。而个人依靠自身知识的积累,更能适应知识社会的需求,多劳多得将转变为多"知"多得,知识就是力量成为箴言。

本篇从知识经济的概念引起,细述知识经济社会特征,并阐述知识经济理论体系,全景式地描述我国知识经济的发展轨迹,同时针对国内知识经济的前沿问题进行阐释,比如"抢人"大战、再教育、学生课外教育等。

城市是人口的高度聚居区，知识经济的发展一直以来都是以城市为主要阵地，知识经济的发展问题也理所当然地成为城市经济的发展前沿。充分了解知识经济的概念理论和发展轨迹，将对我国的知识经济发展现状有一个清晰的了解，才能在城市问题的研究中思路清晰，这也是本篇研究的目的所在。

第九章
知识经济概述

当代世界经济飞速发展，第三次科技革命的到来不仅极大地推动了生产科技领域的变革，而且也影响了人类社会的经济模式，知识经济应运而生。知识的使用更加广泛化，作为一种生产要素进入社会生产，成为当代经济增长的主要推动力。

第一节 知识经济的概念

知识经济不是一个严格的经济学概念，从字面上来看，知识经济就是"以知识为基础的经济"。1996年，世界经济合作与发展组织（OECD）发表的《以知识为基础的经济》的年度报告对知识经济作出明确的界定：知识经济是以知识或智力资源的占有、配置、生产和使用（消费）为最重要因素的经济。它以高技术产业为支柱产业，以创造性知识的智力资源为首要依托，是可持续发展的新型经济。一个经济时代的划分重要的不是生产什么而是用什么生产，也就是说，其划分标准是依据该种经济形态赖以存在和发展的基本资源与生产要素的结构及其特点。知识经济是针对农业经济和工业经济提出来的，农业经济对土地、劳动力的依赖最大，工业经济对资本和知识依赖更大，而知识经济对知识的依赖更大。知识经济是更高层次的经济模式，代表着更高的效率和可持续性，发展知识经济，不是轻视或削弱工业经济和农业经济。它一方面支撑起多个继工业、农业之后的新兴主产业，而另一方面反过来又深刻地影响着传统的工业和农业，促进工业和农业进一步现代化、知识化。

在经济理论层面，罗默和卢卡斯的新经济增长理论是知识经济理论的发源地，他们第一次将以人力资本为代表的知识因素纳入生产函数和经济测算体系中去，使得知识经济第一次有相关的理论体系支撑。而知识经济的出现，不仅依赖于知识总量的增长、扩散与实现，同时与世界经济的增长有着密切的联系，它可以说是高速增长的现代世界经济的产物。"二战"后恢复期是知识经济蓬勃生长的萌芽期，战时积累的大量军用知识资源，在重建阶段迅速扩散到各大民用产业上去，这时候生产者发现，使用新技术改良的机械设备进行生产比增加资本多购置设备的产量更多；雇用一个受过良好培训的技术人员比雇用两个普通技工效率更高。知识的边际效应已经明显超过资本和劳动，人们开始重视无形资产和教育培训的投资，拥有知识也同时给个人带来财富，给国家带来高效生产力和国际竞争力，全球经济逐步进入知识经济时代。

在知识经济时代，知识成为资本的主要组成部分，成为发展经济的主要因素，亦即生产力的主要要素。发展主要依赖的基础是科学技术及其创新。创新是发展知识经济的灵魂。这里创新的内容不只是科学技术的创新，还包括组织创新、管理及经营创新、制度创新、需求创新等。由于知识的特性，关键经济要素将越来越无形化，主要资源亦越来越软体化。人才、智力在生产及资产要素中占主导地位，对其投资、开发等将成为财务管理的重要内容。在知识经济时代，人类将由物质供应为主要目标的生产体系转变为以文化知识等非物质供应为主要目标的生产体系，从以第一、第二产业为主转变到以主要是建立在信息和服务基础上的第三产业为主。

第二节 知识经济特征

知识经济的兴起将对产业结构、投资和增长方式、教育的职能与形式产生深刻的影响。在产业结构方面，电子贸易、网络经济、在线经济等新型产业将大规模兴起；农业、工业等传统产业将越来越知识化；产业结构的变化和调整将以知识的学习积累和创新为前提，在变化的速度和跨度上将显现出跳跃式发展。在投资和增长方式方面，知识密集型高科技产业的巨大产出和展现出的骤然增长的就业前景，将导致对无形资产的大规模投资；知识可以低成本地不断复制并实现报酬递增，使经济增长方式可能走出依赖资源的模式，长期经济增长成为可能。还使经济活动都伴随着学习，教育融入经济活动的所有环节；教育的社会需求爆发，知识更新的加快使终生学习成为必要，受教育和学习成为人一生中最重要的活动，也成为获取个人财富与社会地位的主要衡量因素。以下详细描述知识经济时代的几大特征：

一、高新技术产业成为经济发展支柱

知识经济的第一个重要特征是：在知识经济时代，产业内容和产业结构发生了重大变化，以高新技术产业为代表的知识密集型产业成为社会经济支柱。互联网信息、生物工程、航天工程、新材料及新能源等高新技术产业成为推动社会发展的主要力量。

信息技术及相关产业爆发增长，是知识经济时代的最明显特征。信息产业中知识含量较高，产业总值中的大部分由知识要素贡献。同时信息经济的高速增长，反过来也会促进知识经济的发展。数据显示，信息经济已经成为带动中国经济增长的核心动力。2015年中国信息经济总量达到18.6万亿元，同比名义增长超过17.5%，显著高于当年GDP增速，占GDP的比重达到27.5%。信息经济也已成为近年来带动经济增长的核心动力，2015年中国信息经济对GDP的贡献率已达到68.6%。中国信息经济对GDP增长的贡献不断增加，接近甚至超越了某些发达国家的水平，2015年美国、日本、英国的信息产业贡献率分别为69%、42%、44%。信息经济在国民经济中的地位不断提升。

知识的特征正体现在其产业运动规律中，信息知识创新成果与传统产业的深度融合，提升传统产业技术能力与协调能力，利用信息技术打破产业之间的壁垒，推动传统产业的产业重组，利用产业之间紧密的供需关系，结合互联网技术，催生新产业、新业态，例如商业、运输、仓储等传统流通部门，通过信息技术重组诞生了现代物流业。同时，以互联网为代表的新一代信息技术迅速崛起，大数据深刻改变了高端存储的发展方向，云计算极大拓展了高性能计算的发展模式，人工智能全面提升了传感感知的能力。这些技术的应用，促使新兴产业技术能力得到极大提升。应用这些知识的价值，各种新模式、新业态不断涌现，新兴产业得以拓展市场。以信息产业为代表的高新技术产业是知识的高度聚集区，也最能体现知识经济的价值定位。

二、社会资产无形化明显

知识经济的第二个重要特征是：社会资产无形化明显。知识经济是以无形资产投入为主的经济，知识、智力、无形资产的投入起决定作用。在知识经济较为发达的东欧地区，高技术企业的无形资产已经超过总资产的60%，在美国，全年生产总值的三分之一也由无形资产所贡献的。

资产由投资活动形成，与资产无形化相关的概念就是投资无形化。知识经济投资的无形化主要表现为科技研发投入和人力资源投入，其产出多为以各类知识产权为主的智力成果。

在知识经济时代，不是不生产物质，而是生产物质的方式发生了根本的变化。新的投资集中于开发具有公共价值的知识产品，而这些知识产品作为可重复利用的生产要素，改变了原有的生产效率，或者成为新产品诞生不可或缺的催化剂，通过知识投资的途径，间接为物质生产提供生产力。

一方面，无形化的知识产权成为知识经济时代下知识价值的主要载体。新的知识成果不断涌现，使得知识产权的登记、注册成为普遍存在的现象。另一方面，随着知识的进展、技术的进步，在产权中知识产权的比重不断增加，使知识产权成为普遍性的产权，知识产权事业快速扩张发展。与此同时，无形的知识产权的保护体系成为促进国民经济各大产业技术研发与保证市场公平竞争的重要因素。各国政府不断完善法律法规，以期保护知识成果的创造者，激发全社会的创造性，促进人类更好地和最大限度地使用社会成果，推动技术进步和生产力的发展。

三、知识经济具有可持续性

知识经济的第三个重要特征是：知识经济具有可持续性。可持续发展的内涵要求"满足当代人的需要，又不损害后代人满足其需要能力"，它包括生态的持续性、经济的持续性和社会的持续性。从经济学角度来看，可持续发展要求生产经营的集约化和效率化，在生产中尽可能地少投入、多产出。知识经济是通过知识智力投资过程，进行能提升生产效率的知识创造，达到合理、节约地利用自然资源，并取得最大的经济效益的目的。可持续发展的内涵与知识经济的实质，内在地决定了知识经济合乎可持续发展的目的性，从而使知识经济成为实现可持续发展的动力和重要手段。

知识经济的可持续性表现在两个方面：一方面，生产出来的知识可以重复利用，其边际效用是递增的。一家工业企业通过知识发明达到的生产工艺革新，能以付费专利形式给同行业使用，这样全行业的生产效率就都得到了提升，而未耗费更多的不可再生资源。另一方面，知识经济主要不依赖于土地、石油等已经短缺的自然资源，而是致力于通过智力资源开发出富有的自然资源，以逐步替代工业经济依为命脉的、已经短缺的自然资源。例如，计算机芯片来自石头，新能源和可再生能源科学技术的受控热核聚变原料来自水中的氢。因此，在知识经济中，对自然资源的依赖性更弱，而对人本身的创造以及知识成果的占有更为看重，这也正是可持续性的源泉。

四、教育产业化

知识经济的第四个重要特征是：教育作为知识和人力资本的孕育产业，其内涵和深度在知识经济时代得到升华，教育产业化发展势头迅猛。工业时代的生产要求最多的要素除了资本就是简单劳动力，大众教育仅仅作为使人心智成熟，能胜任社会角色的必经一步。随着知识经济的来临，简单劳动力不能满足产业发展的需要，与各种知识结合的劳动力即人力资本，成为最稀缺的发展要素，在这样的社会诉求下，生产人力资本成为知识经济社会发展最重要的一环，教育的广度、深度和其专业性不断扩展开来，普通高等教育、高级工程技术教育、管理人才教育、服务行业专业技能教育等各自形成产业化的板块，并不断规范其发展模式，成为输出人力资本，平衡劳动力市场多层次供需平衡的中坚力量。教育业持续高速发展并成为第三产业内增长贡献率极高的产业之一。

第三节　知识经济的现实意义

一、知识经济对个人的现实意义

在知识经济时代，"知识就是财富"成为公认的准则，知识对于个人的效用，在如今不断被扩大。首先，知识本身成为一种准入的能力象征，举例来说，北京大学 2016 年入校农村学生比例仅有 16%，而全国中学生农村学生比例高达 55%，我国当前教育资源向城市倾斜严重，农村学生无法得到全面优质的知识输入，同时经济条件决定其教育投入的平均水平与城市相去甚远，在这样的情况下，不能接受优质知识内容的个人难以在竞争中获得深造的机会。其次，个人掌握的知识成为价值实现的抓手。在当前饱和的就业市场里，拥有以高等学历或技术证明为主的知识文凭，才能找到满意的工作。在 2016 年，《国际金融报》的记者对中国 A 股 500 名上市公司的高管的教育程度进行分析和调查，最后发现，84% 拥有本科以上高学历，48% 毕业于 985 高校。一张知识文凭是个人职业生涯的敲门砖，也是个人跨越财富阶级，争取财富自由的关键。最后，个人的知识对社会意义重大。知识给个人带来价值，正是因为个人创造的知识给社会带来了高效的生产要素，一群拥有互联网知识思维的领导者，将中国的互联网规模和应用深度推向世界第一；一群拥有最先进航天科技知识的工程师，是中国航天事业日新月异的关键。这些事业都不缺乏资本输入和普通劳动力，个人深度知识价值才是创造社会价值的核心力量，在这些价值创造的同时，个人的价值也得到了升华。

二、知识经济对城市发展的现实意义

城市竞争力也与知识紧紧挂钩。《中国城市竞争力排行榜》将人才竞争力作为最重要的考核指标，而所谓的人才竞争力就是人力资本的生产效率。那些全球最具竞争力、经济发展高速可持续的城市体现出共同的特点：充分利用城市创新引擎和自身的知识环境资本、技术资本等，强化以知识为基础发展的基础设施建设，促使城市空间结构、社会结构和产业结构的转轨，进而提升参与全球竞争的核心地位，最终实现可持续发展。

在知识经济时代的城市产业体系中，从事知识创造的工作成为劳动力方面的最主要需求，高级科研人员和工程技术人员等高级脑力劳动者比例大幅提高。对于新出现的高增长产业，如软件开发为主的信息产业、人工智能和大数据产业，科研人才的素质成为了产业生存发展的核心因素，也组成了产业的主要成本支出。由此带动的城市经济增速不再是依靠传统的资本密集和劳动密集程度，而是靠知识无形资产要素和人力资本的高度。城市对劳动力的素质要求量级提升。人力资本逐渐成为了知识经济发展的关键，也为转型为知识城市奠定了基础。

来讲一个依靠知识要素获得转型，城市竞争力跨越式提升的案例。历史上，曼彻斯特地区一直以钢铁、航运、纺织等传统重工业为经济支柱，是英国老牌重工业基地。20世纪初叶，世界经济遭遇大萧条，曼彻斯特也随之遭受巨大损失，许多工矿企业倒闭，大量产业工人失业。20世纪50年代开始，世界经济开始进入科技时代，传统工业尤其是纺织业发展愈发困难，经济发展的动力逐渐转移到依靠高科技、创新、知识和信息等新型资源的开发投入，曼彻斯特庞大的传统工业由此陷入长期的发展滞涨期。20世纪90年代知识城市理论诞生后，曼彻斯特积极响应知识城市理论号召，大力发展科教文卫事业，努力培育知识产业，促进知识和信息的生产、传播，发展金融业、服务业为主导的第三产业，将曼彻斯特打造成欧洲文化创意之都，真正成为知识城市转型典范。曼彻斯特转型的重点是降低第二产业比重，尤其是钢铁、煤炭、纺织、航运等传统重工产业在整体经济中的比例，减少传统第二产业从业人员数量，大力发展以服务业为主导的第三产业，积极打造金融业、服务业和创意产业。为了达到目标，曼彻斯特市议会特地制定了"曼彻斯特科技城市计划"（Manchester Science City Program）。这一计划包括以下几项内容：首先，建立产学研一体化系统，将大学、研究机构、专家学者、企业及相关参与者系统地联系到一起，组成有机系统，并加强各子系统之间的联系，最终形成联系高度紧密的产学研一体化系统；其次，积极营造一个适合创新的环境氛围，打造创新生态系统，制定优惠政策为吸引人才、产业铺路，创建良好的金融、网络、法律等投资软环境以及完备的硬件基础设施；最后，强调全社会主体积极加入到科技创新、科技讨论中，为城市发展，产业转型献言献策。依靠强大的产学研一体化力量，该市成功培育出优秀的文化、科技产业创业人才。优质的创新政策与投资环境，在当时的英国形成局部产业优势，吸引了包括伦敦在内的英国其他城市第三产业资源，在市政正确导向和人才知识作用力下，曼彻斯特的知识城市转型获得成功。

由此来看，对于一个城市来说，未来持续的发展动力一定是来自知识这一核心要素的。首先必须认识到"知识经济"的内涵，然后围绕知识要素将其渗透到政府政策、产业发展、社会民生的各个角落，充分发挥人力资本的积极作用，这是正确发展的途径，也是知识经济对于城市的现实意义。

三、知识经济对国家的现实意义

在知识经济时代，知识的价值更体现在国家核心竞争力上。拥有知识要素就拥有了科学技术的创新力、管理制度的改革力、经济发展的推动力，而这三种要素正是国家核心竞争力的重要组成部分。

以美国为例，"二战"中逃难而来的世界各地科学家以及在崇尚知识的社会共识下培养的大批本土科学家为美国带来了巨大的知识人才储备，战后世界满目疮痍，百废待兴，而美国则率先进入了第三次工业革命，以知识战略为中心，加大政府科研投入、制定人才优惠政策、不断完善知识产权保护，进入了经济发展的快车道。美国政府在战后对许多新兴的高知识科技工业部门、重大科研项目、现代化公共设施进行大量的投资。如美国政府对发展原子能工业的投资，从1945年至1970年共计175亿美元；对宇航工业的投资，从20世纪60年代末起每年投入50多亿美元。大量的人才以及知识积累，使美国在20世纪90年代全球进入信息化的重要节点上一骑绝尘，成为全球信息产业的领头羊，并在同期创下美国经济107个月连续增长的纪录。至2005年，美国的半导体相关专利占全球总量的70%以上，信息产业整体产值超过全球的25%，以高通、博通、英特尔为代表的芯片厂商，绝对控制全球通信、办公、计算终端产品的生产；以苹果为代表的消费电子巨头，凭借系统开发优势，占据全球手机市场75%的利润；以微软、谷歌为代表的世界信息业巨头垄断云计算市场，并在AI前沿发展掌握核心优势。时至今日，以知识形成壁垒的美国公司为全球人民所依赖，在知识密集产业的绝对优势也成为美国经济发展维持的原动力，知识成为美国国家核心竞争力的源泉。

在国际交往中，知识就是话语权，从中美贸易战中可见一斑。2018年美国为逆转与中国的单边贸易逆差而挑起贸易战，逐轮对中国接近2000亿美元的出口商品增加关税，作为回击，中国政府也不断加码，对美国出口商品增加关税，以平衡贸易损失。从商品领域看，中国对美国拟增加关税的领域在水果、猪肉这样的农产品及初级产品，贸易战打响，初级产品替代性较强，美国仅失去了进口的低成本，而美国对中国加征税的领域则集中在高端制造，包括航空、新能源汽车、新材料等。这些领域产品的可替代性较低，美国对专利、技术转让的限制，甚至会在短期内摧毁某些中国高新技术制造企业，这就体现出知识经济的强大壁垒作用了，知识的价值不仅是创造财富，更是财富的保护者，知识成果替代性较小，对一个国家来说，依靠知识创造的经济效益和国家实力更难被击倒。美国打响这场贸易战，对中国经济复兴围追堵截的自信和实力来源，正是绝对的知识优势。

以上的案例再次强调了知识的价值，在知识经济时代，拥有知识就拥有了主动权。知识成为经济发展的内在动力，更是国家核心竞争力的载体和国家国际地位以及国家安全的守护者。在当今的世界格局中，发达国家依靠对发展中国家在经济、政治上的主动优势，在国际贸易中不断撷取资源，获得贸易顺差，归根到底还是依赖高级知识积累致使其在全球产业链分工上获得顶端优势，发展中国家为了生存无力谈判，发达国家坐享知识成果。这对我国也有着重要的启示，凭借数量堆砌的经济规模是不坚实稳固和不具有可持续性的，"羊毛衫换飞机"的现状不应再维持下去，加大知识投入，集中全力建设高效率的知识创造以及知识成果转化体系应当成为我国经济建设的首要目标。自主可控不仅是口号，而且是涉及国家安全、国计民生的要务。因此，在知识经济时代，我国最佳的策略就是将自主可控落实到实际产业的研发上去，努力深耕电子芯片、操作系统、高频发动机、军工航天等受限于他国的产品产业，致力于在当今的知识经济时代建立自己强大的绝对优势和知识壁垒。

第十章
知识经济理论体系

知识经济理论起源于罗默和卢卡斯的新经济增长理论,它是知识经济理论体系的基石。以此为基础,学界在不同层次上对知识经济进行辨析和探讨,知识成果层出不穷,渐渐形成相关的理论体系。本章主要介绍新经济增长与创新增长、基于教育收入相关性的明瑟尔收益率、与劳动价值论相关的知识价值论、与知识的价值实现相关的知识价值链模型、与计量相关的知识经济水平测度模型和贡献度测度模型。

第一节 新经济增长与创新增长

有关于知识经济的基础理论,我们总结为两类:一类是新经济增长理论中有关人力资本的方面。新经济增长理论[①]是以罗默和卢卡斯为代表,诞生在20世纪80年代的有关经济持续增长的新兴理论。它的主要内容是把古典增长模型中的"劳动力"的定义扩大化,这里的劳动力不仅包括绝对的劳动力数量,还包括劳动力的教育水平和生产技能,即人力资本的概念。该理论将持续的经济增长建立在内生的技术进步上,提出新的生产函数形式,即 $Y = F(K, L, H, t)$,其中,Y 为总产出;K、L 和 H 分别为物质资本存量、劳动力投入量和人力资本存量;t 为技术水平。人力资本作为知识的载体,其成本只是生产开发知识本身的成本,在之后重复使用,不追加成本。同时,新经济增长理论阐释人力资本具有规模报

---

① 高山:《新经济增长理论》,《商业经济》2009年第8期。

酬递增性，资本投资行为促进知识的积累，知识的积累又反过来刺激投资，这就形成了良性的循环。这种以知识为基础的新的经济增长理论鼓励新知识的积累以及知识在经济中的广泛运用，促进了知识经济时代的到来。在当今的世界经济中资本对于经济增长的关键性作用已让位于知识技术进步，成为突破经济发展瓶颈的中坚力量。城市经济学家也探讨过这种"人力资本"对城市劳动生产率和收入的影响：随着工人受教育水平和劳动技能的提高，其劳动生产率也会相应提高，而雇主之间的相互竞争，又会进一步抬高企业所需要的高技术工人的工资。另外，工人还可以从其他人那里学到知识，一个拥有较高人力资本的工人，可以有更多的知识与别人分享，他本人也会有比较高的沟通技能，较高的人力资本促进了城市人均收入水平的提高，这就是城市中知识经济的简单作用机理。

另一类是关于创新增长的理论。先来说创新和知识以及知识经济的关系。创新的前提条件是知识的溢出，创新因素对经济增长的影响，亦是知识经济的效应。熊比特（Schumpeter，1934）对创新进行了系统研究，提出创新是经济发展的基本动力。熊比特认为创新是企业家的创造性活动，是企业精神的具体体现。在熊比特的框架下，创新的本质是一个创造性破坏[①]的过程。所谓创造性破坏是指企业家在创新过程中，用新产品替代旧产品，新技术和生产工艺替代旧技术和旧生产工艺，新企业组织替代旧企业。创造的新产品具有更高产品质量，新技术具有更高生产率，新企业具有更高效率，因此能够替代旧产品、旧技术和旧企业。新旧替代过程中，经济效率获得持续提升，技术获得持续进步。具有创造性破坏过程的创新被称为熊比特创新，熊比特创新对经济增长理论的发展产生了重大影响，成为内生增长理论的重要支柱。熊彼特的创新增长理论，从原理层面阐释了作为知识经济效应的创新行为，是如何通过现实经济市场来获取增长的。

第二节　明瑟尔人力资本收益率

提到知识经济的有关理论，不得不提到美国著名的劳动经济学家雅各布·明瑟尔的人力资本收益理论[②]。明瑟尔一生对人力资本进行了深入的研究，他的研究

---

① 刘志铭：《创新、创造性破坏与内生经济变迁——熊彼特主义经济理论的发展》，《财经研究》2008年第2期，第18-31页。
② 方芳：《明瑟尔人力资本理论》，《教育与经济》2006年第2期，第16-18页。

涉及劳动力市场，深刻剖析了知识经济时代，知识这种要素，对于个人收入以及地区经济状况的综合多维度影响。他认为在自由选择的情况下，每个人都追求收入最大化而进行不同的人力资本投资，从而决定了他们之间收入分配的不同格局，即将知识作为投入的产出和收入的决定因素。明瑟尔一生的研究成果有很多，他最大的贡献在于开创并系统地发展了人力资本理论与分析方法，并运用现代经济学的基本分析工具来研究人力资本生成与发展的过程以及人力资本发展对经济运行过程的影响。

在知识经济的时代，教育主导了收入分配，受教育水平是个人范畴内知识存量的外在表现，即我们大概以个人的受教育水平来表示知识的高低程度。教育信号功能理论认为教育能够有效反映人内在的能力，受过高等教育的劳动者比未受过高等教育的劳动者更有生产效率。受教育程度即学历只是将他们的才能和生产率显示出来，容易被别人识别，只要具有高才能，在以后的工作中同样可以做得很出色。劳动者学历的高低显示了其能力的高低，因此学历高的劳动者会比学历低的劳动者获得更高的收入。

这个结论可以从生活中的实例印证，两个年龄、性别相同的群体，即便他们受雇于同一家工厂，从事同一个工种，受教育较多的那个群体比起受教育较少的那个群体，前者的平均工资肯定高于后者。教育和收入之间存在的这种正相关关系，是现代社会科学最为惊人的发现之一，亦是适用于所有国家劳力市场的一个可靠结论。目前，至少可以从30多个国家获得有关平均收入与受教育水平的数据。毫无例外，受教育多的劳动者享有较高的工资待遇。

同时，在年龄与收入的实证关系中，教育水平不同或学校教育年数不同的劳动者具有以下三个普遍特征：①不论是受过高等教育的劳动者还是没有文化的劳动者，两者的平均收入都随着年龄的增长而增长。当他们处于职业生涯的中期时，收入达到最高值，然后收入曲线趋于水平延伸或开始下降。②受教育越多的劳动者其收入的增长速度越快，在大多数情况下，其职业生涯的起点工资也较高。③受教育较多的劳动者达到其收入顶峰的时间要比受教育较少的劳动者晚，而他们退休时的收入却较后者高。这个所谓的"年龄"即是工作年龄或者说工作经验的表达。

在明瑟尔进行他的研究之前，大多数经济学家认为劳动者的收入差异来自劳动者所接受的遗产和馈赠、劳动者的个人能力，还有劳动者个人的运气。而明瑟尔则认为，劳动者所接受的学校教育，以及在工作中工作经验的积累，这两项被统称为人力资本的投资才是劳动者收入差异的决定因素。同时，在早期的人力资本理论研究中，明瑟尔最重要的创新就是摒弃了职业分类，并把劳动者受教育年限作为衡量人力资本投资的唯一指标。事实也证明，这一指标在劳动力市场行为的分析中既易于获得又具有可比性，从而成为一种基本的分类方式。受教育者从自身、从教育中获得的收益，既包括货币收益，也包括非货币收益，前者显而易见表现在个人收入的提高，而后者则体现在受教育者整体各方面素质的提高，一部分效应也会反映在研究对象未来收入的提升速率上。明瑟尔人力资本收益率仅以货币效应为研究对象，探讨在知识经济时代受教育程度对个人收入的影响。

基于以上理论现实，他提出了明瑟尔收益率的模型，明瑟尔收益率是计算教育收益率的一种经典方法，是明瑟尔人力资本理论的产物，也是明瑟尔最广为人知及广泛使用的成果之一。明瑟尔的收入函数的基本思想是考察个人收入的变异有多少可以通过人力资本的差异解释。这种方法是根据人力资本推导出的研究收入决定的模型，模型中基本变量是教育和工作经验。基本模型的基本假定有六个，即每个人具有同样的能力和进入任何职业的同等机会；各种职业要求的受教育程度不同；每个人接受教育的时间加上工作时间是相等的；个人在其工作期间获得数额不变的年收入；不考虑接受教育的直接成本；每个人的终生收入的贴现值在其做出职业选择的时刻是相等的。标准的估算方程：

$LnY = \beta_0 + \beta_1 S + \beta_2 Exp + \beta_3 Exp^2 + \mu$

其中，lnY 为工资或个人收入的自然对数；S 为受教育年限；Exp 为以年为单位的工作年限；μ 为随机误差项。明瑟尔收入方程的经济学含义为在不考虑教育直接成本时，系数 μ 为截距项，系数 β_1 是指个人在受教育期间获得的人力资本收益率，即被称为明瑟尔收益率，表示为多接受一年学校教育可引起的工资收入增加的比率。

尽管明瑟尔收益率方法有一些模型上的缺陷，但是用它来计算教育收益率在世界各国还是被广泛应用，方法本身还是具有特殊功效。首先，它使人们能够单独就学校教育对收入的影响做出估计。其次，学校教育和学校教育后投资之间的联系是能够被确定下来的。再次，它清楚地显示出了年龄的作用。又次，可以对用精确法所算得的收益率进行检验。最后，在那些数据不适合用精确法来估算的国家，它是一个很好的替代。

到目前为止，国内外学者应用明瑟尔的估算方法，并在上述方法修正的基础上对中国的教育收益率作了很多估计。结论的一致性特征明显，中国明瑟尔收益率表现出三个特征：一是改革开放后40年，明瑟尔收益率的明显上升；二是近年出现的新趋势，明瑟尔收益率下降；三是不同群体之间，明瑟尔收益率差距扩大。很多学者的修正方法多采用扩展变量的明瑟尔方程，通过加入其他可控的外部变量与受教育水平做回归分析，尝试探究两者之间的关系。如图10-1和图10-2所示：

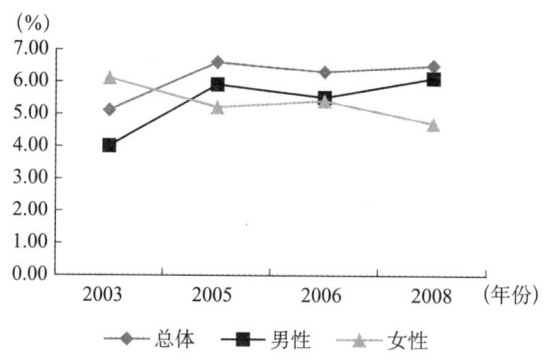

图 10-1 分性别教育收益率

资料来源:《2003~2008年间中国教育收益变动趋势研究》。

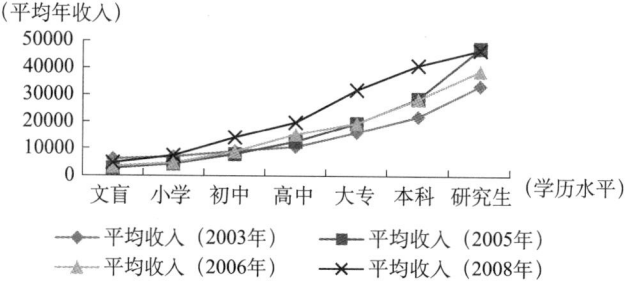

图 10-2 学历与收入的线性关系

资料来源:《2003~2008年间中国教育收益变动趋势研究》。

范静波[①]借助《中国综合社会调查》发布的抽样调查数据,采用经典明瑟尔方程对21世纪以来中国教育收益率的变动趋势进行了实证研究。其结果显示,中国2003年、2005年、2006年、2008年的平均教育收益率分别为5.1%、6.6%、6.3%、6.5%。他同时将调查样本按照性别和教育阶段进行拆分,试图探究这两个因素下教育收益率的走势情况。研究结果显示,就性别而言,男性的教育收益率分别为4.0%、5.9%、5.5%、6.1%,女性的教育收益率分别为6.1%、5.2%、5.4%、4.7%,2003~2008年男性与女性的收益率则呈现出了相反的变动趋势,男性的收益率明显上升而女性的收益率明显下降。就分阶段教育收益率而言,小学阶段的教育收益率明显下降,初中阶段的教育收益率明显上升,高中阶段的教育收益率变化幅度不大,大学专科、大学本科与研究生阶段的

---

① 范静波:《2003~2008年间中国教育收益变动趋势研究》,《统计与信息论坛》2011年第8期,第47-52页。

教育收益率均呈现出了一定的上升态势。

陈纯槿等[①]利用1988~2007年"中国家庭收入项目"四次大规模抽样调查数据，估计了我国城镇居民教育投资回报率及其长期变动趋势。同时基于经典明瑟尔方程进行扩展，加入了性别、职业阶层、所有制部门与地区虚拟变量，探究在控制变量条件下，外部因素对教育收益率的影响。

研究结果显示，在控制了性别、职业阶层、所有制部门与地区虚拟变量后，我国城镇居民教育收益率呈现出一种先快速上升之后渐趋平稳的变化趋势。具体来看，1988~2002年期间，我国城镇居民教育收益率有了明显上升的态势，从1988年的2.6%提高到1995年的2.9%，之后快速上升到2002年的5.4%，收益率增长翻倍。这意味着，在2002年个人的受教育年限每增加一年，预期可获得的净收入将显著提高5.4个百分点。其后5年间，城镇居民的教育收益率渐趋于平稳，到2007年进一步增长到5.8%。

进一步分析显示，不同性别、职业阶层、所有制部门与地区的教育收益率呈现出不尽相同的特征。从性别收入差距看，尽管女性的平均收入水平显著低于男性，但在所有观测时点上，女性的教育净回报率均明显高于男性，这与较高知识与技能的女性劳动力的相对稀缺有关。从不同职业阶层看，体力劳动者的教育收益率一直远低于私营企业主和专业技术人员，但随着时间变化，职业阶层间的教育回报差异变得不再显著。从不同所有制部门看，私有部门的教育收益率均高于国有企业，同时该差异性随着时间的变化逐渐变得更加显著。从不同区域看，结论与所有制部门因素相同，东部地区的教育收益率远高于中西部，而其随着时间的变化，教育资源进一步倾斜，差异的显著性不断提高。

第三节　知识价值论

马克思的劳动价值论[②]是马克思主义基本原理的重要组成部分，是马克思主义政治经济学的基石，是在对当时的生产力和生产关系进行了系统调查和深入分析的

---

① 陈纯槿、胡咏梅：《中国城镇居民教育收益率的变动趋势》，《贵州大学学报》（社会科学版）2013年第6期。
② 孙乐强：《马克思劳动价值论的革命意义及当代价值——对非物质劳动论与知识价值论的再思考》，《理论探索》2017年第3期，第55-61页。

基础上建立起来的。20 世纪 50 年代以来，伴随着生产力的快速发展和科技的巨大进步，直接参与物质产品生产的工人在发达国家越来越少，发达国家白领工人的数目已经超过蓝领工人。科技产业、信息咨询业、金融保险业以及为生产与生活服务的众多非物质生产部门在国民经济中所占的比重日益提高，人类逐渐迈入知识经济时代。知识经济时代知识取代资本和劳动，成为最重要的生产要素和财富。因此有些学者认为，为反映知识在经济中的首要地位，经济理论中要用"知识价值论"①取代"劳动价值论"。美国经济学家约翰·奈斯比特在《大趋势》中写道："'劳动价值论'诞生于工业经济初期，必将被新的知识价值论所取代，在信息知识社会中，价值的增长不是通过劳动，而是通过知识实现的，知识是一种完全不同类型的劳动"，"商品的价值的实体是知识，价值是由商品生产过程中所使用的知识量决定的"。知识价值论与劳动价值论的关系问题，是一个长期颇具争议的话题。我们说摒弃劳动价值论的说法是片面的、错误的，原因可从以下角度来解释：

知识价值论是对劳动价值论的沿袭深化。知识价值论并没有否定劳动价值论，劳动价值论仍具有鲜活生命力。首先，在知识经济时代，知识产品仍然具有商品的两重属性——使用价值和价值。知识是属于人的一种对象性的具有客观内容信息的意识形态。它不是人脑天生固有的，而是人通过大脑的意识思维活动对相关对象的观念掌握，是人类体力劳动和脑力劳动的产物。知识作为人类认识客观事物的一种能量的产物，是人类劳动的结晶或劳动成果，而不是人类劳动本身。当知识参与生产和交换过程时，就形成了知识产品，于是它们就有了价值和使用价值。知识产品不管是有形的还是无形的，都能满足人的某种需要，都具有有用性，因而具有使用价值但知识本身并不创造价值，正如再先进的机器设备也不创造价值一样，所以知识产品都是人们辛勤劳动的成果，知识产品都具有价值。其次，在知识经济时代，商品价值的总公式 $W = C + V + M$ 对知识产品同样适用。创造价值的仍然是人类的活劳动，这是知识经济无法改变的事实。在知识经济时代，C 无论是指先进的生产工具和设施，还是指有较高科技含量的人类加工过的劳动对象，都不能自身创造价值，它们只是同其他生产资料一样，将自身的价值转移到新产品中去，V 是劳动力的价值或价格在劳动产品中的体现，M 是劳动力的使用即劳动创造的高于 V 的那部分价值。因此，在劳动产品的价值构成中，无论是旧价值的转移还是劳动者的劳动创造的价值，都难以找到知识创造的价值，归根到底还是劳动创造了价值。

---

① 张直：《从劳动价值论到知识价值论》，《湖南经济》1998 年第 6 期。

知识经济影响着我们对马克思劳动价值论关于生产性劳动的新界定。马克思在分析资本主义生产方式的过程中，对生产性劳动的界定首先是生产物质产品的劳动，其次是这种生产物质产品的劳动还必须是为资本家生产剩余价值的劳动。显然，按照马克思的界定，从事知识生产的劳动者从事的不是物质产品的劳动，而不能算作生产性劳动。但是我们前面分析到，知识在生产的过程中也耗费了人的脑力和体力，凝结了人类劳动，并且知识具有使用价值。当知识被生产出来之后，人们通过申请专利等形式，出售知识获得劳动补偿。所以，如果我们按照马克思劳动价值论关于生产性劳动的界定，对于知识生产者的劳动社会则不予认可，这不仅打击了知识生产的积极性，也不符合我们的经济现实。因此，在知识经济的影响下，必须扩大对生产性劳动的界定。

在知识经济时代，劳动价值论有许多地方需要发展，例如劳动和"总体工人"的内涵和外延应当进一步扩大。传统的劳动价值论只把物质生产劳动，尤其是直接从事物质资料生产的体力、脑力劳动看成是生产劳动。在知识经济条件下，随着社会分工进一步深化，原来物质生产劳动中的若干职能已独立于直接生产过程，成为企业技术和经营管理部门的职能，成为独立于企业之外的社会服务部门，因此与物质财富生产有关的劳动分为直接生产劳动和间接生产劳动，它们都构成"总体工人"的一部分，他们的劳动构成创造财富的"社会总体劳动"。所以，摒弃劳动价值论是错误的做法，在知识时代，以新的范畴界定"劳动"，才符合科学价值观的观点。

第四节 知识价值链模型

在知识经济时代，科学和技术的研究与开发日益成为知识经济的重要基础，信息和通信技术在知识经济的发展过程中处于中心地位，人力的素质和技能成为知识经济实现的先决条件。这一外部条件的变化使组织认识到，知识是保持组织竞争力的源泉。组织仅依靠专利、科学发明和特殊技术，想要在当前这个竞争激烈的世界里生存与发展，已是远远不够，必须把分散在员工头脑以及企业内外环境中的创造性知识、思想、经验等通过杠杆作用提高到组织层次上来。通过有效的知识管理，实现知识的增值，培养和创造比竞争对手更强的竞争优势。而知识的价值如何扩散，如何通过知识实现管理效率、生产效率的提升，即知识如何在经济主体中实现价值，这是知识价值链模型要解决的问题。

张润、曹宗媛、朱晓敏编著的《知识管理概论》① 一书中指出知识价值链的四种形式如下：①知识的采集与加工—知识的存储和积累—知识的传播与共享—知识的使用与创新；②知识的收集—知识的编码—知识的转移与扩散—知识的共享与交流—知识的创新；③知识获取—知识选择—知识生成—知识内化—知识外化；④知识生成—知识分享—应用及创新的统一。林榕航编著的《知识管理原理》中根据知识链活动及表现提出常见的知识价值链的类型：①隐性知识（创新）—植入—实体产品—交换—价值；②隐性知识（创新）—显性化—实体产品—交换—价值；③隐性知识（创新）—显性化—智力结构资产—交换—价值；④知识（转化）—知识资产—投资—价值。以上所述的均是从知识链的角度看待知识价值链的，并没有把知识链和知识价值链区分开来，只探讨了知识活动的类型划分，并未在分析价值链与知识链的基础上将价值链与知识链进行组合。以下的模型解决了这个问题：

Ching Chyi Lee 模仿波特的价值链模型，建立了他的知识价值链②。他的知识价值链由两部分组成：知识管理基础和知识过程管理。知识管理基础包括 CKO 的管理活动、知识工作者的招聘、知识存储能力和客户与供应商的关系。知识管理过程由知识获取、知识创新、知识保护、知识整合和知识分散组成，如图 10 - 3 所示。

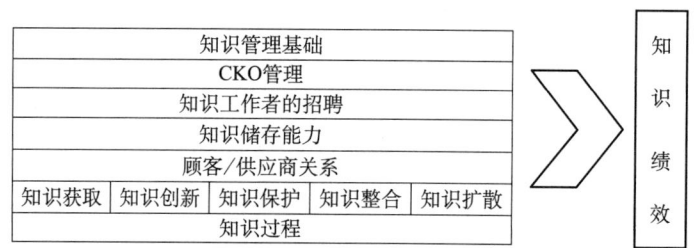

图 10 - 3　Ching Chyi Lee 知识价值链模型

资料来源：Ching Chyi Lee. "Knowledge value chain", *Journal of Management Development*, 2000 (9).

Daniela Carlucci 在分析知识管理如何影响组织绩效时提出了自己的知识价值链模型③。Daniela Carlucci 的知识价值链模型有以下两大特点：第一，Daniela Carlucci 运用了知识过程轮和知识资产地图来描述知识管理，认为知识管理其实

---

① 张润彤、曹宗媛、朱晓敏：《知识管理概论》，首都经济贸易大学出版社 2005 年版。
② Ching Chyi Lee, "Knowledge value chain", *The Journal of Management Development*, 2000 (9).
③ Daniela Carlucci, "The knowledge value chain: How intellectual capital impacts on business performance", *International Journal of Technology Management*, 2004 (27).

就是促进知识资产在知识过程轮上的不断运转与更新。第二，通过 4 个假设将知识管理和组织的价值创造连接起来。假设 1 认为知识管理是企业能力管理的基础。假设 2 认为企业流程的效用和效率取决于组织能力。假设 3 认为组织绩效的提高取决于有效率和有效应用的组织流程。假设 4 认为组织绩效的提高等同于企业股东的价值提高，如图 10 - 4 所示。

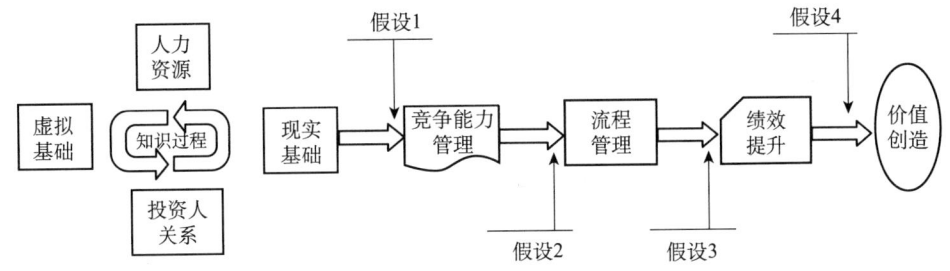

图 10 - 4　Daniela Carlucci 知识价值链模型

资料来源：Daniela Carlucci, "The knowledge value chain: How intellectual capital impacts on business performance", *International Journal of Technology Management*, 2004 (27).

黄卫国等[①]提出了一个新的知识价值链模型（见图 10 - 5）。该模型由四个部分组成：愿景与战略、投入、知识活动和产出。第一个要点是愿景与战略。愿景与战略决定了组织的知识差距，也就是要拥有的智力资本和组织里能得到的智力资本之间的差距。知识差距可以通过有价值的知识活动来缩小和消除。组织的智力资本和战略与愿景存在着相互影响的关系。短期内组织的愿景与战略决定了组织里可获得的智力资本和组织应拥有的智力资本，长期来讲组织里可获得的智力资本和通过知识活动产出的智力资本又决定了组织的愿景与战略。第二个要点是投入端和产出端。知识和价值结合就形成了智力资本，当我们谈论知识的时候如果没有考虑到商业价值，此时的知识就是知识，如果同时加入了商业价值的考虑，那么知识就成为了智力资本。在知识价值链的投入和产出都是智力资本。第三个要点是知识活动。知识活动由辅助的知识活动和知识过程两大块构成。辅助的知识活动主要包括 IT 技术的应用、组织文化、人力资本的维持，主要工作如表 10 - 1 所示。知识过程由知识获取、知识创新、知识应用、知识共享形成完整逻辑，但我们所描述的知识过程不是简单的线性，知识获取、知识创新、知识共享和知识应用之间相互影响，并且不同的组织的知识过程会有不同的组合方式。

---

① 黄卫国、宣国良：《知识价值链》，《情报科学》2006 年第 3 期，第 326 - 330 页。

如有的组织在组织层次上的知识过程就只有知识获取,有的组织的知识过程可能是由知识创新和知识共享组合而成,如图10-6所示。

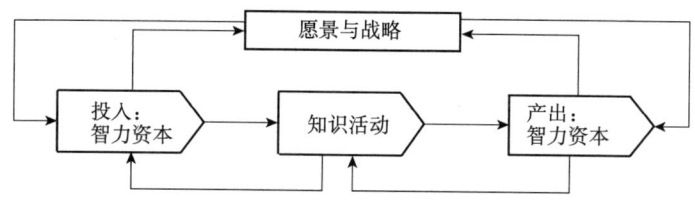

图10-5　新知识价值链模型

资料来源:黄卫国、宣国良:《知识价值链》,《情报科学》2006年第3期,第326-330页。

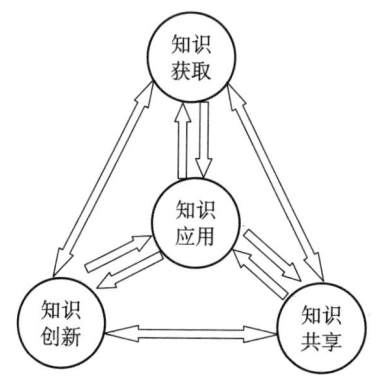

图10-6　知识活动示意图

资料来源:黄卫国、宣国良:《知识价值链》,《情报科学》2006年第3期,第326-330页。

表10-1　辅助知识活动内容

领导与管理	建立条件使知识管理的引导工作更富有成效
IT技术的应用	应用现行的IT技术。建立一个能有效提高知识管理效率的科技基础架构,提高组织成员登录、索取资料以及知识流通效率,有利于组织知识的储存等
组织文化	塑造一个对知识友善的文化。公司必须先让员工充分了解知识管理价值的所在,并建立合适的绩效考核制度提供诱因,让员工乐于和他人分享及创造知识
人力资本的维持	知识工作者是组织内控制智力资本的人。人力资本的维持就是知识工作者的招聘、培训、激励和挽留

资料来源:《知识价值链》。

在知识为核心的时代,物质的力量退居第二,市场对知识的争夺、开发和利用成为竞争的焦点。为确保可持续性的生存和发展,企业必须要具有比竞争对手更强的核心竞争力。而知识管理在企业核心竞争力中发挥着越来越重要的作用,知识管理的实质就是对知识价值链的管理。因此，对知识管理的知识价值链的研究可以帮助企业建立核心竞争力，使组织的知识在运动中不断增值，最终提高客户满意度，从而获得竞争优势和核心竞争力。

第五节 知识经济水平测度模型

一、OECD知识经济测度体系

OECD认为，现有的和其他多数宏观经济指标基本上不适用于对知识经济的测度，将知识纳入传统的体系中检验知识生产与利用水平是十分困难的。他们针对知识要素的产业形态特征提出了一套测度知识经济的基本框架，如图10-7所示。这套框架是建立在知识投入、知识存量、知识流量、知识产出、知识网络以及知识与学习六个基本概念基础之上的①。

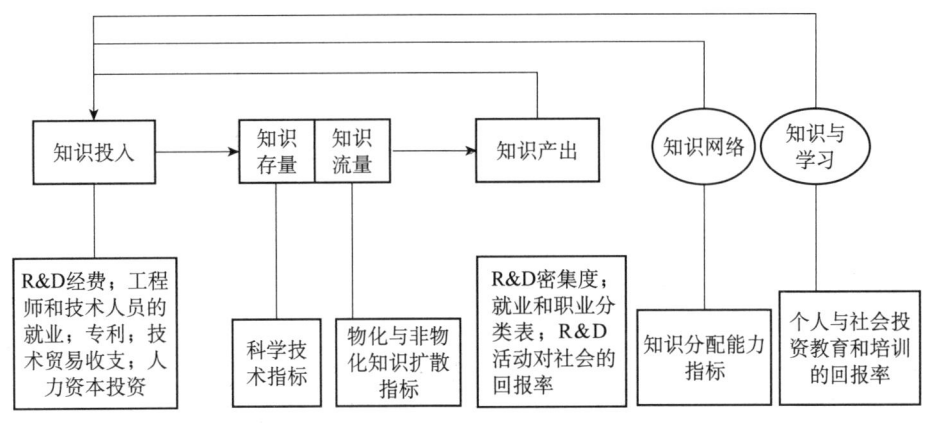

图10-7 OECD测度知识经济的基本框架

资料来源：经合组织：《OECD科学技术和工业记分牌》，科学技术文献出版社2004年版。

测度知识投入主要依据以下五类指标：研究与开发经费、工程师和技术人员的就业、专利、技术贸易收支和人力资本投资。对于知识存量的测算是知识经济测算的难点，提出用科学技术指标来测度知识资本的存量。如对于不同国家和企

---

① 经合组织：《OECD科学技术和工业记分牌》，科学技术文献出版社2004年版。

业的年投入的积累,可以借助折旧率的假设进行成本分摊,然后根据存量指标估算投资回报率。或者根据特定领域研究人员年增量估算人员的存量,并根据人员流动和职业变动情况进行折算。或者根据专利的保护期近似估算专利的存量。

知识流量主要通过物化形式与非物化形式的知识扩散来估算。物化形式的知识流量可利用投入产出技术,将某个具体产业采用的体现在设备中的技术分解为产业本身自己开发的技术和通过购买获得的技术,从而估算出流向其他产业存量的比例和已物化知识投入来源的产业范围。

测度知识经济产出有三种方法来测度产业的密集度,借助就业和职业分类表,区分出信息职业和信息劳动者。计算知识产出以信息劳动者的工资为主要计量指标测度活动对社会和个人的回报率。在这里的回报率通常用效益包括未来效益的贴现与创新成本相比来估计。

OECD认为,对知识网络的测度实际上是测度国家创新系统,即是测度创新过程及知识在经济的主要参与者中的分配情况,研究国家和相关系统在不同经济参与者和机构之间分配知识的能力,这包括创新调查和对知识传播方式的描述。其中创新调查包括企业层次的调查、产业群的调查,以及综合性的调查。通过对知识的两种流向的分析,即可以描绘国家创新体系的知识分配能力。包括知识在大学、公共研究机构和产业部门之间的传播,以及在某个市场范围内,知识在供应者和使用者之间的传播。

测度知识和学习,可以测度个人、社会投资教育和培训的回报率,即测度教育经费支出和整个社会达到的水平对经济增长的影响。要测度个人的回报率,可以观察个人技能的变化和个人能力或企业竞争力对企业的业绩影响。

对于知识经济的以上模型,OECD借助国际可比的科学指标和方法,建立了自己的一套极为具体的测算指标,如表10-2所示:

表10-2 OECD测度知识经济的指标体系

一级指标	二级指标
1. 知识的传播与创造	1-1 知识投资 1-2 国内R&D经费趋势 1-3 R&D经费的资助与执行 1-4 风险资本与专利 1-5 人力资源 1-6 人力资本的国际流动 1-7 非OECD经济体的研发 1-8 科学论文

续表

一级指标	二级指标
2. 信息经济	2-1 信息通信技术设备和软件投资 2-2 信息经济中的职位和技能 2-3 电信网络基础设施与使用 2-4 电子商务按企业规模与类型的分布 2-5 ICT 部门的规模、增长以及贡献
3. 经济活动的全球一体化	3-1 国际贸易的投资流动的趋势 3-2 国际贸易情况及其影响 3-3 外国直接投资的流动 3-4 跨国并购 3-5 外国公司在各行业中的活动及贡献 3-6 发明专利的跨国所有 3-7 科学技术的国际合作 3-8 技术收支
4. 生产率和经济结构	4-1 国民收入与生产率的差异 4-2 劳动生产率的增长 4-3 产业劳动生产率的增长 4-4 技术和知识密集型产业 4-5 OECD 的经济构成 4-6 制造业产品中包含的服务的增加值 4-7 根据知识密集分类的国际贸易 4-8 通过技术密集揭示的相对优势 4-9 企业的进退与生存

资料来源：《OECD 科学技术和工业记分牌》。

二、美国国家新经济指数

美国新经济指标体系是美国进步政策研究所推出的新经济测度体系[①]。这里的新经济是指网络化、全球化、能动的知识经济。与旧经济相比，新经济更关注知识化、IT 驱动、创新驱动等方面，具有非常鲜明的知识性特征，其主要目的是使用一系列指标来评价美国各州的经济结构与新经济特征理想经济结构的匹配程度。该体系使用了一套 5 类共 26 个指标的评价体系，大类包括知识工作、全球化、动态性与竞争性、信息技术革命、创新基础设施，具体的指标见表 10-3：

---

① 魏喜武：《〈2012 年美国新经济指数〉报告述评》，《全球经济科技瞭望》2013 年第 12 期。

表 10-3　美国新经济指数指标内容

大项指标	细项指标
1. 知识工作	1-1　办公室工作所占比例 1-2　管理者、专业人员、技术人员所占比例 1-3　劳动教育水平
2. 全球化	2-1　以出口为主的制造业就业占全部就业的比例 2-2　受雇于外国公司的比例
3. 动态性与竞争性	3-1　快速增长的企业 3-2　初次公开上市的企业数 3-3　企业竞争与合作程度
4. 信息技术革命	4-1　成人上网比例 4-2　每一家公司的"COM"数 4-3　教室联网数、接受技术培训的教师数、全校超过50%教师有学校e-mail账号的学习数 4-4　各州政府利用数字科技的程度
5. 创新基础设施	5-1　受雇于高科技电子制造业、软件、高科技服务、通信等产业的员工所占比例 5-2　科学家、工程师所占比例 5-3　每一千名工作者持有的专利数 5-4　私人部门R&D费用占州生产总额比例 5-5　风险投资占州生产总额比例

资料来源：《2012 年美国新经济指数》报告述评。

三、APEC 的知识经济状态指数

该指标体系是由亚太经合组织经济委员会研究完成的，涉及多个成员国，涵盖了企业环境、信息与通信技术基础设施、人力资源开发、创新体系四大方面共 24 个细项指标。其特点是提供各细项指标的明确定义，说明指标体系在推动知识经济发展进程中的重要性，详细注明原始数据的来源，满足知识获取、知识创造、知识扩散、知识使用的分类[①]，如表 10-4 所示：

---

① 秦海菁：《亚太区域知识经济测度体系》，《科学决策》2014 年第 1 期。

表 10-4 APEC 知识经济状态指数指标内容

大项指标	细项指标
1. 企业环境	1-1 外国直接投资 1-2 高科技出口占 GDP 的比例 1-3 服务出口占 GDP 的比例 1-4 知识型产业的附加值占 GDP 的比例 1-5 政府的透明度 1-6 企业的透明度 1-7 竞争政策
2. 信息与通信技术基础设施	2-1 每 1000 居民中移动电话的数目 2-2 每 1000 居民中电话机的数目 2-3 每 1000 居民中个人计算机的数目 2-4 互联网使用人数比例 2-5 每 1000 居民中因特网主机数目 2-6 电子商务的年盈余
3. 人力资源发展	3-1 中等学校入学比例 3-2 每年自然科学毕业生人数 3-3 知识工作者的比例 3-4 每 1000 居民中每日报纸发行量 3-5 人类发展指数
4. 创新体系	4-1 研发支出毛额占 GDP 的比重 4-2 企业研发支出占 GDP 的比重 4-3 每年在美国取得专利数目 4-4 每万人中研究人员的数目 4-5 公司间合作程度 4-6 公司、大学间的合作程度

资料来源：《亚太区域知识经济测度体系》。

第六节 基于知识水平测度的知识贡献测度模型

知识经济的快速发展，已成为驱动城市创新发展的重要因子，其贡献测度成为城市科学关注的热点。应用 AHP 层次分析法定量分析知识的贡献程度是当今学界最通用的方法。梁昊光[①]在《知识经济贡献度测度及其对北京城市发展的启示》上以北京市为研究对象，借助实证数据，系统性地运用 AHP 层次分析法，

---

① 梁昊光：《知识经济贡献度测度及其对北京城市发展的启示》，《地理研究》2014 年第 1 期。

测度了知识经济对北京城市发展的贡献度,下面借用他的例子,来阐述知识贡献测度主流模型的使用过程。

第一步是对知识产业的范畴界定。不同的新兴产业是按照不同的定义和标准去认识的。高新技术产业主要基于R&D密度确定,信息产业强调的是信息技术的应用,文化产业是文化产品生产及服务活动的集合等。这些产业之间在存在联系的同时,也存在许多交叉。在此情况下,构成知识经济的知识产业就不是这些产业的简单加总,而要做必要的归类和剔重,并在此基础上形成比较完整的知识产业的行业构成。依据研究的城市对象即北京市的产业特征,梁昊光剔去信息产业、高新技术产业、文化产业及文化创意产业的交叉内容得到划入知识产业的六大行业门类和包括知识产业所属行业的六个大类行业,将其纳入城市知识贡献测度的产业范畴中去,见表10-5:

表10-5 北京市"知识行业"界定分类

	类别名称
总体划入知识产业的六大行业门类	信息传输、计算机服务和软件业
	金融业
	科学研究、技术服务和地质勘查业
	教育
	公共管理和社会组织
	高新技术产业
部分包括知识产业所属行业的六个大类行业	农林牧渔业服务业
	商务服务业
	卫生
	新闻出版业
	广播电视电影业和录像业
	文化艺术业

资料来源:梁昊光:《知识经济贡献度测度及其对北京城市发展的启示》,《地理研究》2014年第1期。

第二步是测度指标体系的构建,要量化知识的贡献,对选中的知识产业必须用合理的数字指标进行代替,梁昊光通过知识流通、知识投入、知识存量、知识产出4个维度构建了知识经济的综合指标体系:知识流通维度所用的指标是信息化的发展,其实质变量引用国家统计局统计科学研究所的"信息化指数"。该指数全面考虑了包括每百万人发明专利申请量、人均电信产值、第三产业从业人员的比重、人均信息消费额、互联网普及率、电话拥有率、计算机拥有率等在内的方方面面,能够比较全面地展示信息产业的相对发展水平。知识投入维度则考虑R&D经费,以R&D投入强度作为数据变量。知识存量维度的指标是知识产权发展程度,以每万人口专利数作为数据变量。知识产出维度依赖于知识产业的相对发展水平，数据指标选择知识产业比重。按照第一步知识产业的范畴，依据国民经济行业分类标准及其统计方法，计算知识产业占总量 GDP 的比重，具体内容见表 10 - 6：

表 10 - 6　知识经济测度概念体系

维度	指标	变量
知识流通	信息化发展水平	信息化指数
知识投入	R&D 投入	R&D 占 GDP 比重
知识存量	知识产权	每万人口专利数
知识产出	知识产业发展水平	知识产业比重

资料来源：梁昊光：《知识经济贡献度测度及其对北京城市发展的启示》，《地理研究》2014 年第 1 期。

第三步是指标数据的得分测算。对指标数据的处理方法有多种选择，通常用综合指数法、综合打分法对数据进行处理，其算法是：

$$F = (Z_d - Z_X)/(Z_M - Z_X)$$

其中，F 为总指数，Z_d 为指标当前值，Z_X 为该指标历年数据最小值，Z_M 为指标历年数据最大值。计算得到单一指标分数后，对指标进行综合打分。综合打分前需确定指标权重。确定权重可采用不同方法，由于提出的指标体系中涉及指标数量较少，各指标的功能比较突出，选定采取专家定权法。信息化发展指数、R&D 研究开发强度、每万人口专利个数和知识产业比重的权重按等权计算，根据单个指标分数和权重计算得到最终综合分数。

第四步是根据第三步的得分和设定权重来直接计算知识贡献程度，其公式为：

$$G = (f_1 - f_0) \times W/(F_1 - F_0)$$

其中，G 为某指标的贡献率，f_1 为该指标报告期指数，f_0 为该指标基期指数，W 为指标权数，F_1 为报告期总指数，F_0 为基期总指数。根据以上步骤，通过 AHP 层次分析的方法将知识量化，就判断出其对城市产业发展的贡献程度，如表 10 - 7 所示中系数即为各要素的贡献程度：

表 10 - 7　北京市知识贡献度测算结果

年份 指标	2011	2010	2009	2008	2007	2006	2005	2004	2003	2002	2001
信息化指数	0.90	0.86	0.84	0.82	0.79	0.76	0.61	0.35	0.31	0.19	0.00
R&D 占 GDP 比重	0.61	0.60	0.58	0.57	0.56	0.53	0.51	0.50	0.31	0.46	0.00
每万人专利数	0.65	0.63	0.60	0.59	0.57	0.55	0.44	0.31	0.25	0.00	0.00
知识产业占 GDP 比重	0.65	0.63	0.63	0.60	0.49	0.58	0.30	0.00	0.44	0.42	0.30
贡献率	0.69	0.66	0.67	0.63	0.58	0.70	0.56	0.31	0.32	0.26	0.10

资料来源：梁昊光：《知识经济贡献度测度及其对北京城市发展的启示》，《地理研究》2014 年第 1 期。

第十一章
我国知识经济发展状况分析

我国自改革开放以来,经济规模高速增长,在知识经济的转型期,总量规模可观。教育投入和产业现状均居于世界前列,知识产权体系逐步形成,R&D 经费投入相对合理。但知识经济发展的不平衡性严重,我国知识经济发展的区域差异较大,本章用计量的方法从多维度来测算。

第一节 中国知识经济基本状况

一、中国知识教育基本状况

(一)国家教育总体状况

在 20 世纪 60 年代,随着经济学中的"人力资本理论"的兴起以及增长理论的发展和完善,知识作用和教育的经济功能越来越受到重视。一些发展中国家对教育的投资迅速增加,以期促进经济增长和提高个人收入水平,其中以非洲、东亚最为典型。于是,在 20 世纪的下半叶,全球出现了所谓的"教育大爆炸"。这些现象正表现了知识经济的内在诉求,新的经济体系需要更多的高等知识人才,人才成为社会生产的"新资本",而教育正是这种资本的生产产业,其爆发增长有其必然性。

中国也不例外,在改革开放的 40 多年间,中国劳动人口的平均受教育年限从不到 6 年提高到 2010 年的 8.5 年，小学儿童净入学率达到 99.7%，初中毛入学率为 100%，已实现了普及初、中等教育的目标，高等教育在经历了两次大规模的扩张之后，迅速完成了向"大众教育"的过渡，高等院校在校学生数量由 2000 年的 556 万人增长至 2017 年的 2695 万人，2017 年高等院校数量也达到 2914 所，比 2005 年的统计数量增长 17.79%。下面从教育支出和产业细则来看中国知识教育：

1. 中国教育支出概况

有投入才会有产出，教育的发展也离不开投入的增加，而投入又来自政府的公共支出和家庭的私人支出这两个方面。在政府公共支出方面，我国教育支出显示出相对性不足。我国的财政性教育经费绝对数量增长明显，从 1995 年的 6000 亿水平增长至 2016 年的 30000 亿；教育支出占 GDP 的比重由 1995 年的 2.41% 增至 2016 年的 4.22%，增幅为 75%。但我国 GDP 由 1995 年的 6 万亿增加至 2016 年的 74 万亿，增加了 11.3 倍。GDP 的增长速度远远大于财政性教育支出占 GDP 比重的增长速度。横向比较来看，全球国家教育经费占 GDP 比重平均值为 4.7%，在知识经济发达的北欧地区，瑞典、挪威和丹麦等国家的教育经费占 GDP 比重均接近 8%，同时期美国的该数值也达到 4.9%，中国的教育公共支出占 GDP 的比重刚刚突破 4%，暂时低于国际的平均水平，如图 11-1 所示。

我国经济学家厉以宁提出，当人均 GDP 达到 1000 美元时，要实现教育与经济的良性发展，公共教育支出占 GDP 比重必须达到的下限为 4.07%~4.25%，但如今我国教育支出占 GDP 比重才勉强达到 4%。再者，联合国教科文组织呼吁，世界各国在 2000 年实现教育支出占 GDP 比重为 6%。但现如今，经过多年的努力，我国教育支出占 GDP 比重距离 6% 的目标还存在着很大的差距，这是公共教育支持方面我国的短板，也是迈向全面的知识经济时代所要突破的问题。

家庭的私人投资即家庭教育支出则迅猛增长，弥补了公共支出的相对不足，成为我国知识经济向前发展的一股坚实力量。首先，家庭教育支出已经成为全国教育总投入的重要组成部分。据 2016 年的调查数据估算，全国学前和基础教育阶段家庭教育支出总体规模约 19042.6 亿，占 2016 年 GDP 比重达 2.48%，远高于 2016 年全国教育经费统计中非财政性教育经费占 GDP 比重 1.01% 的结果，总量上相当于财政性教育经费的 60%。从时间数据来看，1992 年至 2010 年，我国城镇居民的消费性支出和教育支出每年都在增长。城镇居民人均消费性支出从 1618 元增长到 13471 元，增长了 7.3 倍；人均家庭教育支出由 64 元增长到 661

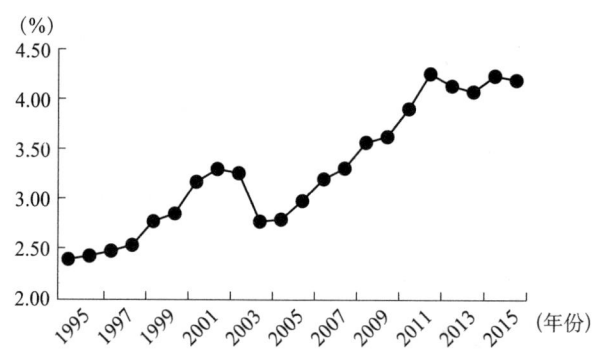

图 11-1 中国财政性教育经费占 GDP 比例

资料来源：公开资料整理。

元，增长了 9.3 倍，教育支出涨幅大于消费支出涨幅。居民家庭教育支出增长幅度直接反映了家庭对教育的需求，符合知识经济的内涵。从支出比例来看，以每个学生每年教育支出占家庭总消费支出的比例对全国家庭平均教育负担率进行衡量，义务教育阶段家庭平均教育支出负担率为 11.9%，其中农村 10.6%，城镇为 14.3%。这一数据在世界范围内横向比较也是排名靠前的，超过 10% 的教育负担率对于中国这样处于高速发展阶段的发展中国家来说，也可以为未来的发展提供一个合理的长期动能。

2. 中国教育产业市场特征

在国家大力支持下，同时伴随人们对教育需求的不断增加，教育行业发展迅猛，市场规模持续扩大。2015 年中国教育市场总规模约为 7.5 万亿元，其中政府的财政性教育经费约 2.9 万亿元，社会的教育固定资产投资约 0.8 万亿元，城镇和农村的家庭教育支出分别约 3.1 万亿元和 0.7 万亿元。预计到 2018 年底，中国教育市场总规模将超过 9 万亿元，3 年复合增长率为 12.2%。依靠人口红利，这一产业规模在世界排名前列，伴随着时代发展，呈现出相应的特征：

中国已经形成完善的教育体系，板块内容丰富。在经济高速发展和产业结构逐步转型的背景下，我国人才需求愈加旺盛，教育投入规模也持续扩大，目前已经形成了多种层次、多种形式、学科门类齐全的教育体系，包括学前教育、K12 教育（小学、初中、高中）、高等教育（专科、本科、硕士、博士）、继续教育、职业教育和 E-learning（在线学习）等。根据互联网教育研究院的研究数据表明，目前包含民办教育课外辅导的中小学教育市场规模约为 6800 亿，以成人再教育为主的职业教育市场规模约 6000 亿，幼儿教育的市场规模约为 3800 亿，成为各大教育板块的前三甲，如图 11-2 所示：

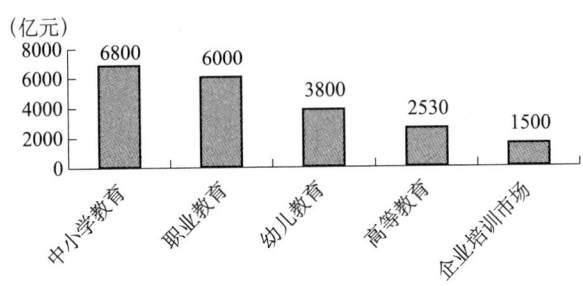

图 11-2　国内主要教育产业板块体量

资料来源：公开资料整理。

民办教育异军突起，成为教育市场的一大主力。民办教育从体制上打破了政府包揽办学的单一模式，市场化的运营更利于优质教育资源的引入，推动教育产业发展。我国民办基础教育学校数量在过去五年呈现逐年递增的趋势。总数量由2010年的114398所上升到2014年的154492所，累计增长了35%。同时期，民办基础教育在校生数量也呈现出逐年递增的趋势。该数值由2010年的2916万人上升到2014年的3715万人。这体现出我国民办基础教育近年来快速发展的良好局面。

与信息技术相结合，教育产业化以一个更坚实的步伐向未来迈进。在线教育用户持续增长，一方面是由于中国网民规模的稳步扩大；另一方面随着互联网的发展，国内在线教育技术的不断成熟，在线教育产品不断推出，更多不同年龄阶段不同需求的用户均参与其中。更加便利的知识学习方式，使人们能够充分利用"碎片"时间来提升自己的知识储量。在线网课、网上大学、付费知识内容等形式的互联网教育产品不断涌现。2016年在线教育用户规模为9001.4万人，同比增长21.5%。未来几年，在线教育用户规模将保持20%以上的速度继续增长，到2019年预计达到1.6亿人。知识经济时代，在线教育产业飞速发展成为一大特征。

（二）中国教育的区域性情况

我国教育事业发展的区域性差异明显，这由包含历史因素的教育资源状况，包含经济因素的教育投入和包含文化因素的教育观念所决定。将我国按照东中西区域划分，从代表基础水平的受教育人口存量、代表发展潜力的高等教育角度、代表综合水平的教育指数来解析中国教育的区域性差异。

借助第五次和第六次全国人口普查的调查数据来看各地区受教育人口的存量水平。经济相对发达的东部地区在调查的十年间教育人口存量总体水平始终高于中西部地区。从 2000 年到 2010 年，东部地区除了小学和初中的教育人口数较低外，其他各个教育层次的人口数都比中西部高；东部地区受教育的人口中大专及以上、高中和中专两个层次的人数比例优势明显，在 2000 年，东部大专及以上程度人数是中西部的 2 倍以上，到 2010 年差距有所减小，中西部的高等教育人才增长速度逐渐赶了上来；中部和西部地区受教育人口水平接近，在高中水平人数上中部有领先优势，但在 2010 年，西部的高等教育人口比例 7.8% 领先于中部的 7.5%（见表 11-1）。

表 11-1 中国各地区每十万人受教育程度人数　　　单位：人

地区	小学		初中		高中和中专		大专及以上	
	2000 年	2010 年	2000 年	2010 年	2000 年	2010 年	2000 年	2010 年
全国	35701	26779	33961	38788	11146	14032	3611	8930
东部	30304	21961	35805	39711	14998	16559	6069	12920
中部	35529	25462	36194	40991	10496	13825	2928	7584
西部	37557	32996	25659	31870	9218	11130	2965	7880

资料来源：第五次和第六次全国人口普查数据库。

从高等教育的层析来看，根据教育部发布的 2017 年全国高等院校名单，2914 所高等院校在我国东中西区域分布差异显著，东部地区共有 1468 所，占到全国高等院校数量的一半以上，数量远高于中西部的 789 所、657 所，数量差距悬殊；从 985、211 院校来看，差距更加明显，116 所 211 院校中有 72 所位于东部地区，39 所 985 院校中有 26 所位于东部地区，占比均在 60% 以上。高等院校带来的人才创造和知识创造是知识经济时代最重要的发展驱动力，高数量和高质量的院校聚集，不仅代表了教育水平的重要一角，更能体现区域的教育发展前景和知识创造力，倾斜严重的高等院校全国分布是拉大未来区域教育差距的重要因素，见表 11-2：

表 11-2 中国高等院校分布情况　　　单位：所

区域	普通高校	211 院校	985 院校
东部	1468	72	26
中部	789	19	6
西部	657	25	7
总计	2914	116	39

资料来源：公开数据整理。

已有的教育指数更能反映全国知识教育水平的分布差异。长江教育研究院在北京发布《中国教育指数 2017》，从规模、投入、质量、信息、公平、贡献、创新、创业、创造、健康、生态、法治12个维度反映了2017年全国及各省市教育治理能力、改进效果以及发展水平。表11-3利用各省评价结果的平均值来展示东中西区域教育水平：

表11-3 中国教育指数2017分地区汇总

	规模度	投入度	质量度	信息度	公平度	贡献度	发展指数
全国平均	5.65	4.3	6.4	5.44	7.3	1.17	5.51
东部区域	5.85	6.05	7.47	6.96	7.74	2.74	6.76
中部区域	6.97	3.34	6.08	5.13	7.28	0.62	5.32
西部区域	5.11	3.66	5.88	4.77	6.84	0.54	4.91

资料来源：《中国教育指数2017》。

从指数计算结果来看，我国各区域教育综合水平呈阶梯状现象明显。西部地区各个指标均落后于中部和东部，综合发展指数4.91离全国平均水平5.51较远；中部地区在各指标接近全国平均水平，其中受益于人口红利和中部崛起战略实施，中部的教育规模度超过东部地区排名第一；东部地区作为教育资源集中，知识经济最发达的地区，在各个维度上的发展都相对均衡，综合水平领先显著。

二、中国知识产权概况

在现代市场经济中，知识和技术不仅成为社会进步的动力，也成为个人或组织财富积累的法宝。然而，当一个技术或者知识发生公开或转移时，知识开发者将失去原厂优势，在这样的模式下必然不能形成正向激励，将会阻挠新知识的开发，于是以专利制度为主的现代知识产权制度便应运而生，在这种管理机制下，知识原创者能够充分享受创造知识给自己带来的价值，同时整个社会也可以通过付费的方式共享知识成果且避免个人垄断知识创造。

现代知识产权体系伴随着18世纪60年代英国的产业革命共同产生，经历两个世纪的补充完善，已经形成一套在全球通用的保护智力成果和工商业信誉的法律制度。我国由于历史原因知识产权事业起步较晚，大幅度进展始于改革开放之后，中国也在1980年正式成为了世界知识产权组织的第90个成员国。我国探索现代知识产权法律制度的一次标志性的尝试是1982年颁布《中华人民共和国商标法》，这部法律纠正了商标强制注册但注册商标人没有专有权的问题。它明确规定，商标采用资源注册制度，国家保护商标所有权，这是知识产权保护最基础的法律法规；20世纪80年代随着国内知识产权保护制度建设，我国开始积极加入各个知识产权国际公约,不断衔接国际标准,1985 年加入《保护工业产权巴黎公约》,1989 年加入《集成电路知识产权保护条约》,1992 年加入《保护文学艺术作品伯尔尼公约》和《世界版权公约》,1993 年加入《保护录音制品制作者防止未经许可复制其录音制品公约》,1999 年加入《保护植物新品种国际公约》等;1990 年颁布的《中华人民共和国著作权法》对传统分享意识提出巨大挑战,"知识私有"与"知识共享"意识在国内产生了热烈的讨论,这是在国内知识经济时代刚刚起步状态下,知识产权制度在人们的意识形态中逐渐从被动抵制到主动接受的一个动态过程;在技术革命与产业变迁的背景下,我国也相应更新颁布了一些新兴领域的法规,如 1991 年颁布的《计算机软件保护条例》、1980 年修订的《国际承认用于专利程序的微生物保存布达佩斯条约》等,都逐步完善了我国的知识产权法律制度。新世纪以来,国内知识产权日趋完善,知识管理事业蒸蒸日上,最有历史意义的事情便是 2008 年国务院印发《国家知识产权战略纲要》,这标志着中国知识产权制度建设迈入到了战略主动的崭新阶段,我国由此迈向知识产权创造、保护、运用、管理水平全面提升的知识强国发展阶段(见表 11-4)。

表 11-4 中国知识产权主要历史沿革

年份	知识产权事件	历史意义
1980	成为世界知识产权组织的第 90 个成员国	中国接触现代知识产权制度的开端
1982	《中华人民共和国商标法》	这是中国开始系统建立现代知识产权法律制度的一个重要标志
1984	《中华人民共和国专利法》	中国的知识产权保护范围扩大到对发明创造专利权的保护
1985	《保护工业产权巴黎公约》	第一次成为世界产权组织成员国
1989	《集成电路知识产权保护条约》	中国第一次成为国际知识产权条约首批签字国之一
1990	《中华人民共和国著作权法》	是对传统分享意识的最大挑战,意味着我国思想意识形态的重大变化
1990	《与贸易有关的知识产权协定》	国关税与贸易总协定重要条约
1992	《保护文学艺术作品伯尔尼公约》和《世界版权公约》	首次成为世界科教文化事业知识产权协定国
1993	《保护录音制品制作者防止未经许可复制其录音制品公约》	首次对新媒体出版物的产权保护
2008	《国家知识产权战略纲要》	标志着中国知识产权制度建设迈入到了战略主动的新阶段

资料来源:公开资料整理。

来自 2016 年《中国知识产权发展状况评价报告》的数据可以使我们对当前国内的知识产权现状有一个清晰的了解。报告使用基于知识产权发展状况评价指标体系测算的知识产权综合发展指数,反映在时间趋势上知识产权综合发展的量化水平(见图 11 - 3)。由量化数据可以看出,2010 年以来,全国知识产权综合发展指数稳步上升,至 2016 年已达到 200.3 分。这种趋势反映了 2008 年国家知识产权战略开始实施之后,我国知识产权发展状况进入了一个全新的快速发展阶段。

从全球化的视角来看,更能展示我国知识产权当前的发展状况在世界上的水平。报告中体现,在 2011 年到 2015 年 5 年时间内,中国在知识产权能力方面的国际排名稳步提升,从第 7 位上升到第 3 位(见图 11 - 4)。自 2012 年中国知识产权能力进入世界前 4 位之后,至 2015 年,排位一直较为稳定,2015 年中国的知识产权能力指数得分达到 68.95 分,紧随美国、日本之后,排名第 3 位。从得分上看,中国与美国、日本的得分差距进一步缩小,世界排名在实质上得到进一步稳固。

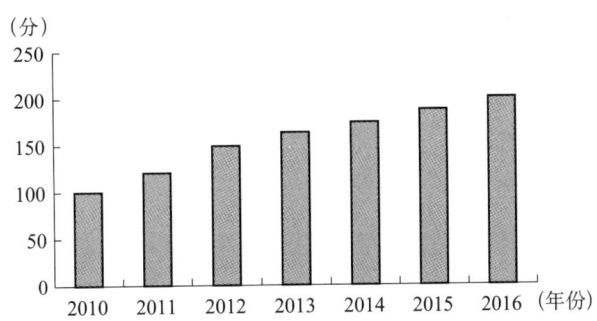

图 11 - 3　中国知识产权指数年度变化

资料来源:《中国知识产权发展状况评价报告》。

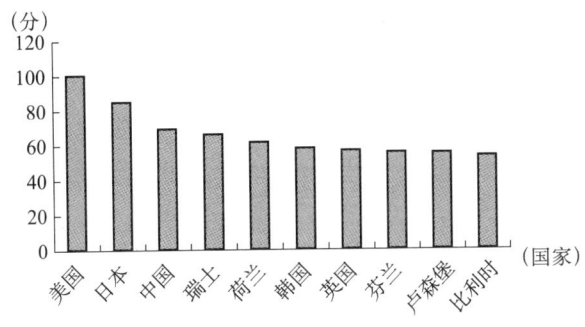

图 11 - 4　全球知识产权指数排名

资料来源:《中国知识产权发展状况评价报告》。

从实际的法律产权数据来看，我国已是名副其实的知识产权大国。国家知识产权局的数据显示，2017年，我国发明专利申请量达到138.2万件，共授权发明专利42.0万件，连续7年居世界首位。截至2017年底，国内每万人口发明专利拥有量达到9.8件。2017年，专利质押融资总额720亿元，质押项目数4177项，知识产权经济活动已经形成相当大的市场规模。世界知识产权组织报告显示，2017年中国已成为《专利合作协定》（PCT）框架下国际专利申请的第二大来源国，并有望在3年内赶超美国成为最大来源国。近年来，通过实施专利质量提升工程，大力培育高价值核心专利，我国在信息通信、航空航天、高铁等领域形成了一批拥有自主知识产权的核心技术。

我国高价值、高水平的发明专利数量明显增加，所占比例也有所提高，发明专利、实用新型专利和外观设计专利的结构比例也更加优化和合理。2015年我国的发明专利数是82.5万件，2015年达到92.8万件，净增10.3万件，这意味着我国2015年净增加的发明专利数量相当于美国全年专利申请量的20%、日本的30%以上、欧洲的70%。同时，我国2015年的PCT国际专利申请受理量为2.985万件，增速连续3年位列全球第三，紧随美国、日本之后，创下历史新高，也证明我国的专利质量在不断提高。

从当前的统计数据中也不难看出，在知识经济不断渗透的发展年代，我国的知识产权事业已经协同我国经济的增长势头，在世界上名列前茅，同时有三个相对明显的趋势：一是我国专利创造水平稳中有进，知识发明数量不断上升。二是国内企业创新主体地位进一步巩固。2017年，我国国内发明专利申请量和拥有量中，企业所占比重分别达到63.3%和66.4%，企业对我国国内发明专利申请增长的贡献率达到73.5%且国内企业有效发明专利5年以上维持率达到70.9%，再次奠定了创新主体地位，这也是现代市场经济中价值创造的正确导向模式。三是我国企业海外专利布局能力不断增强。2017年，我国在"一带一路"沿线国家专利申请公开量为5608件。其中，在印度专利申请公开量为2724件，在俄罗斯专利申请公开量为1354件，专利申请初具规模。我国在"一带一路"国家专利申请继续维持较快增长，企业专利布局的力度不断加大，"一带一路"知识产权合作交流初具成效。

三、中国知识生产投入

国内知识生产投入以R&D经费投入和R&D的GDP占比为主要指标。R&D

经费指全社会研究与试验发展经费。统计口径包括年度内全社会实际用于基础研究、应用研究和试验发展的经费支出。R&D 经费及其占国内生产总值的比重 R&D/GDP 这两个指标反映了一个国家或地区研发的投入和强度，是目前国际上通用的反映一个国家或地区科技投入的重要指标。

国际上通常采用 R&D 活动的规模和强度指标反映一国的科技实力和核心竞争力，R&D 的 GDP 占比也成为国际通用的一个便捷的利于同口径横向对比的相对指标，一国的 R&D 水平体现着一国的政治经济实力和未来核心竞争力。

首先，可以从时间层面分析一下国内 R&D 经费投入。从 2016 年数据来看全国共投入 R&D 经费 15676.7 亿元，比上年增加 1506.9 亿元，增长 10.6%。这一数据在十年间的变化趋势如图 11-5 所示，从十年数据来看，我国 R&D 经费投入发展势头良好，得益于国内第三产业的短期快速增长，新型轻资产高知识价值企业比重逐渐增加，知识运用和技术研发成为企业成本的主要组成部分，R&D 经费在国家"十一五"规划开始后的十年内，指标平均增速在 15% 左右，绝对投入量在 2012 年突破万亿大关，随着供给侧改革顺利进行，在新常态经济大环境下，预计 R&D 经费增长率将重新抬头，以大数据和 AI 为代表的国家重点战略产业会继续支撑 R&D 经费的增长。

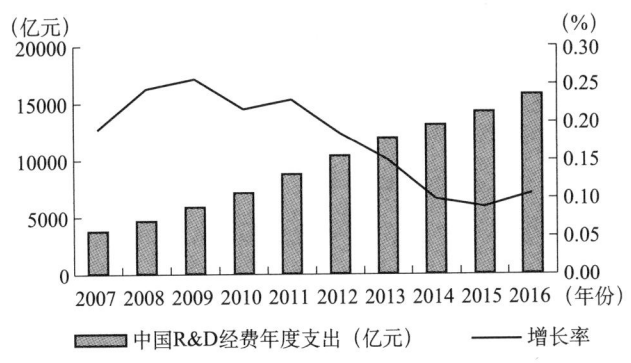

图 11-5 中国 R&D 经费年度支出变化

资料来源：《中国统计年鉴》。

其次，看 R&D 经费投入强度（见图 11-6）。2016 年 R&D 经费投入强度为 2.11%，比上年提高 0.05 个百分点。自 2010 年以来，该投入强度平均增长速度超过 2%，说明在国内 GDP 规模高速增长的同时，知识研发投入比例并未下降，反而有所上升。换一个逻辑来说，也是研发的高投入支撑了国内 GDP 的高增速。横向来看，我国研发投入强度与部分发达国家 3%~4% 的水平相比虽然还有差距，但是正在呈现出逐年提升的趋势，目前已超过欧盟平均 1.94% 的投入强度，达到中等发达国家 R&D 经费投入强度水平。我国研发经费投入总体上符合我国经济社会发展的基本要求和阶段状况，但投入的效率还有待进一步提升。

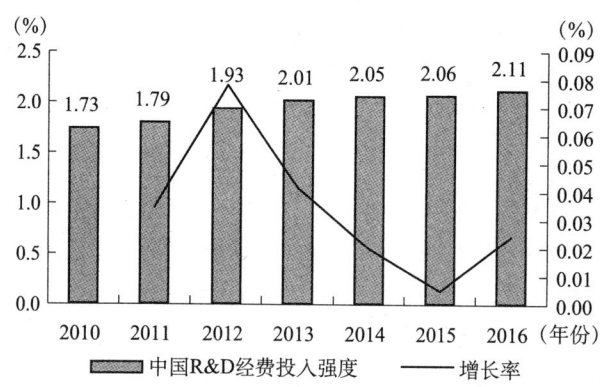

图 11-6　中国 R&D 经费投入强度变化

资料来源：《中国统计年鉴》。

中国 R&D 经费于 2013 年首次超过日本，升至世界第 2 位，仅居美国之后。R&D 经费投入强度超越欧盟国家总体水平，标志着科技创新已逐步成为经济结构转型升级的推动力量。但剖析整体，中国各省份 R&D 经费分布是很不均匀的，仍有较大的改进空间。广东和江苏的份额明显较大，2016 年的投入绝对值都超过 2000 亿元，各占全国的 13% 左右；江苏、广东、山东、上海、浙江几省市 R&D 经费之和超过全国的 60%；前 10 个省市 R&D 经费之和达到全国的 3/4；后 10 个省市 R&D 经费之和只占全国的 3.5%，而最后 5 个省市即新疆、宁夏、青海、海南、西藏 R&D 经费之和只占全国的 0.7%。从中国东、中、西分布来看，R&D 经费及占全国比例前 7 个省市都在东部地区，但处于西部地区的四川和陕西，都进入了前 10 名。这说明中国西部地区各省市 R&D 经费分布的不均匀情况突出。

最后，从 R&D 经费投入强度来剖析，2016 年北京 R&D 经费支出占地方生产总值比例遥遥领先，达到 5.96%，全国 R&D 经费投入强度平均值 2.11%，超过该平均值的省份有北京、上海、天津、江苏、广东、浙江、山东和陕西。R&D 经费强度排前 10 名的省份平均值为 3%，最低也超过 2%。而后 10 名的平均值在 0.6%，指数差别有 5 倍之多。这从另一个方面说明中国各地区 R&D 经费分布不均匀的现象尤为重要。

同时，中国各地区 R&D 经费支出分布的不平衡性明显高于各地生产总值的不平衡性，即科技不平衡性高于经济不平衡性。北京、上海等前 5 省市 R&D 经费之和占全国的52.8%，而这5个省市生产总值占全国的37.9%；前10的省市R&D经费之和占全国的75.0%，而这10省市生产总值占全国的56.3%。云南、西藏等10个省份R&D经费之和只占全国的3.8%，而这10个省份生产总值占全国的10.5%；最后5个省份R&D经费之和占全国的0.7%，而这5个省份生产总值占全国的2.5%。

省市GDP产出与R&D经费支出同比差异较大，研发费用有效性有待提升，由于国内实行先富带后富，以东援西的战略，部分经费以失去效率的形式换取了公平，这是无可厚非的，但在客观上限制了科研经费短期投入产出的比率。R&D经费集聚效应极强，高质量的创新研发依赖于全产业链条上社会资源的高度集中，没有足够的经济规模难以吸引较高的R&D经费，少量R&D经费支出难以发挥经济推动器的作用，落后地区陷入低效能的陷阱。

第二节 我国知识经济情况的实证分析

一、实证方案设计

当前对国家地区的知识经济水平进行评价，采用最多的方法就是实证研究法。单纯依靠经验法则和理论研究，只能定性分析知识经济的影响因素，而不能量化"知深浅"。通过实证研究，以统计数据为基础，对国内各个省市"知识经济"概念进行较为系统的测度，从而对我国各个省市知识经济综合发展水平的差距有一个比较立体的了解，同时可以剖析差异的来源，对未来发展献言献策，有较为重要的现实意义。

知识经济测度指标体系作为统计指标体系的一种，是知识经济发展的综合反映，也是知识经济测度的重要载体，它在知识经济发展水平的判断、政策制定、实施及评价各个方面均发挥着重要的作用。因此建立科学的知识经济测度指标体系是我们进行知识经济发展水平比较的基础。

上文已经总结了国际通用的知识经济综合指标体系，但是国际通用体系在实际应用中存在多种弊端，在许多指标测算上存在不可操作性，例如，OECD的知识存量的测度需估算其知识的折旧率，知识经济状态中的政府和企业透明度、公司间合作程度、公司与大学间合作程度、电子商务年盈余、人类发展指数、竞争政策等指标都是很难量化或者受人为因素影响较大的指标；美国国家新经济指数指标体系中快速增长的企业、企业竞争与合作程度、各州政府利用数字科技的程度等指标也都很难科学量化；APEC 的知识经济状态指数中的多个指标在国际统计口径上也存在定义偏差。

为了解决这个问题，在这里我们在引用国内学者魏和清提出的中国知识经济测度方法的基础上，根据数据指标的实际可用情况汇总自己的指标体系。魏和清在研究总结了当时国际通行的知识经济综合指标测算体系之后，根据国内知识经济的发展范围和指标可用性，从知识经济的核心要素即知识产品的生产角度出发，来建立知识经济测度模型。在他的模型中，知识的创新能力、应用能力、知识存量、知识经济环境和知识传播是影响知识生产的主要因素。知识创新能力和知识存量的结合，生产出知识产品新知识，新知识经过传播与应用又形成了新的知识存量，所有的这些活动效率都受到知识经济环境的影响。这样知识的生产过程就是一个动态的良性循环过程。所有的知识产品本身属于非物质产品，只有在物质生产部门得到应用才能转化为现实的生产力，应用能力就显得十分重要。

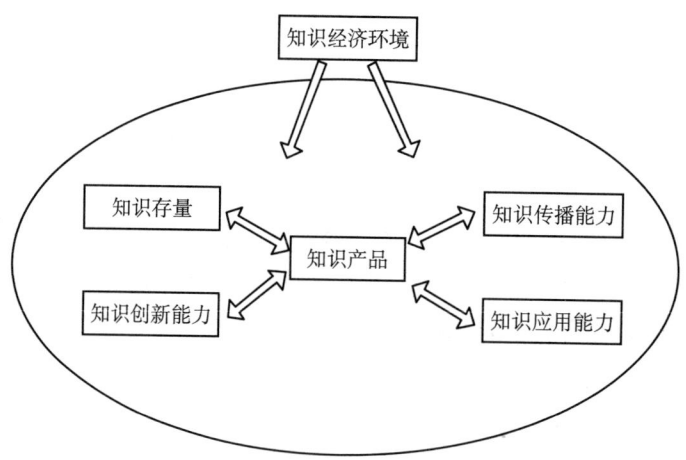

图 11-7 知识经济生产流程概念

因此，这里的知识经济测度模型设置五大指标来反映知识经济的运行状况。即知识存量指标、知识创新能力指标、知识应用能力指标、知识传播能力指标和知识经济环境指标（见图 11-7）。具体指标如下：

知识存量是现有的知识要素能够为国家、企业带来高额经济利益与经济可持续发展优势的内涵部分。其两个重要分支是知识产权和人力资本。知识产权通过科学研究和技术开发形成专利、著作等知识产权，不但受到法律的保护，还可以用市场价值作为衡量标准，这是最具体的知识资本。人力资本则依附于知识所有者，可通过平均受教育年限指标来量化体现。

知识创新能力是知识经济发展最关键的核心要素。只有不断地创造出适应社会经济发展阶段的新知识，才能保证经济的后续增长。有关创新能力，用五个指标来体现：一是普通高等学校个数，高等学校既是知识的传播部门，又是生产与创造新知识的部门，高等学校的数目多少在一定程度上反映了高等学校的知识生产和创新能力；二是教育投入，教育经费的支出数量反映了教育对知识经济发展的支持力度；三是新产品产值率，生产新产品是创新的重要组成部分，因此利用新产品产值率指标可以从本质上反映企业知识创新生产的能力；四是国际水平论文数量，论文是知识产品的重要形式，国际标准水平论文的发表数在一定程度上反映了一个国家或地区的知识产出与创新实力；五是每万人中技术研究人员数量，该指标从人力资源角度来考察知识经济的创新潜能，包括科研机构、高等学校和企业中从事研发的人员数量。

知识的应用能力通过两个指标来实现。一是科学成果转化率，知识生产的成果只有经传播后，才能转化为现实生产力，科技成果转化率反映科技成果对社会的贡献程度或科技成果转化为生产能力的实现程度，是反映知识科技与经济相结合即知识应用的重要指标；二是人均技术市场成交额，作为一个量化市场表现数值，能够直接反映技术知识落地应用给市场带来的真实价值，是反映知识应用能力的直接指标。

知识传播能力等同于知识流动能力，反映的是一个国家和地区的人口传播知识的能力，以及通过各种途径传播知识的效率。为了广泛评价传播能力，选取纸质传播信息载体人均订阅报纸份数和网络传播信息载体网络普及率来测度（电话普及率指标各省均接近100%，在2017年已经不具备参考价值）。

知识经济环境的主导力量是政府。随着新兴知识型产业的兴起，产生了许多新的行政或法律议题，政府对这些新议题做出快速和正确的反应，制定适宜的规范制度，将创造地区知识环境的主基调，对该国和地区知识经济的发展有着极大的影响。这里用对外开放程度、专利保护力度和政府透明度三个指标来估算知识经济的环境要素。知识经济环境指标有很多是不容易量化的，但是可以通过专家评级等方法来估算详细内容，见表11-5：

表 11-5　中国知识经济测度指标体系

子系统	指标
知识存量水平	R&D 存量 平均受教育年限
知识创新能力	普通高等学校数 教育经费 新产品产值率 每万人专业技术人员数 国际论文数（篇/百万人口）
知识应用能力	人均技术市场成交额（元/人） 科技成果转化率
知识传播能力	人均订阅报纸份数 网络普及率
知识经济环境	政策透明度与行政效率 专利知识产权保护程度 对外开放程度

资料来源：《知识经济测度方法研究》。

二、实证研究过程及运算结果

本章研究选取我国的 30 个省、市、自治区（除去港、澳、台、藏）2017 年的相关数据为研究对象进行分析，数据来源于《中国统计年鉴》《中国人口统计年鉴》《中国互联网络发展状况统计报告》《中国知识产权指数报告 2017》《政府透明度指数报告 2016》等。

在统计评价方法上，采用多元统计的主成分分析法和因子分析法。实证分析需要无量纲化的数据，在数据源基础上进行无量纲处理，得到如表 11-6 所示的指标描述性分析：

表 11-6　提取指标描述性分析结果

序号	指标	平均值	Max-Min	Max/Min	标准差
1	R&D 经费	522	2021	145	2.38
2	平均受教育年限	9.61	4.13	1.96	0.02
3	普通高等学校数	95.6	85	8.55	0.25
4	教育经费	1048	2055.38	27.83	1.77
5	新产品产值率	19.83	33.09	5.33	0.09

续表

序号	指标	平均值	Max - Min	Max/Min	标准差
6	每万人专业技术人员数	161.47	197.34	2.78	0.41
7	百万人国际论文数	30.56	438.01	2306.32	0.83
8	科技成果转化率	0.57	0.48	2.08	0.01
9	人均技术市场成交额	306	1617.48	332.48	3.56
10	人均订阅报纸份数	28.15	90.35	11.24	0.23
11	网民省内比重	53.23	37.04	1.43	13.84
12	对外开放度	0.35	1.66	28.67	0.01
13	专利保护程度	21	54	7.02	0.25
14	政府透明度	0.65	0.42	2.01	0.12

资料来源:《中国统计年鉴》。

运用 SPSS 软件对数据进行处理,首先进行因子分析,得到因子分析的初始特征根,见表 11-7,前五个特征值其累计方差贡献率达到 89%,说明前五个主成分基本包含了大部分的差异信息。

表 11-7 SPSS 因子分析初始特征根
Total Variance Explained

component	Initial Eigenvalues			Rotation Sums of Squared Loadings		
	Total	% of Variance	accumulative %	Total	% of Variance	accumulative %
1	8.043	51.674	51.474	6.118	37.465	37.465
2	2.443	13.573	65.047	2.482	18.557	56.022
3	1.868	11.261	76.308	2.374	13.261	69.283
4	1.429	7.941	84.249	2.033	10.692	79.975
5	0.880	4.860	89.109	1.651	9.134	89.109
6	0.602	3.347	93.252			
7	0.502	2.787	95.741			
8	0.448	2.489	96.884			
9	0.228	1.268	97.009			
10	0.196	1.088	98.097			
11	0.112	0.619	99.086			
12	0.065	0.370	99.934			
13	0.009	0.329	99.986			
14	0.005	0.239	100.000			

Extraction Method: Principal Component Analysis
资料来源:根据 SPSS 统计得到。

在数据处理的过程中，我们运用了方差最大化正交旋转（Varimax Rotation），以得到公共因子的组成信息，即每个公共因子由哪些变差信息所构成及其比例。表 11-8 是用回归法计算出的因子得分系数表。

表 11-8　因子得分系数
Component Score Coefficient Matrix

	Component				
	1	2	3	4	5
Zscore（R&D 经费）	.145	.210	-.157	-.042	-.045
Zscore（教育年限）	.001	.002	.370	.006	-.114
Zscore（高校数）	-.091	.378	.075	-.182	-.041
Zscore（教育经费）	-.033	.396	-.119	-.027	.077
Zscore（产值率）	-.118	-.125	.155	.483	.167
Zscore（技术人员比重）	.130	-.185	.564	-.107	.164
Zscore（论文数量）	.286	-.038	-.033	-.105	-.233
Zscore（科技转化率）	.083	-.041	-.120	.396	-.195
Zscore（人均技术成交额）	.002	-.037	.097	.142	-.126
Zscore（人均报纸数）	.091	-.023	.012	.834	.193
Zscore（网络普及率）	.155	-.021	-.032	.273	-.017
Zscore（对外开放度）	.102	.080	.072	.110	.205
Zscore（专利保护程序）	-.177	.081	.031	-.097	.464
Zscore（政府透明度）	-.067	.062	-.023	-.019	.762

Extraction Method: Principal Component Analysis
Rotation Method: Varimax with Kaiser Normalization
Component Scores

最后根据回归估计结果算出公因子得分，以各指标因子的方差贡献率占五个公因子方差贡献率的比重作为权重进行加权汇总，按以下公式得出各省的综合得分 F：

$F1 = 0.145 \times Z_1 + 0.001 \times Z_2 + \cdots - 0.067 \times Z_{14}$

$F2 = 0.210 \times Z_1 + 0.002 \times Z_2 + \cdots + 0.062 \times Z_{14}$

$F3 = -0.157 \times Z_1 + 0.370 \times Z_2 + \cdots - 0.023 \times Z_{14}$

$F4 = -0.042 \times Z_1 + 0.006 \times Z_2 + \cdots - 0.019 \times Z_{14}$

$F5 = -0.045 \times Z_1 + 0.114 \times Z_2 + \cdots + 0.762 \times Z_{14}$

$F = (37.47 \times F1 + 18.56 \times F2 + 13.26 \times F3 + 10.69 \times F4 + 9.13 \times F5)/89.11$

以上五个主成分可根据其因子贡献，归纳出释义：

第一个公因子 F1 涉及的主要指标包括 R&D 经费、网民比例、对外开放程度、论文数量、人均订阅报纸份数、技术人员比重等，可归纳为知识发展基础与辐射能力；第二个公因子 F2 则由载荷较大的普通高等学校数、教育经费投入两个指标决定，表达为知识创新能力；第三个公因子 F3 在受教育年限和技术人员比重两方面载荷较大，表达为知识的人为操控能力；第四个公因子 F4 主要涉及人均报纸数、新产品产值率、科技成果转化率等，表达为知识作用的经济成果；最后一个公因子 F5，则主要涉及专利保护程度与政府透明度，可准确解释为知识环境状况。

模型的拟合度约为89%，可以基本反映我国各省市自治区知识经济的发展水平，经过计算可得出各省市的公因子得分排名和综合评价排名情况，根据我国东中西的区域划分，实证分析结果如表 11-9 所示：

表 11-9 中国各省市知识经济得分汇总

省市	综合 得分	排名	F1 得分	排名	F2 得分	排名	F3 得分	排名	F4 得分	排名	F5 得分	排名
北京	1.52	1	3.74	1	0.56	12	0.23	16	-1.36	28	-0.41	21
上海	1.09	2	1.95	2	0	16	1.27	4	0.91	6	-0.24	17
福建	0.68	3	-0.28	19	2.12	2	-0.33	21	-0.03	11	4.03	1
广东	0.68	4	0.07	5	2.26	1	-1.06	25	1.61	3	1.37	2
天津	0.51	5	0.02	7	1.1	7	-0.4	22	2.47	1	0.34	7
浙江	0.17	6	0.19	3	0.33	12	-0.61	24	1.58	4	-0.76	25
湖北	0.14	7	-0.13	12	0.16	14	1.36	2	-1.11	29	0.9	4
陕西	0.13	8	0.03	6	0.58	8	0.58	7	-0.31	18	-0.49	22
重庆	0.08	9	-0.64	29	1.33	3	-0.41	23	0.01	10	1.27	3
江苏	0.05	10	0.18	4	-1.06	26	1.01	5	-0.06	13	0.53	6
辽宁	-0.10	11	-0.47	24	0.82	5	0.44	12	-1.05	27	-0.08	12
河北	-0.10	12	-0.26	17	0.68	7	0.47	11	-0.64	22	-1.2	30
湖南	-0.10	13	-0.04	9	0.3	13	0.1	16	-1.06	28	-0.32	20
山东	-0.13	14	-0.16	13	-1.16	27	0.26	15	1.98	2	-0.91	27
河南	-0.15	15	-0.42	22	0.78	6	-0.05	18	-0.59	21	-0.57	23
海南	-0.16	16	-0.24	15	-0.83	23	0.8	6	0.84	7	-0.99	28
吉林	-0.17	17	-0.42	21	-0.82	22	1.82	1	-0.72	23	-0.03	11
黑龙江	-0.17	18	-0.58	27	-0.35	19	1.3	3	-0.25	16	-0.15	14
四川	-0.19	19	-0.24	16	-0.87	24	0.52	8	-0.07	14	0.2	10

续表

省市	综合		F1		F2		F3		F4		F5	
	得分	排名	得分	排名	得分	排名	得分	排名	得分	排名	得分	排名
广西	-0.21	20	-0.41	20	-0.27	18	0.27	13	0.57	8	-0.87	26
山西	-0.22	21	-0.92	30	0.55	10	0.49	10	0.09	9	-0.31	19
贵州	-0.22	22	-0.49	25	0.57	9	-0.23	20	-0.22	15	-0.72	24
安徽	-0.25	23	-0.51	26	0.01	15	0.5	9	-0.03	12	-1.04	29
江西	-0.34	24	-0.24	14	-1.21	28	0.09	17	-0.26	17	0.27	8
宁夏	-0.35	25	0.01	8	-1.94	30	-1.33	27	1.43	5	0.73	5
内蒙古	-0.36	26	-0.08	10	-0.89	25	-0.08	19	-0.83	24	-0.3	18
新疆	-0.44	27	-0.11	11	-0.57	20	-1.18	26	-1.04	26	0.24	9
云南	-0.54	28	-0.28	18	-0.66	21	-1.42	28	-0.43	19	-0.18	15
甘肃	-0.70	29	-0.59	28	-0.15	17	-2.31	30	-0.47	20	-0.19	16
青海	-0.89	30	-0.43	23	-1.29	29	-2.14	29	-0.93	25	-0.11	13

资料来源：作者计算得到。

三、我国知识经济实证情况的综述

通过实证分析我们对中国省市的知识经济状况进行综合评价，结果可以归纳为以下三方面：

1. 各地区的知识经济水平主导力量各有不同

区分公共因子得分来分析各省市状况，北京市综合得分位居全国第一，遥遥领先。但由于北京在新产品产值率、科技成果转化率等指标上的排名比较靠后，导致北京在第四公因子上的排名靠后，这是应该引起重视的一个问题，北京在注重知识经济发展基础的同时，还必须注重提升知识的经济成果转化。而从公因子F2知识创新能力来看，广东位列第一，创新能力指数领先全国，湖南、陕西分别为中部和西部的创新中心，具有现实的参考意义。上海在公因子F3知识的人为操控能力方面得分第一，体现了较好的人才水平现状。在第四个公共因子知识经济成果上，天津最好。而福建在第五个公共因子上，即知识环境状况方面排名第一，在此主要是政府透明度较为突出。

2. 知识经济综合发展水平的地域差异异常明显

从因子得分的综合排名情况来看，我们可以发现知识经济发展极高水平和高水平全部6个省市均属于东部地区，同时东部地区2个省属于偏上水平，5个属于中等水平，没有偏下水平省市（东北地区划归到东部）；中部有 1 个省市属于偏上水平地区，1 个省市属于中等水平地区，另外 4 个省市属于低水平地区；西部则除重庆、四川和陕西为中下水平地区外，其余地区全部为低水平地区。由此可见，我国当前的知识经济发展不均衡状态明显，东部地区知识经济综合发展水平明显高于中西部地区。

从知识经济指标体系测算的综合评价绝对数值水平，我们可以看出知识经济发展水平呈现出一种极端化的分布格局。北京和上海不仅是全国最大的中心城市，也是知识经济发展最优区域，其知识经济发展水平远远高于其他地区，与排名第三位的广东省也相去甚远，已经成为全国知识经济发展的领头羊。其详细内容如表 11 - 10 所示：

表 11 - 10　分区域知识经济水平分类

	东部	中部	西部
极高水平 ($F > 1$)	北京 上海		
高水平 ($0.3 < F < 1$)	广东 江苏 天津 福建		
偏上水平 ($0 < F < 0.3$)	浙江 山东	湖北	重庆
中等水平 ($-0.2 < F < 0$)	海南 吉林 辽宁 河北 黑龙江	湖南	陕西 四川
低水平 ($F < -0.2$)		河南 山西 安徽 江西	广西 贵州 宁夏 内蒙古 新疆 甘肃 云南 青海

资料来源：作者整理得到。

3. 知识经济得分综合评价与 GDP 数据吻合度较高

对比 2017 年全国各省市 GDP 总量数据可以发现，经济发达的省市，知识经济发展水平也高，经济发展水平较低的省市，知识经济发展水平一般也较低。从各区域来看，东部是中国经济最为发达的地区，也是知识经济发展水平最高的地区。西部不仅经济远远落后于东部地区，知识经济发展也同东部地区之间存在巨大的差距。从表 11-11 和图 11-8 可以看出两者的数据吻合度很高：

表 11-11 中国知识经济与 GDP 水平位次对比

省市	人均 GDP（元）	位次	知识经济评分	位次
天津	115613	1	0.43	5
北京	114690	2	1.84	1
上海	113731	3	1.43	2
江苏	95394	4	0.47	4
浙江	83923	5	0.25	7
福建	74288	6	0.31	6
内蒙古	74204	7	-0.35	26
广东	73290	8	0.63	3
山东	68049	9	0.08	10
重庆	58199	10	0.13	9
湖北	55665	11	0.13	8
吉林	54073	12	-0.11	12
陕西	50528	13	-0.15	16
辽宁	50292	14	-0.11	13
宁夏	47157	15	-0.30	25
湖南	46063	16	-0.12	15
海南	44396	17	-0.02	11
青海	43750	18	-0.56	30
河北	42866	19	-0.11	14
河南	72363	20	-0.20	19
新疆	40466	21	-0.46	27
黑龙江	40362	22	-0.18	17
江西	40220	23	-0.26	24
四川	39835	24	-0.19	18

续表

省市	人均GDP（元）	位次	知识经济评分	位次
安徽	39254	25	-0.24	23
广西	38042	26	-0.20	20
山西	35285	27	-0.21	21
贵州	33242	28	-0.24	22
云南	31358	29	-0.55	29
甘肃	27508	30	-0.49	28

资料来源：公开数据整理。

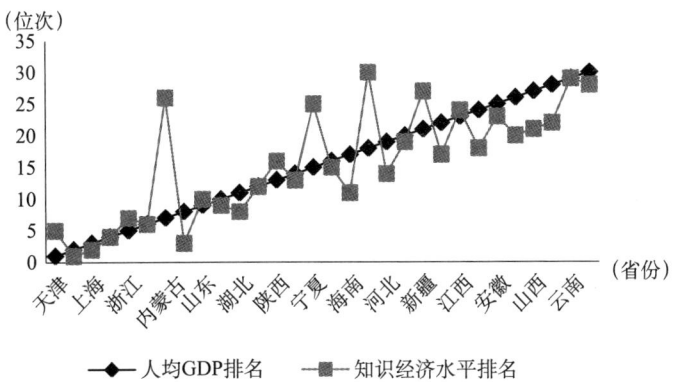

图11-8 各省市知识经济与GDP水平对照

资料来源：公开数据整理。

第十二章
国内城市知识经济发展的前沿动态

在知识社会的形成过程中,人才的生产、流动、聚集是最重要的过程。人才成为城市抢夺的最重要资源,国内二线城市各出奇招,吸引人才。教育的生产职能,随着国内知识社会的急剧扩张,成为城市、家庭和个人重点关注的问题,课外教育产业规模增长,以MBA、MPA、自考本科、技工再培训为主的再教育市场也迅速崛起。

第一节 城市引发抢人大战

在知识经济的时代,新一轮科技革命和产业革命正在孕育兴起,互联网、物联网、大数据、云计算、人工智能、机器人、基因工程等方兴未艾,社会将由经济型向知识型转化。新经济、新业态、新商业模式的强劲增长,对劳动力的素质提出了更高要求,高学历、高收入、高技术等人才将成为主流趋势。"抢人大战"由主要针对外来务工人员为主体的产业工人向大学生转变反映了中国经济发展转型升级的历史变迁。创新是社会经济发展的原动力,青壮年是社会创新的主力军,也是社会消费的主体,优质的人力资本争夺,正是二、三线城市经济转型升级的一个重要突破口。只有构建人才高地,才能打造创新高地,才能实现高质量可持续发展。人才成为城市发展的第一动力,争夺人才就是争夺发展权。

从2017年末开始,为了招才引智,全国20余城市相继推出了相关的引才新政。郑州、武汉、成都、重庆、长沙、南京等城市进行人才争夺战,各地政府使出了浑身解数，已经进入白热化的阶段，各地都出台多种措施想尽办法留住人才，尤其是新毕业的大学生，用各种优惠条件让这些毕业生能在城市落户、买房安家。知识和人才已经成为城市发展生存的命脉，从"抢人大战"的现状也能看出知识经济的意识形态已经渗透到各地政府的治理规划蓝图中去，即未来城市的发展由知识主导。

郑州市主打购房生活补贴，提出"智汇郑州"人才新政。按照相关政策，中专以上毕业生可零门槛落户。2017年1月1日后毕业、在郑州市内落户、缴纳社会保险满3个月并符合"智汇郑州"人才政策规定条件的青年人才，均可申请生活补贴。其中，新引进落户的博士、35岁以下的硕士研究生、本科毕业生和技工院校预备技师，3年内按每人每月1500元、1000元、500元的标准发放生活补贴。落户后暂未就业或创业的，按上述标准发放6个月的生活补贴。对符合上述条件的博士、硕士和"双一流"建设高校的本科毕业生，在郑州首次购房分别给予10万元、5万元、2万元购房补贴。本科以上非郑州户籍人才购买首套自住房，不再审核社保和个税证明的缴纳期限。"千人计划""万人计划"专家以及同等层次的国家级领军人才，除国家和省政府奖励外，给予不超过200平方米的免租住房。顶尖人才、国家级领军人才在郑州工作满10年且贡献突出的，可以无偿获赠免租住房。同时通过政府统建、单位自建和公租房建设等方式，力争两年内建设2.5万套人才公寓。

郑州市属于经济结构转型初期的内陆城市，背靠1亿人口大省，城市规模仍在扩大以匹配相对数量级。依靠产业转移，郑州在2017年已经超越武汉，成为中部经济增速第一的城市。当前郑州的经济增速主要依靠富士康为支撑的电子信息制造业和金融房地产等服务产业，这些产业同时需要大量的高等管理人才和蓝领技术人才，郑州在落户条件上兼顾两者，从城市发展需要出发，为支柱产业募集人才，以期维持经济增长，通过人才战略，夯实国家中心城市的地位。

武汉市的政策则以租房购房八折和最低工资为招牌。为了改变"虽楚有才，晋实用之"的痛点，2017年初，武汉提出"五年内留住百万大学生"的目标，并为此实施了颇具优惠规模的人才政策。首先，实行租房、购房八折新政，大学毕业生以低于市场价20%买到安居房，以低于市场价20%租到租赁房，合租可低于市场价的30%。为了满足大学生落户安居，武汉计划未来五年建设和筹集250万平方米以上的大学毕业生保障性住房，其中，大学毕业生安居房85万平方米，以60平方米的小户型为主。招才局还拿出3765套大学生人才公寓，提供给毕业三年内留汉创业就业的无房大学生，租赁价格不高于同一地区市场价格的

70%。其次，2018年3月6日，武汉市国资委、武汉市工商联合发起"武汉大学毕业生最低薪酬联盟"，出台指导性最低年薪标准：专科生4万元、本科生5万元、硕士6万元、博士8万元，远高于武汉市最低工资标准1750元/月。在落户上，武汉实施大学毕业生落户零门槛，只要凭毕业证就可以落户，本科生和大专生要求40岁以下，硕士生和博士生不受年龄限制。2017年，大学毕业生留汉人数达30.1万，是2016年的3.1倍；新落户大学毕业生14.2万，是2016年的近6倍，人才政策成效显著。

在武汉发展活力最强的光谷，近年来每年以大学生为主的新增参保人口就超过十万人，他们是光谷光纤信息、生物医药产业蓬勃发展的重要基础。如果说过去经济增长驱动因素主要是投资与外贸，那么，现在和未来都要靠人才与创新。武汉市政府成功把握知识经济时代发展要领，依靠政策优惠，维护本地高等教育优势，留住大批人才，为今后几十年的发展都奠定了基础。

重庆市则实施"鸿雁计划"，将招才的重点放在高级研发科技人员上，计划在今后5年，每年引进1000~2000名研发类科技人才，为全市产业创新发展提供人才支撑。"鸿雁计划"入选人才分为A、B、C三类，分别为按实际缴纳个人所得税基数核准年薪在200万以上、100万至200万、50万至100万为条件。重庆市依靠强大的第二产业基础优势和人才红利，GDP增速连年领先全国，但在全国经济结构转型的大趋势下，44.1%的第二产业比重严重拖累了重庆的经济发展，市政府深刻认识到知识经济的发展要义，以引进高技术领军人物为目标，带动未来产业转型，由于重庆在西部地区的普通人才红利富裕，把人才政策资金花费在金字塔顶尖，符合城市发展的战略目标。

成都把解决人才安居问题摆在更加突出的位置，先安居再工作成为一大亮点。成都将加大人才公寓和租赁住房建设力度，对来蓉应聘的外地本科及以上应届毕业生，可提供7天免费入住的青年人才驿站，对急需紧缺优秀人才提供人才公寓租赁住房保障，在产业新城投放人才租赁住房，租住由政府提供的人才公寓满5年后可申请按入住时的市场价格购买。鼓励用人单位和引进人才集体申请或自主选择租住方式，努力解决各类人才安居之忧，让广大"蓉漂"住得上房、安得了家。同时自2018年1月1日，成都市开始实施条件入户和积分入户"双轨制"，规定45周岁以下的全日制大学本科毕业生等各类人才，可以在成都直接落户。自人才新政实施以来，成都已吸引近12万本科以上学历的青年人才落户，全市人才净流入率位居全国前三，成功跻身"海归就业创业最爱城市"第三位，仅次于北京和上海。

作为西部两大经济重镇的成都,虽然当前在经济体量规模上落后于重庆,但在经济结构上成都第三产业比重优于重庆,而且IT产业基地已经形成规模,文娱传媒也成为服务业的一大组成部分,创造良好的人才吸引氛围,广泛吸引优质青年人才,并使其安居,是成都为维持可持续性发展以及创造新经济结构下人才储备的重要一步。

长沙市的人才政策针对的对象层次较广,投入百亿资金,惠及百万人才。长沙对新落户并在长沙工作的博士、硕士、本科等全日制高校毕业生,两年内分别发放每年1.5万元、1万元、0.6万元租房和生活补贴,博士、硕士毕业生在长沙工作并首次购房的,分别给予6万元、3万元购房补贴。新进长沙企业博士后工作站的博士后科研人员,给予10万元生活补贴。同时引进15万名技能人才,对于普通技师,每人补贴2000元,高级技师每人补贴5000元外加3万元购房补贴。人才实行高校毕业生"零门槛"落户,推行"先落户后就业",只要你是全日制本科及以上高校毕业生,即可凭户口本、身份证、毕业证可办理落户手续。

长沙在中部几省会中规模总量较小,人口外流现象严重,特色产业优势不明显,为了适应知识经济的发展形势,全面多层次引进人才,首先建立人才聚居的基础,然后对产业链生成落地提供支持,是未来跨越增长之道。

南京对外地来面试的高校毕业生一次性面试补贴标准为每人1000元。对世界知名高校或国内"双一流"建设高校毕业生到南京企业工作满一年的,在市区安居政策的基础上,再一次性给予本科生每人2万元,硕士生每人3万元,博士生每人4万元的个人生活补贴。高校毕业生获租房补贴博士每人每月1000元,硕士每人每月800元,学士和技师每人每月600元,应届毕业生拿租房补贴的时间由2年延长至3年。而中初级专业技术资格的新就业高校毕业生,拿补贴租房的时限则可以长达5年。高校本科以上毕业生凭毕业证书,就能先落户南京。作为长三角城市群副中心城市,南京面对上海的人才虹吸效应,吸引能力有限,只能在精简落户要求限制上,增加基础补贴,接受中心城市上海的产业转移和人才转移,作为上海辐射向内地的纽带城市,借助新型人才聚集,不断升级知识产业,努力成为下一批国家中心战略的城市。

天津市在2018年发布"海河英才"计划,政策指向落户红利。全日制高校本科毕业生不超过40周岁、硕士研究生不超过45周岁、博士研究生不受年龄限制,就可以直接在天津落户;获得副高级及以上职称,以及拥有国内外精算师、注册会计师、注册税务师、注册建筑师、律师等执业资格的,可直接落户天津;高等职业院校毕业并在天津工作满1年或中等职业院校毕业并在天津工作满3

年，具有高等职业资格、不超过 35 周岁，具有技师职业资格、不超过 40 岁，具有高等技师职业资格、不超过 50 周岁的，可直接落户天津；创办符合天津产业政策且企业稳定运行超过 1 年，个人累计缴纳所得税 10 万元以上的，可直接落户天津。

天津市作为京津冀经济带第二大城市，在北京疏堵控制人口的大趋势下，大量"北漂"将目光转向天津，政策的利好也必将会带来人才的涌入。随着交通基础设施尤其是高铁网络、城际轨道的建设，天津集聚资源的能力也在进一步增强，住房供应、公租房目标、人才落户政策逐渐兑现，更多人才在天津稳定下来。"海河英才"计划发布不到一天的时间里，30 万人登录并下载"天津公安"APP 办理了落户申请，这一火爆的场面一方面说明了人才落户天津的巨大需求，另一方面也说明了人才落户政策对人力资源状况动员的能力。

西安市在落户和住房保障上双手用力。在落户政策上，为此次抢人大战中条件最宽松的城市，可落户人群为：具有本科以下学历的，年龄在 35 周岁以下；具有本科学历的，年龄在 45 周岁以下；具有硕士研究生以上学历的。符合条件对象凭学历落社区集体户只需通过掌上户籍室上传学历、身份证照片即可，办理人无须再跑腿，实现一小时落户。在住房保障方面，西安市实行多层次人才奖助补贴机制，建设专家公寓和人才园，解决高层次人才阶段性住房需求。将引进人才根据其功能层次划分为 A 类国内外顶尖人才、B 类国家级领军人才、C 类地方级领军人才、D 类紧缺型人才、E 类产业发展普通人才等，A 类人才可免租入住 180 平方米左右的住房，在西安市工作居住满 5 年并取得本市户籍，且在工作中做出突出贡献的，政府将房产证办理到 A 类人才本人名下后，产权赠予个人；B 类人才可申请领取总额 70 万元的购房补贴，5 年内按年度核发；C 类人才可申请领取 3500 元/月的租房补贴，最高可补贴 5 年；D 类人才可申请领取 1000 元/月的租房补贴，最高可补贴 3 年；E 类人才纳入公租房保障范围，并优先予以保障。

总之，大城市抢人大战愈演愈烈，西安市出台的门槛最低、条件最优厚的人才政策在实施一年多来，取得了非常好的效果。去年西安引进人才近 30 万人，其中大专以上学历占 85% 左右，给西安的产业发展、创新发展提供了源源不断的人力资源和创新支撑的保障。作为西部重镇，成功吸引了全国各地的优质人才，为城市发展提供源源不断的动力，在知识经济时代立足于不败之地，其内容见表 12 - 1：

表 12-1 抢人大战政策汇总

城市	落户	住房	其他福利
郑州	中专以上毕业生可零门槛落户	对符合上述条件的博士、硕士和"双一流"建设高校的本科毕业生,在郑州首次购房分别给予10万元、5万元、2万元购房补贴	引进博士、35岁以下的硕士、本科毕业生和技工院校预备技师,3年内按每人每月1500元、1000元、500元的标准发放生活补贴
武汉	40岁以下大学毕业生可凭学历落户,研究生以上学历不受年龄限制	租房购房八折:大学毕业生以低于市场价20%买到安居房,以低于市场价20%租到租赁房,合租可低于市场价的30%	出台指导性最低年薪标准:专科生4万元、本科生5万元、硕士6万元、博士8万元
长沙	35岁以下本科学历及以上可直接落户	博士、硕士毕业生在长沙市工作并首次购房的,分别给予6万元、3万元购房补贴	博士、硕士、本科毕业生,两年内分别发放每年1.5万元、1万元、0.6万元生活补贴;普通技师每人补贴2000元,高级技师每人补贴5000元,外加3万元购房补贴
成都	45周岁以下的本科及以上毕业生等各类人才,可以在成都直接落户	租住由政府提供的人才公寓满5年后可申请按入住时的市场价格购买	对来成都应聘的外地本科及以上应届毕业生,可提供7天免费入住的青年人才驿站
西安	本科以下学历35周岁以下、本科学历45周岁以下、硕士研究生以上学历的凭身份证、学历照片在线落户	按人才类别给予相应住房补贴	无
南京	40岁以下本科生可凭毕业证落户	高校毕业生获租房补贴博士每人每月1000元,硕士每人每月800元,学士和技师每人每月600元,应届毕业生拿租房补贴的时间由2年延长至3年	对外地来南京的高校毕业生一次性面试补贴标准为每人1000元
天津	本科毕业生不超过40周岁、硕士研究生不超过45周岁、博士研究生不受年龄限制,就可以直接在天津落户	无	对企业新引进落户滨海新区的本科、硕士、博士,分别给予每人每年1.2万元、2.4万元、3.6万元生活补贴,连续发放3年

资料来源:公开资料整理。

从以上各地政策可以看出，国内大城市政府对人才的优惠政策主要集中在户籍、住房、创业就业支持几个方面，目的明确，就是要让人才在城市扎下根来，将自身所具有的知识要素投入到城市的发展和建设中去。

科技是第一生产力，拥有科技知识的大学生就是城市发展的未来，是一个城市的核心竞争力。一个月薪上万的大学毕业生对于一个城市创造的价值远超他一年领的十几万工资，一个刚毕业的大学生从工作产出和自身消费来看，给所在城市至少带来5倍到10倍的自身价值。年轻大学生本身就是优质资源。年轻大学生的涌入，带来的是消费、是税收、是社保、是劳动力，是公共支出成本的分担，是对城市外延的充实与再造。

人才对城市的推动作用，仅从直接数据就可轻易看出。以西安为例，西安市自2017年人才新政以来效果显著，新引入人才至2018年上半年已经累计超过65万人，其中大专以上学历者占比55%，而根据第六次人口普查数据显示，这一数据在全国的平均水平仅为10%左右。这些新入人口，直接提升了城市的人群知识水平，在工作单位上产生知识效应，不仅提升了旧产业的生产效率，而且满足了新兴升级产业的人力需求，为城市产业转型升级提供了强大的推动力。西安市目标计划至2020年引进百万大学生，若这一目标得以实现，按照5000元的市平均月薪和10倍的基础经济杠杆来计算，百万大学生一年内将创造6000亿元的GDP，这一数据已经接近西安市当前全年GDP的数值。

从国家层面来讲，随着我国经济发展进入新常态，发展动力严重不足，知识经济的渗透也达到了一定的程度，知识以及其所吸引的资本的利用率需要一个相当程度的跨越式提升，国家也希望在全国建设更多像北京这样的可以承担全国性服务功能的大城市，而能够担当这一重任的最佳候选者就是省会城市。所以，近两年来，国家给很多内陆省会城市大开政策之门，包括国家新区、自贸区、国家自主创新示范区、国家中心城市等。创新型产业对地理位置的依赖没有传统产业那么大，只要基础设施高度均衡化，一国之内的创新企业与人才的流动范围会越来越大，而不会像一些传统产业那样只能聚集在沿海地区，这就是广大省会城市前所未有的历史机遇。与此相对应，很多省会城市及副省级城市纷纷制定发展规划，大都以金融业、科技产业、信息技术、游戏娱乐业等为主，这些产业的技术含量高、专业性强，对人才的综合素质要求高，这也是经济转型升级的现实需求。各地政府聚焦于大学毕业生群体，城市步入高维竞争，从拼产业、拼招商、拼优惠政策跨入到拼人才的阶段，这是知识经济时代下人才对城市关系的一个重要逻辑。

第二节 学生课外教育产业扩张迅速

在城市中,在知识经济时代下人们对知识要素的重视更体现在学生教育培训市场上。城市是高密度的人口聚集区,单单针对国内一线城市以及以杭州、成都为代表的新一线大城市,人口聚集的速度已经远远超过相对应基础设施的提升更新,教育资源和求职岗位是紧缺的。对学生来说,想要未来在城市获得一份理想的工作,必须获得良好的高等教育,而就国内目前来说,从小学开始直升重点中学、大学是较为大众化的途径。国内优质教育资源有限,体制内公立教育的名师资源严重供不应求。根据教育部的数据显示,中国小学、初中、普通高中师生比分别为 1∶17.2、1∶12.6 和 1∶14.4。由于中国的应试淘汰制,只有部分成绩优秀的学生才有机会享受到名校名师资源。优秀教师能够激发学生的学习兴趣,帮助其构建完整的知识网络,从而对提高应试能力起到很好的引导作用。在缺乏优质资源的同时学生面临着巨大升学压力,对教育资源的竞争已经从小学阶段开始,课内学习已满足不了大众教育需求,外语、才艺、专业课程等课外培训市场成为市场香饽饽。在这样的逻辑下,以 K12 教育培训为代表的国内教育培训事业发展迅猛。

艾瑞咨询的最新数据显示(见图 12 - 1),我国学生课外教育市场的参与者年龄分层明晰,小学生成为受教育培训的最大主体,占比 64.90%,初高中用户占比 15.10%,是第二大群体。家长对知识要素的重要性已经有了深刻的认识,知识改变命运的观念已经深入人心,对于更全面丰富知识获取的索求已经从小学阶段即人生观念的形成期开始。以线下实体家教结合在线网课、题库服务、在线答疑等互联网教育体验的全方位课外服务已经成为 K12 课外教育的典型服务模式。

根据北京大学中国教育财政科学研究所发布的 2017 年中国教育财政家庭调查(CIEFR - HS)中的数据,我们可以对当前国内的家庭教育现状有一个清晰的了解。此次调查重点关注了基础教育阶段的家庭教育支出。家庭教育支出分为校内教育支出和校外教育支出两部分。校内支出主要包括学费、杂费和其他选择性、扩展性收费。家庭在校外的支出主要包括家庭在线上线下向机构或者个人购买的教育类产品和服务,其中包括学科类、兴趣类校外培训。从校内外家庭教育

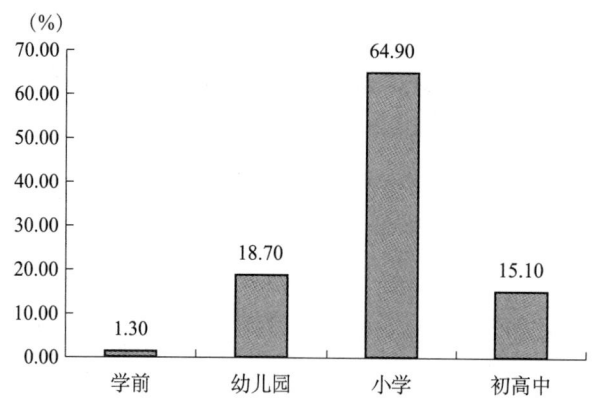

图 12-1 中国学生课外培训阶段人数分布

资料来源：公开资料整理。

支出来看，学前阶段校内支出占教育支出的 88.8%，校外支出占 11.2%；小学阶段校内支出占教育支出的 61.7%，校外支出占 38.3%；初中阶段校内支出占教育支出的 67.5%，校外支出占 32.5%；普高阶段校内支出占教育支出的 73.3%，校外支出占 26.7%。义务教育阶段家庭在校外的教育支出比例较高，达到家庭教育支出的三分之一。与相对稳固的财政性教育经费支出相比，家庭教育支出提供了教育市场发展的主要动能。

在思想层面的认知转变，或者说价值观的升级，使得知识的价值不断提升，课外教育在整个教育产值中的比重也不断上升。教育已经成为对未来个人价值的投资，大多数的人都认为未成年人的教育投入会使个人在求职发展中更具有竞争力，同时带来更高的预期收入；另外，所谓的"心理攀比"效应明显，当周围的人都参与某个课外培训的时候，不参与的人会有危机感和相应的"攀比"心理，这种现象在社会心理研究中被广泛承认，也在市场数据上得到了验证。根据《中国辅导教育行业及辅导机构教师现状调查报告》的调研显示，31.6%的家长表示"给孩子报辅导班不管花多少钱都愿意"，还有 26.6%的家长"愿意拿出家庭可支配收入的一半用于孩子的课外辅导"。综合以上两点，校外教育市场的爆发式增长有其内在因素。

从教育市场的现状来看，校外教育市场纵深广阔，显示出强大的增长力。对于未成年人的家庭教育支出，市场可分为学科补习与包括语言培训在内的课外兴趣班。从更加细分的层次来看，特色幼教、小升初、初升高、高考培训、出国辅导占了学科补习领域的大头；而兴趣班扩展更广泛，各类小语种、音乐舞蹈艺术培训、摄影、体育特色爱好培训等分食市场。单就语言培训市场来说，北京民科院 2013 年的行业统计数据显示,在国内教育培训市场中,单单从事语言类的注册教育机构超过 60000 家,这一数字在调查期的 5 年内复合增长率为 12%,当前的市场供给依然无法满足民间对于课外语言教育的需求,知识消费已经成为人民消费需求的一大主要组成部分。

国内学生课外教育培训已经成为教育产业的一大支柱。中国青少年研究中心家庭教育研究所在 2011 年 5 月对北京、哈尔滨、石家庄、银川、成都、西安、南京、广州 8 个城市的 4960 个家庭的义务教育阶段家庭进行调查,调查显示,在义务教育阶段,我国城市家庭教育支出平均占家庭养育子女费用总额的 76.1%,占家庭经济总收入的 30.1%。自 20 世纪 90 年代以来,家庭的教育支出以平均每年 29.3% 的速度增长,明显快于家庭收入的增长,也快于国内生产总值的增长。中国课外辅导市场有着巨大市场规模,2005 年国家统计局公布数据显示,校外培训市场规模约为 3000 亿人民币,至今没有进一步披露。

第三节　再教育成为社会焦点

与知识经济时代共同到来的是学习型社会,如今终身学习得到大力提倡和推广,各种再教育培训、职业技能培训和学生课外培训市场火爆。社会的发展与国家核心竞争力依靠知识的力量,个人当然也是如此。中国的大学生毕业人数每年都再创新高。从 2001 年的 114 万人,到 2017 年的 749 万人,差不多翻了 7 倍。统计数据显示,2017 年全国高校毕业生总量达到 795 万,比上一年又增加 30 万人。而国内就业市场在去产能、供给侧调整的大背景下,暂时容纳不下这么多的新鲜血液,无数大学生面临就业难题,就业竞争压力大,大学生们必须通过各种职业技能培训,增强自身的核心竞争力;国内城市人口密度大,对于已经步入职场的个人来说,无论是政府工作的公务人员、企业白领阶层还是依靠技术工作的蓝领技工,要在城市过上舒适的生活,拥有丰厚的薪水,并逐步实现财富自由,必须快速找到能使自己快速晋升的通道,这样的竞争力建立在全面的个人知识再造基础上,再教育培训市场也成为另一个火爆的市场。

一、在职 MBA 管理培训

在职研究生 MBA 管理培训是培训市场上的一个大头。目前，全球 500 强企业中，50% 以上都有外包机构进行培训。而国内的企业培训市场也相当庞大。早在 2007 年，新东方总裁俞敏洪就表示，企业管理培训市场至少有 500 亿规模，每年以超过 30% 的速度增长。2010 年，中国的企业管理培训市场总量已达到 1000 亿。巨大的高级企业管理人才供需缺口，造成我国近几年 MBA、EMBA 教育热潮居高不下，不仅进修人数在急剧增多，公办及民办高校也为了在 MBA、EMBA 教育项目上争取份额而产生了品牌的、地域的竞争。

MBA 教育作为一种培养工商管理精英的专业学位教育，最初起源于美国。我国政府组织对 MBA 教育研究始于 20 世纪 80 年代，国内在 1989 年对设立 MBA 学位和试办 MBA 教育进行了可行性研究，并于 1991 年在 9 所大学中正式招生，1994 年增加到 26 所，并成立了全国 MBA 教育指导委员会。21 世纪以来，在知识经济的催促下，2002 年，全国 MBA 招生院校增加到 64 所，招生人数达到 15000 人。此后，各种形式、层次的国际 MBA 合作纷纷出现。目前，全国 MBA 教育规模不断扩大。2009 年，第八批新增 MBA 院校后，全国共有 182 所院校获批 MBA 项目，这一数据在 2011 年达到 236 所。

在知识经济的背景下，资本市场和生产市场的变化是日新月异的。对于职场管理人员来说，没有充足的时间进行知识更新，以获取更加全面高效的管理知识与高水平视野，将无法在激烈的市场竞争中拔得头筹。企业管理的核心是人，而在现代企业管理上，管理者的管理对象从普通劳动者转变为拥有高新知识的专业人才，如何将人力资本的作用发挥到最大将成为企业成败的关键，这样，进行管理培训再教育就是多数企业管理者的一个主要选择。通过全面的管理知识体系更新，多数 MBA 的学生有机会将自己的再教育知识贡献到经济创造中去，这也是在知识经济时代下知识要素在企业层面的一个表现。

二、公共管理硕士培训

公共管理硕士 MPA 是再教育事业的另一个火爆市场。中国 MPA 教育于 1990 年设立，目的在于解决当时公共人事管理混乱的状况。从 2002 年开始第一批 MPA 研究生走进 24 所大学，到 2014 年发展到 223 所，招生规模从 3506 人扩大到128363人,作为社会科学领域再教育的典型代表,MPA教育在发展规模上超越了MBA专业学位教育。在招生对象上,中国MPA教育面向公共部门工作人员,其中公务员的比例超过80%。

对我国政府公务人员来说,知识经济时代的到来也给他们带来了相应的挑战和机遇,伴随知识社会而来的是爆炸性的大数据时代,新的产业日新月异,行政人员若不及时进行知识的更新,则无法适应管理的新需求,对于自己的职业生涯也无法获得晋升的动能,因此,在知识经济时代,即使是体制化严重的工作岗位,也需要新的知识输送,在当今的年代,真正意义上的"铁饭碗"不复存在,只有不断接受新的知识,适应时代,才是新时代的"铁饭碗",而这也是MPA教育在我国政府公务体系内因需求旺盛,形成良好的发展市场的原因。

三、上班族自考和技工再培训

上班族自考本科也是再教育市场的重要一块。自考是我国一种特殊的高等教育培训形式,一方面考生可以通过自考教育系统学习高等教育专业知识,另一方面拿到的毕业证书也是得到相关主考院校认可的,是自我"知识"修养的通行证。在知识经济大背景下,终身学习的观念在大众白领阶层不断渗透,越来越多的上班族为了提升自我知识技能,加入到自考大军中去。教育部考试中心主任戴家干指出,自学考试制度实施20多年来,全国累计有4300多万人参加自学考试,培养本专科人才数超过千万。近年来,自学考试的报考规模都保持在百万量级,已经发展成为世界上规模最大的开放教育形式,为实现我国高等教育由精英教育向大众化转变,提高人均受教育年限和劳动者整体素质做出了重要贡献。对于依靠文凭的社会白领,参与自考,提升知识能力,是他们在知识经济时代下的一个重要表现。

技工再培训则是蓝领阶层的自我提升路径。知识经济也冲击着制造业的发展,中国是传统的制造业大国,随着"工业4.0"浪潮来袭,传统行业寻求转型升级,智能化不断渗透,过去只会做一些没有技术含量的机械动作的工人逐渐满足不了工厂的需求,在东莞、深圳等制造重镇技工缺口高达30%,急需高等职业教育来加快培养出大批适应现代加工制造业需要的高等技术应用型人才。对于蓝领阶层自身来说,未来就业竞争越发激烈,而蓝领群体因受教育水平有限,未来为了寻求更好的发展,必将选择培训以提升自身能力,因此,蓝领再教育培训行业成为了产值增长快速的一个板块。智研咨询的数据显示,中国每年有将近

1000万蓝领参加各式各样的技能培训，这一量级的数字虽然与我国农民工数量有直接关系，但也反映了知识经济时代，蓝领阶层为了增长"知识"，进行再教育培训的内在需求。2015年以电脑技能培训、软件开发技能培训、汽修技能培训、厨师技能培训为代表的蓝领培训市场规模达到455亿元，到2020年预计将达到540亿元，这也是知识经济促生出的新培训市场。

第五篇　生态经济

改革开放后，我国经济的持续高速增长，但这种增长却带来了沉重的环境代价，水、土地、各种矿产资源、能源等与生产活动息息相关的重要资源被大量消耗，且污染越来越严重。特别是城市的迅速扩张引发了一系列经济、社会、城市建设与管理等方面的问题，尤其是环境与发展的矛盾日益突出。

近年来，各地区、各部门大力推动生态经济发展，生态经济理念进一步确立，产业体系逐步完善，发展水平不断提高，经济、社会和环境效益进一步显现。而城市生态经济通过研究自然生态与经济活动的相互作用，探索生态经济社会复合系统协调和可持续发展的规律性，能够为资源保护、生态环境管理提供理论依据和分析方法。

目前，国内的生态经济问题研究创新主要有三个方面：其一是以生态经济系统作为研究的主体，利用数学方法和生态模型，研究人类活动对生态环境的影响，包括城市可持续发展评价、城市循环经济效率评价等，在此基础上总结出城市生态经济发展的政策与发展路径。其二是从制度、组织、技术创新入手，规范企业和人的行为，协调人与人之间的关系，将企业和个人的利己目标与利他目标统一起来，实现生态与经济的最优发展策略。其三是从利益相关者的协商、谈判入手，在全面界定利益相关者的基础上，通过利益相关者的学习、协商和合作，使生态资源通过补偿方式转化为生态资本，构建区域生态经济发展和谐的合作标准与方案。

因此，在总结前人研究的基础上，对现有城市生态经济的发展进行解剖、总结，进而寻找规律和对策，就是本篇所要关注的内容。

第十三章
生态经济的内涵

城市生态经济的发展要以生态经济学和城市生态经济学的理论为指导,搭建生态学科的理论框架,明确将生态因素纳入经济学的分析框架中来,研究生态因素与经济因素现象的关系,寻求经济活动与生态变化的良性平衡及经济的可持续发展,并梳理城市生态经济的理论与实践。

第一节 生态经济学

一、生态经济学的含义

生态经济学一般意义上的研究是生态学和经济学的结合,以生态学原理为基础、经济学理论为主导,以人类经济活动为中心,围绕人类经济活动与自然生态之间互相发展的关系。生态经济学被定义为研究自然发展与人类社会发展的学问,即它研究的是经济系统与生态系统交互影响的关系,其关系如图13-1所示:

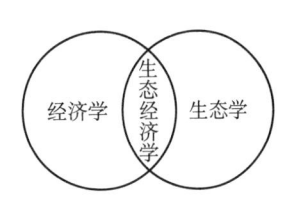

图13-1 生态经济学的范畴

生态经济学与其相邻学科之间的交叉联系错综复杂,它与新古典经济学及其环境学科分支有很大的不同。生态经济学是在自然资源和生态环境的约束下,研究如何实现生态—经济系统的可持续发展的一门学科。

生态经济学的基本假定是资源配置存在着社会最优解,且社会最优解与企业最优解可以具有互补性。这个理论内核,是生态经济学区别于其他经济学分支的一个极为重要的特征。生态经济学的实践、空间、物质框架比经济学都要宽,和生态学的"框架"更相似。生态经济学的研究,增强了人类的环境危机意识和环境参与意识,增强了环境政策研究和科学技术研究,尤其是在资源配置和产业发展模式方面发挥了积极的作用。对于促进人类社会的可持续发展,具有重要的作用。

二、生态经济学的研究对象与内容

(一) 生态经济学的研究对象

生态经济学的主要研究领域是由生态系统和经济系统融合而成的生态经济系统。生态经济系统是人类生存的基础,也是可持续发展的根本,因此,生态经济学的研究对象是生态经济系统,从中探索人类经济活动和自然生态之间的相互关系,着重从经济学的角度来考虑问题,即要以研究生态系统对经济系统的作用和影响为主。

(二) 生态经济学的研究内容

生态经济学采用经济学的分析工具,是从生态学的角度来看待人类经济活动的学科,因此有其自己特殊的研究内容。生态经济学的研究内容主要包括三个部分:理论研究、应用研究和方法论研究。

1. 理论研究

西方学者是在可持续发展的理论平台上探索自然资本的相关问题,并把它纳入生态经济学的理论框架,促进了西方生态经济学的发展。在可持续发展的理论平台上研究生态服务理论,是 20 世纪 90 年代生态经济学研究的前沿问题,这个理论使生态经济学从定性分析走向定量分析,增强了生态经济学理论的解释力。生态经济理论来源于种种经验与丰富的实践,以及其他学科的理论。包括经济学中的资源配置理论、外部性和分配理论,生态学中的物质循环和能量流动理论等。

2. 应用研究

生态经济学是一门经济理论科学,又是一门实践性很强、实用价值很大的学科。它的研究要吸收农业经济、工业经济、林业经济、渔业经济、城市经济、旅游经济等经济学科的很多研究成果,并从各类经济生态系统的发展实践中吸取营养。反过来,当生态经济学的理论体系一旦形成,又会通过其各类的部门生态经济学对相应的部门经济学的研究以较大的促进,对这些部门经济的生产实践有较大的指导意义。所以要研究生态经济学的各类应用问题。

3. 方法论研究

生态经济学的研究具有综合性、实用性等特征,方法论的研究对于完善生态经济学的理论有很大的帮助。生态经济学不仅有独立的方法论,同时还借鉴了其他相邻学科的方法,其先后吸收了生态学、热力学、统计学、经济学等多学科知识方法,形成对生态系统的分析计量方法。目前在生态经济学发展过程中形成的主要思想方法除了传统的成本—收益分析方法外,还包括通过生态方法计算经济活动生态消耗,使经济问题生态化的方法,如能值分析、生态足迹分析、绿色GDP核算等;通过经济计量实现对生态系统产品、服务货币化,使生态问题经济化的方法,如环境核算账户、生态系统服务价值评估等。

三、生态经济学的起源与发展

(一)国外生态经济学发展

美国芝加哥大学教授L.沃兹(1938)的论文《城市性是一种生活方式》,奠定了城市生态经济学的理论基础。20世纪60年代,经济学家鲍尔丁发表了一篇著名的论文:《一门经济学—生态经济学》,提出了"生态经济学"概念,标志着生态经济学的诞生。在这篇论文中,作者对利用市场机制控制人口和调节消费品的分配、资源的合理开发利用、环境污染以及用国民生产总值衡量人类福利的缺陷等作了创见性的论述。

针对20世纪60年代世界经济的高速发展以牺牲环境为代价的问题,1981年以罗马俱乐部为代表,对人们盲目追求经济增长的发展观念展开了深刻的反省,以反增长或零增长的理念为特征,公开发表了研究报告《增长的极限》。该报告的发表引起了世界范围内人们对当代人口、粮食、能源、资源和环境五大问题的讨论与思考,使人们意识到了所面临的环境问题的严峻性。罗马俱乐部明确要把生态学和经济学结合起来,明确指出:"经济和生态是一个不可分割的整体,在生态遭到破坏的世界里,是不可能有福利和财富的。旨在普遍改善福利条件的战略,只有围绕着人类固有的财产才能实现;而筹集财富的战略,也不应与保护这一财产的战略截然分开。人类利用固有财产创造价值不应与保护这些财产的战略截然分开。"

（二）我国生态经济学发展

1. 学科初创时期

1980年8月，由中国社会科学院发起。在青海省西宁市召开的一次全国性学术会议上，许涤新先生提出，"要研究我国生态经济问题，逐步建立我国的生态经济学"。1984年2月，中国生态经济学会在北京成立，是世界上第一个生态经济学术团体。1987年，中国生态经济学会和云南省生态经济学会联合主办的《生态经济》正式创刊，这是世界上第一份公开发行的生态经济学术刊物。在这一时期，我国很多生态经济学者做出了诸多积极的探索，发表了一系列著作，有力地推动了生态经济学科的发展。如姜学民等著的《生态经济学》（1985）、马传栋等著的《生态经济学》（1989）、王全新等著的《生态经济学原理》（1989）、李思华等著的《理论生态经济学若干问题》。

2. 发展时期

1992~2003年，我国在生态经济学重要问题的研究方面涌现出了诸多专著。在这一阶段，在生态经济理论和管理方面以及国际交流和合作，中国都开始了全方位的研究。明确建立了生态与经济必须协调发展的理论框架，其内容主要是：生态与经济双重存在；经济为主导，生态为基础；积极的生态平衡和经济、社会、生态三个效益统一。生态经济的研究也围绕系统、平衡和效益的角度展开。

3. 深化时期

我国近期学术界对生态经济学理论的研究根据当前社会经济发展状况，针对三大主题展开，包括生态经济学学科理论体系的构建、对西方生态经济学理论前沿的研究以及西方生态经济学理论在中国的实践和创新。党的十七大提出生态文明建设开始，特别是党的十八大以后，以"五位一体"总体布局、"四个全面"战略布局和绿色发展理念为标志，我国对生态环境与经济规律的认识及其相互融合发展战略安排与实践发生了系统性飞跃。习近平总书记在党的十九大报告中，首次将"树立和践行绿水青山就是金山银山的理念"写入了中国共产党的党代会报告。指出，既要绿水青山，又要金山银山；生态环境要保护，经济要发展。在经济发展新常态下，绿色发展、低碳发展、循环发展成为生态经济发展的理念和实践导向。

第二节 城市生态经济学

一、城市生态经济学的含义

城市生态经济学作为一种理论，属于城市学及城市科学的一个基础分支，作为一种方法，与城市研究的其他学科理论结合，则有巨大的应用价值。城市科学是以城市为研究对象的综合性科学，是自然科学和社会科学的有机结合，是基础科学和应用科学的汇合。城市生态经济学是城市科学的重要组成部分。同时，城市生态经济学又是在城市科学中带有某种程度综合性的多学科相交叉的边缘性学科。

城市生态学是生态学的一个分支，这就决定了城市生态学的研究对象是城市生态系统，重点研究城市居民与城市环境之间的关系。而城市生态经济学的研究对象是城市生态经济系统，是城市经济系统和城市生态系统及二者复合而成的人工生态系统，是完整的城市大系统中的一个次级的子系统，是在城市科学中整体地研究城市的经济、人口、资源、生态环境之间如何平衡、稳定、协调发展的学科。城市生态经济学的任务就是协调城市经济发展与生态平衡的关系。具体地讲，就是如何在城市经济发展中处理好经济系统、社会系统和自然系统的关系，如何促进城市经济持续发展等，其主要内容如图13－2所示：

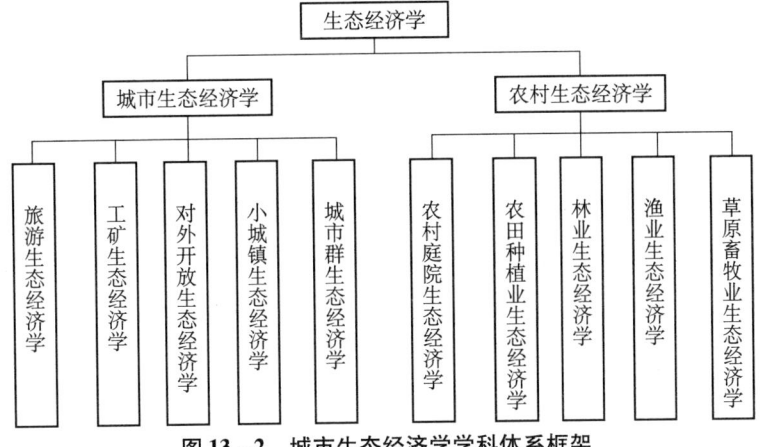

图 13－2　城市生态经济学学科体系框架

资料来源：祖文萃、陈优华：《陈予群：中国城市生态经济理论与实践的开拓者》，上海社会科学院出版社 2011 年版。

二、城市生态经济学的地位

（一）主导地位

自然生态系统的大量物质，以原始形态进入城市系统，对自然物质进行加工，以新形态的物质能源输出，推动、调控其他系统，体现了生态意义的城市巨大中心作用，表现在经济方面，我国第一产业的比重不断下降，第二、第三产业比重上升，国民经济增长主要由第二、第三产业带动，在人口分布方面，2016年底中国的城市化率水平为57.4%，预计2020年达到60%，城镇化率显著增长，城市人口快速增长；在就业结构方面，第一产业比重下降较快，第二产业比重缓慢增长，而第三产业比重快速增长。这三个方面表明城市具有很高的生产力，将系统外输入的自然资源转换为人类的社会财富；在区域上，城市具有很强的集聚能力，集中了人口、经济等资源，对区域经济和乡村生态经济的主导作用是十分明显的。

（二）纽带地位

随着交通运输的不断发展，城市与周边区域联系更加紧密，尤其是高速铁路的建设，带来了资本、技术、劳动力、信息等生产要素的快速流通，人口要素与经济要素在区域、城市、乡村之间不断流动，体现为生态经济系统中能量的不断转移，城市生态经济在区域、乡村、城市三大生态经济领域的交叉点上，起着纽带的作用，是整个区域空间的重要载体，体现在整个生态经济系统中"物""能"流量输入输出的交接点上。

三、城市生态经济系统

城市生态经济系统是由城市生态环境系统和城市经济社会系统复合而成的一个复杂的人工生态系统，城市生态环境系统的良性循环是城市生态经济系统正常运行的先决条件，研究生态经济系统不但有助于解决现实问题，而且也有助于考虑到长远的利益，所以，城市生态经济系统的研究对社会经济发展有非常重要的意义。

（一）城市生态经济系统的含义

城市生态经济系统是由城市生态环境系统和城市经济社会系统复合而成的一个复杂的人工生态系统，是生态经济系统研究的一个典型。它具有独立的特征、结构和机能，并有其自身运动，包括能量流动、物质循环、信息传递、价值转移等。生态系统与经济系统耦合的必然性在于经济活动必须在一定的空间进行，并依赖生态资源的供给。在生态经济系统中不仅有自然力的投入，而且有劳动力的投入，由劳动力和自然力的结合来共同创造财富，在进行自然再生产的同时进行着经济的再生产。因而，生活在城市中的人们所见到的经济系统和生态系统通常都是复合生态经济系统。城市中的社会经济系统建立在自然生态系统的基础上，并且在依靠生态系统的同时也通过各种经济、社会活动对其产生影响。城市生态环境系统的良性循环是城市生态经济系统正常运行的先决条件，研究生态经济系统不但有助于解决现实问题，而且也有助于考虑到长远利益，所以，城市生态经济系统的研究对社会经济发展有非常重要的意义。

（二）城市生态系统的结构

城市生态经济系统的各个组成元素是相互联系的统一体，是结构与功能的统一。这种相互联系就构成了生态经济系统结构。生态经济系统结构是指多种生态、经济要素，按照特定的生态经济关系，组成生态经济系统的方式。生态经济结构对系统状态有决定性的作用。城市生态经济系统具有整体性、稳定性和可变性。整体性强调元素之间互相关系的网络整体，生态经济结构通过一定的生态结构相互密切联系而形成有机的整体结构。而稳定性和可变性则强调生态经济系统内部各元素之间的相互作用达到某种平衡时，所拥有的特有结构。

四、相关理论评述

城市生态经济系统是以城市为中心的生态系统，是一个复杂的系统，这种特性决定了城市生态经济必然是一门包含不同学科的综合理论，在经济学、生态学、环境学、社会学等多个学科的共同努力下，城市的发展从经济效益至上转向经济、社会、生态的协调发展，从定性分析转向定性、定量综合分析，从由上及下的政策导向转向全民的共同参与，形成丰富的城市生态经济理论研究体系。针对这个复杂的系统，在此对经典生态经济理论及相关理论进行了回溯，架构出完整的生态经济理论体系。

（一）经典理论回溯

1. 可持续发展理论

人类与自然的关系经历了三个阶段：人对自然的惧怕、人对自然的控制、人与自然的和谐发展。当人类与自然建立起和谐关系，可持续发展成为了人们的共识，就标志着人类从工业文明向生态文明迈进。

（1）可持续发展的定义。可持续发展理论的提出始于20世纪60年代，进入70年代之后引起了国际社会的普遍关注。1972年，联合国在斯德哥尔摩召开了人类环境会议，并通过了《人类环境宣言》，明确提出要实施可持续发展战略。1980年国际自然和自然资源保护联合会根据联合国环境计划委员会的委托，起草并经有关国际组织审议制定并公布了《世界自然资源保护大纲》，系统阐述了可持续发展思想。1987年，由联合国世界环境与发展委员会（WCED）发表的《我们共同的未来》中已对"可持续发展"这一概念与其所包含的内涵均进行了详细界定和阐述。1992年联合国环境与发展大会在巴西里约热内卢举行，会议通过了《21世纪议程》和与可持续发展相关的5项文件和公约，可持续发展思想被世界上绝大多数国家和组织承认和接受，人类社会进入了一个新的发展观时代。可持续发展是科学发展观的基本要求之一，是一种注重长远发展的经济增长模式，它是指既能满足当代人的需要，又不损害后代人需求的一种能力。可持续发展理论是城市生态经济的理论基础和深入研究的依据。

由于可持续发展理论是多学科、多领域的理论基础，随着可持续发展理论的进一步发展，各个学科从各自的研究视角、侧重不同属性对可持续发展进行了不同的阐述（见表13-1）。

表13-1 不同学科对可持续发展的定义

学科	研究视角	定义
经济学	经济属性	不降低环境质量和不破坏世界自然资源基础的经济发展
社会学	社会属性	在生存于不超出维持生态系统涵容能力的情况下，改善人类的生活质量
生态学	自然属性	改进人类的生活质量，同时不超过支持发展的生态系统的负荷能力；保护和加强环境系统的生产和更新能力
技术科学	技术属性	极少产生废料和污染物的工艺或技术系统

资料来源：作者整理得到。

（2）可持续发展的基本内涵。在社会发展的进程中，人类采取不同的方式推进人类进步。其中，传统的粗放型发展模式的概念框架中仅考虑到经济的增长，以无止境的耗费自然资源作为推动经济发展的代价，从而破坏人与自然环境的和谐与统一，破坏了人类赖以生存的外部自然环境，从而导致人类生存处于艰难境地。可持续发展是人类文明史进入一个新阶段后形成的全新的发展观，它是对传统的发展模式进行审视和批判后，形成的一种新的发展观，强调经济、生态、社会和谐持续的发展，其具有的基本特点表现为：

1）以"发展"为核心。发展的目的是为了不断满足人类日益增长的物质和精神文化需求。可持续发展的目标是不断满足人类的需要，而只有发展，人类才有能力来保护自然。因此，可持续发展以"发展"为核心，强调经济发展、社会发展和生态发展的统一。可持续发展强调经济增长的必要性，这种增长，不仅是数量上的增长，更是质量的改善和效益的提高，要求发展要以"低投入、低消耗、少污染"的生产发展，减少资源的消耗和对环境的压力。

2）以"协调"为目标。协调是可持续发展产生的初衷，也是其追求的目标。协调包括两方面的含义，一是人与自然的协调，二是人与人的协调。自然环境是人类发展的物质基础，只有人与自然保持和谐，生产的发展才能获得可持续的空间。在人与自然关系日趋紧张的情况下，尊重自然、追求人与自然的协调已逐步成为人类社会的共识。全社会树立起"人与自然协调发展"的新发展观、新价值观是实现"人与自然协调"的根本措施。统筹人与自然协调发展的关键是在实现社会经济发展的同时，逐步提高资源的利用效率，保护人类赖以生存和发展的生态环境，实现人与自然的共生。而人是可持续发展的核心与主题，人与人的协调关系是可持续发展能否成功的关键。从代际关系看，当代人必须担负不同代际之间的责任，给后代人留下一个可持续的自然环境和社会环境；从地区来看，不同国家、地区的人，要从整体的角度出发，在自身发展的同时，不危害其他区域社会群体的发展。

3）以"公平"为原则。可持续发展的问题在于资源分配问题。资源分配在时间和空间上都应当体现公平，首先，是不同代际之间的人对于资源和环境的拥有应是同等的。其次，同一代人之间资源的分配与利用也应该是平等的。没有资源分配的公平，人与自然的协调、人与人的协调发展就无从谈起。

4）以"循环利用"为手段。相对于人类的需求而言，不可再生资源的数量、更新能力都是有限的。人类活动一旦突破生态承载能力，就会破坏生态系统的平衡、破坏人类生存的物质基础，发展本身也就衰退了。因此，要限制对可更新资源的使用率，减缓不可更新资源的耗竭速度，控制废弃物的排放。循环利用是可持续发展重要的调控手段。

【专栏 13-1】
"桑基鱼塘"：可持续的人工生态系统

桑基鱼塘系统是良性循环的人工生态系统，珠三角的桑基鱼塘系统由蚕桑子系统和鱼塘子系统所组成,两个子系统之间通过基面种桑、桑叶饲蚕、蚕沙养鱼、塘泥肥桑实现两个子系统之间的循环。如顺德有着"桑茂蚕壮鱼肥大,塘肥基好蚕茧多"的说法,就说明了这一循环的特点。

桑基鱼塘由水、陆两个生态系统构成。桑基陆生系统是由桑树吸收太阳能,通过光合作用来促进桑树的生长发育,为养蚕生产提供蚕的饲料。单纯就陆基养蚕生产而言,是由简单的二级生产组成:产出物为桑叶的桑树初级生产和产出物为蚕茧的家蚕次级生产。而鱼塘水生系统则是部分蚕沙直接供鱼食用;部分蚕沙经水中生物分解产生营养物质,促进浮游植物通过光合作用生长和产生氧气,并促进浮游动物繁殖,由此满足各种食性鱼类的饲料需要。桑基鱼塘生态系统通过陆基种桑、桑叶饲蚕、蚕沙(约含25%未消化桑叶)喂鱼、塘泥培桑,使水、陆两个生态系统由蚕沙和塘泥联结与相互作用,栽桑、养蚕、养鱼相互依存、循环发展,产生了古人所称的"十倍禾稼"的经济效益,其具体过程见图13-3:

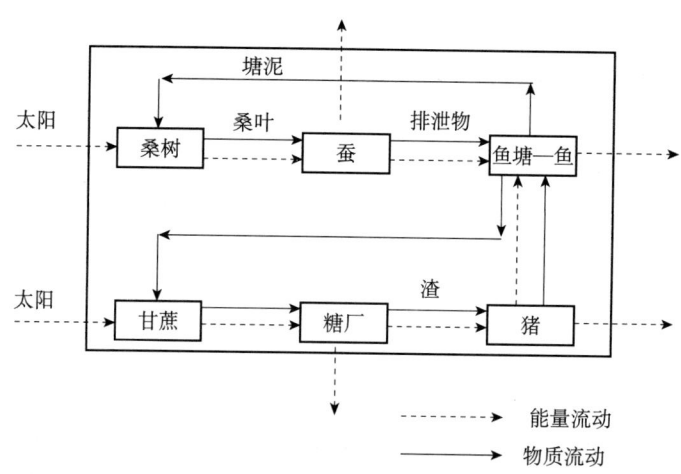

图13-3 桑基鱼塘系统物质循环和能量流动

资料来源:根据相关资料绘制。

蚕桑循环经济是把循环经济理论和技术方法应用于蚕桑生产,在生产过程和产品周期中,可持续利用蚕桑资源,减少资源的投入,减少废物的产生和排放,并使废物资源化,通过不同生物质在系统内部的循环、利用或再利用,最大限度地利用蚕桑生产环境条件,以尽可能少的投入得到更多更好的产品,最终实现经济效益、生态效益和社会效益协调发展的可持续性。

桑基鱼塘构成水、陆两个生态循环系统,是我国南方蚕区特别是珠江三角洲蚕区、太湖流域蚕区的广大劳动人民经过反复实践不断完善形成的,有其历史成因及基本的技术要素。桑基鱼塘不仅对我国蚕丝业的可持续发展发挥了重要作用，而且也在现代旅游业和旅游农业、园林设计等领域发挥独特的作用。桑基鱼塘符合循环经济的减量化原则、再利用原则和再循环原则，是我国南方蚕区蚕桑循环经济的典型模式。

2. 外部性理论

外部性是指行为个体的行动，不是通过价格而影响到其他行为个体的情形。当某个人的行动所引起的个人成本不等于社会成本时，个人受益不等于社会收益时就存在外部性。

外部性一般而言仅仅作正外部性和负外部性之分。不过，根据不同的时间和空间、不同的过程和环节、不同的研究角度和行为主体等标准，外部性也有不同的分类。根据外部性表现形式的不同，外部性可以从以下七个不同的角度进行分类。根据外部性的影响效果可以分为外部经济与外部不经济；根据外部性的产生领域可以分为生产的外部性与消费的外部性；根据外部性产生的时空可以分为代内外部性与代际外部性；根据产生外部性的前提条件可以分为竞争条件下的外部性与垄断条件下的外部性；根据外部性的稳定性可以分为稳定的外部性与不稳定的外部性；根据外部性的方向性可以分为单向的外部性与交互的外部性；根据外部性的根源可以分为制度外部性与科技外部性。

研究表明解决外部性问题要么依靠政府干预，要么依靠市场行为，两种解决思路也被称为庇古手段和科斯手段。庇古手段包括税收、补贴和押金退款等制度安排，科斯手段包括讨价还价、兼并和排污许可证交易制度安排等。在克鲁格曼和韦尔斯讨论的两类外部性问题中，政府是否能够进行规制操作成为外部性的分类标准，他们强调的是政府的干预手段。在产权学派所讨论的一系列外部性问题中，产权是否明晰以及产权是否可界定成为外部性的分类标准，他们强调的是市场的交易手段。

3. 产权理论

科斯是现代产权理论的奠基者和主要代表，被西方经济学家认为是产权理论的创始人。科斯是芝加哥大学法学院慕瑟经济学荣誉教授及法律与经济学资深研究员，其科斯产权理论的形成与发展大致可分为两个阶段：第一个阶段是在20世纪30年代对正统微观经济学进行批判性思考，指出市场机制运行中存在摩擦，克服这种摩擦的关键在于制度创新，这一阶段的代表作是科斯在1937年发表于伦敦经济学院学报《经济学家》上的著名论文《企业的性质》。第二个阶段是在

20世纪50年代末至60年代中期,科斯正面论述了产权的经济作用,指出产权的经济功能在于克服外在性,降低社会成本,从而在制度上保证资源配置的有效性。这一阶段的代表作是科斯在1960年发表的《社会成本问题》。

有关产权与资源环境关系的分析是以"公地悲剧"为例展开的。经济学家以公地悲剧为例,做出了如果资源没有排他性的产权,必遭过度利用这样的结论。无论是历史上还是现实中产权界定清楚的资源,通常利用和保护得更好一些,这是一个不争的事实,实际上也是产权变革的方向。资源的产权界定的难度不一样。一般而言,大尺度资源的产权界定难于小尺度资源,弱可分性资源的产权界定难于强可分性资源,流动态资源的产权界定难于固定态资源的产权界定。在产权界定清楚的情形下,如果资源价格不适宜仍有可能出现资源的过度开发,导致资源和环境灾难。

4. 结构理论

经济增长依赖的资源结构会随着经济发展和产业结构提升而变化,即资源结构与经济发展水平有密切的关系。低收入国家以第一产业为主,对自然资源的依赖程度高,进而对环境施加的压力较大;中等收入国家以第二产业为主,制造业尤其是重化学工业对环境施加的影响较大;高收入国家以第三产业和高新技术产业为主,自然资源的依赖程度较低,对环境施加的负面影响也趋于下降。

结构理论表明,发展中国家的资源与环境问题是和产业结构低级化联系在一起的,需要通过产业结构的提升加以解决。

5. 公共物品理论

(1)公共物品的含义。公共物品理论最早起源于西方,林达尔最早使用公共物品这一概念,林达尔均衡是公共产品理论最早的成果之一。林达尔是瑞典现代著名经济学家,瑞典学派的主要代表人物之一,他的主要著作有《课税的公正》《货币政策的范围和手段》《货币和资本理论的研究》《就业稳定问题》。

林达尔均衡从理论上论证了公共物品(包括信息商品)的市场均衡价格原理与私人物品的市场均衡价格原理之间的差异,为进一步探讨信息商品的价格问题找到了强有力的理论依据。随后美国经济学家萨缪尔森对该理论进行了更深入的分析,他给公共物品一个严格的定义:"每个人对这种物品的消费不会造成其他人对该物品消费的减少。"在萨缪尔森之后,西方许多经济学家都对公共物品的概念给出了自己的看法,奥尔森认为,"任何物品,如果一个集团中的任何人都能消费它,它就不能不被那一集团中的其他人消费",则该物品是公共物品。布坎南在《民主财政论》一书中指出,"任何集团或者社团因为任何原因通过集体组织提供的商品或服务,都被定义为公共物品"。

(2) 奥尔森的"集体行动的逻辑"。曼瑟尔·奥尔森是美国经济学家和社会学家,对制度经济学的诸多方面(私有财产、税收、公共物品、集体决议、合同权利等)有很大贡献。他主要关注参与利益集团的成员及其背后的逻辑支撑。他的主要著作有《The Logic of Collective Action: Public Goods and the Theory of Groups》《The Rise and Decline of Nations: Economic Growth, Stagflation, and Social Rigidities》《Power and Prosperity: Outgrowing Communist and Capitalist Dictatorships》《The Economics of Autocracy and Majority Rule: The Invisible Hand and the Use of Force》。奥尔森从经济学的个人主义视角出发,首先假定每个人都是理性人,而理性人是以追求自身效用最大化为目的,即使在组织或者集团中也是如此,由此得出了相反的结论:理性的自利的个人不会积极主动地发动集体行动、提供集体物品以满足所属集团或组织的需要,必须对集团成员实施选择性激励才能提高成员提供集体物品的可能性。

具体来说,集体中成员的数目(集团的规模)决定集体行动成功的可能性。在集体物品的获取方面,小集团比大集团更有优势。集团越大,它提供的集体物品的数量就会低于最优数量。因为大集团中存在着较为严重的"搭便车"现象。奥尔森提出了"选择性激励"来解决"搭便车"问题,即根据个人在生产集体物品时的贡献大小,有选择地提供给个人激励。

(3) 哈丁的"公地悲剧"。英国科学家哈丁首次提出了"公地的悲剧"这一概念并通过形象的例子对此加以解释,假设有一片公共牧场可供牧民们自由放牧,在缺乏使用限制机制的情况下,每个牧民所做的决策总是尽量多的放牧或者延长放牧时间,直到放牧总数超过草地的承受能力。结果,草地逐渐耗尽,牧民也无法继续在公地上放牧和得到更多收益,这时便发生了"公地的悲剧"。"公地的悲剧"产生的原因,首先,公共资源有强烈的责任规避与"搭便车"诱惑。所有使用者都会从公共资源中受益,不管他们是否对此做出贡献。而规避维护公共资源的责任使他们在获利的同时免于承担成本,因此责任规避者就成了"免费搭车者"。其次,人们过度使用公共资源时几乎不用承担成本,而且限制自己使用所产生的收益分散到所有共同使用公共资源的人身上,因此个体在做决策时更不会主动考虑自身行为所包含的社会成本,所以行使该公共产权的人会倾向于尽量多地利用公共资源。因此"公地的悲剧"就产生了。

(4) 奥斯特罗姆的"公共事物治理之道"。埃莉诺·奥斯特罗姆是一位美国政治经济学家,她在政治学、政治经济学、行政学、公共政策、发展研究等诸多领域都享有很高的学术声誉,其首创的政治理论与政策分析研究所已经被公认为美国公共选择的三大学派之一。她的研究主要集中在运用公共选择与制度分析理论和方法,分析公共事务,尤其是警察服务、公共池塘资源的自主治理问题,她对公共选择与制度分析的理论和方法的发展,对公共政策研究和新政治经济的研究,作出了杰出贡献。她的主要著作有《社群组织与警察服务的提供》《诚实服务的提供:变革的结果》《美国大城市地区的警察服务》《大城市地区警察之道》等。其中,《公共事物的治理之道:集体行动制度的演进》是制度经济学和公共政策研究领域里的重要著作。

奥斯特罗姆认为在现实世界里,虽然有很多失败的例子,但更多的是自主治理成功的例子,所以她得出结论:"人们完全能够自己组织起来,进行自主治理,从而能够在所有人都面对搭便车、规避责任或有其他机会主义行为诱惑情况下,取得持久的共同利益。"当然这需要满足以下条件:"清晰的界定边界、使占用和供应规则与当地条件保持一致、集体选择的安排、监督、分级制裁、冲突解决机制、对组织权的最低限度的认可和分权制企业等。"

6. 环境库兹涅茨曲线理论

在工业发展初期,人们缺乏环境保护的意识,并没有从长远的可持续发展的视角审视环境问题,从而对环境与经济发展的关系存在片面的看法。人们认为加快经济发展步伐是优先考虑的问题,可是促进经济的快速发展、增加资源的消耗强度会对生态环境产生负面影响,并且在一定程度上会导致生态环境的退化。生态环境的破坏与污染,给人类的生存造成了很多方面的危害,并且进一步影响到经济的增长。其实,环境保护与经济增长之间并非是相互矛盾的,而是一种相互影响、相互促进的关系。根据环境库兹涅茨曲线模型可以来分析经济增长与环境质量之间的辩证关系。

(二)现代理论动向

1. 生态系统服务价值评估理论

生态系统服务功能的研究是近几年才发展起来的生态学研究领域,它是指生态系统与生态过程所形成及所维持的人类赖以生存的自然环境条件与效用。生态系统服务价值理论是生态经济学的关键研究领域。随着人口规模的增长和经济水平的提高,人类改变生态系统的速度大大加快,满足人们对食物、淡水、木材、燃料等资源的需求日益增长,导致地球生物多样性出现危机。人类取得物质上的进步,是以诸多生态服务功能退化、非线性变化风险增加,以及贫富差距拉大等为代价的。这样的现实情况，使人们更加关注生态系服务的研究。联合国千年生态系统评估提出：生态系统和生态系统服务于人类社会福祉关系的研究将成为现阶段生态经济学研究的核心内容。这说明了生态系统服务的研究非常重要。

近年来生态系统服务价值及其评估是生态系统服务研究的主要领域，它综合了生态学、生态经济学、环境经济学等多学科和跨学科的研究领域。目前关于生态系统服务功能价值评估的方法有很多。20世纪90年代，科斯坦扎和戴利等对生态系统服务功能及其价值评估奠定了理论和方法基础。梅纳德·胡弗斯密特等（1988）将生态系统服务功能价值评估方法分为两大类：以市场为主的方法和以调查为主的方法。Mitchell R. Carson（1989）提出将评估方法分为四大类：直接观察法、间接观察法、直接假设法和间接假设法。欧阳志云等（1999）分成替代市场技术和模拟市场技术两大类，前者以"影子价格"和消费者剩余来表达生态系统服务功能的经济价值，后者则以支付意愿和净支付意愿来表达。

国内生态服务功能价值评估大多以科斯坦扎或谢高地等人的研究成果为依据，采用单位面积或通过生物量、生物多样性的方法，估算不同区域、不同尺度、不同类型的生态系统服务价值，不同因素对生态系统服务价值评估的影响如下：

（1）人类需求对生态系统服务功能的影响。人的需求是与人类主观感知相关的人类需求被满足的程度，是一个能将人类自身整合到自然中的多维度概念，是生态系统服务功能管理研究的关注点所在。一般来说，人的需求依赖于自然、技术、社会制度等一系列条件，但生态系统持续提供的服务是最重要的条件，通过产品提供、支持、调节、文化服务的作用，生态系统服务功能能直接作用于人类福祉，同时福祉状况也会改变人类对自然资源的消费强度，从而影响生态系统服务功能。

（2）土地利用变化对生态系统服务的影响。我国幅员辽阔，区域地理差异较大，地形地貌众多，不同地形地貌特征区域的土地利用变化会影响生态系统的服务价值的评估。例如，有学者对若尔盖高原土地利用变化对生态系统服务价值的影响做了研究，认为若尔盖高原土地利用变化损害了区域生态系统的服务价值，且损失幅度呈增大趋势，主要是因为生态服务单价较高的高覆盖草地、林地、湿地等面积减少，而单价较低的中低覆盖草地、耕地、建设用地和荒漠等增加所致。

（3）不同尺度的生态系统服务价值评估。生态学和地理学的特征与想象往往伴随着尺度效应，一定时间和空间上的生态过程影响着生态系统服务的功能。不同区域、不同尺度的生态系统服务价值受自然地域和社会经济差异的影响，存在较大差异。科斯坦扎等的研究是关于全球尺度生态环境价值的估算，而由于生态系统服务的空间分布具有较大的异质性，全球尺度的估算会产生较大的误差。因此，我国生态系统服务价值评估的研究集中在国家、流域、省域、市域、区县及自然保护区等不同空间尺度上生态系统的服务价值评估。

（4）不同对象的生态系统服务价值评估。生态系统服务功能与人类福祉之间的相互关系，强调对生态系统提供产品和服务功能及其相互之间的关系评估是综合的，因此不同研究对象的服务功能为人们提供的产品是不同的，因此价值评估的核算也会有差异。目前以大尺度区域生态系统服务价值评估占主导地位，主要包括森林生态系统、草地生态系统、湿地生态系统、海河生态系统。其中，森林生态系统的涵养水源和生物多样性保护及固碳释氧等功能占比较大，草地生态系统的吸收温室气体、调节气候功能占比大，湿地生态系统中气候调节、调蓄洪水、涵养水源等功能占主要部分。

2. 生态足迹理论

生态足迹 EF（Ecological Footprint）是 20 世纪 90 年代初提出的一种从生态学角度来衡量可持续发展程度的方法，由加拿大生态经济学家 William 及其博士生 Wackernagel 提出，是一种基于土地面积的量化指标。生态足迹衡量在一定的人口与经济规模条件下，人类消耗了多少用于延续其发展的自然资源，并将人类活动对生物圈的影响归纳成一个数字，即人类活动排他性占有的生物生产土地。

生态足迹理论基于两个假设：第一个假设是人类消费的大多数资源和产生的废弃物是可以计算的。第二个假设则是这些资源和废弃物可以换算成生产这些资源和净化这些废弃物所需要的生产性土地面积。生态足迹对于可持续性的衡量是一种"强"可持续性的测量手段。当一个地区的生态承载力小于生态足迹时，即出现"生态赤字"；当其大于生态足迹时，则产生"生态盈余"。生态赤字表明该地区的人类负荷超过了其生态容量，要满足现有水平的消费需求，该地区要么从地区之外进口所欠缺的资源以平衡生态足迹，要么通过消耗自身的自然资本来弥补收入供给流量的不足。

生态足迹的理论目前已经发展得较为成熟，特别是对国家生态足迹的研究比较充分。与其他可持续发展的定量分析方法相比，生态足迹分析更具有可操作性，可进行横向及纵向比较，能够直观明了地揭示自然资源与经济发展之间的关系，为城市决策者提供产业结构、经济增长模式等方面的参考，因而生态足迹理论提出以后，便受到极大重视，被广泛应用于不同国家或地区可持续发展评价的研究中。

但目前生态足迹理论还存在以下局限：当前对于生态足迹理论的合理性有些争议，原因在于它存在一些局限性。一是该理论是一种静态分析方法，没有考虑人口、技术和物质消费水平的变化性。二是没有把自然系统提供资源、消纳废弃物的功能描述完全，例如忽视了地下水资源和水资源的估算。三是现有的生态足迹分析中有关污染的生态影响很少涉及。四是对某些微小变化的反应不敏感。例如，出行骑车而不买新车、不养孩子等个人尺度上消减生态足迹的做法对计算账户的数值影响小，不容易在结果中得到体现。

3. 能值理论

能值分析方法是用于测量和评价环境资本和生态经济系统功能的一种方法。能值分析是美国著名生态学家奥德姆在热力学定律、最大功率原则和能量等级原理基础上创立的以能量为核心的系统分析方法。奥德姆最早认识到把能流作为生态学原理的重要性，并使生态学和经济学结合起来，发展了人类生态学。其著作《生态学基础》开创了"生态系统"研究的热潮，对生态系统结构与功能、生态系统的演替、生态系统服务等生态学重要问题进行了深入研究。

能值分析以能值作为基准，把不同种类、不可比较的能量转换成统一标准来进行比较。能值分析从一个更为系统化的角度给出了可持续发展水平的衡量标准。这主要体现在它使得不同种类能量的相互比较成为可能，于是自然环境和人类社会的沟通找到了结合点。能值分析理论作为一种科学度量工具，为可持续发展模式与策略的制定提供了一个量化的方法。

常用的能值分析的具体方法与步骤如下：①确定研究系统的边界和内容，绘制系统能量和能值图，以了解系统内外的能物流状况。②收集所需的各种资料和数据，整理分类，输入计算机贮存处理。③编制能值分析表，计算系统的主要能量流、物质流、经济流。能值分析表一般包括序号、项目、原始数据、太阳能值转换率、太阳能值、能值货币价值六项。④能值指标体系建立及分析。能值分析能建立较多的能值指标，主要有各种类型能值的数量、各种能值结构比例指标、能值投入率、能值自给率、净能值产出率、环境承载力、能值可持续发展指标等。⑤系统的发展评价和策略分析，并对系统的优化提出建议。结合能值指标的具体含义可以对系统的发展做出评价；通过能值指标的纵向和横向比较分析，能够对系统的演变趋势做出适当的判断，辨识系统发展的优缺点，对系统的可持续发展提出具体的策略。

4. 生态补偿理论

生态补偿理论反映的是生态公平问题，是城市生态经济的重要理论支点和实现方式，生态公平涉及人与自然、人与社会关系的协调解决。在我国，生态公平首先是作为发展战略而提出来的，好的生态环境是最公平的公共产品，具有典型的公共物品属性。生态补偿理论是实现生态环境的重要途径，是从经济学视角来解释生态公平。

生态补偿是基于资源的公共物品属性、生态环境资源的有偿使用理论、外部成本内部化理论等发展起来的，生态补偿实质上是指对生态资源的外部性进行补偿，外部性是生态补偿问题的根源，公共物品理论是生态补偿的基础。生态补偿实际上是一种生态资源经济化的方式，生态补偿资金的决定实质上就是在度量生态资源的经济价值，生态效益的创造和维护需要投入一定数量的人力和资金，但生态效益在使用上具有非排他性，因而创造和维护生态效益的这部分投入难以通过市场机制获得回报。如果改善生态环境的需求可以免费得到满足，需求必然会无限大，如果改善生态环境的供给得不到任何补偿，供给就会极为有限，供求的均衡只能停留在极低的水平上。生态补偿是解决这一难题的有效途径。生态补偿机制的方法通常有以下几类：

（1）基于生态系统服务功能的生态补偿机制。对当前的实际应用情况而言，生态补偿与生态系统服务功能联系密切，生态系统服务功能理论在生态补偿中的应用主要体现在以下两个方面：①确定补偿标准的根本出发点是受偿者提供的生态系统服务功能。生态补偿的核心问题是补偿标准，只有确定合理的补偿标准，生态补偿项目才能长期实施。②生态补偿项目对生态系统服务功能的影响是衡量这些项目是否有效的重要指标。

按照生态系统服务功能价值确定补偿标准的方法，可能会存在计量方法和标准的无法统一等问题，但从公平的角度来看，是确定补偿标准最为科学合理的方法。

（2）基于生态产权主体环境经济行为产生的经济效益进行补偿。基于生态产权主体的行为进行的补偿有两种：补偿产权主体环境经济行为产生的生态环境效益和补偿产权主体环境经济行为的机会成本。国际上普遍接受的补偿水平实际上是以机会成本的补偿为准：①对有利的环境经济行为即环境经济行为的受益主体对行为过程中的利益受损主体进行赔付，以便使其维持其有利的环境经济行为模式。②对不利的环境经济行为即环境经济行为的实施主体对行为过程中的利益受损主体进行赔付，即支付利益受损者的机会成本，以便补偿其行为带来的环境经济损失；或使其放弃该行为模式。

（3）基于生态足迹法确定补偿标准。生态足迹法是较为成熟的方法，很多学者构建多个生态足迹模型，从而确定生态补偿标准评价模型，例如将土地利用碳足迹作为生态补偿标准的依据，结合碳汇价格，采用国际通用的造林成本法和碳税率法，对碳排放生态补偿的上限及下限进行初步测算。

（4）基于成本收益法的生态补偿机制。成本收益法的研究方法逐渐成为主流。根据机会成本来确定生态补偿标准的方法具有一定的可操作性。但成本收益法本身存在对于成本、收益认定不准确的局限，通常将采用成本收益法与其他研究方法相结合的办法来确定补偿标准。例如，从生态保护建设的直接成本和发展机会损失的间接成本出发，结合生态服务功能价值、间接计算等多种测算方法，得出生态保护建设和水环境保护治理的直接成本和基于发展机会损失的间接成本。

第三节 相关文献综述

近年来，随着我国对生态文明建设的重视以及生态文明观不断深入人心，我国的生态经济发展理论研究也在不断深入和完善，通过梳理关于生态经济学的相关文献，发现我国生态经济问题前沿主要聚焦在以下几个方面：生态系统服务价值评估、生态公平问题、城市生态系统研究、城市可持续发展评估、生态经济建设实践等。

一、生态系统服务价值评估

生态系统服务价值评估的研究主要包括不同尺度、不同方法、不同研究对象的生态服务评估测算。

王祖华等（2010）对浙江省淳安县森林生态系统的价值评估显示，不同森林类型生态价值依次为针叶林＞阔叶林灌木林＞针阔混交林竹林，在同一服务类型里，阔叶林涵养水源和固碳释氧量总价值最大。刘兴元等（2011）认为草地生态系统服务价值与草地类型密切相关，不同类型天然草地其生态服务价值相当悬殊，现有的基准单价是建立在静态统计分析基础之上，忽略了草地生态系统的现状以及地域、空间的异质性和区域经济发展水平的差异性。江波（2011）参照千年生态系统评估框架，对海河流域湿地12项生态系统服务功能进行评价。海河流域湿地生态系统所提供服务价值相当于 GDP 的 16%，表明了湿地生态系统对于人类的财富的重要贡献。王其翔（2010）针对海洋生态系统自身的特点，从服务对象、物质基础、产生过程和实现途径四个方面重新界定了海洋生态系统服务的内涵。

二、生态公平问题

生态公平问题的研究主要聚焦于区域生态补偿问题以及生态补偿的方法。

李国平（2013）运用对政府规制下和基于最小安全标准约束下的国家重点生态功能区生态补偿的理论标准，考察了国家重点生态功能区转移支付政策的分配依据、计算公式、资金使用、考核与激励约束的规定，发现国家重点生态功能区的生态补偿效果不显著与国家重点生态功能区转移支付政策密切相关。刘薇（2014）认为市场化生态补偿机制运行模式包括生态购买模式、协商谈判模式、生态环境认证模式，需要形成以绿色化为导向的政绩考核制度，探索碳汇交易，创建配额交易制度，建立准市场运行的跨区域水权市场，推行政府生态购买政策等来完善市场化生态补偿机制。徐大伟（2015）提出了区域生态补偿绩效评价的必要性与理论意义的基础上，通过引入熵值法、倾向值匹配法、面板数据回归方法等经济学技术对区域生态补偿绩效进行评估，以辽东山区生态补偿财政项目为案例，运用熵值法对经济、社会、生态状况相近的 27 个县综合生态绩效进行计算、比较，经过统计分析初步发现绩效最好的县均是政策影响县，但也存在一些补偿县的生态绩效并没有较大的提升。

三、城市生态经济系统研究

城市生态系统的研究主要包括城市生态经济系统的定量研究、城市生态经济系统的模型构建等。

薛荔等（2006）用模糊神经网络（FNN）模拟生态经济系统的功能，并以广州市为例，计算了水环境质量综合指数，对城市的生态经济系统可持续性进行了模拟分析。廖迎春等（2007）运用能值理论方法对南昌市的城市生态经济系统进行了定量分析，得出资源环境与经济活动的真实价值，并与其他地区进行了比较研究。王彦鑫等（2011）提出了全新的城市生态经济系统动力机制模型，以太原市为例构建了包括社会、经济、环境、政治、文化五个层面在内的多层次模糊综合评价模型，指出了太原市下一步建设生态城市的目标和对策。林琳（2011）研究了区域生态环境与经济协调发展之间的关系，通过对不同发展模式的分析，指出了我国城市生态经济系统的建设路径。

四、城市可持续发展评估

城市可持续发展评估的研究根据评估方法的不同，主要包括 DEA 模型、生态足迹模型、能值模型等。

李杰、谢洪燕（2008）运用 DEA 模型对长江流域六个主要城市的生态经济发展状况进行实证分析，并做出评价，并提出有益的发展思路。郭文永等（2008）针对生态足迹的静态性特点，引入 Mann-Kendall 检验，分析了生态足迹时间序列的趋势性，并以此研究了江苏省阜宁县的生态经济系统。牟建华等（2010）利用生态足迹模型，计算了大连市 2004~2008 年的万元 GDP 生态足迹和社会发展能力指数，利用这些指数分析了大连市的生态经济系统的可持续发展情况。李春花等（2009）研究了资源型城市的生态经济系统，利用能值理论计算了金昌市 2007 年的能值指标，指出金昌市面临非常大的环境压力，在发展经济的同时应优化资源利用率和生态占有率。张素娟（2009）用能值分析的理论与方法，把生态经济系统中不同种类、不可比较的物质和能量转换成统一的太阳能值，计算出相应的能值分析指标，对陕西省生态经济系统从时间和空间上进行定量分析，求出环境负载率和可持续发展指数随时间变化的预测模型，进而预测陕西省未来五年的发展趋势。

五、生态经济建设实践

生态经济建设实践的研究主要包括城市的产业布局与产业空间体系、生态城市建设等。

李冬冬（2014）从城市生态建设和城市经济竞争力两个子系统的相互作用关系入手，对其之间的协同作用关系进行了深入分析，从而确定了两者共同发展的协同机制。郭美荐（2015）研究着眼于生态城市建设与产业发展之间的相互关系，对生态城市产业空间体系进行界定，明确了生态城市产业布局演化的基本特征，提出了生态城市产业布局的层次结构，引入生态经济协调度分析方法，对生态经济系统的耦合协调程度和生态服务价值空间分异变化程度进行评价，并提出产业布局方案。孙久文（2017）应用比较优势的原理，探寻了生态经济"生态资源—生态产品—生态空间"的发展规律。从生态优势通过产业发展转化为经济产出优势，系统的自然、文化与经济区位通过持续的转化为产业竞争和生活品质优势，建立了生态保育、农业、工业、服务业四大生态产业体系。

第十四章
我国城市生态经济发展现状分析

1992年国际环发会议后,我国生态经济的保护和建设工作提上政府议事日程,1994年制定了具有历史意义的《中国21世纪议程》,从清洁生产和清洁能源、自然资源保护与利用、环境污染控制、消除贫困与家居环境建设、生物多样性保护与地球大气层保护等领域全面实施国家可持续发展政策与重点领域项目,先后制定了6个环境保护法规和9个资源保护法规,使我国生态环境综合治理进入全面规划、统筹实施的新阶段。随着国家环境政策指向不断加强,国际贸易与环境认证联系日益紧密,消费者生态环境意识日益加强及对食物、产品安全性愈加追崇,我国企业将更加踊跃进入生态环境领域,去竞争和分享日益扩大的"生态市场"。目前,在生态文明建设不断得到重视的背景下,我国的城市生态保护、资源的有效利用及生态城市建设等方面取得了很大的进步。

第一节 城市生态问题现状

生态环境与经济发展之间是一种相互影响的对立统一关系,生态环境对经济发展进行制约的同时,经济发展也对生态环境的保护和优化产生影响。与世界其他城市一样,我国城市在城市化的快速发展下环境质量恶化,对自然资源的需求却随着城市人口的增长而不断上升。在城市空气污染、工业污染、基础设施建设等方面的问题仍然严峻。经济发展使生态环境局部退化,降低城市的生态承载能力,并在气候变化、人类活动和生态环境之间形成复杂的累计循环效应,导致生态环境愈加恶化。

一、城市空气污染现状

城市工业和交通运输业的迅速发展以及化石燃料的大量使用,将粉尘、硫氧化物、氮氧化物、碳氧化物等物质排入大气层,使城市大气质量严重恶化,全国城市空气中总悬浮微粒浓度普遍超标。2015 年,全国 338 个地级以上城市全部开展空气质量新标准监测。监测结果显示,有 73 个城市环境空气质量达标,占 21.6%;265 个城市环境空气质量超标,占 78.4%。2015 年,全国工业废气排放量达到 685190 亿立方米,比 2011 年增加 1.58%。其中,二氧化硫排放量为 1859.1 万吨,比 2011 年减少 16.2%;氮氧化物排放量为 1851.0 万吨,比 2011 年减少 23.01%;烟(粉)尘排放量为 1538.0 万吨,比 2011 年增加 20.26%,具体内容见表 14-1 和图 14-1:

表 14-1 2011~2015 年我国主要空气污染物排放

年份	工业废气(亿立方米)	二氧化硫(吨)	氮氧化物(吨)	烟(粉)尘(吨)
2011	674509	22179082	24042745	12788255
2012	635519	21180000	23377617	12357748
2013	669361	20439000	22273587	12781411
2014	694190	19744000	20780015	17407508
2015	685190	18591000	18510242	15380133

资料来源:作者整理得到。

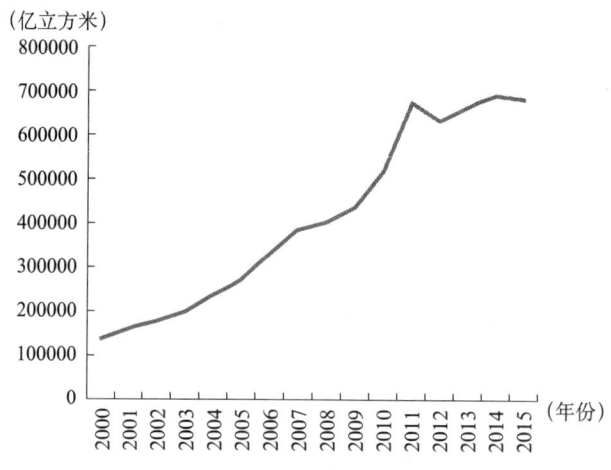

图 14-1 2000~2015 年我国工业废气排放

资料来源:根据《中国统计年鉴》绘制。

2001~2010年之间，我国工业废气排放量随GDP的增长呈快速增长态势（见图14-2），但在2011年后，废气排放量增速有所减缓，二氧化硫、氮氧化物排放量有减少的趋势。这与我国"十二五"期间大力推进生态文明建设、积极实施节能减排和环境污染治理的努力是分不开的，同时也为生态与经济协调发展打下了良好的基础。

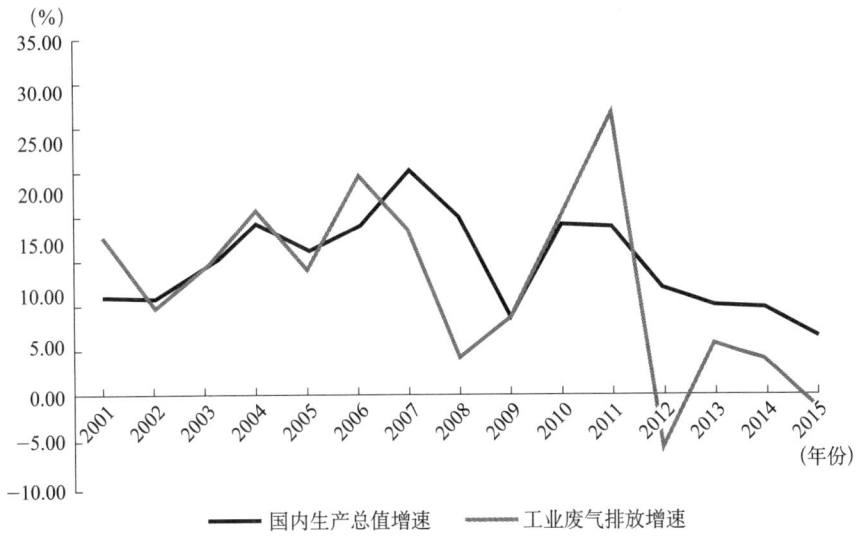

图14-2　2001~2015年我国工业废气增速排放与GDP增速对比

资料来源：根据《中国统计年鉴》绘制。

二、城市水体污染现状

由于我国水污染集中处理设施缺乏，大量污水未经处理直接进入水体，造成我国大范围的水体污染，进一步加剧了我国水资源紧缺的局面，对我国城市可持续发展构成了严重威胁。

近年来我国废水排放量不断增加见表14-2，从2004年的482.41亿吨增加到2015年的735.32亿吨。随着国家对水污染防治行动的不断深入和加强，以及污水处理厂等基础设施的不断完善，废水中的污染物排放量呈现一定的下降趋势，COD排放量从2011年的2499.86万吨，下降到2015年的2223.50万吨。但我国水污染负荷依然大于水环境容量，水污染状况仍不容乐观。

表14-2 2004~2015年我国废水排放及污染物排放总量情况

年份	废水排放总量（万吨）	COD排放量（万吨）	氨氮排放量（万吨）
2004	4824094	1339.18	133.01
2005	5245089	1414.20	149.78
2006	5144802	1428.20	141.33
2007	5568494	1381.80	132.34
2008	5716801	1320.70	126.97
2009	5890877	1277.50	122.61
2010	6172562	1238.10	120.29
2011	6591922	2499.86	260.44
2012	6847612	2424.00	253.59
2013	6954433	2352.70	245.66
2014	7161751	2294.60	238.53
2015	7353227	2223.50	229.91

资料来源：根据《中国统计年鉴》整理。

我国城市水体污染问题突出，表现在：地表水质污染严重。根据2015年监测，Ⅰ类水质断面（点位）占2.8%，比2014年下降0.6个百分点；Ⅱ类占31.4%，比2014年上升1.0个百分点；Ⅲ类占30.3%，比2014年上升1.0个百分点；Ⅳ类占21.1%，比2014年上升0.2个百分点；Ⅴ类占5.6%，比2014年下降1.2个百分点；劣Ⅴ类占8.8%，比2014年下降0.4个百分点。由于城市人口的急剧增长和工业的飞速发展，大量的污水没有得到妥善的处理而被直接排入水体，致使水环境遭到严重的破坏。全国范围内78%的河段不适宜作为饮用水水源，50%的地下水受到污染，部分城市出现了供水危机。据估计，我国每年因水污染而造成的经济损失达400亿元。

三、城市土壤质量现状

城市土壤是保护城市环境的一个重要生态屏障，在发挥城市生态系统服务功能及改善环境方面具有重要作用。城市土壤作为土壤圈的一部分，具有一定的生态、环境和经济功能，同时也是城市污染物的源和汇，直接关系到环境质量和居民的身体健康。

城市土壤重金属污染是反映城市环境污染状况的重要指标之一。据统计中国土壤中砷浓度的平均值为 11.2mg/kg，约为世界平均值（6mg/kg）的 2 倍，我国土壤砷污染问题突出。为此 2011 年国务院批文的《重金属污染综合防治"十二五"规划》中，将砷列为第一类重点防控污染物。

近年来，随着人们对含砷矿石的大规模开采，砷剂在工农业生产中广泛应用，以及大量堆积的含砷废石、尾矿被氧化和淋滤溶解，造成砷元素的分解、迁移和扩散，导致土壤受到砷的污染，对生态环境和人体健康造成潜在的威胁。我国土壤砷污染事件呈集中爆发态势，贵州省独山县、湖南省辰溪县、广西壮族自治区河池市、云南省阳宗海地区、邛崃分洪道地区土壤砷污染事件层出不穷，这些都预示着土壤砷污染已发展成为灾难。2013 年下半年，我国有近 2000 万人生活在土壤砷污染的高风险区，如新疆塔里木盆地、内蒙古额济纳地区、北部平原的河南省和山东省等，我国土壤砷浓度超过 $10\mu g/L$ 的地区总面积为 58 万 km^2。

四、城市固体废弃物利用现状

随着城市经济规模的扩大，我国城乡生活垃圾、工业固体废物、危险废物等固体废物数量激增，防治固体废物污染形势严峻。固体废物污染是环境污染当中产生量巨大、污染情况最直观的一种，有效地防治固体废弃物污染对我国环境保护与生态文明建设工作至关重要。

（一）一般工业固体废物

2016 年底，我国 214 个大、中城市一般工业固体废物产生量达 14.8 亿吨，综合利用量 8.6 亿吨，处置量 3.8 亿吨，贮存量 5.5 亿吨，倾倒丢弃量 11.7 万吨。一般工业固体废物综合利用量占利用处置总量的 48.0%，处置和贮存分别占比 21.2% 和 31.0%，综合利用仍然是处理一般工业固体废物的主要途径，一般工业固体废物利用、处置等情况见图 14-3。

在 214 个大、中城市中，一般工业固体废物产生量排名前 10 位的城市分别是鄂尔多斯市、辽阳市、鞍山市、攀枝花市、包头市、南京市、运城市、呼伦贝尔市、太原市和苏州市。前 10 位城市产生的一般工业固体废物总量为 4.0 亿吨，占全部城市产生总量的 27.0%。

（二）工业危险废物

2016 年底，214 个大、中城市工业危险废物产生量达 3344.6 万吨，综合利用量 1587.3 万吨，处置量 1535.4 万吨，贮存量 380.6 万吨。工业危险废物综合

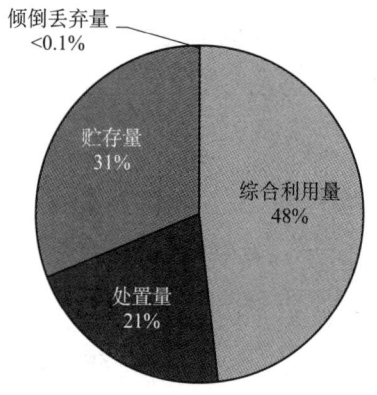

图 14-3　一般工业固体废物处置情况

资料来源：根据《中国统计年鉴》绘制。

利用量占利用处置总量的 45%，处置、贮存分别占比 44% 和 11%，有效地利用和处置是处理工业危险废物的主要途径。工业危险废物利用、处置等情况见图 14-4。

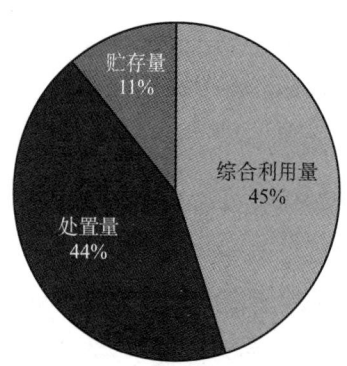

图 14-4　工业危险废物利用、处置情况

资料来源：根据《中国统计年鉴》绘制。

在 214 个大、中城市中，工业危险废物产生量居前 10 位的城市分别是烟台市、吉林市、岳阳市、克拉玛依市、攀枝花市、苏州市、赤峰市、梧州市、宁波市、临沂市。前 10 名城市产生的工业危险废物总量为 1175.6 万吨，占全部城市产生总量的 35.1%。

（三）医疗废物

2016 年，214 个大、中城市医疗废物产生量 72.1 万吨，处置量 72.0 万吨，大部分城市的医疗废物处置率都达到了100%。医疗废物产生量最大的是上海市，产生量为46144.0吨，其次是北京、成都、杭州和广州，产生量分别为33100.0吨、23455.7吨、23400.0吨和22688.9吨。前10位城市产生的医疗废物总量为23.3万吨，占全部城市产生总量的32.3%。

（四）城市生活垃圾

2016年，214个大、中城市生活垃圾产生量18850.5万吨，处置量18684.4万吨，处置率达99.1%。城市生活垃圾产生量最大的是上海市，产生量为879.9万吨，其次是北京、重庆、广州和深圳，产生量分别为872.6万吨、692.9万吨、688.4万吨和572.3万吨。前10位城市产生的城市生活垃圾总量为5651.2万吨，占全部城市产生总量的30.0%。

第二节 城市能源消费利用状况

2001~2015年，随着我国经济的快速稳步增长，城镇化的推进以及城市规模不断的扩张，我国能源消费总量呈现出先快速后减缓的持续增长趋势（见表14-3）。能源消费在2008年增速达到了最低，较上一年增速为2.86%，并在2012年后能源消费总量和国内生产总值均保持相对较低的增长，能源增长与经济增长保持了较为一致的趋势，表明我国城市经济增长依赖于能源的高度消耗（见图14-5）。

表14-3 2001~2015年我国能源消费与GDP情况

年份	能源消耗总量（万吨）	GDP（万亿）	能源增速（%）	GDP增速（%）
2001	155547	110863.1	5.52	9.55
2002	169577	121717.4	8.27	8.92
2003	197083	137422.0	13.96	11.43
2004	230281	161840.2	14.42	15.09
2005	261369	187318.9	11.89	13.60
2006	286467	219438.5	8.76	14.64
2007	311442	270232.3	8.02	18.80

续表

年份	能源消耗总量（万吨）	GDP（万亿）	能源增速（%）	GDP增速（%）
2008	320611	319515.5	2.86	15.42
2009	336126	349081.4	4.62	8.47
2010	360648	413030.3	6.80	15.48
2011	387043	489300.6	6.82	15.59
2012	402138	540367.4	3.75	9.45
2013	416913	595244.4	3.54	9.22
2014	425806	643974.0	2.09	7.57
2015	429905	689052.1	0.95	6.54

资料来源：《中国统计年鉴》。

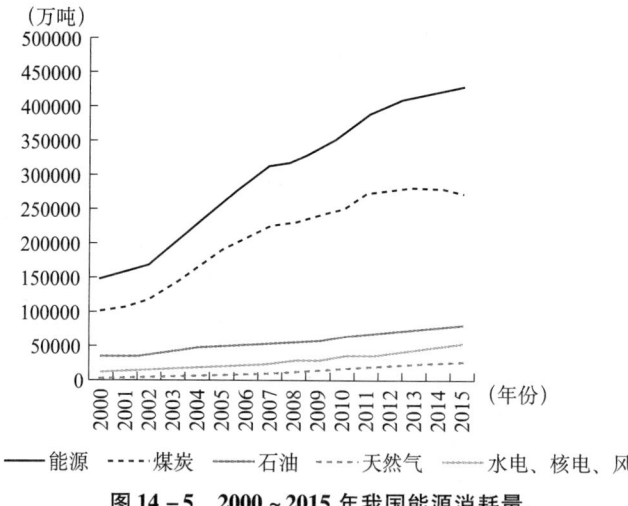

图14-5 2000~2015年我国能源消耗量

资料来源：根据《中国统计年鉴》绘制。

我国能源消费结构的变化总体上较为平稳，随着能源结构的不断调整，水电、核电、风电等新能源消费量占比逐年上升，煤炭等高污染能源消耗比重不断下降（见图14-6）。但我国"富煤、缺油、少气"的能源结构，决定了煤炭消费在相当长的一段时间里在能源结构中占据主导地位，煤炭消费比例从2000年的68.5%下降到2015年的63.7%，16年间仅下降4.8个百分点，我国城市经济增长仍将依赖于煤炭的大量消耗。

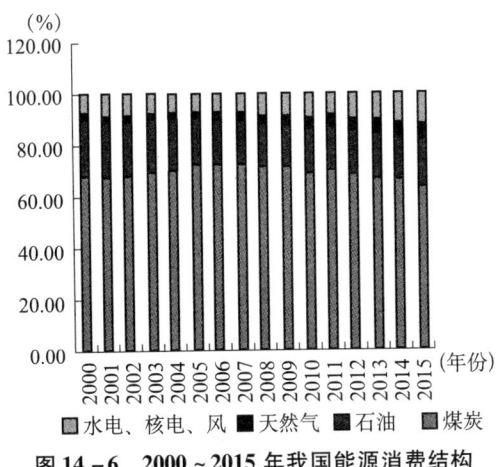

图 14-6 2000~2015 年我国能源消费结构

资料来源：根据《中国统计年鉴》绘制。

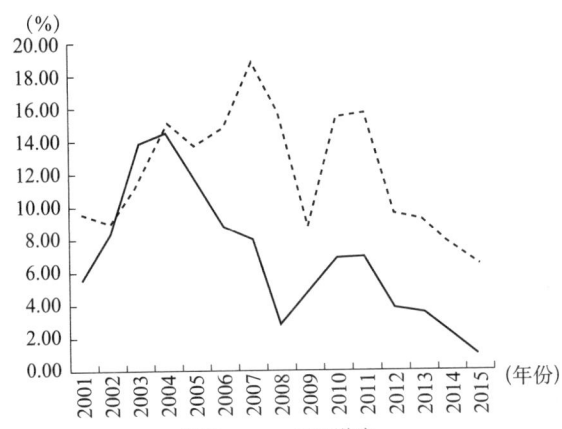

图 14-7 2001~2015 年我国能源与 GDP 增速

资料来源：根据《中国统计年鉴》绘制。

第三节 生态城市的建设

一、生态城市的内涵

"生态城市"是在联合国教科文组织发起的"人与生物圈计划"研究过程中

提出的一个重要概念。生态城市是一个经济高度发达、社会繁荣昌盛、人民安居乐业、生态良性循环四者保持高度和谐，城市环境及人居环境清洁、优美、舒适、安全，失业率低、社会保障体系完善，高新技术占主导地位，技术与自然达到充分融合，最大限度地发挥人的创造力和生产力，有利于提高城市文明程度的稳定、协调、持续发展的人工复合生态系统。

人工复合生态系统，就是社会、经济、自然人工复合生态系统，蕴含社会、经济、自然协调发展和整体生态化的人工复合生态系统。具体地说，社会生态化表现为，人们拥有自觉的生态意识和环境价值观、人口素质、生活质量、健康水平与社会进步与经济发展相适应，有一个保障人人平等、自由、接受教育、人权和免受暴力的社会环境。经济的生态化表现为，采用可持续发展的生产、消费、交通和住居发展模式，实现清洁生产和文明消费，推广生态产业和生态工程技术。对于经济增长，不仅重视数量的增长，更追求质量的提高，实现生态经济系统的和谐发展。环境的生态化表现为，发展以保护自然为基础，与环境的承载能力相协调。自然环境及其演进过程得到最大程度的保护，合理利用一切自然资源和保护生命保障系统，开发建设活动始终保持在环境的承载能力之内。

二、生态城市的发展意义

现代城市的发展，离不开城市生态系统与经济系统的有机结合，城市的实质就是一个生态经济系统，具有生态与经济的双重特征，这是城市构成的根本要素。生态城市是人、自然、环境和谐发展的最好形式，是城市物质文明与精神文明高度发达的标志。生态城市是形成自然、城市与人类融为有机整体的互惠共生的结构，也是城市经济、文化、科技充分融合发展的必然结果，因此，生态城市的内涵也必然会随着社会的发展而不断深化、充实。

从生态经济系统来看，生态城市经济的增长方式是"集约内涵"式的效益增长，而不仅仅是"粗放型"的量的增长，它在肯定自然资源是有价值的、承认经济发展与环境发展都很重要的前提下，重视质量和综合效益。生态城市既要能保证经济的持续增长，更要能保证增长的质量，即生态城市要有合理的产业结构、能源结构和生产布局，实现物质生产和社会生产的生态化，使城市经济系统和城市生态系统协调发展、良性循环，实现城市经济社会与生态环境效益的统一。在生态城市的经济系统中，更强调资源和能源的有效利用以及系统过程的高效运行。生态城市应实现资源的最佳配置,使人类的经济活动对环境的污染最小,实现"绿色经济增长"。通过采取既有利于社会发展,又有利于资源保护的经济活动方式来实现最终的经济腾飞。

三、城市生态发展的必然选择

(一)城市发展的生态经济障碍

工业革命后,发达国家的城市迅速发展起来,但产生了严重的城市生态问题,城市人口爆炸式增长、交通拥挤、居住环境恶劣、城市超负荷运转、水资源短缺,城市供水紧张、城市环境污染严重。

(二)后发国家巨大环保压力

20世纪70年代以来,发达国家在走过"先污染、后治理"的道路之后,对城市发展制定了较为严格的环保标准,而后发国家则面临落后的经济发展和全球环保高标准的压力。后发国家步发达国家后尘,采取粗放式的经济增长模式,通过工业体系的建立来构建城市框架。城市功能单一、城市布局以工业企业为中心、城市生态与经济出现恶性循环,如图14-8所示:

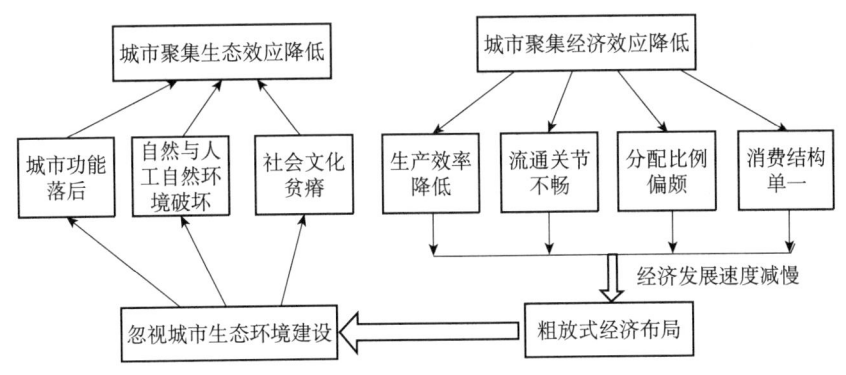

图14-8 城市聚集生态效益和聚集经济效益的恶性循环

城市发展到一定阶段,工业体系已成规模,吸纳了大量劳动力和经济建设资金,产业结构短期内难以改变。工业体系内部各行业相互关联,单独改造一个或几个行业或企业,其作用微乎其微。若要改造整个工业体系,等于重新调整经济结构。重构城市布局,工程量大,花费巨大,对原有资源的投入是一种浪费。在全国相似的城市经济结构下,任何一个城市的工业没有绝对优势,即使改造资金投入,成效也不明显。

(三) 生态城市是协调发展的突破口

如果从生态系统进入，以城市建设为突破口，则有以下优势：

第一，工业改造中环保措施涉及相关设备、技术、人员的收入，代价巨大，相对而言，城市建设投资较少。

第二，城市风貌的改观立竿见影，视觉效果明显，由点到线，由线到面，具有规模效益。

第三，城市建设采取差别化战略，可以率先获得竞争优势。可以借鉴发达国家的城市建设经验，一步到位，达到世界先进水平。

后发国家在经济发展中，一方面城市生产、流通、消费等各项主体设施的建设和发展速度过快。另一方面需要超前进行的基础设施建设在投资能力等条件的限制下难以同主体设施建设同步，因而造成很多城市出现了基础设施滞后的生态经济问题。所以建立"生态城市"，才可能做到生态经济的协调发展。

四、我国生态城市建设实践

20 世纪 80 年代初，我国生态城市建设开始起步，江西省宜春市作为我国第一个试点生态城市，1986~1991 年开展了一系列生态城市规划建设并取得了良好的环境效益。近年来，上海、天津、哈尔滨、扬州、常州、成都、张家港、秦皇岛、唐山、襄樊、十堰、日照等市纷纷提出建设生态城市，海南、吉林两省提出了建设"生态省"的奋斗目标，并开展了广泛的国际合作和交流。2007 年 11 月 18 日，中国与新加坡共同签署了在中国天津建设生态城的框架协议，将在未来进行一系列的生态项目建设合作，标志着我国开始走向新一轮生态城市建设阶段。

党的十八大提出"五位一体"的发展格局，将生态文明建设提升到与经济建设、政治建设、文化建设和社会建设同样的地位，从而推动了各个地区生态城市建设的高潮，从国家的生态示范市到各个地区的生态经济示范区，都不断探索与发展生态城市的理论与实践。

(一) 国家生态市的授予

2008 年，国家环境保护总局正式颁布的《生态县、生态市、生态省建设指标》中，不仅明确了生态城市的正式定义为"生态环境和社会经济的协调发展，各个领域基本符合可持续发展要求的地市级行政区域"，以及生态城市建设各个方面的具体指标及评价体系,为我国生态城市建设的进一步健康快速发展提供了思路和发展方向。《指标》将空气环境质量、水环境质量和生活垃圾与工业废弃物处理作为生态环境保护的重要约束性指标。截至2016年10月,环保部共授予"全国生态市"的地区已达110余个。其中,江苏省生态市达到17个,是数量最多的省份。

(二) 生态城市的特点

生态城市具有和谐性、高效性、持续性、整体性、区域性和结构合理、关系协调七个特点:

第一,和谐性,即生态城市的和谐性,不仅反映在人与自然的关系上,人与自然共生共荣,人回归自然,贴近自然,自然融于城市,更重要的在人与人的关系上。人类活动促进了经济增长,却没能实现人类自身的同步发展。生态城市是营造满足人类自身进化需求的环境,充满人情味,文化气息浓郁,拥有强有力的互帮互助群体,富有生机与活力。生态城市不是一个用自然绿色点缀而僵死的人居环境,而是关心人、陶冶人的"爱的器官"。文化是生态城市重要的功能,文化个性和文化魅力是生态城市的灵魂。这种和谐乃是生态城市的核心内容。

第二,高效性,即生态城市一改现代工业城市"高能耗""非循环"的运行机制,提高一切资源的利用率,物尽其用,地尽其利,人尽其才,各施其能,各得其所,优化配置,物质、能量得到多层次分级利用,物流畅通有序,住处快流便捷,废弃物循环再生,各行业各部门之间通过共生关系进行协调。

第三,持续性,即生态城市是以可持续发展思想为指导,兼顾不同时期、空间、合理配置资源,公平地满足现代人及后代人在发展和环境方面的需要,不因眼前的利益而"掠夺"的方式促进城市暂时"繁荣",保证城市社会经济健康、持续、协调发展。

第四,整体性,即生态城市不是单单追求环境优美,或自身繁荣,而是兼顾社会、经济和环境三者的效益,不仅重视经济发展与生态环境协调,更重视对人类质量的提高,是在整体协调的新秩序下寻求发展。

第五,区域性,即生态城市作为城乡的统一体,其本身即为一个区域概念,是建立在区域平衡上的,而且城市之间是互相联系、相互制约的,只有平衡协调的区域,才有平衡协调的生态城市。生态城市是人——自然和谐为价值取向的,就广义而言,要实现这一目标,全球必须加强合作,共享技术与资源,形成互惠的网络系统，建立全球生态平衡。广义的要领就是全球概念。

第六，结构合理，即一个符合生态规律的生态城市应该结构合理。合理的土地利用，好的生态环境，充足的绿地系统，完整的基础设施，有效的自然保护。

第七，关系协调，即关系协调是指人和自然协调，城乡协调，资源利用和资源更新协调，环境胁迫和环境承载能力协调。

第十五章

城市生态可持续发展测度——生态足迹模型

生态足迹自徐忠民等最早引入并开展可持续发展的实证研究以来，逐渐成为国内新的研究热点，被广泛应用于全国、省、市等不同尺度的可持续发展评价中，同时很多学者又将此模型用于旅游业、学校餐饮、交通运输等不同部门或产业中，取得了诸多成果。

均衡因子和产量因子是生态模型中重要的两个参数，引入均衡因子是为了平衡各类土地之间的生产力差异，而产量因子是为了体现同类生物生产性土地在不同区域之间的生物产出率差异。不同尺度下的均衡因子所反映的土地生产力参考标准不同，"全球公顷"用于比较全球范围内城市的可持续评价。在本章中，研究对象是国内城市，故通过建立"国家公顷"，对均衡因子和产量因子进行了详细的分析和计算。数据来源于《中国统计年鉴》《北京统计年鉴》《天津统计年鉴》《上海统计年鉴》，各生物热值参考《农业经济技术手册》（修订版）。

第一节 我国生态足迹发展状况

自1961年以来，我国的人均生态足迹一直以稳定的速率增长。在20世纪90年代，这一趋势出现了较大的变化性，从进入21世纪以后，我国在实现强劲经济增长的同时，人均碳足迹也迅速增长。2010年，中国人平均需要2.2全球公顷生产性土地，来满足环境商品与服务需求。尽管我国的人均生态足迹低于全球平均生态足迹2.6全球公顷，但却是2010年我国可用人均生态承载力1.0全球公顷的2

倍以上。这意味着我国的生物生产性土地无法供应其人口消耗的可再生能源与服务。这种生态超支的代价变得越来越明显，其表现的形式包括采伐森林、干旱、淡水不足、土壤侵蚀、生物多样性损失以及大气中的二氧化碳增多等。

随着环境挑战日益严峻，国家自然资源面临的压力日益增大，我国已经开始向保护资源和可持续发展的方向转变。有许多政策文件强调实现人民福祉和与自然和谐发展的必要性。除了净进口生物承载力外，各国可以通过将超出其生态系统吸收范围的更多二氧化碳排放至大气层，即碳足迹，来限制生态赤字。但如果采取这种做法，不仅我国，包括美国和其他许多国家，均更有可能面临化石燃料价格上涨所带来的化石燃料和碳排放风险。

在20世纪80年代之前，耕地一直是我国生态足迹中最大的组成部分。之后，碳足迹成为我国生态足迹中规模最大、增长最快的部分。随着这一时期经济的快速增长，我国的能源消耗大幅增加，这是导致碳足迹增加的主要原因。此外，20世纪90年代的波动和21世纪初人均生态足迹增长速率加快的主要原因也是人均碳足迹的变化。2010年，碳足迹占我国总生态足迹的51%，其次是耕地足迹，占25%。除林地外，其他生态足迹组成部分均出现了增长。从1961年以来，我国人均消费的林业产品日益减少。

从1961年至2010年，我国的总人口和总生物承载力均增长了1倍左右（见图15-1）。近70%的生物承载力增长来自耕地产量的增长。现代化的技术、更完善的农作物管理实践，以及化肥的广泛使用，带来了生物承载力的大幅增长，但这种改善能否继续提高未来的生物承载力，以及是否会危害未来的生物承载力，尚不清楚。但在我国总生物承载力增长的同时，人口也在以相匹配的速率增长，因此人均生物承载力基本保持了稳定，从1961年至2010年，人均生物承载力始终保持在1全球公顷左右。同期，人均生态足迹却增长了约150%。

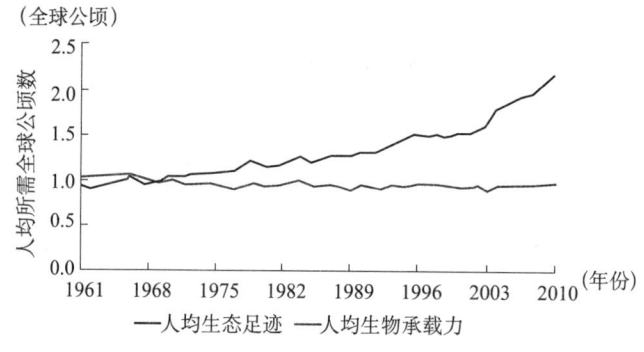

图 15-1 中国生态足迹与生物承载力

资料来源：《中国生态足迹报告2012》。

第二节 生态足迹模型的意义

生态足迹（EF）的概念是 1992 年 William Rees 提出并主要由他的学生 Wackernagel 逐渐完善的。生态足迹方法通过比较人类活动消耗的自然资源与自然生态系统所提供的生态承载力（BC），定量的判断研究区域的可持续发展状态。生态足迹指的是用来提供人类使用的可再生资源的生物生产性土地和渔业用地面积，并且包括建设用地和吸收人类活动产生的二氧化碳用地。这一测度评价的是人类对生态系统供给可再生资源（包括食物、木材、纤维、生物质燃料）与吸收二氧化碳废弃物这两大类生态服务的需求程度。基于人类对这两大类生态服务需求，生态足迹可分解为生物质足迹与碳足迹。基于提供生态服务的土地利用类型，生物质足迹可分解为五类足迹组分即耕地、草地、林地、渔业用地和建设用地。

生态足迹方法概念清楚，反映的信息量大，能从生态学角度来衡量区域可持续发展程度。将其计算框架拓展到城市尺度上，通过分析城市的物质和能量消费，可判断城市的生产消费活动是否处于生态承载力范围之内。生态足迹方法还有助于分析城市可持续发展进程，识别城市可持续发展存在的问题并为制定相应对策提供参考。

生态足迹核算，结合生物承载力的核算，能辨识区域或者城市是否生活在其生态系统可承受的范围内，主要探讨和研究如何降低消费模式的生态足迹强度，以及在此过程中存在的问题与机遇，特别是在中国区域城镇联系日益紧密的世界里，在中国国际影响力与领导力日益增强的现实情况下，如何加强中国的城市生态安全，提高中国城市经济竞争力，并探讨中国在维持可持续生态服务方面所能发挥的作用。通过生态足迹与自然生态系统的承载力进行比较，即生态盈余或赤字，可以定量反映一个区域或城市的人类活动与自然禀赋的和谐状况。将生态足迹与生物承载力的对比关系作为衡量生态文明的指标之一，并在此基础上，结合其他指标，跟踪当地生态资源发展变化和利用情况，为制定产业政策和发展规划提供科学依据。

开展城市生态足迹研究具有重要的意义，因为在城市内自然界的可利用性和功能性，特别是不可取代的生命支持服务功能是未来城市发展的主要限制因素。

可持续发展定量测度的核心是确定人类是否生存于生态系统的承载力范围之内。生态足迹方法通过将人类需要的资源和能源消费转化为提供这种物质流所必需的各种生物生产土地的面积，并同城市能提供的生物生产性土地面积（生态承载力或生态足迹供给）进行比较，能定量判断一个地区的发展是否处于生态承载能力的范围内。可持续发展的模式应是占用较少的生态足迹，而生产更多的经济产出的经济发展模式。

第三节 基于生态足迹模型的我国主要大城市可持续发展测度

一、生态足迹模型

（一）基本假设

生态足迹指给定人口和经济条件下，维持资源消费和吸收废弃物所需的生物生产性土地面积。其基本思想是将人类消费需要的自然资产的"利息"（生态足迹）与自然资产产生的"利息"（生态承载力）转化为可以共同比较的土地面积，两者的比较用来判断人类对自然资产的过度利用情况。

生态足迹模型有六个假设前提：①可获得资源的年消费量和产生的废物量；②大部分资源消费量和废物流量可折算为土地面积；③可赋予各种不同类型的土地面积一定的权重，将其转换成一个标准化的全球公顷单位（具有世界平均生产能力）；④各种土地利用都是排他性的，因而总需求可通过加总各种资源利用与废物吸收的面积得到；⑤总的人类活动占用的利息与自然提供的利息可直接对比；⑥总需求可超过总供给。

（二）计算方法

进行生态足迹计算时，研究区内的所有生态需求项目都要进行归类，分别归属于耕地、林地、草地、水域、化石能源用地和建筑用地这六大类生物生产性土地。由于单位面积的生物生产性土地生产能力存在很大差异，需要在各类生物生产面积前乘以一个均衡因子，以转化为统一的、可比较的生物生产土地面积量纲。计算公式如下：

$$E_f = \sum_{j=1}^{6}(r_j \times \sum_{i=1}^{n}(aa_i)) = \sum_{j=1}^{n}(r_j \times \sum_{i=1}^{n}(c_i/p_i))$$

其中，E_f 为总的生态足迹，单位是 hm^2；i 为消费品和投入的类型；p_i 为第 i 种消费品的世界平均生产能力；c_i 为第 i 种消费品的消费量；aa_i 为第 i 种消费品折算的生物生产土地面积；r_j 为均衡因子；j 为生物生产性土地类型。

二、国家生产力与国家公顷测算

在进行生态足迹计算时，普遍采用的是全球平均生产力因子，这针对各个年份产量变化的差异体现得并不明显。再者，我国消费结构和生产力结构与发达国家有显著差别，运用全球产量因子来衡量我国的生产力状况不利于国内研究，尤其是针对省际或县域等中小尺度的研究，全球性指标体现不出其差异性。省平均生产力因子能很好地体现出县域尺度各年份之间的差异性，但本章的研究对象是针对国内主要大城市地区之间进行比较，因此在测算研究区域生态足迹时不采用"全球公顷"和"省公顷"作为计算单位，而选用国家平均生产力和均衡因子，即"国家公顷"作为计算单位。这对于确保研究的准确性十分重要，也更能真实反映我国自然资本的利用现状和可持续发展状态。在计算研究区域生态足迹之前需要先计算出基于"国家公顷（nha）"的我国各类生物产品平均生产力和均衡因子。

（一）各类生物产品国家平均产量

对我国各类产品的全国平均产量进行计算，公式如下：

$$EP_i = \frac{P_i}{A_i}$$

其中，i 为产品类型；EP_i 为第 i 种产品的全国平均产量；P_i 为第 i 种产品的年全国产量；A_i 为第 i 种产品的年全国面积。

根据《中国统计年鉴》、国家统计局官网数据库、国家林业局官网和中国森林资源报告查询的我国主要种植产品、动物产品、林产品、水产品及能源产品的产量和面积数据，根据公式，计算出 2005～2016 年这十年间中国主要生物产品的国家平均产量（见表 15-1 和表 15-2）。其中在进行林产品国家平均产量计算时不考虑对温室气体吸收这一生态功能的计算，只计算林地的生物产品的平均产量。木材产量单位是立方米/公顷，竹材的统计单位为根，在计算中需要按每根竹的质量为 19 千克进行质量换算；淡水面积采用国家内陆水域面积，海水面积采用海水可养殖面积。

与其他产品只占用一种生态生产性土地不同，动物产品占用的是耕地和草地。人们在日常生活中消耗的动物产品通常包括猪肉、牛肉、羊肉、禽肉（鸡、鸭）和牛奶等。我国广大农村将饲养家畜作为从属于种植业的一种自给自足的生产活动，可以视为副业，这不同于发达国家的工业化放牧生产模式和传统的放牧生产系统。与发达国家大型的、产业化经营方式不同，农户多以废弃的农业资源辅以饲料来饲养家畜，畜牧业发展特点是农户散养、小型圈养。因此在计算畜牧产品的生态足迹时不能直接引用发达国家的计算方法，要依据牲畜消耗的口粮所占用的生态生产性土地来计算。在实际的统计计算中，无法确定各类产品产于牧草地的比例，综合考虑数据可得性问题，面积取可利用草地面积。

表 15-1 2005~2010 年中国主要生物产品全国平均产量

指标（千克/公顷）	2005 年	2006 年	2007 年	2008 年	2009 年	2010 年
蔬菜	31856.23	32425.38	32577.34	33139.71	33618.47	34263.04
谷物	5989.59	5224.62	5310.00	5319.90	5547.66	5447.48
其他谷物	2454.76	2314.34	2268.38	2276.95	2288.11	2228.21
稻谷	6260.18	6279.60	6432.98	6562.54	6585.33	6552.96
小麦	4275.30	4593.40	4607.72	4761.96	4739.05	4748.44
玉米	5287.34	5326.32	5166.67	5555.70	5258.49	5453.68
豆类	1672.42	1649.24	1460.25	1686.15	1615.47	1681.96
大豆	1704.54	1620.93	1453.65	1702.79	1630.23	1681.96
绿豆	1419.78	1297.68	1052.05	1150.34	1109.18	1285.50
红小豆	1493.60	1649.89	1494.89	1550.99	1449.97	1549.45
薯类	3649.91	3429.22	3474.11	3536.62	3468.66	3559.09
谷子	2100.30	1911.31	1796.66	1602.74	1554.78	1945.60
高粱	4469.53	2977.57	3837.16	3749.82	2997.25	4484.89
大麦	4145.17	3762.71	3604.96	3556.93	3701.07	3402.34
马铃薯	2904.60	3062.53	2924.86	3035.51	2882.63	3132.85
棉花	1128.88	1295.26	1286.44	1302.00	1288.57	1229.42
油料	2149.18	2249.29	2270.05	2302.31	2310.17	2325.57
花生	3076.10	3254.22	3302.40	3364.77	3360.64	3455.45
油菜籽	1793.27	1832.64	1873.82	1835.34	1876.52	1775.10
芝麻	1054.07	1173.05	1146.98	1243.24	1306.83	1312.15
胡麻籽	910.68	1015.06	789.39	1035.10	936.69	1087.52
向日葵	1889.28	1843.15	1650.14	1858.07	2039.12	2335.29
麻类	3300.67	3147.08	2767.51	2821.52	2429.48	2393.07
黄红麻	2670.12	2780.98	2968.83	3216.51	3139.08	3685.63
大麻	3808.07	4324.41	2685.33	2555.30	2086.86	2125.04
苎麻	2099.24	2028.52	2039.87	1985.74	1927.10	1939.44
亚麻	4405.40	4905.43	4254.95	4530.93	4826.53	5147.56

续表

指标（千克/公顷）	2005 年	2006 年	2007 年	2008 年	2009 年	2010 年
烟叶	1968.64	2065.67	2058.30	2140.36	2203.23	2233.89
烤烟	1956.03	2072.31	2043.51	2132.67	2224.62	2219.20
糖料	60419.31	66753.45	67648.36	67437.84	65166.87	63035.83
甘蔗	63969.96	70450.25	71228.21	71209.66	68093.39	65700.04
甜菜	37523.46	39766.87	41359.75	40754.40	38536.21	42498.05
蔬菜	31856.23	32425.38	32577.34	33139.71	33618.47	34263.04
瓜类	32995.71	33405.71	33826.21	34926.16	34927.40	35725.67
西瓜	35077.13	35287.45	35762.29	36244.38	36729.03	37616.78
甜瓜	26039.24	27439.91	28967.53	32997.32	31183.57	31194.02
草莓	23244.35	23649.43	23586.88	24021.28	24481.61	25545.27
苹果	18457.33	18302.36	18010.38	17464.40	17249.96	16527.12
柑桔	14418.26	14564.60	13852.63	13710.43	13735.64	12865.60
梨	16621.66	16635.73	16136.13	15562.43	15683.90	14550.18
葡萄	16072.89	17103.70	16352.69	16162.92	15840.07	15190.16
香蕉	30536.45	30472.61	30081.46	30804.18	29282.87	26940.11
果园水果	8804.859	9482.996	10046.98	10563.30	10993.65	11144.70
木材（立方米/公顷）	0.374403	0.346685	0.396422	0.406302	0.393609	0.392221
竹材	4518.866	5146.706	5483.54	4952.257	5322.244	5610.936
鱼类	994.3386	1043.139	1092.374	1143.872	1207.658	1273.907
虾蟹类	80.29231	96.04974	115.6616	120.2364	130.9782	142.0267
贝类	26.49677	29.14407	28.9035	28.67031	29.73911	30.7932
其他	17.28058	18.76183	20.31939	22.15334	25.2764	27.41366
淡水	1118.408	1187.095	1257.259	1314.932	1393.651	1474.141
鱼类	32.64062	31.85973	31.83141	30.86939	31.45794	32.36865
虾蟹类	10.0466	10.692	10.67646	10.31273	10.84237	11.08718
贝类	36.00506	37.38263	38.14998	38.30236	40.00074	41.80152
藻类	4.783425	4.915925	4.958511	5.080768	5.300239	5.592707
其他	4.591893	4.779121	5.489286	4.361564	4.678457	5.074782
深海	88.067594	89.629407	91.105646	88.926807	92.279746	95.924836
猪肉（耕地）	2869.031	2801.43	2706.977	2831.179	2762.574	2755.194
禽肉	3386.589	3432.523	3339.813	3578.315	3402.347	3517.693
禽蛋	3137.143	3160.271	3065.545	3296.369	3120.025	3235.837
牛肉（耕地）	3259.465	3283.494	3185.076	3424.899	3241.679	3362.007
牛肉（牧草）	4.234595	4.298498	4.572339	4.570539	4.737325	4.867859
羊肉（耕地）	39864.77	40158.67	38954.96	41888.12	39647.25	41118.92
羊肉（牧草）	8.0144005	8.329814	8.759919	8.70786	8.915479	9.131581
奶类（耕地）	59754.488	60195.02	58390.74	62787.34	59428.44	61634.37
奶类（牧草）	27.455579	31.64978	34.82113	35.76152	35.24591	35.91924

资料来源：作者计算得到。

表15-2 2011~2016年中国主要生物产品全国平均产量

指标（千克/公顷）	2011年	2012年	2013年	2014年	2015年	2016年
蔬菜	34588.89	34827.57	35174.10	35508.60	35694.21	35730.34
谷物	5524.40	5706.63	5823.70	5894.21	5892.04	5983.95
其他谷物	2415.75	2271.51	2336.80	2544.70	2924.058	3038.608
稻谷	6687.32	6776.89	6717.30	6813.20	6891.30	6970.295
小麦	4837.21	4986.23	5055.60	5243.50	5392.60	5545.94
玉米	5747.51	5869.69	6015.90	5808.90	5892.90	5978.115
豆类	1791.71	1782.32	1729.50	1770.90	1792.70	1814.768
大豆	1791.71	1814.36	1759.90	1787.30	1811.40	1835.825
绿豆	1219.34	1247.94	1190.60	1276.30	1267.699	1259.156
红小豆	1601.69	1773.54	1672.00	1595.00	1610.844	1626.845
薯类	3675.19	3705.63	3714.40	3731.90	3763.00	3775.715
谷子	2102.51	2439.70	2439.60	2344.20	2387.286	2431.165
高粱	4100.05	4100.95	4965.4	4659.2	4810.001	4965.684
大麦	3199.76	3318.63	3650.3	3865.1	3843.064	3821.154
马铃薯	3475.46	3353.69	3417.6	3427.6	3438.1	3501.037
棉花	1310	1458.15	1449.5	1463.25	1475.87	1584.41
油料	2386.67	2467.21	2508.1	2497.7	2540.035	2583.088
花生	3502.47	3598.46	3663.33	3579.98	3561.68	3657.29
油菜籽	1827.26	1884.77	1919.81	1946.81	1981.68	1984.11
芝麻	1385.33	1463.16	1490	1467.85	1518.77	1569.32
胡麻籽	1113.48	1228.55	1273.2	1262.7	1322.303	1384.719
向日葵	2459.75	2614.12	2606.8	2626.7	2731.898	2841.309
麻类	2498.03	2580.72	2506.5	2673	2617.482	2563.116
黄红麻	3896.31	3898.72	3580.88	3885.3	3945.53	4338.83
大麻	2765.88	2751.82	2863.3	4216.8	4382.105	4553.89
苎麻	1886.16	1888.15	1908.5	1944.4	1928.286	1912.306
亚麻	6472.31	5523.62	5102.8	7671	8280.759	8938.987
烟叶	2143.41	2133.69	2078.8	2046.7	2056.404	2066.154
烤烟	2124.09	2111.65	2062.04	2027.04	2133.71	2117.9
糖料	64260.53	66416.27	68787.7	70350.4	71602.27	72876.42
甘蔗	66485.12	68600.3	70576.5	71351.9	73121.04	74550.34
甜菜	47361.1	49792.75	50922.35	57646.97	58680.3	57702.91
蔬菜	34588.89	34827.57	35174.1	35508.6	35939.85	36376.35
瓜类	36349.81	37174.54	37964.6	38350.3	38997.964	39656.567
西瓜	38206.93	39251.43	39898.2	40406.2	41046.913	41697.785
甜瓜	32168.4	32448.36	33889	33624.3	34634.789	35675.645
草莓	25973.51	27461.3	27265.4	27469.4	27988.887	28518.198
苹果	15544.03	15460.76	14981.28	14200.92	13723.51	12701.79

续表

指标（千克/公顷）	2011年	2012年	2013年	2014年	2015年	2016年
柑桔	11964.07	11670.37	11479.39	10602.1	9863.566	9271.436
梨	14162.84	13276.41	12599.83	12037.01	11025.64	10182.65
葡萄	15487.5	16092.68	15849.22	15279.06	14975.66	14204.77
香蕉	26755.44	26077.18	24651.29	25427.75	24159.81	23586.5
果园水果	11904.18	12441.95	12748.24	12636.47	13883.03	14702.58
木材（立方米/公顷）	0.389504	0.340329	0.414855	0.398871	0.378012	0.317896
竹材	6039.423	6450.725	7363.844	8727.46	9238.537	9946.403
鱼类	1341.454	1429.635	1515.571	1585.662	1650.337	1709.492
虾蟹类	142.4291	153.7943	158.551	165.268	171.8051	180.9351
贝类	30.83905	30.88266	30.22311	29.44863	29.55234	30.06451
其他	27.92622	30.89016	31.77626	31.36644	31.44874	31.94706
淡水	1542.648	1645.202	1736.121	1811.745	1883.143	1952.438
鱼类	38.3998	39.32252	39.97569	42.94602	44.83339	44.71553
虾蟹类	11.49454	12.34623	12.94891	13.67665	13.79584	14.14624
贝类	43.31323	45.17077	47.41283	48.98971	50.49924	52.74571
藻类	5.818307	6.394329	6.731571	7.245982	7.553443	7.832821
其他	4.833004	5.099854	5.031907	4.863675	5.089832	5.207807
深海	103.85888	108.3337	112.1009	117.72204	121.77174	124.64811
猪肉（耕地）	2790.015	2865.288	3010.6	2997.811	3021.346	3044.796
禽肉	3695.53	3777.394	3867.558	3759.009	3817.963	3877.784
禽蛋	3410.176	3482.669	3569.42	3446.6	3496.44	3547.001
牛肉（耕地）	3543.144	3618.463	3708.597	3580.988	3632.772	3685.304
牛肉（牧草）	4.8264	4.936482	5.01809	5.137604	5.218448	5.342725
羊肉（耕地）	43334.3	44255.5	45357.87	43797.16	44430.49	45072.98
羊肉（牧草）	8.999802	9.180386	9.344031	9.80366	10.09261	10.51676
奶类（耕地）	64955.07	66335.87	67988.26	65648.86	66598.18	67561.23
奶类（牧草）	36.52042	37.14061	34.97582	36.8129	37.09183	35.57567

资料来源：作者计算得到。

（二）基于国家公顷的均衡因子测算

由于各类土地的平均生态生产力相差很大，在计算中不能直接相加，需要通过乘以各自的均衡因子转化成可以直接比较的标准面积。在计算过程中，不采用全球平均生产力而采用国家平均生产力，因为以全球作为标准对于国内小尺度区域的研究指向性不明显，意义不大。不同种类产品单位产量所代表的意义不同，在计算各类生物产品的产量时如果直接相加会降低结果的科学性。为了方便计算和比较，在进行均衡因子计算时要求把各生物类型的总产量转化为统一的热值，公式如下：

$$q_i = \frac{P_i}{P} = \frac{\frac{Q_i}{S_i}}{\frac{\sum Q_i}{\sum S_i}} = \frac{\sum P_k^i}{S_i} \Big/ \frac{\sum \sum P_k^i r_k^i}{\sum S_i}$$

其中，q_i 为全国第 i 类土地的均衡因子；P_i 为第 i 类土地的平均生产力；P 为全国土地的平均生产力；Q_i 为第 i 类土地的总生物产量；S_i 为第 i 类土地面积；P_k^i 为第 i 类土地的第 k 种生物产品产量；r_k^i 为第 i 类土地上第 k 种生物产品的单位热值。

在耕地产品的计算中，动物产品产出有一部分来自耕地，为了避免重复计算，该部分不纳入计算；在林地的生物生产计算中，木材的密度取 600 千克/立方米，每根竹材的质量取 19 千克；水产品主要有海水产品和淡水产品两大类，产出均以鱼类、贝类和虾蟹类为主，水域总面积取内陆水域面积与大陆架渔场面积之和；为了避免重复计算，在进行牧草地生物生产计算时只考虑产自牧草地的牛肉、羊肉和牛奶的产量，因为产自耕地的牛肉、羊肉和牛奶是消耗玉米、高粱、大麦等农作物，在计算耕地生物生产时已经计算过。牛肉、羊肉和牛奶产自牧草地部分比重分别 0.14、0.43 和 0.28，产品总产量需要乘以该比例才是牧草地生产部分。计算结果如表 15－3 所示：

表 15－3 2005~2015 年各类产品生物生产情况汇总　　　　单位：10^9 J

年份	耕地		林地		牧草地		水域	
	热值	面积	热值	面积	热值	面积	热值	面积
2005	954086764.4	146585	90080581	190347	6511641	330995	28099713	297471
2006	964977801	144185	104693872	190536	7030691	330995	29038872	297471
2007	965479566	145644	111256509	191100	7546499	330995	29949972	297471
2008	1023742538	149069	126708034	212050	7723117	330995	30341130	297471
2009	1040848457	151747	116435784	224945	7814689	330995	31767572	297471
2010	1062787112	153438	130448286	225557	8019754	330995	33326706	297471
2011	1096074149	155221	134543790	226052	8116951	330995	35542923	297471
2012	1131786799	156633	138172177	226516	8367224	330995	37673146	297471
2013	1149625756	157842	142918367	226974	8181203	330995	39413567	297471
2014	1168332777	158927	141946443	227883	8423618	330995	41478589	297471
2015	1180814950	159601	131244788	227680	8624362	330995	43077253	297471

资料来源：作者计算得到。

由于化石能源消费足迹是通过吸收能源消费产生的二氧化碳所需要的林地面积来表征的，因此化石能源用地的均衡因子与林地相同；而城镇建设占用的多是耕地，均衡因子用耕地来代替，结果如表15-4所示：

表15-4 2005~2015年中国各类生态生产性土地均衡因子

年份	耕地	林地	牧草地	水域	化石能源
2005	5.824661	0.423505	0.017605	0.084534	0.423505
2006	5.829816	0.478630	0.018503	0.085034	0.478630
2007	5.742439	0.504324	0.019750	0.087216	0.504324
2008	5.718103	0.497523	0.019428	0.084925	0.497523
2009	5.760432	0.434709	0.019828	0.089687	0.434709
2010	5.652250	0.471944	0.019772	0.091423	0.471944
2011	5.595445	0.471629	0.019432	0.094679	0.471629
2012	5.554438	0.468901	0.019432	0.097353	0.468901
2013	5.506995	0.476094	0.018689	0.100180	0.476094
2014	5.487245	0.464943	0.018996	0.104080	0.464943
2015	5.510530	0.429343	0.019407	0.107858	0.429343

资料来源：作者计算得到。

（三）各类生态足迹账户计算方法

1. 种植产品账户生态足迹

根据各城市统计年鉴和统计公报，主要种植产品包括稻谷、小麦、玉米、薯类、花生、豆类、蔬菜等，与国家主要耕地产出产品基本相同。为了便于比较分析，将2004~2013年的种植产品生态足迹汇总。

2. 林产品账户生态足迹

林产品主要包括水果、木材和竹材，各城市种植的水果种类较多，除了梨、葡萄、柑桔类是中国国家主要的水果品种，部分城市还有柚子、杨梅、枇杷、李子等小众水果，但种植规模和产量较主要水果类型小。由于国家统计资料缺失上述水果的详细统计数据，为了与国家主要水果平均产量衔接，上述产量和规模均较小的水果种类在此忽略不计。木材的单位是立方米，竹材取每根19千克计算。

3. 动物产品账户生态足迹

动物产品账户包括动物产品和水产品。动物产品所占的土地类型不一致，总的来说占用了耕地和草地两种生态生产性土地类型。产自耕地的牛肉比例是0.86，草地是0.14；产自耕地的羊肉比例是0.57，草地是0.43；牛奶耕地的比例为0.72，草地为0.28，根据各类产品的比例计算所占用的生态生产性土地。

4. 能源账户生态足迹

能源消费的生态足迹主要包括原煤、石油和电力的消费足迹。能源的消费量不能直接转化为生态生产性土地，需要估计吸收CO_2排放所需的土地面积来衡量化石能源用地。根据能源单位热值计算出化石能源的总热量,再根据各种能源的碳排放系数计算出碳排放量;森林和草地都具有吸收碳的功能,依据两者的 NEP(净生态系统生产力)系数计算出森林和草地对 CO_2 的吸收能力,最终得到化石能源燃烧排放的 CO_2 所需的生态生产性土地面积。建筑用地生态足迹通常是指电力的消费足迹,而我国电力的生态足迹很大部分归于化石能源用地,为了避免重复计算,建筑用地的生态足迹采用水电消费量计算。我国 1 千瓦时水电的生态足迹是 0.0206 平方米可耕地。

(四)我国三市十年的城市生态足迹计算结果

根据以上计算可得到 2005~2016 年六大类生态生产性土地的生态足迹,由于各类土地的生产力差异明显,不能直接相加,采用均衡因子进行调整。由于各年份之间均衡因子差值较小,调整后的人均均衡生态足迹如表 15-5、表 15-6 和表 15-7 所示:

表 15-5 北京市人均生态足迹

年份	耕地	林地	牧草地	水域	化石能源
2005	9.087703	0.006058	0.011840	0.000394	0.652892
2006	7.323101	0.007525	0.008200	0.000352	0.722270
2007	6.309615	0.007901	0.007165	0.000371	0.773673
2008	6.169201	0.007103	0.005112	0.000236	0.735415
2009	6.093886	0.006568	0.004703	0.000228	0.626549
2010	5.288950	0.007881	0.004223	0.000203	0.650533
2011	4.996064	0.007627	0.004188	0.001117	0.588915
2012	4.829336	0.010772	0.004129	0.001329	0.577446
2013	4.687463	0.012666	0.003610	0.001005	0.512477
2014	4.212797	0.008185	0.002921	0.001654	0.510581
2015	4.001710	0.007669	0.002655	0.002029	0.447427
2016	3.315880	0.010674	0.002275	0.001656	0.437729

资料来源:作者计算得到。

表 15-6 上海市人均生态足迹

年份	耕地	林地	牧草地	水域	化石能源
2005	0.226221	0.000477	0.012400	0.036236	1.473381
2006	0.215577	0.000609	0.009907	0.044710	1.639206
2007	0.203084	0.000810	0.009536	0.034755	1.748178
2008	0.201544	0.000902	0.009962	0.011505	1.794115

续表

年份	耕地	林地	牧草地	水域	化石能源
2009	0.208208	0.000750	0.009454	0.011622	1.542853
2010	0.191381	0.000813	0.010490	0.011351	1.817211
2011	0.190720	0.000771	0.011766	0.028630	1.852418
2012	0.186176	0.000987	0.011939	0.029590	1.804266
2013	0.169191	0.000757	0.010679	0.029009	1.919717
2014	0.162903	0.001020	0.010558	0.036051	1.683862
2015	0.144066	0.000619	0.010915	0.034283	1.604690
2016	0.122568	0.000696	0.010567	0.030678	1.680572

资料来源：作者计算得到。

表15-7 天津市人均生态足迹

年份	耕地	林地	牧草地	水域	化石能源
2005	0.598295	0.005920	0.070260	0.023994	1.022086
2006	0.508331	0.006914	0.055436	0.024474	1.187409
2007	0.489655	0.006129	0.052009	0.020832	1.277809
2008	0.458300	0.005604	0.048254	0.018303	1.178062
2009	0.466195	0.004854	0.046065	0.017643	1.056774
2010	0.442259	0.019745	0.041449	0.015964	1.355429
2011	0.416154	0.009220	0.038656	0.016057	1.426545
2012	0.385104	0.010972	0.036415	0.016294	1.355217
2013	0.373867	0.011921	0.035094	0.020646	1.367996
2014	0.363087	0.011777	0.033632	0.018468	1.244078
2015	0.356513	0.012695	0.033149	0.017760	1.101167
2016	0.364988	0.016619	0.033719	0.017319	1.082940

资料来源：作者计算得到。

(五) 北京市的产量因子

根据已计算的各类土地热值与面积，可算出北京市2005～2015年的土地生产力，与全国生产力相比，即得到北京市十年的产量因子。森林和草地不仅能产出生物产品，同时还吸收CO_2，全国各地的森林、草地对CO_2的吸收功能基本相同，因而将北京市化石能源用地的平均生产力等同于国家平均生产力，产量因子为0。与国家均衡因子计算方法相同，建筑用地的产量因子与耕地一致，如表15-8所示：

表 15-8　北京市各类土地产量因子

年份	耕地	林地	牧草地	水域	建筑用地
2005	1.230992	0.272279	13.20907	1.243257	1.230992
2006	1.078439	0.244948	10.01959	1.186367	1.078439
2007	1.106239	0.243962	9.248884	3.746548	1.106239
2008	1.083124	0.235932	9.095161	3.693535	1.083124
2009	1.087611	0.274460	9.059086	3.872027	1.087611
2010	1.027956	0.262246	8.453002	3.493930	1.027956
2011	1.072565	0.255688	8.268848	3.765645	1.072565
2012	1.068444	0.295815	8.088225	3.778453	1.068444
2013	1.105352	0.354438	7.849712	4.008023	1.105352
2014	1.103385	0.254085	7.350443	4.265265	1.103385
2015	1.143277	0.271578	6.946139	4.30933	1.143277

资料来源：作者计算得到。

（六）生态承载力

各类土地的生产力存在差异，不能直接相加，研究区域土地实际面积需要经过产量因子和均衡因子进行标准化处理。生态承载力公式如下：

$$E_c = \sum_{j=1}^{6} (a_j \times r_j \times y_j) \quad (j = 1, 2, \cdots, 6)$$

其中，E_c 为生态承载力，单位为公顷；j 为土地类型；a_j 为 j 种土地类型的实际面积；r_j 为均衡因子；y_j 为产量因子。

表 15-9　北京市 2005~2015 年生态承载力

年份	耕地	林地	牧草地	水域	化石能源
2005	1.482507	0.005959	0.050851	0.001374	0
2006	1.254789	0.005405	0.038943	0.001241	0
2007	1.118171	0.005732	0.036654	0.001033	0
2008	1.126146	0.005033	0.033555	0.000921	0
2009	1.078306	0.004656	0.032478	0.000896	0
2010	0.939563	0.004467	0.028648	0.000830	0
2011	0.899419	0.004142	0.026765	0.000883	0
2012	0.810910	0.004582	0.025548	0.000871	0
2013	0.697823	0.005271	0.023327	0.000835	0
2014	0.551718	0.003628	0.021821	0.000866	0
2015	0.504150	0.003385	0.020882	0.000835	0

资料来源：作者计算得到。

(七) 结果分析

1. 北京市的人均生态足迹分析

图15-2展示了2005~2016年北京各类土地的人均生态足迹及其足迹构成，具体分析如下。

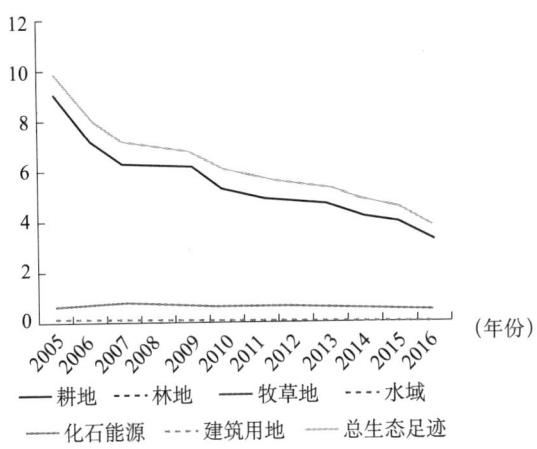

图15-2　2005~2016年北京市各生产类土地生态足迹

资料来源：作者整理得到。

从十几年间的人均生态足迹变化来看，北京市的耕地和化石能源的人均生态足迹在逐年下降。究其原因，第一，就人口因素而言，北京2014年的人口数量较1997年增加了73.5%。第二，就城市功能定位而言，北京是中国的政治与文化中心，为了减少PM2.5的浓度以及维护首都的国际形象，必须减少对资源的大量消耗，为此近年来北京积极调整产业结构，北京的第三产业比重在2014年达77.9%。同时，北京积极调整能源结构，一方面，提高可再生能源发电比重，2014年达7%；另一方面，北京大量减少煤炭等污染较大的化石能源消费量，煤炭在能源消费总量中比重不断下降，2014年仅为18.2%。在2013年下降速度呈现较快的发展趋势，主要原因在于2013年北京发布实施《关于印发加快压减燃煤促进空气质量改善工作方案的通知》，通过燃煤锅炉清洁改造、"煤改电"等措施减少煤炭消费量，导致能源消费总量较2012年下降了6.3%，而同期北京的人口数量增加了4.8%。能源消费总量降速较大，而人口增速较为明显。

从足迹构成来看，耕地的人均生态足迹比例占绝对的优势，化石能源排在第二，这与北京市的产业结构密切相关，发达的服务业和现代工业使得耕地的人均生态足迹比重远远大于其他各类生产土地的人均生态足迹比重。同时由于生态文明建设的不断实践，城市的环境保护政策不断加强，人们的环保意识不断深化，林地和牧草地的人均生态足迹没有大的变化。

2. 天津市的人均生态足迹分析

与北京不同，天津的人均生态足迹呈现出先增长后降低的趋势，整体较为平稳的变化（见图15-3）。从足迹构成来看，天津的人均生态足迹占比最高的是化石能源用地，其次是耕地。究其原因：

第一，就人口因素而言，天津2014年的人口数量较1997年增加了59.2%。第二，就其城市功能定位而言，天津自身定位是北方航运中心、环渤海地区的经济中心，开放程度较高，保持较高的经济增长速度是其主要任务之一，同期的能源消费总量2014年达8145万吨标准煤，较1997年增加了232.2%，人口增速远低于能源消费总量增速。第三，就产业结构而言，天津2014年的第三产业比重达49.6%，第三产业比重仍然较低。第四，就能源结构而言，一方面，1997~2014年天津可再生能源发电比重由0.1%仅上升到1.1%（国家统计局，1998~2015年），可再生能源发电比重较低；另一方面，煤炭在能源消费总量中占比由1997年的66.7%下降到2014年的44.1%，煤炭在能源消费总量中比重仍然较高。第五，就居民生活能源消费而言，天津2014年的居民生活能源消费量达895万吨标准煤。

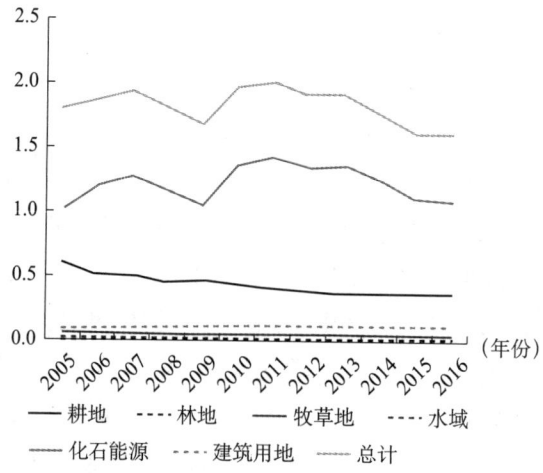

图15-3　2005~2016年天津市各生产类土地生态足迹

资料来源：作者整理得到。

3. 上海市的人均生态足迹分析

上海市的人均生态足迹与天津相似，总体上呈不变的趋势，占比最高的依然是化石能源用地，且耕地所占比重相对于天津来说更低，说明上海在化石能源上的生态足迹生产与消费占绝对优势。究其原因，第一，自1998~2005年上海做出重建"工业新高地"的决定，重工业发展速度加快，工业产值占第二产业比重大幅提升，支撑工业增长的钢铁、化石等高耗能行业不断扩张，导致能源消费总量增加迅速，能源消费总量增速高于人口增速。第二，就能源结构而言，一方面，可再生能源发电比重低，2005年仅为0.03%；另一方面，煤炭在能源消费总量中的比重仍然很高，2005年为47.7%。第三，就居民生活能源消费量而言，上海的居民生活能源消费量2005年为644万吨标准煤，增长速度较快。

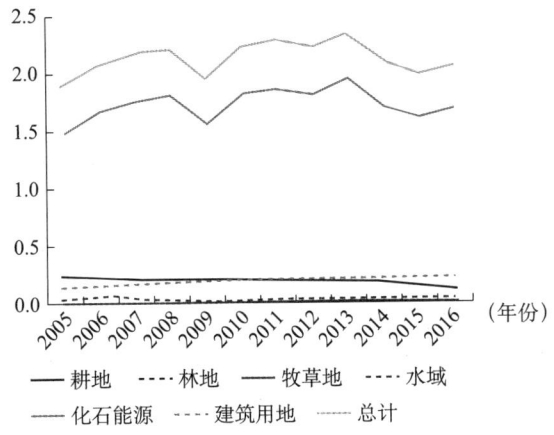

图15-4 2005~2016年上海市各生产类土地生态足迹

资料来源：作者整理得到。

4. 北京、天津、上海的横向对比

2009年天津的人均生态足迹超过上海的人均生态足迹占据首位，三大都市的人均生态足迹由高到低依次为天津、上海、北京。究其原因，第一，2006~2009年天津与上海的GDP年均增长率分别为15.4%和11.7%，同时天津与上海的工业增加值分别增长了218.8%和88.7%，天津GDP年均增长率与工业增加值增长率均高于上海，导致天津的能源消费总量增长了82.7%，而同期上海的能源消费总量增长率为49.5%，低于天津。第二，在能源结构中，一方面，天津可再生能源发电占4年平均为0.02%，低于同期上海可再生能源发电占比平均的0.67%；另一方面，天津的煤炭在能源消费总量中占比从2005年的65.2%下降到2009年的50.1%，而上海的煤炭在化石能源消费量中占比从2005年的

45.7%下降到 2009 年的 36.5%。第三，2005～2009 年天津的人口增长了 21.4%，而上海人口增长了 25.2%，天津的人口增速低于上海的人口增速，从而天津的人均生态足迹比上海的人均生态足迹高。此阶段，北京的人均生态足迹低于天津与上海的人均生态足迹。

5. 小结

由结果分析可知，虽然三大都市的人均生态足迹总体变化趋势与足迹构成呈现不同的特点，但是他们的人均生态足迹的影响因素具有共性，根据这一共性，得出以下主要结论：

（1）大都市间人均生态足迹变化呈现不同趋势。总体上，北京的人均生态足迹呈现下降趋势，上海和天津的人均生态足迹变化呈现平稳波动趋势。

（2）化石燃料用地足迹占大都市生态足迹的最主要部分。在六类足迹中，北京、上海、天津的化石燃料用地足迹成为影响城市生态足迹变化的决定性因素。

（3）经济增长和产业结构变化的影响。不同大都市的生态足迹在不同时期表现出强势增长趋势。在经济增长快速和以第二产业为主的产业结构中，生态足迹增长迅速，反之生态足迹增长缓慢或者出现下降趋势。

第四节　城市可持续发展政策建议

一、加强生态系统管理，提高生物承载力

我国的人均自然生态资源数量有限，培育、强化与保障坚实的生态基础，是增进国家生态安全与降低生态赤字的重要战略。要以生态用地为核心，保证生态用地的数量并多途径地提高土地、渔业用地的生产力水平，促进生物承载力的不断扩大与提高。因此，中央及地方应继续强化生态系统管理，全面提高生物承载力，大力提升生态系统服务水平。

二、实施差别化的产业扶持政策

根据城市产业发展负面清单的要求，严格控制和限制负面产业门类的发展，

积极鼓励和扶持生态环保、高效产业的发展。加大对生态产业或生态产业能力的资金及政策优惠。严格按照点上开发、面上保护的要求，在不影响生态开发和提供生态产品的前提下，依托资源状况，以据点式开发的方式，通过项目立项、财税、投资、土地、金融等手段，加大对生态农业、特色轻工业、旅游业以及其他服务业等环境友好产业的扶持力度，鼓励发展适宜产业。

三、科学利用和合理安排各类用地

按照重点生态功能区主体定位，加快推进形成主体功能区的要求，实施严格土地利用管理。科学划定各类用地区域与规模，强化节约和集约用地，严格执行国家基本农田保护政策和耕地占补平衡制度，严禁擅自改变基本农田用途，严格实施林地用途管制和公益林保护。在确保耕地、林地、水源地保护区、各类自然保护区等生态空间用地基础上，适度安排基础设施建设和适宜产业发展建设用地。

四、逐步降低高污染工业部门的比重，建立以第三产业为主导的产业结构

目前，北京和上海以第三产业为主，服务业相对发达，人均生态足迹增长态势得到有效控制。而天津第二产业比重较大，相比北京和上海，人均生态足迹相对较高，因此天津市应该综合考虑自身经济状况，借鉴北京与上海的经验，降低高污染工业部门等第二产业的比重，建立以低碳环保、高科技、高附加值的第三产业为主导的产业结构，从而减少环境污染，促进生态系统的持续良性发展。

五、重视城市合理布局，引导城市生态足迹理性发展

对城市开展生态足迹距离风险评价，为城市群与城市的规模控制提供科学的决策依据。城镇化发展要走土地集约的紧缩化发展道路，避免人、地不匹配的盲目扩展。城镇发展要注重设计，要走生态型智慧城市的发展道路。继续加大公共交通等低碳高效的基础设施建设与覆盖面，推进热量按量计价消费，降低居民日

常生活中的直接生态足迹。为居民发送家庭资源消费电子账单及对比信息清单，使居民注重消费的生态影响，促进居民树立更好的节约资源、关爱地球的消费理念。利用电视、广播、报纸、网络等多种媒介，宣传绿色消费，促进居民消费向绿色转型。

第十六章
城市循环经济

如同"知识经济""时间经济"一样,"循环经济"已经融入中国主流经济概念中,成为我国生态经济发展的热门与前沿。随着经济快速增长和人口规模的不断增加,城市对于资源的需求快速增长,资源不足和生态环境的保护问题越来越突出,生态建设和环境保护的形式日益严峻。面对这种情况,大力发展循环经济,加快建立资源节约型社会,是解决生态与经济问题的有效方法。

党的十九大指出,我国进入了中国特色社会主义新时代,我国社会主要矛盾已经转化为人民日益增长的美好生活需要和不平衡不充分的发展之间的矛盾。在新时代,人民群众对良好生态环境的要求仍然没有得到充分满足,经济增长与资源供给和环境保护之间还存在明显的矛盾。新时代开启了循环发展的新征程,为缓解或解决我国当前资源环境领域的突出矛盾,进一步提高经济社会发展质量、提升生态文明建设水平,客观要求我们必须大力发展循环经济,走绿色循环低碳发展道路。

循环经济是实现资源节约、环境保护与经济发展相协调的发展新模式,其本质就是一种生态经济。循环经济是运用生态学规律而不是机械论规律来指导人类社会的经济活动,要求按照生态规律利用自然资源和环境容量,实现经济活动的生态化转向。循环经济发展的本质被认为是提高生态效率,生态经济学为循环经济提供了学科基础,在自然生态、社会经济系统与生态经济社会复合系统尚未能够相互促进、相互协调时,也即在线性经济尚未退出历史舞台的阶段,循环经济成为生态经济的实现形式。

第一节　我国的循环经济发展

一、循环经济的发展历程

20世纪90年代之后，发展知识经济和循环经济成为国际社会的两大趋势。我国从20世纪90年代起引入了关于循环经济的思想。此后对于循环经济的理论研究和实践不断深入。20世纪90年代初期，国家先后颁布了《中华人民共和国节约能源法》《中华人民共和国环境保护法》《中华人民共和国固体废物污染环境防治法》等，把"资源节约"逐步纳入了国民经济和社会发展规划，要求加强资源的节约和综合利用，促使经济增长方式的转变。20世纪90年代末，国家环保总局部署了循环经济建设试点和生态工业园。南海生态工业园区、贵港生态工业制糖园区等被列为"国家生态工业建设示范园区"，贵阳市、辽宁省等地被环保总局批复为循环经济建设试点单位。

2002年6月，《中华人民共和国清洁生产促进法》通过，这是中国循环经济第一次在法律之中出现。2003年，党的十六届三中全会上胡锦涛同志的讲话，使中国循环经济发展逐渐上升到国家战略层面。2004年，中央经济会议和全国人大十届二次会议都明确提出了建设节约型社会，把发展循环经济作为实现经济增长方式转变、调整经济结构和可持续发展的重大举措。2005年，《关于加快发展循环经济的若干意见》和《关于做好建设节约型社会近期重点工作的通知》的颁布，标志着中国将发展循环经济正式上升到了国家战略层面。

2005年10月，国家发展和改革委员会、原环境保护总局今环境保护部等六部委联合分布了中国的第一批循环经济试点单位，对循环经济的发展模式进行探索。其中试点单位包括七大重点行业的42家企业，四个领域的17个单位，13个不同类型的园区，以及北京市、上海市、辽宁省等10个省市的城市。2006年3月，全国人大对《中华人民共和国国民经济和社会发展第十一个五年规划纲要》批准，使得循环经济发展在中国进入新的阶段，其中发展循环经济成为纲要第一章。同时，纲要不仅对中国"十一五"期间的经济社会发展指标提出了规定，并对废物排放和资源消耗进行了强制性约束。2007年9月，国家发展和改革委员会等三部委联合发布了《循环经济评价指标体系》，2007年底，其又开展了第二批中国循环经济示范试点单位，试点重点行业扩展至11个行业，增加了试点单位42个；重点领域增加17个试点单位；产业园区增加了20个试点单位；试点省市增加了17个。2008年8月，《中华人民共和国循环经济促进法》的通过，使中国成为全球第三个专门为循环经济立法的国家。其中明确了减量化、再利用、资源化的具体要求。《循环经济促进法》《节约能源法》《清洁生产促进法》等法规构成了中国的循环经济法律体系。2009年12月，《甘肃省循环经济总体规划》的批复，标志着循环经济从理论到实践的重大突破，这也是第一个由国家批复的区域循环经济发展规划。2010年12月，为了促进《循环经济促进法》贯彻落实，国家发展和改革委员会发布了《循环经济发展规划编制指南》，指导各地方科学地编制循环经济发展规划，促进经济可持续发展。

2013年国务院印发了《国务院关于印发循环经济发展战略及近期行动计划的通知》，这是我国循环经济领域第一个国家级的专项规划，明确了"十二五"发展循环经济的总体思路、主要目标、重点任务和保障措施。之前，国务院还先后批复了甘肃省和青海省柴达木循环经济试验区循环经济发展规划。在国家规划引领下，各地区制定了本地区循环经济发展规划，有关部门相继发布了重点领域循环经济发展规划，如发布了矿产资源综合利用、大宗工业固废综合利用、再生资源回收体系建设、海水淡化产业化等专项规划。2014年和2015年国家发展和改革委员会同有关部门先后印发了循环经济年度推进计划，2015年工信部印发了《京津冀及周边地区工业资源综合利用产业协同发展行动计划》。

通过我国循环经济的发展历程表明，循环经济在我国的发展非常迅速。第一，国家的高度重视以及政策制度的日趋健全，以《循环经济促进法》为主体的循环经济相关法律体系的建立。第二，中国各级地方政府的积极参与，部分省市级循环经济试点单位初见成效。第三，生态工业园区的迅速发展，成为中国循环经济发展的主力军和闪光点。第四，企业积极的实践，循环经济技术的探索，循环经济产业链的构建，使循环经济在微观层面上得到应用。

二、循环经济的发展特点

从20世纪末中国学者根据德国和日本的相关做法开始引入循环经济到颁布《循环经济促进法》，经历了理念倡导、国家决策和试点示范之后，中国经济的崛起带来了循环经济的全面推进（见图16-1）。早在2004年就有学者指出符合

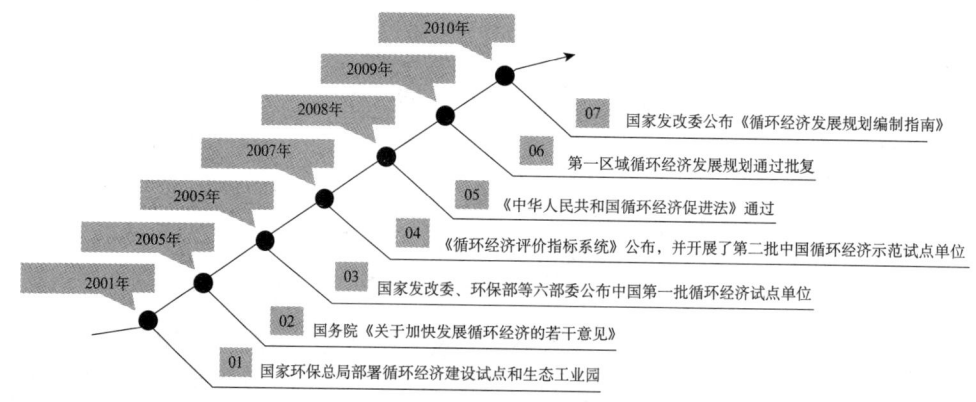

图 16-1 中国循环经济发展历程

资料来源：根据相关资料整理绘制。

中国国情的发展循环经济的方法主要是物质流管理，这与德国在 2004 年之后的环境政策新理念相吻合。循环经济主要的实践形式是开展在企业、产业园区和社会三个层面。企业层次上的清洁生产方式能够实现企业内部的原料循环利用和能量阶梯级利用。生态工业园区的建设包括企业之间搭建生态产业链条和建设高效共享的能源、水等公共资源的园区基础设施建设。社会层面上，我国学习日本的"静脉产业"积极建立回收、再利用和资源化各类废弃物的产业，通过世博会在消费领域中积极倡导资源的能源节约、合理消费和绿色消费。

发展循环经济是我国实施可持续发展战略的重要选择。现阶段，我国循环经济发展正处于全面推进阶段，相关研究也逐渐走向理论与实证的结合，而如何科学地定量评价循环经济的发展水平是当前我国循环经济研究的热点与难点之一。循环经济存在运行效率、资源配置效率及技术效率等，其效率可表达为经济体在实现循环经济发展过程中，单位要素投入在特定的时间内产出最大化，使所有利益相关者得到总剩余最大化的性质。在循环经济发展投入持续增长的背景下，各省循环经济发展过程中的资源投入量及其反馈能力之间也存在差异，因而对其效率进行比较分析与评价，可为循环经济发展的规划提供参考。

为探索循环经济发展路径和模式，国家发展和改革委员会同财政部等部门开展了一系列试点示范工作。在"十一五"期间，在重点行业、产业园区、重点领域及省市层面，选择了 178 家单位进行了广泛试点，探索形成了 60 个循环经济典型模式案例。"十二五"期间，选择循环经济发展薄弱环节开展专项试点示范工作，包括 100 个园区循环化改造示范试点、100 个餐厨废弃物资源化利用和无害化处理试点、49 个国家"城市矿产"示范基地、42 个再制造试点、28 个循环经济教育示范基地和 101 个循环经济示范城市（县）建设地区等。通过这些试点示范工作，形成了一批有益的典型经验，也为循环经济制度创新积累了丰富经验。

近日，国家发展和改革委员会、财政部在对国家循环经济试点示范单位验收和评估的基础上，总结凝练出 9 条典型经验向全国推广。在循环经济的组织推动和评价方面，形成了循环经济协同推进机制和区域资源产出率统计评价机制；在推动城市循环发展方面，形成了产城融合发展模式和城市餐厨废弃物处理机制；在促进园区循环发展方面，形成了产业园区循环化改造机制、废弃物资源化精细管理机制和产业废物第三方外包式服务机制；在发展资源循环利用产业方面，形成了"互联网＋"再生资源回收利用模式和再制造技术服务发展模式。

三、循环经济的未来发展

（一）创新驱动循环发展

创新驱动循环发展取得了辉煌成就，"十三五"时期，科技部将深入推进创新驱动战略，实施"固废资源化专项"，聚焦典型固废，围绕源头减量—智能分类—高效转化—清洁利用—精深加工—精准管控全过程，着力解决协同控制、分质转化两大科学问题，突破固废源头减量与生态链接技术等六大环节关键技术，全面引领提升我国固废资源化科技支撑与保障能力。

（二）结构转变发展

过去 10 年间我国循环经济发展取得了显著成绩。我国未来循环经济发展要在政府、企业、消费者、研究者四个方面进行深化，并做好四个方面的结构转变。一是能源结构转换，即从原来的煤油气这样的化石能源消耗为主导，转换到可再生能源、清洁能源为主导的一个变化。二是产业结构转变，即从重化工业为主导的结构，转化为有技术含量交通结构的转换，今天许多的资源环境问题，在一定程度上跟我们以小汽车为主导的城市内部模式，跟城市之间高速公路的汽车运输结构有关系。要实现绿色发展，接下来就要实现交通结构转换，转到城市内部以地铁、地面公交为主导，城市之间的高铁轨道交通连接的这样一种公共模式。三是资源环境友好型的产业体系，包括工业体系和服务业体系。消费模式转换，其中主要的是居住结构转换。我们现在的居住结构是功能分离的，导致长途的通勤上下班。四是实现建筑、居住跟城市空间结构转换，这是绿色发展从末端治理进步到源头控制的一种新的绿色发展理念。

"十三五"时期在绿色化背景下,应从绿色思想、绿色导向、绿色布局、绿色生产、绿色生活、绿色共享六个方面推动循环经济发展。

发展循环经济、建设生态工业园区、实行清洁生产等是转变经济增长方式,实现工业文明向生态文明转变、实现可持续发展的必由之路,也是生态经济学应用的重要构成部分。在循环经济的工业领域应用方面,循环经济的发展与运行,循环经济评价,循环经济的物质流和价值流分析,循环经济下的政府行为、企业行为研究,以及循环经济技术这五个方面仍然是未来主要的研究方向;在生态工业园区方面,生态工业园区的规划与建设、绩效评价、共生网络、生态产业链这四个方面仍然是未来的主要研究方向;在清洁生产方面,推行清洁生产的实践、强制性清洁生产审核制度、清洁生产技术这三个方面仍然是未来的主要研究方向。

第二节 循环经济指标体系

资源高效利用和环境优化是循环经济的核心,因此在选择循环经济指标时应以此为标准进行。基于循环经济的城市效率评价,以城市循环经济效率为评价对象,以实现可持续发展为目标,依据循环经济和城市发展理论,运用科学的方法和手段来评价和监测城市效率的发展状态、发展水平和发展趋势,为指导我国城市在循环经济发展上提供决策依据。

一、建立循环经济指标体系的意义

作为经济活动的管理者,即政府,其针对发展循环经济的职责便是在宏观层面上制定循环经济发展目标、计划,以及检查考核循环经济的运行效果。因此,进行循环经济指标体系研究,根据循环经济内涵及理念所构建科学合理的指标体系,可以为制定循环经济发展目标和计划提供理论基础,为考核循环经济运行效果提供定量评价工具,即发挥管理与决策工具的作用。

被管理者又可以分为企业团体和一般社会大众。企业作为社会经济活动的主体,是具体的循环经济活动的主要执行人。科学合理的循环经济指标体系,可以引导企业从循环经济战略思想出发，调整微观经济活动，使企业按照循环经济新模式发展，同时，面向企业的循环经济指标体系还能为企业在循环经济的角度进行绩效评价提供帮助。对社会大众而言，循环经济指标体系可以清晰明了地将循环经济的整体特征以及具体表现展示在人们眼前，便于公众全方位地了解循环经济发展状况，利于与政府、企业等其他个体之间达成共识，起到宣传普及循环经济的作用，为循环经济的发展奠定良好的群众基础，促进循环经济的普及推广和大力发展。

二、建立循环经济指标体系的依据

发展循环经济涉及面广、综合性强。为了科学评价循环经济发展进展和成效，建立一套科学合理、操作性强的循环经济评价指标体系非常有必要。评价指标必须能够体现城市发展的内在规律，能够对城市发展状况及其未来趋势进行横向比较和时空监测预警。因此，构建基于循环经济城市效率评价指标体系应该体现以下指导思想。

（一）经济发展是城市发展的前提

从经济学的角度考虑投入要素，一般要从劳动、资本来考虑，也就是以人力、物力、财力为基本出发点。首先，人力方面，就业人数是最好的代表性指标；其次，对于物力，可以以单位 GDP 能源消耗为代表；最后，对于财力，考虑到本章研究的循环经济，以经济和环境两方面为出发点，分别选取固定资产投资占工业产值比重和环境污染治理投资占地方财政支出比重两个指标。

（二）遵循循环经济"3R"原则

循环经济遵循"减量化、再利用、再循环"的"3R"原则，实现资源利用"减量化"、产品的"再使用"、废弃物的"资源化"节约自然资源，提高自然资源的利用效率，创造良性的社会财富，其实质是以尽可能少的资源消耗和尽可能小的环境代价实现最大的发展效益，以最小的经济成本来保护自然，实现人与自然的和谐。循环经济"3R"原则要求的是资源效率与效益化，基于循环经济的城市效率评价指标体系设计也必须贯彻这一根本原则。通过设计全面的评价指标体系将社会经济效益、环境效益和资源的利用效率统一起来。

（三）国家发展和改革委员会、国家统计局发布《循环经济发展评价指标体系》（2017 年版）

基于循环经济对城市效率进行评价研究，指标体系既要适用于城市效率的评价,又要适用于对城市循环经济发展水平的评价,所以在指标确立时尽量考虑对两方面兼具实用性的指标。依据《循环经济促进法》和《关于加快推进生态文明建设的意见》,为科学评价循环经济发展状况,推动实施循环发展引领行动,国家发展和改革委员会会同有关部门完善了《循环经济发展评价指标体系》(见表 16-1)。

表 16-1　循环经济发展评价指标体系(2017 年版)

分类	指标	单位
综合指标	主要资源产出率	元/吨
	主要废弃物循环利用率	%
专项指标	能源产出率	万元/吨标煤
	水资源产出率	元/吨
	建设用地产出率	万元/公顷
	农作物秸秆综合利用率	%
	一般工业固体废物综合利用率	%
	规模以上工业企业重复用水率	%
	主要再生资源回收率	%
	城市餐厨废弃物资源化处理率	%
	城市建筑垃圾资源化处理率	%
	城市再生水利用率	%
参考指标	资源循环利用产业总产值	亿元
	工业固体废物处置量	亿吨
	工业废水排放量	亿吨
	城镇生活垃圾填埋处理量	亿吨
	重点污染物排放量(分别计算)	万吨

资料来源:国家环境保护部门相关资料整理得到。

指标体系适用于国家、省域两个层面。对于市、县级层面,考虑到各地经济发展水平不同,地方资源结构禀赋不同,指标体系没有设置统一的评价指标,但各省级单位应当根据本指标体系原则制定本地区的市县级层面的循环经济评价指标体系。而对于园区和企业层面,由于各产业园区和行业企业资源利用方式不同,产业结构不同,各园区和企业应当针对本单位特点,从能源资源减量、过程及末端废弃物利用等角度制定本园区或企业的循环经济评价指标体系。

三、指标体系的细化原则与方法

国内生态经济学者根据研究对象的尺度、类型不同,对生态经济指标的构建方法和原则有所不同。目前在已着手开展循环经济评价指标体系的研究中，大体上根据尺度的不同，一是面向企业和园区，二是基于城市与区域层面。

（一）不同尺度的指标细化原则

在城市与区域层面上，诸多学者在国家发改委发布的循环经济发展评价指标体系的基础上，根据经济、社会、环境等多个维度进行指标的设计。

1. 省域指标体系

在省域层面上，通常将循环经济指标体系划分为经济效益、生态环境效益、资源能源效率和社会效益四个方面。经济效益方面，从宏观的角度强调经济和环境的协调，而地区生产总值、固定资产投资和社会劳动生产率这三个指标已经可以强调经济发展，而且第二、第三产业的比重也能从侧面反映经济和环境的协调进展。社会效益方面，以农村居民家庭恩格尔系数和城镇居民家庭恩格尔系数、居民消费水平指数以及城镇居民家庭人均可支配收入和农村居民家庭人均纯收入五个最直观反映人们生活水平的指标来反映社会情况。资源能源效率方面，对资源的消耗情况用能源消耗和水消耗来表述，并以对废水、废气、固体废弃物以及生活垃圾的循环利用和处理能力为主线来选择该系统的其他指标。综合考虑数据可得性和代表性，文章选取了单位地区生产总值水耗和单位地区生产总值能耗、城市污水再生利用率、工业废水重复利用率、城市生活垃圾无害化处理率、工业固体废弃物综合利用率、工业废气治理设施处理能力、工业废水处理率以及工业固体废弃物处理率等指标。生态环境效益方面，从三废的排放和污染治理的角度，以工业废水排放总量、废气排放总量、固体废弃物排放总量以及环境污染治理投资和森林覆盖率五个指标来刻画生态环境效益，同时考虑到各省的经济发展情况不同，污染物的排放量也会因此不同，所以采用单位地区生产总值工业废水排放量、单位地区生产总值废气排放总量、单位地区生产总值固体废弃物排放总量、环境污染治理投资占地方财政支出比重和森林覆盖率五个指标。

2. 市域指标体系

在研究我国城市循环经济效率评价时，根据城市的规模、类型，在指标体系的制定中遵循不同的考量。评价资源型循环经济的时候应该考虑立足控制资源的消耗量、提高废弃物的利用率、严格限制废弃物的排放量、提升单位资源产能等多方面。资源消耗指标反映的是煤炭、电能、水能等资源耗费的情况，结合单位工业产值，构建单位产值煤耗、电能耗等一系列评价资源消耗的指标。资源型城市循环经济效率的评价要从投入指标和产出指标两个方向进行分析，指标的选取主要从以下方面进行考虑，即指标能够反映资源消耗和利用效率，能够反映资源型城市的环境污染及废弃物循环利用效率，能够评估实施循环经济对现实经济生活的意义。在循环经济实施的过程中，投入指标必须具有一定的目的性，它可以是政府或者企业为了实现某一目标所采取的措施，也可以是宏观的政策建议；产出指标则要做的是度量循环经济实施后，对人们的生产生活以及自然环境和社会所带来的变化和产生的影响。

3. 园区、企业指标体系

将循环经济理念纳入园区规划建设中是可持续发展的需要，也是经济发展的必然。通过以循环经济为指导思想构建的多门类相结合并连接的高效、稳定的生态园，是实现总体规划目标的基础。在园区规划中，应根据区域和产业的特点，围绕园区的可持续发展以及建设具有柔性的共生生态链网，有重点地推进循环经济，以园区内主导优势产业的物质、能量的资源化利用为基础，以生态产业链为主线建立园区的生态工业，建设工业园区产业群之间生态工业链条，以清洁生产方法、工业生态学理论和循环经济理念为指导，以国家及地方产业政策或产业发展规划为依据，结合当地产业发展现状和将来发展趋势，切实可行地将循环经济理念融入工业园区发展规划方案中。

企业内部的循环利用，即企业层面的循环经济，通过工厂内各工艺之间的物料循环，减少物料的使用，达到少排放甚至零排放的目标。园区层面的循环经济，把不同的工厂联结起来，形成共享资源和互换副产品的产业共生组合，使一个企业产生的废气、废热、废水、废渣在自身循环利用的同时成为另一企业的能源和原料。园区作为城市经济发展的重要组成部分，是所在城市及周围地区发展对外经济贸易的重点区域，面对循环经济园区的不断涌现，迫切需要建立一套科学化的、面向园区及企业的综合评价指标体系，从理论上和实践上来指导园区和企业的循环经济发展，并将其作为循环经济园区的标准化、规范化的依据。国家发改委、环保局和统计局于2007年6月下发的《关于印发循环经济评价指标体系的通知》，是我国第一次就园区层面由国家统一发布的循环经济统计指标评价体系。该指标体系主要针对所有类型的循环经济工业园区，包括了轻工业、重化工业和高新技术制造业的循环经济示范园。指标体系主要包括：资源产出指标、资源消耗指标、资源综合利用指标和废物排放指标。

我国的许多学者对如何建立生态工业园区循环经济评价指标体系进行了研究，通过对我国有关部门和学者制定的循环经济指标进行分析，可以看到哪些指标使用率比较高。出现频率较高的指标主要集中在经济发展指标和环境污染控制指标，如人均工业增加值、工业增加值年增长率、单位工业增加值的能耗、水耗、电耗、COD 排放量、工业废水、废弃固体废弃物处理能力等。

综合以上有关部门和学者制定的循环经济指标，根据园区耗能、污染、对周边生态影响程度等特征，可以构建我国园区循环经济评价指标体系的原则。首先，园区循环经济指标要具备科学性。能对园区开展循环经济系统的各个层次、各个环节、各个时期做出评估，并揭示其发展的状态、发展水平以及园区循环经济的运行状态和规律，为循环经济的发展提供科学依据。所选的指标体系有相对成熟的理论和科学依据等。其次，循环经济指标体系要有可行性，切实可行的量化性评价才能真正反映园区的循环经济实际状况。最后，指标体系要坚持客观公正的原则，既不能夸大园区循环经济取得的成就，也不能贬低园区循环经济的实践，同时评价工作必须抛开地域的影响，以科学的态度，客观公正地分析和评价园区循环经济发展，才能真正为园区循环经济的不断良性改进发展提供理论支撑和科学依据。从内容上考虑，根据园区和企业的特点，对园区循环经济发展有重大影响的指标，主要内容包括资源利用能力、循环能力、环境能力、管理能力和经济能力。

（二）指标选取方法

选取指标时，为了满足指标体系的完备性原则，往往选取很多的指标，但在进行循环经济效率评价时，为了简化计算，总希望以较少的指标来全面地反映情况，且所选指标仅是通过定性和经验分析得到，产出指标过多也会影响模型效率评价结果，近年来在效率模型中运用比较广泛的方法有 Pastor 指标选取法、主成分分析法、经验法等。

1. Pastor 指标选取法

从已确定的待选指标中分别选取与研究对象的类型和尺度最相关也最具有代表性的投入产出指标。同时，考虑到投入指标的稳定性，在此，仅对产出指标进行定量化选取。

首先，选取一个确定性最强的产出指标作为模型的基础产出指标，并计算每个决策单元的效率值。其次，向基础指标中增加一个产出指标。再次，计算所有决策单元的效率值，用 η_i 表示第 i 个决策单元在前后两个模型中的效率变化率，即 $\eta_i = (e_1 - e_0)/e_0$，其中 e_1、e_0 分别表示新增指标前后的效率值。如果 η_i 的值与 0 差别不大，则表明新增指标对效率值的变化不明显，也就说明，新增指标并无用处。反之，若 η_i 的值与 0 差别很大，则表明新增指标对模型的效率值起着明显的改善作用。新增指标对每个决策单元效率值的影响是否显著的标准为 10%~20%（具体数值根据 η_i 值来判断）。重复该过程，把给定的剩下产出指标依次代入到基础模型中，如果某一新增指标能使所有决策单元效率变化率 η_i 大于标准值的比例超过 30%，则考虑在基础模型中加入该指标，每次选取比例最大的指标加入到基础指标体系中。最后，以加入新增产出指标后的投入产出指标体系为基础，重复上述步骤，直至 η_i 大于标准的比例小于标准值。

2. 主成分分析法

需要选取那些与较多指标有较强相关关系的指标作为评价指标，即主成分指标。

结合循环经济评价指标的一般原则，以前人文献中的研究成果为基础，对循环经济评价指标进行主成分分析，建立经济、资源和环境三大准则指标，包括经济产出指标、产业结构指标、资源消耗指标、资源利用指标、废物排放指标、环境治理指标六大要素层指标，分别从经济、资源和环境的角度对指标进行主成分分析的检验、分析和提取，并利用主成分进行循环经济综合评价。

3. 经验法

借鉴可持续发展指标体系的设计理念，选取资源、经济、社会、环境、制度五个子系统的全部或部分进行模块设计，并在模块内再行设计循环经济的一些特征指标，如单位 GDP 能耗等减量化指标和废物循环率等资源化指标等。这类方法可供借鉴的文献众多，简单易行，因此也是最多被采用的方法。或者利用生态效率等较为成熟且公认的概念或指标来强化循环经济的特征，旨在突出强调循环经济的生态效率目标，体现循环经济的核心内涵、3R 原则和本质要求。

第三节　城市循环经济效率评价

如何科学地定量评价循环经济的发展水平是循环经济的一个基础理论问题，也是当前我国循环经济研究的热点和难点之一。在一些西方国家，通常采用物质流分析方法研究经济活动中物质资源的新陈代谢，利用进入经济子系统的物质流作为环境压力和可持续发展程度的一种示踪指标。我国学者比较多地使用经济效率评价方法包括 DEA 模型、BP 神经网络模型、层次分析法等。

一、基于 DEA 的循环经济效率评价

数据包络分析方法（DEA）是依据输入输出指标确定经济发展效率的评价方法，它作为处理多目标决策问题的好方法，有一些其他综合评价方法所不具有的特点，例如无须设置权重，无须对指标值无量纲化处理，可以为改进评价目标提供建议等。

（一）DEA 模型的基本原理

数据包络分析是在 20 世纪 70 年代后期由美国运筹学家 Charnes 等相关人提出的用于评价相对效率的方法。该方法的中心思想是用生产边界来衡量效率，生产边界是从运筹学的角度用数学模式求得的。不用事先设置生产函数，该方法用投入指标体系和产出指标体系来生成一个数学模型，同时定出一个相对有效的生产前沿面，这就说明数据包络分析方法测算出来的有效性是相对的。各个决策单元的有效性取决于其与生产前沿面的距离。DEA 方法的中心思路是探索各个决策单元的某种线性组合，针对单个决策单元，以线性规划作为理论基础，在输入或输出有一个不变的条件下，获得另一个的最大或最小值，并与实际数据进行对比分析。

（二）模型构建

1. 生产前沿面

判断一个决策单元是否有效，本质上是判断该决策单元是否落在生产可能集的生产前沿面上。这里的生产前沿面，实际上是指由观察到的决策单元的输入数据和输出数据构成的包络面的有效部分，这也是称谓数据包络分析的原因所在。如果对于一种投入，产出并非是一种，例如 s（s>1）种，那么描述多种投入和多种产出之间关系及其生产有效性的特征时，需要在首先确定生产可能集的前提下，给出"最佳生产状态"即投入、产出的一对描述，这就是生产可能集的"前沿面"。

2. 静态模型 C^2R

20 世纪 70 年代末，Charnes 等以工程效率概念为依据创建并命名了首个 DEA 模型 C^2R 模型。C^2R 模型是以规模报酬固定不变为假设条件的一种相对效率评价模型。它以线性规划为理论基础来测算决策单元的相对有

效性。

作如下假设：一共有 n 个决策单元，输出以及输入指标的个数分别用 s 和 m 代表（这里的输入输出是指对资源的消耗和产出），输出及输入指标分别用 y 和 x 来代表。以线性规划作为理论基础，需要分别设定目标函数（在这里是单个决策单元的效率）以及为求解目标函数所需要的约束条件（在这里是 n 个决策单元的效率），据此 C^2R 模型的形式可以写为：

$$\begin{cases} \max \dfrac{u^T y_{j0}}{v^T y_{j0}} \\ s.t.\ \dfrac{u^T y_j}{v^T y_j} \leq 1,\ j = 1,\ 2,\ \cdots,\ n \\ v \geq 0,\ u \geq 0 \end{cases}$$

其中，$x_j = (x_{1j},\ x_{2j},\ \cdots,\ x_{mj})^T$，$y_j = (y_{1j},\ y_{2j},\ \cdots,\ y_{sj})^T$，$v = (v_1,\ v_2,\ \cdots,\ v_m)^T$，$u = (u_1,\ u_2,\ \cdots,\ u_s)^T$；$x_{ij}$ 为第 j 个决策单元对第 r 种输出指标的产出量；v_i 为对第 i 种输入指标的一种度量；u_r 为对第 r 种输出指标的一种度量。其中，$i = 1,\ 2,\ \cdots,\ m$；$r = 1,\ 2,\ \cdots,\ s$；$j = 1,\ 2,\ \cdots,\ n$。

3. 动态模型：Malmquist 指数模型

C^2R 模型是从静态角度比较不同决策单元的效率。如果考虑时间变量，比较不同决策单元的跨期效率，这种情况下由于不同时期生产技术的改变，各决策单元面临不同的生产前沿面，从而缺少比较的基准。基于此，引用 Malmquist 指数模型，即运用距离函数和面板数据，求出一个可以作为垂直比较分析的生产率指数。Malmquist 指数衡量的是自 t 至 t + 1 的跨期效率，Malmquist 指数小于 1、等于 1 以及大于 1 分别代表效率水平的下降、维持以及提升。Malmquist 指数的变动可以用技术效率以及能够反映企业的决策和经营管理能力的技术进步两方面的变动进行解释，假定规模报酬不变，这两个因素的乘积形式可以直接代表 Malmquist 指数，用 TP 和 EC 分别代表自 t 至 t + 1 期的技术进步指数以及技术效率变动指数。

（三）模型分析方法

利用构建的 DEA 模型，分别计算得出各决策单元的效率值，通过软件可得出三个效率值分别是综合效率、纯技术效率和规模效率。其中，Crste 对应不考虑规模效益的效率，又称为综合效率；Vrste 对应考虑规模效益的效率，又称为纯技术效率；Scale 对应规模效率，Irs 表示对象处于规模经济递增阶段，Drs 表示对象处于规模经济递减阶段。综合效率（Crste）值为技术效率（Vrste）和规模效率（Scale）的乘积。根据上述经济效率的评价结果，可以得出我国循环经济发展中循环经济效率为综合有效的地区和无效的地区，进而得出宏观尺度上的循环经济静态效率分布。通过 Malmquist 指数的大小，可以判断各地区的循环经济效率的动态变化，借此判断其循环经济发展势头的好坏。

二、基于 BP 神经网络的循环经济评价

（一）BP 神经网络基本原理

BP 神经网络是最简单的多层神经网络，也是人工神经网络中最具代表性和应用最广泛的一种模型。它是由非线性变换单元组成的前馈型网络，一般由 3 个神经元层次组成，即输入层、输出层和隐含层。各层的处理单元之间形成全互连接，同层内的处理单元间没有连接。

其中，输入层用以表现网络的输入变量，其处理单元数目依问题而定；隐含层用以表现输入处理单元间的交互影响，使用非线性转换函数，隐含层的处理单元数目根据网络调试或经验公式而定；输出层用以表现网络的输出变量，其处理单元数目根据问题而定，见图 16-2：

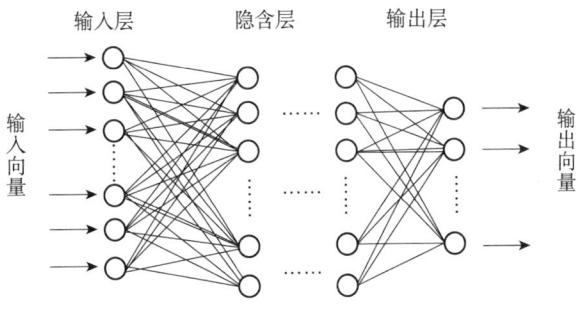

图 16-2　BP 神经网络模式结构

资料来源：傅建华、张莉：《基于 AHP 与 BP 神经网络模型的循环经济绿色营销绩效评价》，《科技管理研究》2012 年第 20 期。

在确定了神经网络的结构后，利用范例样本的输入、输出集，对其进行训练，即对网络的权值和阈值进行学习和调整，使网络实现从给定输入到给定输出的映射关系。经过训练的网络就能掌握事物的本质特征，对于不在样本集中的输入也能给出合适的输出，即具有了泛化功能。从函数拟合的角度看，神经网络具

有函数拟合功能。神经网络的基本原理是利用最陡坡降法的概念,将误差函数予以最小化。误差逆传播是神经网络的核心,它把网络输出的误差归结为各连接权的"过错",通过把输出层处理单元的误差逐层向输入层逆向传播以"分摊"给各层处理单元,从而获得各层处理单元的参考误差,从而调整相应的连接权,直至网络的误差达到最小。

(二) 基于神经网络的循环评价模型

1. 确定循环经济神经网络评价模型的输入和输出指标

由于循环经济评价一般会涉及较多的评价指标(见表16-2),并且指标的量纲具有较大差异,存在异化现象。因此,在进行循环经济评价的神经网络构建时,需要对原始数据进行归一化处理,逆向指标反向处理。

表16-2 循环经济评价的神经网络模型的输入输出

名称	输入指标	输出指标
	经济、社会、环境	循环经济发展效率
变量	$x_1, x_2, x_3, \cdots, x_n$	y

2. 设置循环经济发展水平评价的神经网络模型隐含层

一个3层的神经网络可以完成任意n维到m维的映射。因此,循环经济发展水平评价的神经网络设置为3层即输入层、隐含层和输出层。隐含层节点数对神经网络的性能也有一定的影响。隐含层节点数与输入单元和输出单元的节点数有关。一般可参见经验公式进行设定,公式如下:

$$K = \sqrt{m+n} + a$$

其中,K为隐含层节点数;n为输入节点数;m为输出节点数;a为1~10的调节常数。改变K,用同样的训练样本进行训练,从中确定网络误差最小所对应的隐含层节数。因此,循环经济发展评价神经网络,采用由一个输入层,一个输出层和一个隐含层所组成的3层神经网络,如图16-3所示。

3. 构建学习样本

对构建的n个指标进行分级,然后假定在同一个级别的所有指标组合所对应的综合结果也是出于该级别。根据此原则,因为需要的样本数量应该至少大于神经网络中的权系数数量,所以在进行单项经济、资源或环境评价时,统一采集i个样本集,其中j组样本用于训练,剩余组样本用于检验。将所选的n个指标划分为m个等级,每一组样本为所有同一等级的指标集合。分级的方法是将每个指标的最大值和最小值的差除以m得到级差;然后从1级开始每一级递减一个级

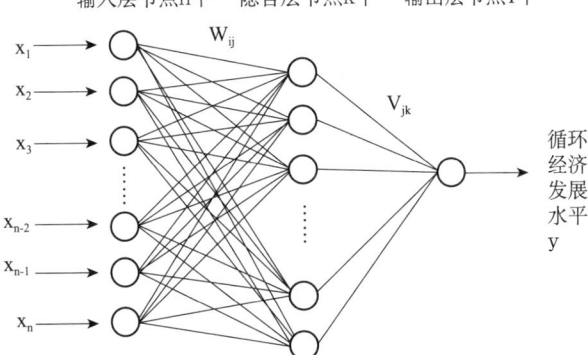

图 16-3　循环经济发展水平评价的神经网络模型

资料来源：傅建华、张莉：《基于 AHP 与 BP 神经网络模型的循环经济绿色营销绩效评价》，《科技管理研究》2012 年第 20 期。

差，第 1 级为最大值，最后 1 级为最小值，对应的输出指标是从 1 到 m 的级数。具体公式为：

$$\Delta x_j = \frac{\max(x_j) - \min(x_j)}{m}$$

$$x_{ij} = \max(x_j) - \Delta x_j$$

其中，Δx_j 为级差；x_{ij} 为每一级的指标值。

（三）循环经济评价的神经网络计算

1. BP 神经网络的训练

神经网络对曲线（面）的拟合是通过将之转化为一个非线性优化问题求解来实现的，是一类广义的函数逼近数值方法。目前应用得最多的是算法。算法即误差反传的算法。整个网络训练过程由正向和反向的传播过程组成。

BP 神经网络训练框架如图 16-4 所示。

2. 评价分析方法

利用以上 BP 神经网络模型，可以对 n 个主成分的数据进行评价，继而得到神经网络输出的评价结果。

三、基于层次分析法（AHP）的循环经济发展综合评价

层次分析法的核心就是判断矩阵，为了提高判断矩阵的准确性，可以采用专家打分法得出城市循环经济发展水平综合评价指标体系中各指标的判断矩阵，矩

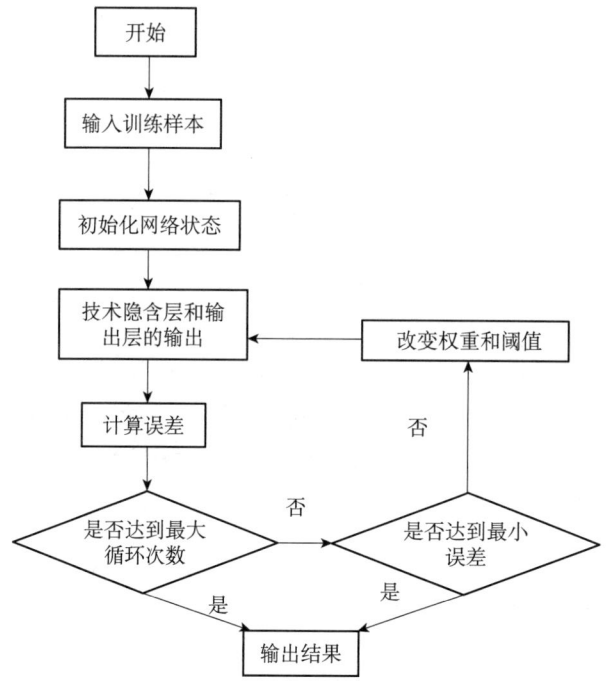

图 16 - 4　神经网络训练框架

资料来源：傅建华、张莉：《基于 AHP 与 BP 神经网络模型的循环经济绿色营销绩效评价》，《科技管理研究》2012 年第 20 期。

阵如下：

$$A = \begin{pmatrix} a_{11} & \cdots & a_{1n} \\ \vdots & \ddots & \vdots \\ a_{n1} & \cdots & a_{nn} \end{pmatrix}$$

（一）利用 AHP 法确定各层次指标的权重

由判断矩阵 A 确定权重 W_i，可以有许多种方法。例如采用特征向量中的和积法，首先，将判断矩阵每一列归一化，将每一列经归一化后的矩阵按行相加，并计算判断矩阵的最大特征根。最后，进行一致性检验，通过计算一致性指标和检验系数进行检验。通过专家打分法得出评价指标体系中各层次的专家判断矩阵，根据上述步骤，计算出各级指标相对于其上一级指标的权重。

（二）综合评价得分的计算

综合评价得分是评价体系对评价对象最后总的得分，它是众多评价因素综合作用的结果,能反映所要评价事物的真实情况。

对于正向指标(即其实际值越大,在评价中起到的作用越大的指标),公式如下:

$$F = \left[\sum_{j=1}^{a}\left(\sum_{h=1}^{n}\frac{F_{ijh}}{Z_h} \times W_{ijh}\right)\right] \times W_i + \sum_{i=2}^{b}\left(\sum_{h=1}^{n}\frac{F_{ioh}}{Z_h} \times W_{ioh}\right) \times W_i$$

对于负向指标(即其实际值越大,在评价中所起的作用却越小的指标),公式如下:

$$F = \left[\sum_{j=1}^{a}\left(\sum_{h=1}^{n}\frac{Z_h}{F_{ijh}} \times W_{ijh}\right)\right] \times W_i + \sum_{i=2}^{b}\left(\sum_{h=1}^{n}\frac{Z_h}{F_{ioh}} \times W_{ioh}\right) \times W_i$$

其中,F 为综合得分;a 为指标层级数;b 为指标分类数;Z_h 为某个单项指标的参考值;W_{ijh} 为第 i 个主因素的第 j 个指标的第 h 个分指标在第 j 个指标中所占权重;W_{ij} 为第 i 个主因素的第 j 个指标在第 i 个主因素中所占的权重;W_i 为第 i 个主因素所占的权重;F_{ioh} 为第 i 个主因素的第 h 个指标的实际值;W_{ioh} 为第 i 个主因素的第 h 个指标在第 i 个主因素中所占的权重。

四、循环经济评价方法的小结

(一)DEA 模型的优缺点

1. DEA 模型的优点

(1)DEA 方法可用于多项投入与多项产出的效率评估。与以往仅能够处理单项产出的效率评估方法不同,该方法能够处理多投入与多产出,而且无须构建生产函数对参数进行估计。

(2)DEA 方法不受投入产出量纲的影响。DEA 方法不会因为计量单位的不同而影响最终的效率评估结果,只要所有 DMU 使用相同的计量单位,仍然能够求出效率值。

(3)DEA 方法以综合指标评价效率。该指标代表资源使用的情况,适合描述全要素生产效率状况,并且可对 DMU 之间的效率作出比较。

(4)DEA 方法中的权重不受人为主观因素的影响。该方法中的权重由数学规划产生,无须预先赋予权重值,对 DMU 的评价相对比较公平。

(5)DEA 方法对非效率的 DMU 提出改善的方向。DEA 方法通过对松弛变量的分析,可进一步了解非效率 DMU 资源使用状况,并对其非效率的资源提出改进的方向和大小,从而为决策者提供改善效率的途径。

2. DEA 模型的缺点

(1)DEA 对异常值相当敏感。在实际生活中,由于统计数据质量、测量误差等问题，构成数据包络曲线的那些点是非常敏感的，或者说，其他效率不是最优的点都是和数据包络曲线上最好的点相比，而这些点其实是不稳定的，在此基础上得出的处理结果也是不稳定的。

（2）DEA方法中投入与产出项的选择对效率评估结果有决定性的影响。若投入项与产出项选取不当，则会影响生产前沿面形状和位置，从而影响效率评估的准确性。

（3）DEA往往难以给出具体的政策建议。即使得出了研究结果，对于一些效率相对低下的决策单元，如何进行改进？通过技术进步还是通过改善管理？再进一步的建议往往难以给出。

（二）BP神经网络的优缺点

1. BP神经网络的优点

（1）非线性映射能力。BP神经网络实质上实现了一个从输入到输出的映射功能，数学理论证明三层的神经网络就能够以任意精确度逼近任何非线性连续函数。这使得其特别适合于求解内部机制复杂的问题，即BP神经网络具有较强的非线性映射能力。

（2）自学习和自适应能力。BP神经网络在训练时，能够通过学习自动提取输入、输出数据间的"合理规则"，并自适应地将学习内容记忆于网络的权值中。即BP神经网络具有高度自学习和自适应的能力。

（3）泛化能力。所谓泛化能力是指在设计模式分类器时，既要考虑网络在保证对所需分类对象进行正确分类，还要关心网络在经过训练后，能否对未见过的模式或有噪声污染的模式进行正确的分类。也即BP神经网络具有将学习成果应用于新知识的能力。

（4）容错能力。BP神经网络在其局部的或者部分的神经元受到破坏后对全局的训练结果不会造成很大的影响，也就是说即使系统在受到局部损伤时还是可以正常工作的。即BP神经网络具有一定的容错能力。

2. BP神经网络的缺点

BP神经网络样本依赖性问题，网络模型的逼近和推广能力与学习样本的典型性密切相关，而从问题中选取典型样本实例组成训练集是一个很困难的问题。

综上所述，评价循环经济发展水平必须采用多指标综合评价方法。目前，国内外关于多指标综合评价的方法很多，根据权重确定方法的不同，这些方法大致可分为两类：一类是主观赋权法，如层次分析法、德尔菲法等，多是采用综合咨询评分的定性方法，这类方法因受到人为因素的影响，往往会夸大或降低某些指标的作用，致使排序的结果不能完全真实地反映事物间的现实关系。另一类是客观赋权法，即根据各指标间的相关关系或各项指标值的变异程度来确定权数，避免了人为因素带来的偏差，如主成分分析法、因子分析法等。考虑到主成分分析法的适用范围和诸多优点以及循环经济本身的特性，以循环经济评价指标体系为基础，采用主成分分析法来综合评价循环经济发展水平是比较适宜的。通过主成分分析，最终形成反映主成分和指标包含信息量的权数，以计算综合评价值。将综合评价值作为循环经济发展指数，以此来度量循环经济发展水平。

使用层次分析法，一方面可以自动生成各指标的权重，使评价结果相对客观、准确，避免主观确定权重对评价结果造成的负面影响；另一方面可以将影响循环经济发展的众多复杂变量综合为较少的几个因子，进一步简化指标结构。根据评估的结果，从主因子的角度进行综合分析，更容易抓住主要矛盾，揭示循环经济发展中存在的问题。

第四节　国外循环经济案例

走在全球循环经济领域前列的国家有很多，但是最具有代表性的是德国和日本。他们的循环经济运行模式已经成为了国际上的典型代表，被许多国家模仿和借鉴。

一、德国的循环经济经验

（一）完善的法律法规体系

德国是世界上最早进行循环经济立法的国家。其立法渊源可追溯到 1935 年颁布的《自然保护法》，但真正意义上的环境法律则始于"二战"以后。"二战"后工业迅猛发展带来的不光是经济繁荣，同时结出了环境严重污染的恶果。到目前为止，德国大约有 8000 余部联邦和各州的环境法律和法规，还有欧盟的 400 多个法规在德国也具有法律效力，德国已经形成了一套较为完善的循环经济法律体系，见表 16-3：

表 16-3 德国循环经济相关法规体系

年份	内容
1972	《废弃物处置法》
1974	《控制大气排放法》
1976	《控制水污染排放法》
1978	"蓝色天使"计划
1983	《控制燃烧污染法》
1984	《废弃物管理法》
1986	成立德国联邦环境保护部和各州环保局
1991	《避免和回收包装品条例》《包装品条例》
1994	《循环经济与废物管理法》
1998	《包装法令》《生物废弃物条例》
1999	《垃圾法》《联邦水土保持与旧废弃物法令》
2000	《可再生能源促进法》
2001	《社区垃圾合乎环保放置及垃圾处理法令》《废弃电池条例》《废车限制条例》
2002	持续推动《生态税改革法》《森林繁殖材料法》《废弃木材处置条例》
2004	《可再生能源修订法》
2005	《电子电器法》
2005	《包装条例第三修正案》
2005	《电子电器法之费用条例》
2005	《垃圾堆放评估条例》
2005	《巴塞尔协定》之附件第二修正案
2005	《垃圾运送法修正案》及《解散与清理垃圾回收支援基金会法》
2006	《包装条例第四修正案》
2006	《废车条例第一修正案》
2006	《简化垃圾监控法》

资料来源：作者整理所得。

其中，《循环经济与废物管理法》是德国发展循环经济的总的"纲领"，它把资源闭路循环的循环经济思想推广到所有生产部门，其重点在于强调生产者的责任是对产品的整个生命周期负责，规定对废物问题的优先顺序是避免产生、循环使用、最终处置。具体而言，首先是减少污染物的产生量，在生产和消费过程中尽量减少各种废物的产生；其次是对不能避免产生又可利用的废弃物要加以回收利用，使之回到经济循环中去；最后只有那些不能利用的废弃物才被允许进行最终的无害化处置。

德国在国家层面上存在明确的减物质化目标，在能源和二氧化碳减排方面，德国政府先后出台了《可再生能源法》《生物能源法规》《10 万个太阳能屋顶计划》等一系列法规和计划。为了降低建筑能耗，2002 年 2 月生效的德国《节约能源法》制定了新建建筑的能耗新标准，规范了锅炉等设备的节能技术指标和建筑材料的保暖性能等。

(二) 德国循环经济法律法规体系的主要特点

第一，德国循环经济法律法规体系是以生活和工业废弃物的处置、再利用问题为主线制定的，同时也涉及了可再生能源的开发与使用。

第二，《循环经济与废物管理法》是德国循环经济法律法规体系的总的指导性法律，其他法律法规是在该法框架下制定和实施的。

第三，《循环经济与废物管理法》立法初期是指"物质封闭型的垃圾经济"，后来通过生产责任者延伸制度，将循环经济原则扩展到了生产领域。

二、日本的循环经济经验

与德国相比，虽然日本建立循环型社会的称谓不同，但是他们产生的历史背景及发展过程是基本一致的。日本建立循环型社会采用一种"动""静"结合的模式，即环保产业化，发展"动脉"产业；产业环境化，发展"静脉"产业；"动脉"和"静脉"相结合或连通，并趋向物质流动平衡。

(一) 循环经济的运行体制

政府＋企业、团体＋国民三位一体的循环经济发展运行体制，要求政府建立与各个主体之间的合作关系，制定循环经济发展和循环型社会构建的有关政策措施。国民、企业团体重新审视生产、生活方式，要求国民珍惜使用优质产品的"可持续生活方式"；要求生产企业提供环保型的生产服务，彻底改变大量生产、大量消费、大量丢弃的生产模式，寻求最佳生产、最佳消费、最少丢弃的新型生产模式。企业的责任也很明确，要求企业开发高新技术并采取必要措施在设计产品的时候考虑资源再利用问题。

(二) 构建循环经济发展的法律体系

日本建立了健全的关于循环经济的法律法规体系，其法律有《促进循环社会形成基本法》，在此基础上，还制定了一些综合性法律，如《固体废弃物管理和公共清洁法》《促进资源有效利用法》；根据各种社会产品，制定有相应的法律法规，如《促进容器与包装分类法》《家电回收法》《建筑及材料回收法》等。

(三) 完善的循环经济政策机制

首先，在行政管理机制上，针对国内环境问题，日本政府设置了"环之国"

会议机制，其基本理念是谋求建立"以可持续发展为基本理念"的简洁、高质量的循环型社会，以及"以清洁生产、资源综合利用、生态设计和可持续消费等为指导思想的循环经济发展模式"。其次，建立有效的政策机制，日本的一些循环利用项目以及环保产业一直受到政府的支持，并且得益于一些具有激励作用的返还制度。

第五节　循环经济发展政策建议

（一）加大技术进步，提高资源节约与综合利用水平

发展循环经济，核心是必须依靠科学技术，尤其是高新技术的发展。还要围绕提高能源利用效率，实施技术创新工程，加快建立节能技术创新体系，推进资源节约与综合利用技术进步工作，并组织实施资源节约与综合利用方面的技术改造示范项目和相关新产品、新技术、新设备的开发和示范推广应用工作。

（二）制定激励政策，创新资源节约机制

加大对发展循环经济重大项目投资的支持力度。各级经委、财政、税务等部门要切实落实国家资源节约和资源综合利用的激励政策，充分调动企业和社会开展资源节约的积极性。进一步加大对资源节约工作的公共财政支持力度，建立资源节约专项资金，引导社会资金投向，增加资源节约投入。

（三）构建循环经济发展的法律体系

发展循环经济涉及社会、经济、环境各个方面，需要建立完善的法律法规体系，做到有法可依，有章可循。只有建立健全的法律法规，才能把循环经济工作纳入法制化轨道。目前，我国循环经济实践仅处于试验、示范的初级阶段，普及面小，深度不够，质量不高，更加需要完善的法律制度做保障。我国不能照搬国外循环经济立法模式，只能立足于我国实际情况适当地借鉴国外先进的立法理念或法律制度。

（四）加强循环经济和生态工业的宣传交流

目前，尚有一些人对发展循环经济和生态工业的重要性缺乏认识。要加大发展生态工业和循环经济的宣传，引导各级政府将循环经济的理念引入到地区的经

济结构调整和区域环境质量改善等工作中,尤其是引导企业把工业生态理念融入到企业文化中。各地、各部门要广泛开展节约资源和保护环境的宣传。

(五) 加强城市循环经济的参与性政策

发展循环经济是为了实现可持续发展,而可持续发展战略的重要原则是强调公众参与。公众的参与方式和参与程度决定着可持续发展目标和循环经济目标实现的进程。中国城市的发展要纳入经济、社会、环境相互协调和可持续发展的轨道中,需要政府管理部门自上而下的推动,没有广大社会公众自下而上的参与,是不可能成功的。因此,如何促进广大公众理解和参与循环经济发展,发挥社会公众和社会团体在循环经济中的积极性和创造性,是推动循环经济发展的重要环节。

根据对中国循环经济效率及实践的研究和对国外实践的理论总结,要在全社会范围内推进循环经济,必须进行政府、企业、社会三类组织的协同推进。循环经济发展的减物质化路径的实现,必须由一种工具和一政府管制,转变为政府管制、市场机制和社会参与三套工具一齐努力。对于发展型城市,只有走新型工业化道路,必须采用制度创新,才能尽快实现生态经济蓝图。

发展循环经济不是单项的经济工作任务,不是简单的综合利用问题,而是关系到国家经济社会发展的一项重大战略,是生态文明建设的根基、重要基础和有效实现形式,必须上升到国策的高度。从生产、流通、消费的各个环节、全过程、全社会、总体上、全局上、体系上来谋划发展循环经济。

第十七章
城市生态产业

　　生态产业是生态经济学的重要研究内容，在指导我国社会主义现代化建设中发挥着越来越重要的作用。生态产业的研究主要包括生态产业的概念、主要类型、面临问题、解决路径等。生态产业是在传统产业发展到一定时期，随着生产的进一步扩大和人口的进一步增加，传统产业暴露出许多弊端的情况下发展起来的。

　　生态产业的出现和发展是历史的必然。1969年，美国学者艾尔斯在研究物质材料流动时，首创性地提出了"产业代谢"的概念，在此基础上，艾尔斯于1972年提出更具划时代意义的"产业生态"概念。1991年美国国家科学院与贝尔实验室共同组织了首次"产业生态学"论坛，对产业生态学的概念、内涵、方法、应用前景进行了系统总结。贝尔实验室的C. Kumar认为，产业生态学是对产业活动及其产品与环境之间相互关系的跨学科研究。到目前为止，生态产业尚无统一的定义，甚至没有一个统一的分析框架。陈效兰认为，生态产业是依据产业生态学原理、循环经济理论及五律协同原理组织起来的基于生态系统承载能力，并具有较高的自然、社会、经济、技术和环境五律协同的产业。她把生态产业划分为生态农业、生态工业、生态信息业、生态服务业。实际上，生态经济覆盖所有产业经济部门，可以将其视为是整个国民经济的生态化，因此在生态产业体系的构建中，也可以应用通常的产业分类方法。

第一节 生态都市农业

农业是国民经济的基础，是工业原料的主要来源，对城市的发展起到重要的支撑作用。都市农业生态系统是整个生态系统效益及生态容量的主要承担者，对城市具有生态保障作用，对物质生产和生态屏障具有双重功能的作用。

一、生态都市农业的内涵

生态都市农业是指在城市空间地域范围内，具有一定生态空间格局，以可持续发展为核心，形成生态上自我维持的低输入，经济上切实可行的农业生产系统。它体现了城乡的融合，是服务于城市的具有多功能、高科技、高度产业化、市场化等特征的生态农业系统。我国发展生态产业，从国民经济部门角度而言，就是要从基础产业做起，在农业领域就是要大力发展生态现代农业。生态都市农业就是按照生态经济学原理和系统工程方法构建的农业生态系统运用于现代农业生产实践的一种农业模式。

生态农业不同于传统农业，也区别于现代化农业，它具有以下特点：生态农业强调应用生态学原理指导农业生产；吸取了传统有机农业的精华和工业化农业对现代科学计数的合理运用成果，同时又避免了传统农业生产率低和工业化农业高消耗、高污染的缺陷；在产业结构上强调建立种植业、养殖业和农产品加工业协调发展的农业生产结构；重视利用先进科学技术，如生物技术等，将先进农业技术与传统技术相结合。

二、生态都市农业的功能

生态型都市农业是生态农业和都市农业有机结合而成，是一种符合现代农业要求的集约化的多功能农业。除了具有生产功能、生态功能外，它还有农业文化体验和城乡互动的社会活动等诸多有利于和谐社会的功能。除了具有都市农业本身的功能以外，生态型都市农业更强调生态性，有利于建立人与自然和谐相处的环境，实现经济、社会和生态效益的高度统一和可持续发展。结合国内外学者对都市生态农业的研究成果，我国的都市农业功能分为经济功能、社会功能和生态功能（见图17-1）。

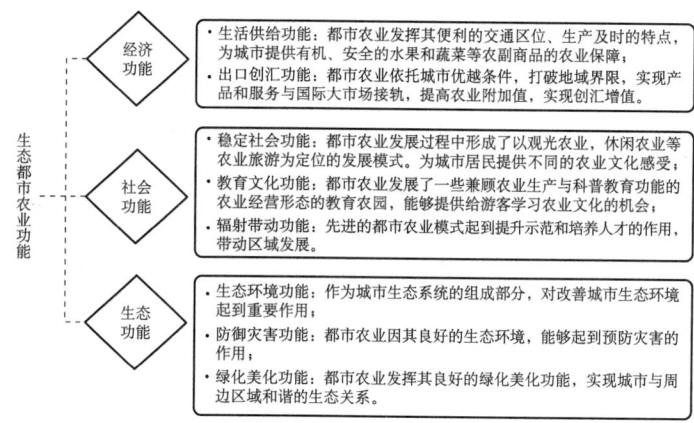

图 17-1　生态都市农业功能

资料来源：作者根据"赵玲：《生态经济学》，中国经济出版社 2013 年版"绘制。

三、生态都市农业的形式

通过发展生态型都市农业，进一步调整和优化农业结构，提升农业发展水平，改善生态环境，增加人民收入。我国都市农业的形式主要可以分为以下几类：

（1）观光农园。包括各种"采摘节"和类似的采摘活动。即开放成熟的果园、菜园、花圃、茶园、垂钓园等多功能性园区，让游客入内采果、拔菜、赏花、采茶、钓鱼等，为游客提供观光、采摘、农产品购买以及休闲憩游的场所，同时游客也可通过体验劳作过程，享受田园乐趣。观光采摘园是国外观光农业最普遍的形式，也是我国观光农业发展的最初形态。目前，北京的观光采摘园已在观光农业类型中占据重要位置。

（2）市民农园。这是由农民提供农地，让市民参加耕作的园地。目前我国市民农园已在上海、深圳、北京等发达城市率先兴起，如北京西郊的小毛驴市民农园、广州从化田心农家乐、成都郫县安德镇安龙村等，类似的还有农业认养旅游、社区支持农业、都市农夫等。

（3）休闲农场。是一种综合性的休闲农业区，游客不仅可观光、采果、体验农作、了解农民生活、享受乡土情趣，而且还可住宿、度假、游乐。例如，许多城市都存在的各种"农家乐""农家院"等，已经成为都市人周末和节假日短期休闲旅游的一个不错的选择。

（4）教育农园。这是兼顾农业生产与科普教育功能的农业经营形态，即利用农园中所栽植的作物、饲养的动物以及配备的设施，如特色植物、热带植物、农耕设施栽培、传统农具展示等，进行农业科技示范、生态农业示范，传授游客农业知识。如台湾的自然生态教室，北京的少儿农庄。

（5）高科技农业园区。这是采用新技术生产手段和管理方式，形成集中生产加工、营销、科研、推广等功能于一体，高投入、高产出、高效益的农业种植区或养殖区。这些园区有的可以对外开放，接受游人的观赏，有的属于封闭型，不接待游客。

四、生态都市农业的实践

（一）北京大兴生态农业发展

大兴区是农业大区，在北京市农业经济中占有较大比重。全区积极推进以服务城市、改善生态、致富农民为宗旨，以中高档消费市场需求为导向，融生产性、生活性和生态性于一体，形成高质、高效和可持续发展相结合的都市型现代农业。经过不断的实践创新，取得较好效果（见图17-2）。

发展特点：

（1）现代田园特色产业逐步形成。依托农业自然资源，发展现代高效农业，形成现代农业与田园特色相结合的农业产业。

（2）服务都市功能不断增强。以服务大都市为目标，开发了多用途和多功能产品，发展了观光休闲农业。为满足首都市民农产品消费多样性的需求，开发了鲜食型、烤食型、茎用型、加工型等多种用途的甘薯品种，开发了瓜氨酸、富CLA奶、富硒梨等功能性产品，开发了梨汁、桑葚汁、葡萄酒、酱菜、奶制品、熟食等加工食品。

（3）建立农林牧复合生态系统。北京大兴区生态农场运用大系统的观点，调整农业产业结构，改变过去以种植业为主的单一生产结构的生态循环关系，建立并优化农林牧复合生态系统，因地制宜地通过食物链和产品加工环节，提高物质循环、能量转换效率，逐步形成物质和能量多层次循环利用的循环结构。

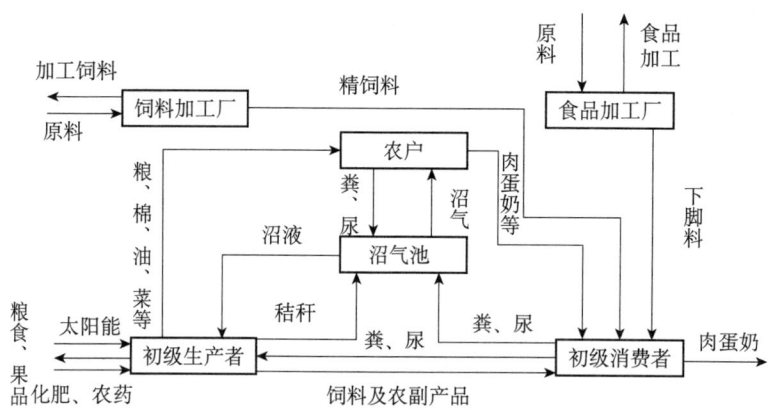

图 17-2　大兴区生态农业循环模式

资料来源：张震、李长胜：《生态经济学——理论与实践》，经济科学出版社 2016 年版。

（二）锦江三圣花乡休闲农业

三圣乡位于成都市东南方向锦江区，其地理位置是成都市东南方的城市通风口。因其具有良好的自然环境和悠久的花卉种植历史以及便利的交通区位，在都市农业发展方面颇具优势。

发展特点：

（1）因地制宜，错位发展。锦江区三圣乡地处城市绿地系统中重要一点，同时其先天的农业利用条件优越，锦江区创新发展思维，充分利用城市通风口背靠大城市的地缘优势，因地制宜，集中土地利用方式，构建农村合作社，农户互助合作社，形成连片联户开发，共同规模化开发市场空间，走农业发展专业化、产业化、规模化道路；挖掘农业资源和历史传统优势产业，打造代表性景观景点，错位建设，以不同点状优势景点带动配套的区域发展。

（2）景观化打造，城市化建设。三圣乡为保障都市农业可持续发展，提升居民生活环境改善和旅游环境改善，实施农房改造景观化，保护四川传统村落空间结构，保留村落布局宜散则散、宜聚则聚的原始农居格局，针对具有一定旅游和文化价值的川派民居特色的建筑进行改造，体现蜀文化民居风格。对景区内和街道进行景观风貌规划改造，由"农户出资、政府补贴"的方式进行房屋的外饰改造。

（3）以文化促发展。三圣乡以"花文化"为媒介，运用景区内的丰富农业资源和良好的生态环境，深度挖掘景区的农业文化内涵，将文化内涵注入花卉产业和旅游产业发展中，以文化提升农业、以文化塑造景观、以文化打造优势，打造三圣乡都市生态农业。

第二节 生态工业

传统工业系统与自然生态系统的固有矛盾及其对环境的危害，因此，只有发展生态工业，才能够在创造和享受工业文明成果的同时，最大限度地减轻对环境的负面影响，从而实现持续福利增长以及人与自然的和谐相处。

一、生态工业的含义

生态工业是指仿照自然界生态过程物质循环的方式，按生态经济管理和知识经济规律组织起来的基于生态系统承载能力、具有高效的经济过程及和谐的生态功能的网络型进化型产业。生态工业与传统工业最显著的区别，就是它力求把工业生产过程纳入生物圈的物质循环系统，把生态环境作为发展的重要内容，作为衡量工业发展的质量、水平和程度的基本标志，实现工业发展的生态化。它体现的是经济效益、环境效益和社会效益的统一。生态工业以生态理论为指导，从生态系统的承载能力出发，模拟自然生态系统各个组成部分（生产者、消费者、还原者）的功能，充分利用不同企业、产业、项目或工艺流程等之间，资源、主副产品或废弃物的横向耦合、纵向闭合、上下衔接、协同共生的相互关系，依据加环增值、增效或减耗及生产链延长增值原理，运用现代化的工业技术、信息技术和经济措施优化配置组合，建立一个物质和能量多层利用、良性循环且转化效率高、经济效益与生态效益双赢的工业链网结构，从而实现可持续发展。生态工业应该是我国发展绿色环保产业的有生力量。

二、生态工业园

从整个生态工业的建设来说，生态化产业集聚的研究十分迫切和重要。发展生态的产业集群是保护生态环境、高效合理地使用生态资源、杜绝环境污染的重要途径。生态产业集群是在一定空间上的集聚，通过集聚各企业的内在关联性，构建产业链，将外部不经济的生态环境问题内部化，在生态实践中形成生态工业园区的布局。

生态工业园是继工业园区和高新技术园区的第三代工业园区，是以生态工业学及循环经济理论为指导的，生产发展、资源利用和环境保护形成良性循环的工业园区建设模式，是一个能最大限度地发挥人的积极性和创造力的高效、稳定、协调、可持续发展的人工复合生态系统。它是高新技术开发区的升级和发展趋势，体现了新型工业化特征及实现可持续发展战略的要求。

三、国家生态工业示范园区发展历程

2001年起，原国家环保总局首先在广西、内蒙古、山东等地进行了生态工业园区建设试点；2003年，进一步将生态工业理念引入各类经济开发区、高新区，开始了中国国家层面生态工业园区规划建设的探索实践。2007年4月，原国家环保总局、商务部和科技部联合发布了《关于开展国家生态工业示范园区建设工作的通知》（环发〔2007〕51号），三部门联合在国家级经济技术开发区、国家高新技术产业开发区中开展国家生态工业示范园区建设工作。截至2016年12月，全国共命名48个国家生态工业示范园区，45个开发区为批准开展国家生态工业示范园区建设（见图17-3）。从国家生态工业示范区的建设进展可以看出，自2011年起，随着建园标准的完善和部门联合开展生态工业园区建设新机制的建立，我国生态工业示范园区的建设大大加快，生态工业园区建设进入到了一个新的阶段。

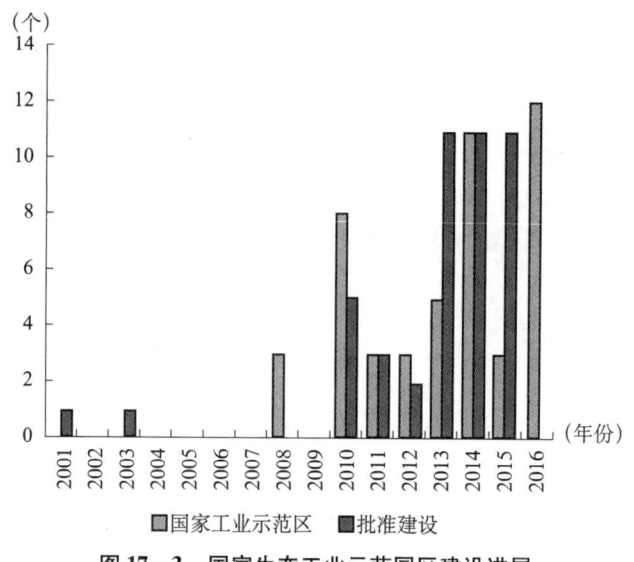

图17-3　国家生态工业示范园区建设进展

在建和已建成的国家生态工业示范园区如从空间分布上看,我国国家级工业示范园呈现出较为均衡的分布态势。从数量分布上看,生态工业示范园大部分都分布在我国东南沿海地区包括江苏、浙江、广东等省份,中部、西部地区数量较少,这也与我国区域间的经济差异密切相关。从工业发展状况来看,东南沿海地区面临的是产业升级问题,更加关注的是改善产业发展环境包括生态环境、社会环境,而中西部、东北地区则关注的是发展问题,生态工业示范园区的数量分布基本符合我国区域差异状况。

四、典型案例——贵港生态示范园区

广西壮族自治区的贵港生态示范园区是我国最早的国家级生态工业园区,也是全国最大的产糖区,每年的糖产量占全国的40%。它是我国发展循环经济、清洁生产的典范,其生产模式实现了根本性的转变,建立了"资源消费—产品—再资源"的循环发展模式,减少了资源浪费,推动了当地的生态文明建设,实现了以最小成本实现最大的经济效益,取得了显著的经济效益。因此,其发展经验对于我国其他的生态工业园区的建设和发展具有一定的示范和启示作用。

发展特点:

制糖业本身是一种排污多、污染重的行业,特别是我国制糖技术较为落后,制糖企业造成的污染和浪费一直是该行业比较大的问题。贵港工业生态园区通过模拟自然生态系统建立甘蔗制糖产业系统中的"生产者—消费者—分解者"生态产业链,建立新的循环工业模式,利用废弃物来减少污染,以蔗糖生产为中心,以物流、能源的优化利用为目标,实现物质闭环流动和能源的梯级利用,建立了我国第一个生态工业园区。

贵港制糖企业通过以制糖业为主业,大力发展相关产业,建立了能源、水、材料流动的闭环系统,它的运作模式体现了复合式的、共生的、聚合的生态工业的特点。其生产过程严格依照循环经济理论以及工业生态学原理,形成了以甘蔗制糖为核心,以制糖所产生的废糖蜜为原料生产酒精、以制糖所产生的蔗渣进行造纸、以制糖产生的蔗髓进行发电的生态产业链,涵盖蔗田、制糖、酒精、造纸、热电联产、环境综合处理六个系统。系统之间相互依存共生、形成了互为上下游的环保生态链条,"资源—产品—再资源"的生产过程呈现出一个周期性物质循环系统,摒弃了传统工业资源开发和利用方式粗放、综合利用率低的弊病,实现了资源的重复利用以及固体废弃物的回收再利用,实现了以最小成本实现最大的经济效益,减少了资源浪费,实现了污染最小化的排放,推动了当地生态文明建设,同时也推动了当地脱贫致富之路的发展(见图17-4)。

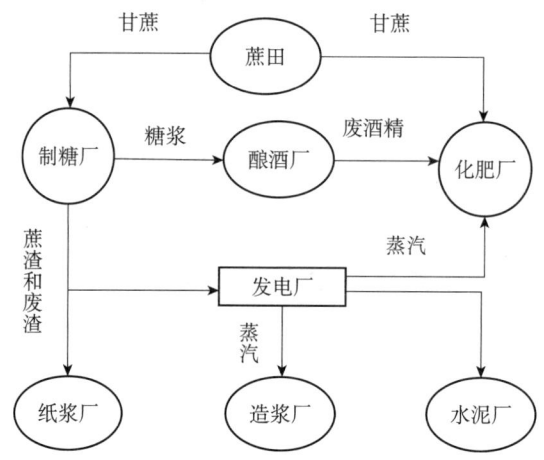

图 17-4　贵港生态工业园模式

资料来源:张震、李长胜:《生态经济学——理论与实践》,经济科学出版社2016年版。

第三节　生态服务业

随着服务业在社会经济发展中的作用越来越强,发展服务业已经成为发展经济的趋势。长期以来,人们一直把服务业作为一个低能耗、轻污染的产业,但经过很多研究论证表明,服务业对环境的破坏不容忽视,如餐饮业的废水污染和噪声污染、旅游业对自然环境的破坏等。那么如何在国家生态文明建设下以生态可持续发展的视角,加快生态服务业的发展是迫切需要解决的问题。

一、生态服务业的内涵

随着生态产业研究的不断深入,在原有生态农业和生态工业研究的基础上,生态服务业在近年来也受到越来越多的重视。将自然生态与人文生态结合起来的生态服务业,是生态产业的又一重要组成部分,也是生态产业最有前途的增长点。

生态服务业是生态循环经济的有机组成部分，是指在充分合理开发、利用当地生态环境资源基础上发展的服务业。它依靠技术创新和管理创新，按照生态学原理和生态经济规律，运用系统论方法，全面规划、合理组织服务业生产布局，是适应现代社会经济生活的新型行业。其发展在总体上有利于降低城市经济的资源和能源消耗强度，发展节约型社会，是整个循环经济正常运转的纽带和保障。

二、生态服务业的类型

生态服务业包括绿色商业服务业、生态旅游业、现代物流业等，结合循环经济发展模式，以生态理念为指导，实现资源循环、综合利用和清洁生产。

（一）生态商业

生态商业以商业生态化为目的，在生态环境和自然资源承载范围内按照生态经济规律来组织的商业经营活动，实现经济社会和生态环境、自然资源相适应的可持续发展。生态商业由生产、物流、营销、消费四个关键环节构成，生态商业的实现通过四个关键环节的生态化发展得以实现。

1. 传统商业的弊端

（1）对环境的污染，即燃料污染：如饮食业，所需热能多以煤为主，造成大气环境的污染；废弃水污染，即商业用水的废弃水一般都是未经环保处理直接排放，导致水体污染，破坏水生态系统的结构与功能；噪声污染，即商业场所如大型商场所发出的声音，其强度明显超标，造成噪声污染；热污染是商业中心具有集聚与辐射的功能，商业场所排出的废弃热，直接进入周围环境，结果在商贸集聚的城区中心，形成一个热岛或热带，使局部环境恶化；视觉污染是商场丢弃物很多，特别是众多方便饭盒、塑料袋等不易分解的东西散弃在地，既影响环境卫生，又带来视觉上的污染。

（2）增加资源消耗和环境压力。传统商业以不可更新资源为主，采用高资源消耗、高污染和单向非循环流程的运作方式，以大量消耗资源为代价，技术落后，资源能源利用率低，造成日趋严重的资源破坏、资源紧张和环境污染。

（3）传统商业鼓励、刺激生产和消费环节的环境污染与破坏。由于经济利益的驱动，商业要进行大量的宣传和促销活动。它不仅造成资源配置不当及环境污染，同时，由于商业不仅是物的流通，更是信息的流通、观念的流通和文化的流通。商业在宣传和促销的同时，假冒伪劣、商业欺诈、破坏环境的生产和消费活动也随之滋生、蔓延。譬如,所有商家都不销售假烟,假烟则无生存之地;所有餐馆都不卖野生动物,也就不会有人非法捕猎。

2. 生态商业发展的意义

(1) 生态文明建设的需要。生态文明建设包含政治、经济、文化和社会等多方面。其中生态文明建设对经济的要求就是通过发展生态经济,形成生态产业,实现经济和生态效益的协调发展。商业是沟通生产、消费和再生产的中介环节,通过发展生态商业各个关键环节所涉及的相关产业,实现商业的可持续发展并带动商业的各方面实现生态化和可持续发展,进而促进经济结构转型,完善生态产业和生态经济的布局,充分体现生态文明在经济领域的发展需要。

(2) 商业可持续发展的需要。随着工业革命的完成,商品经济不断发展,随之而来的对高能耗、高污染的传统商业模式逐步显示出其对生态环境的危害,同时也危害着商业自身的发展。因此必须改变传统商业发展模式,实现生态商业的发展模式。生态商业是以实现商业的生态化和可持续发展为目的,通过实现商业生产、物流、营销和消费等各个关键环节的生态化,实现商业整体的生态化和可持续发展。

(3) 生态环境保护的需要。生态环境的保护和自然资源的合理利用不仅需要切实的措施,而且需要生态理念的普及。生态商业是生态理念在商业活动中的体现,在以消费为导向的市场经济体系中,通过控制消费需求来减少生产,从而减少对生态环境和自然资源的消耗,并逐步实现对生态环境的保护和自然资源的合理利用。

3. 生态商业发展前沿

(1) 共享经济下的生态商业模式。共享经济下催生生态商业发展模式。共享经济下的一个重要属性是人的理念发生转变,即产权变成使用权,当这一理念发生变化时,商业逻辑就发生了改变。例如,共享汽车在当前发展迅猛,发展市场潜力巨大,这就是共享经济的一个雏形,人们愿意使用汽车而不是拥有它,这种观念随着信用消费的兴起而不断扩大,尤其是随着共享经济概念的传播,这种理念就会得到加强。在共享经济下,可以按照这种理念的人群构建新的生态圈,而这个圈子随着理念的加强,消费理念得到强化,因此会形成固定的消费圈子和消费模式,形成新的生态商业模式。

(2) 互联网+生态商业模式。随着网络信息技术的快速发展,以电子商务为主的互联网商业百花齐放,潜移默化地影响着居民的生产生活。商业模式主要以移动互联网为载体,利用互联网技术促进信息的高效流通,减弱信息的不对称性,从而使得使用价值的获取更为廉价,也更为方便快捷。

据第41次中国互联网络发展状况统计报告,2017年我国个人互联网应用保持快速发展,各类应用用户规模均呈上升趋势,其中网上外卖用户规模增长显著,年增长率达到64.6%;手机应用方面,手机外卖、手机旅行预订用户规模增长明显,年增长率分别达到66.2%和29.7%,且历年统计数据呈递增趋势。在构建互联网生态商业模式时,要为我国互联网商业与绿色消费的健康发展提供重要的制度与机制保障。首先,要规范互联网商业市场,提升网上商品品质;其次,要加快信息化建设,提高国民绿色消费意识;最后,要建立建设绿色物流体系。

(二) 生态旅游

生态旅游作为一种绿色消费方式,自世界自然保护联盟1983年首次提出后,迅速普及全球。20世纪90年代,生态旅游概念正式引入中国。经过近30年的发展,生态旅游已成为一种增进环保、崇尚绿色、倡导人与自然和谐共生的旅游方式,并初步形成了以自然保护区、风景名胜区、森林公园、地质公园及湿地公园、沙漠公园、水利风景区等为主要载体的生态旅游目的地体系,基本涵盖了山地、森林、草原、湿地、海洋、荒漠以及人文生态七大类型。

生态旅游是以生态旅游资源为依托,以旅游设施为基础,为生态旅游活动创造便利条件并提供所需的商品和服务的综合性产业。随着人们物质文明与精神文明的提高,传统的旅游模式逐渐与人类的发展态势不相协调。人类从自己的切身体验和反思中逐渐认识到发展与环境之间的重要关系,可持续发展思想的提出就是这一探索的重要成果。旅游活动既然是人类重要的消费行为和世界上最大的产业,那么,可持续旅游发展就理所当然地成为世界旅游业发展的重要目标,而生态旅游是实现旅游业可持续发展的保障。近年来,由于人们生活水平的提高,社会、经济和科技等方面的发展,生态旅游得以发展起来。它以回归大自然为基调,以保护自然资源、自然环境、促进区域社会和谐发展为目的,提倡人们在保护环境的过程中感受大自然的美丽。

1. 生态旅游的内涵

随着生态旅游的发展,生态旅游的概念在不断被拓展,内涵在不断被丰富与充实。从生态旅游的原则和功能角度出发,它是指以生态原理和可持续发展原则为指导,培养旅游者学习、体验及欣赏自然环境,或是在与自然环境相联系的文化背景下力求达到生态效益、经济效益和社会效益三者的综合效益最大化,实现旅游目的地和旅游的可持续发展。

2. 生态旅游的特征

生态旅游的特征，应当是生态旅游内涵的延伸，反映了生态旅游的本质。生态旅游的基本特征表现如下：

（1）自然性。自然性是指旅游生态环境和文化环境的原始自然性。生态旅游地在功能上表现为自然生态过程与旅游者、旅游规划管理和经营者及当地居民的人文活动过程的相互作用，从而构成一个空间异质性区域，因此生态旅游的资源基础除了纯自然环境，还包括一些人文景观。自然环境始终是游客的载体和出发点。

（2）可持续性。生态旅游作为可持续旅游的一种发展模式，是以尊重自然规律、欣赏自然美为前提的。生态旅游需要以生态旅游地为载体，以生态环境容量为基础，要求旅游者、管理者和经营者及当地居民树立旅游环境容量观，以维护有限的旅游资源不受破坏和可持续利用。

（3）保护性。生态旅游的性质要求生态旅游活动必须具备环保性，同时让旅游者在旅游过程中体会人与自然的和谐，体会生态旅游资源的存在及良性发展对人类的意义，从而受到教育，提高环境意识。生态旅游需要以符合条件的自然地域为基础，旅游活动的开展也需要以不使生态遭受破坏为前提。

（4）参与性。一是旅游者的参与性，即通过参与高雅的、丰富多彩的、具有启发性的旅游项目进行参与性体验。二是生态旅游注重当地居民的参与，当地居民在保护和利用当地自然和文化景观资源过程中发挥着重要作用，通过生态旅游的开展，培养当地居民提高环境意识，为社会营造良好的保护生态资源的意识环境。

（5）小规模性。生态旅游活动作为一种大众型旅游活动的替选方式，其具体开展不能像大众型旅游活动那样，以大规模的团体活动方式浩浩荡荡地集中进行，而是要以使游客融入环境的自然方式分散地进行，以免因游客活动的过于集中而造成对局部环境压力的增大，甚至超越局部环境承载力的极限，从而导致对生态的破坏。

3. 我国生态旅游的发展

（1）国家生态旅游示范区的建立助力生态旅游发展。生态旅游示范区是以独特的自然生态、自然景观和与之共生的人文生态为依托，以促进旅游者对自然、生态的理解与学习为重要内容，提高对生态环境与社区发展的责任感，形成可持续发展的旅游区域。2016年12月，国家旅游局、环境保护部发布国家生态旅游示范市名单,共有 39 家生态旅游区入选。

(2) 规划编制引导生态旅游发展。为了加强对国家重点旅游区域的指导,抓好集中连片特困地区旅游资源整体开发,引导生态旅游健康发展,更好地满足人民群众日益增长的旅游休闲消费需求和生态环境需要,发改委于 2016 年出台了《全国生态旅游发展规划(2016~2025 年)》。规划根据区域资源特色、环境承载力和开发利用现状,将全国生态旅游发展划分为八大片区,明确功能定位和发展方向,实施差别化保护措施,完善基础设施和公共服务,打造生态旅游精品,探索人与自然和谐共生的可持续发展模式。规划是全国生态旅游发展的行动纲领,是推动生态旅游持续健康发展的基础保障。

(3) 活跃的旅游市场推动生态发展。2017 年国内旅游人数 50.01 亿人次,比上年同期增长 12.8%。国内旅游收入 4.57 万亿元,比上年同期增长 15.9%。从 2011 年以来的发展趋势来看,国内旅游接待规模年均保持在 13.5% 左右的增长速度,旅游收入则保持在年均 19.3% 左右的增长速度。据统计数据表明,我国城镇居民旅游消费约占全国的 80%,在某种程度上,城镇居民的出游特征引领了中国居民的整体特征,为我国的城市生态旅游提供了巨大的市场需求。

(三) 生态物流

生态物流是在物流基础上,通过采取节能减排、绿色环保、信息化等技术,实现物流过程的生态化和可持续发展。生态物流是生态服务的关键环节,是连接生态生产、生态营销和生态消费的纽带。随着科学技术的发展,物流业逐渐从单一的运输配送,发展到集交通运输、物流配送和邮政快递等多种流通方式为一体的现代物流业。现代物流业汇聚物流、人流和信息流的作用日益凸显。

1. 生态物流园的建设

生态物流园区是以城市为依托,以降低对环境的污染、减少对资源的消耗、提高物流组织和运作效率为目标而形成的具有装卸、仓储、运输、加工等基本功能,及与之配套的信息、咨询、维修等综合服务功能,具有规模化、功能化、信息化特点的物流组织的产业集群。可持续生态物流园区的目标是从事低污染、低消耗的绿色物流。

构建生态物流园区具有重要的现实意义,园区建设具有生态价值、社会价值以及经济价值。首先,生态物流园的建设具有生态价值,生态物流园区实现了资源的充分利用,减少了废弃物排放,通过资源共享和循环利用,节约了资源和能源。通过物流设施的重组,提高现有物流设施利用率。从可持续发展的角度建设物流园区，使物流运作不仅能合理利用资源，更要用先进的管理进行生态补偿与创造。其次，生态物流园的建设具有社会价值，物流企业通过环保节约型的物流运作，可以获得明显的社会价值，包括良好的企业形象、企业信誉、企业责任等，同时使可持续发展的理念深入人心。最后，生态物流园的建设可以为企业带来巨大的经济价值，园区强调低投入、少污染的物流运作模式，减少物料和资源使用，实际上节约了企业的成本，从而增强了企业的竞争力。

2. 生态物流的具体方法

（1）开展共同配送。共同配送的推广有利于实现物流的生态运输管理。采取共同配送，第三方物流公司可以实现少量配送，消费者可以进行统一验货，节约了不同企业在共同配送时的配送费用，降低了物流成本，节省了配送人员和车辆的配置，从而也帮助企业在运输管理方面节约人力、财力资源，实现生态运输。

（2）优化运输线路。合理地安排车辆的配送线路，实现合理的线路运输，可以有效地节约运输时间，增加车辆利用率，从而降低运输成本，提高企业经济效益与客户服务水平。缩减运输线路，提高了运输效率，在生态环境方面减少了汽车在运输途中的二氧化碳排放量，有利于构建生态物流体系。

（3）实现产品的绿色包装。"绿色包装"是指采用节约资源、保护环境的材料进行商品包装。例如将塑料包装替代为纸包装，纸浆模塑制品具有质轻、价廉、防震等优点，被广泛用于蛋品、水果、玻璃制品等易碎、易破、怕挤压物品的周转包装上。在包装材料方面，需要提高其使用性能或功能、使其对生态环境污染小，且易降解和回收，再生利用率高或能进行有效循环利用。

（4）资源的循环共用。在企业的物流活动中，存在着资源浪费的现状，例如物流包装的标准化问题，制约了绿色物流的发展，标准化带来的最直接的好处是低碳环保、节能减排，效率提升和成本降低，不仅能为企业带来经济效益，而且还能提高企业的社会效益。

3. 生态物流发展前沿

（1）"互联网+"生态物流发展。"互留网+"对物流的影响体现在整条供应链上，中国的制造业供应链正在悄然改变，物流企业和制造企业在供应链上不断融合。在"互留网+"时代，数据成为第四大生产要素，"互留网+"将成为企业的基础设施。因此，在新经济、新销售及新制造环境下，供应链物流服务从成本优化阶段，走向供应链物流一体化服务阶段，并最后发展成为"供应链+服务链"服务（见图17-5）。

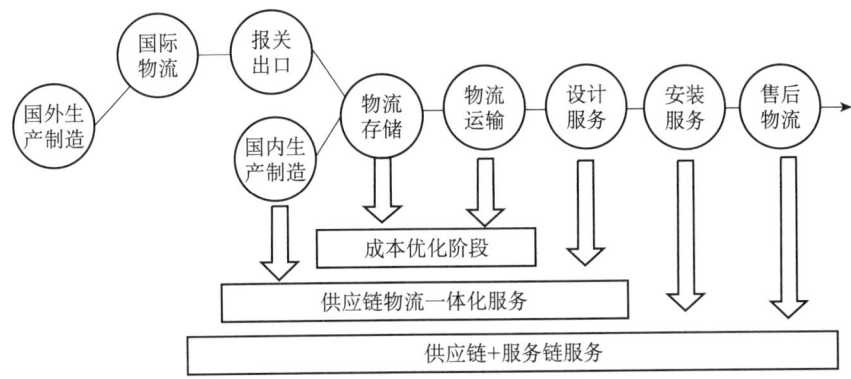

图 17-5　跨供应链服务与供应链相结合

（2）冷链生态物流升级发展。随着生鲜产品需求扩大，特别是生鲜电商蓬勃发展，冷链物流需求旺盛。冷链生态物流主要指利用制冷手段降低特定物品储运微环境温度的物流活动，适用于温热带地区。基于冷链物流的重要性，商务部将冷链物流纳入三大示范工程，并将逐步建立"两段式"（竞争—竞合）物流体系，实现冷库、冷藏车、冷柜联网，来解决我国目前冷链物流存在的散、小、乱等问题。

（3）智慧化生态物流的发展。传统物流在仓储、分拣等环节投入使用自动化设备来提升运营效率，但这仅是对体力的一种放大。而随着人工智能、大数据和机器人等技术的创新与应用，物流将在智能化方面产生根本性的变化。整个物流体系都将实现操作的无人化、运营的智能化和决策的智慧化。在网络协同层面，智能技术让整个社会化的协同变得更有可能，使整个供应链条做到全局化优化，实现资源配置最优化和商品流通效率的飞跃发展。

第四节　绿色创新产业

一、绿色创新的内涵

在学术界，"绿色创新"作为学术概念至今没有严格的定义。绿色创新也常被称为"生态创新""环境创新""环境驱动型创新"和"可持续创新"等，尽管表述方式不同，其基本内涵是一致的。简单来说，绿色创新是指与其他相关替代方案相比具有低环境影响的创新，这些创新可能是技术上的（产品、工艺等），也可能是非技术方面的（如组织、制度和市场），其目标是致力于减少资源、污染控制或废物管理费用，或向市场提供绿色产品。

从广义上说，创新在两方面对环境保护起着重要的作用。一种是能够直接减轻环境负荷的直接产品和创新过程；另一种是通过环境友好型获取创新间接实现，如可行的可持续产品和服务体系。这两种方法，从整体看，都很好地服务于鼓励经济、社会和环境的和谐及可持续发展目标。有效的绿色创新在降低资源消耗、提高产业综合效率的同时，在保护环境方面遵循生态经济学原理。由雾霾、不良食品所造成的公共健康危机，使全社会意识到，"绿色创新"能够极大地改善生存环境，获得新的产业增长点，推动传统产业优化升级，逐步降低能源消耗和污染排放。

二、绿色创新产业的特点

绿色创新产业不同于一般产业的最重要的特性就是"双重外部性"，即绿色创新产业在创新阶段和扩散阶段都能够产生积极的溢出效应。扩散阶段的积极溢出效应源于（绿色创新）相较于市场上其他竞争产品或服务有着较低的外部成本。而创新阶段企业基础的研发努力具有正向的知识溢出效应，会使其他企业获益，同时绿色创新所创造的价值被社会共同占有，而非投资于环境创新的企业会比竞争对手承受更高的成本压力。如果环境创新企业未能获得与其投入成本相符的创新收益，这导致企业投资环境创新活动的动力不足。当研发的环境友好型市场价格不足以反映出相关环境问题的外部性问题，企业获得的经济收益将低于他投入的环境技术研发成本，这会影响到企业投资环境技术的积极性。

三、绿色创新产业的实践——苏焦公司创新绿色发展

江苏沂州煤焦化有限公司为山东沂州集团在江苏邳州经济开发区投资兴建的独立焦化企业。在全国焦化行业不景气、焦炭需求严重不足、价格大幅下降的背景下，苏焦公司通过绿色创新发展，成为全国焦化行业中为数不多的高盈利企业，其绿色创新发展经验为：

（1）延伸产业链条、深挖价值潜能。公司充分利用焦化副产，生产高附加

值化工产品，延长产业链，增加盈利点，已建立起企业内部小循环的产业链发展模式，使得企业的综合经济效益十分显著。具体措施有充分利用焦化副产炉煤气，建立了 30 万吨的甲醇项目；建设了合成氨项目，该项目工艺流程短、投资少、原料和运行成本低，具有明显的竞争优势；充分利用甲醇转化工段和甲醇合成工段时中压副产蒸汽、焦化烟道烟气余热来发电，企业因此每年可节约用电成本超过 4000 万元；充分利用焦炉煤气脱硫废液建设年产 2 万吨脱硫废液提盐项目。

（2）提高管理效能，完善制度。针对焦化行业的特点，苏焦公司加强顶层设计，摸索建立一整套完整的高效管理流程和体制。首先是公司管理职责化，从总经理到车间主任再到普通员工，明确规定了该岗位对应的上下级、工作职责、日常事务、审批权限及业务作业流程等。因工设岗，以岗定责；其次是完善公司管理制度，严格奖惩；最后是企业管理精细化，提高运行效率和效益，建立高效物料管理平台，集车间申报、供应部调查、领导审批为一体，在确保不影响生产的前提下，降低仓储量甚至是零仓储，减少资金占用量，提高资金周转效率。

（3）提升环保动能，低碳绿色、协调发展。苏焦公司创新发展理念，将环保工作作为公司发展的新动能，强化环保设施投入，加大工艺革新力度，节能、减排、降耗、增效，走出了一条兼顾经济、社会、生态等综合效益的协调发展之路。具体措施有提高废弃物、余热的综合利用水平，增加效益、减少排放；强化环保意识，加大环保设施设备和生态绿化的投入，减少污染物的排放，实现绿色低碳发展。

四、企业发展绿色创新产业的实施措施

（一）加大技术创新投入，同时重视技术创新效率提升

对于高耗能企业来说，必须全面开展技术创新，投入更多的资金及人力资源，方可实现持续、健康的发展。在革新技术过程中，这类企业往往发展方式落后，各类资源能源的利用率极低，并出现严重的环境污染。在技术革新实践中，企业必须充分重视绿色创新效率，考评技术革新效率的时候，不再将 GDP 的增长作为唯一衡量指标，还要把资源利用率、环保当作考评标准。

（二）优化资源配置，形成技术创新合力

大多数企业在绿色创新方面有较高的投入，但是效率不高，这些企业的创新

资源往往未能实现优化配置。在创新活动中，各类要素的配置比例不合理，会导致各种问题，创新资源在利用过程中不协调。所以企业在发展过程中，第一，要设置创新资源投入比例，充分结合自身因素，基于提升创新效率的目的，来实现企业技术创新资源的比例；第二，在产学研结合体系中，充分融入政府因素，高耗能企业在发展过程中，最关键的竞争力就是研发资源，企业一方面要提升行业内合作水平，实现资源的优化配置，另一方面还要密切与高等院校、研究院等研发机构合作，加快最新技术的转化速度；第三，企业和客户及上游厂商进行合作时，要注重纵向上的创新，有效调研调查客户实际需求，从而更有针对性地改变研发策略，实施差异化经营方式，防止出现产品同质化问题，还要和上游厂商加强技术合作，全面推动创新活动的发展；第四，在资源密集型产业区域内，制造企业要主动和有较高技术创新能力的企业进行深入合作，共同建立利益联合体，在人力资源、资金等方面实现共享，从而不断提升技术创新能力。

（三）针对不同区域和产业，形成差异化提升战略

在当今国家大力提倡低碳经济的环境中，能源消耗大户在这一行业创新中占据主导地位，肩负着更多的责任，所以这类企业实现绿色创新的意义重大。在各地区、不同行业中，高耗能产业具有各自的特殊性，开展创新活动，在策略上也有明显差异，运用的方式也各不相同。其中，技术效率的提高是工作重点，优化手段包括广泛吸引外资，形成高端技术人才聚集优势，进行广泛的创新实践，充分发挥各类资源的价值；此外，在技术革新方面，全面激发技术人员的积极性，允许他们凭技术入股，全面实现技术的革新，加速新技术向现实生产力的转化，实现其经济价值。我国各城市在今后的低碳创新过程中，要实现创新技术和创新效率的同步发展，一方面要实现技术的快速创新，另一方面要全面优化配置各类资源，加快创新技术成果的转化。

第六篇　特色经济

　　特色经济是城市的名片，也是未来城市经济发展的潮流。我国城镇化建设已迈入中后期转型升级阶段，今后城市的发展将更加注重经济的可持续性增长和城市间的合作共赢。特色经济符合上述要求，既是各地经济长期发展的牵引力，也是各城市发挥独有优势的平台。

　　特色经济有别于规模经济，规模经济是在同质竞争中以规模取得竞争优势，从而占据市场的主导地位；而特色经济是在"特"中求得避开竞争，即通过减少竞争成本而求得的效益。所以，不管多大的空间尺度，与特色资源所联系的特色产业是本篇研究的要点。

　　到目前为止，有关特色经济的研究还未形成一个健全的框架和一套完备的理论体系，本篇从特色经济的概念、特色经济的空间形态与发展模式、特色经济的理论基础及特色小镇建设等视角对特色经济做系统阐释。

第十八章
特色经济的概念界定与空间形态

第一节 特色经济的概念

到目前为止,对特色经济的研究尚未形成一个统一框架。一方面,现阶段对特色经济的研究并没有统一回答什么是特色经济、特色经济的研究对象等一系列基本问题。另一方面,特色经济的理论基础以及什么是特色经济的核心尚无定论。

首先,"特色经济"中的"特色"如何界定呢?《辞海》中对"特色"的界定是:"特色是指事物所表现的独特的色彩、风格等。"也就是说,事物之间的独特性与差异性,构成其不同于他事物的特殊风格就是特色。学者们对特色经济中的"特色"未达成统一认知,谢红(2004)认为,"差异"不等于"特色",特色经济中的"特色"是依托本地资源实际、迎合市场需求、求得充分经济利益和符合道德要求的个性化选择。白永秀(2007)认为,特色经济中的"特色"是指人无我有,人有我新,人新我优,人优我特的独特资源。高筱梅和樊勇(2003)认为特色经济中的"特色"是由资源、技术构成和地方文化的特点、传统性共同决定的。刘荣增(2006)对特色的认定是人无我有、人有我优、人优我廉的差异。

在社会主义市场经济背景下,企业的经济收益来源于在市场上进行产品或服务的交易所获得的利润。将特色与市场相结合,本书认为特色经济的"特色"是指"人无我有、人有我优"、能增强企业的竞争优势和市场竞争力,并可转换为市场价值的显著差异性生产要素。因为，显著差异化的"特色"才能产生经济价值。哲学中特色的含义是一事物区别于其他事物的个性，也就是事物的特殊性，是一般中的个别。具体而言，"特色经济"中的"特色"一般是具有地域代表性的生产要素，能在极大程度上通过鲜明的特征避免产品的同质化竞争，获得可观的经济收益。一国、一区域、一个城市乃至一个小镇要在市场竞争中取胜，产品或服务都必须具有一定的特色。但若要将特色转化为经济价值，不能仅仅是一般性的特色，该特色必须具有显著差别优势，才能在激烈的市场竞争中通过成本竞争优势或产品的不可替代性优势，将"差异化优势"转化成"经济优势"。特色经济中的"特色"，只是一种手段和途径而非目的和结果。特色的目的在于占有市场，最终赢得经济的效益。

其次，什么是"特色经济"呢？目前，关于特色经济的内涵众说纷纭。刘宗发和龚益鸣（1999）首次提出特色经济的概念，鉴于特色产业需要特色产品的支撑，特色产品需要特色资源支撑，同时，还依赖于特色技术的开发，他们将特色经济界定为以特色产品为核心，特色产业为依托，特色资源为基础，特色技术为主导的一个系统工程。之后特色经济的大多数研究者在此定义上进行学术拓展，只是侧重点各有不同。费洪平和焦园媛（2000）将特色经济看作"块状经济"，是一个国家或地区依据现有的政治、经济、社会、文化状况、资源禀赋和现有的生产力水平，最大限度地扩张经济总量，使主导产业优势突出，经济结构合理且效益显著，具有鲜明区域特点的持续经济发展模式。阎恒（2001）进一步从经济系统的组织、体制和运行角度进行定义补充，认为特色经济是以特色要素为基础，以特色产品为核心，以特色产业为依托，在经济结构、组织、体制和运行上带有新特点，能使资源、科技和市场要素相互联系、相互吸引，使优势要素得到放大和扩大，并进而体现区域特色的经济。王元京（2003）提出同时满足"人无我有""人小我大""人泛我专"和"人弱我强"这四个条件的经济可称为特色经济。樊勇（2004）认为，特色经济与地区区位紧密联系，特色经济是指依托区域的优势条件，实现区域生产要素的合理配置，开发特色产品，培育特色产业，并形成带有区域特色的地方经济。谢红（2004）认为，特色经济是在一定的区域内，以某一资源禀赋为基础发展起来，能够适应市场需求，具有市场竞争优势的某一产品、某一产业或某一产业群。刘荣增（2006）从空间依赖和经济效益角度对特色经济加以界定，提出特色经济是指以特定的地域空间为载体，以特色要素为基础，以特色产品为核心，以特色产业为依托，在经济结构、组织、体制和运行上带有新特点，能使资源、科技和市场要素有机联系、相互吸引，使特色优势要素得到放大和扩张，并进而体现区域特点和对本地经济起领头、支撑作用的经济。袁瑛（2007）从规模和市场竞争力方面阐述了特色经济的认定条件，认为特色经济是以一种或多种特色产品、特色产业或特色文化为基础，带有明显的地方性特征，已形成一定规模，并具有较大的增长潜力和市场竞争力，能带动本地经济持续增长的重要增长点。白永秀（2007）从比较优势角度展开论述，认为特色经济是指一个国家或地区在发展市场经济中利用比较优势原则和市场原则，通过竞争形成的具有鲜明的地方特色、产业特色和产品特色的经济形态。还有极少数的观点赞同特色经济与已有学科的研究本质相同，姜庆华（2002）认为，特色经济的本质是区域经济，特色经济指代具有特色的区域经济。

综上所述，有关特色经济的主流定义分为以下几类，不同角度特色经济的含义不同：从资源禀赋角度来看，特色经济主要是依靠资源优势，以此为基础，形成一个涵盖特色产品、特色产业、特色技术、运行机制等多方面的经济系统。从市场经济角度来看，特色经济的内涵侧重点是满足市场需求、通过市场将特色转变为市场价值的经济体。其中，特色经济的目的在于占有市场，最终赢得经济的效益。从产业角度来看，特色经济的概念强调产业独有标准、产业规模标准、产业专业化标准以及产业经济效益标准，满足"独、大、专、强"的产业经济就是特色经济。

对如上研究进行归总，我们认为特色经济是地区依托某差异性显著的要素（文化要素、资源要素、地理要素等），利用其"人无我有，人有我优"的特点，通过展现成本竞争优势或产品不可替代性优势避免同质性竞争，实现由生产要素向市场价值转化的系统性经济。

第二节 不同空间形态的特色经济

不同尺度的空间都有其特色经济，大到国家，小到村镇，而这是由区位、资源、历史特殊路径所形成的。下面，我们就从不同的空间尺度做系统分析。

一、国家形态的特色经济

不同的国家，其产业结构有很大的差异，而研究其差异，特色经济占据重要地位。

沙特阿拉伯的石油经济就是典型的资源主导型特色经济。沙特阿拉伯地处阿拉伯半岛，此地石油资源丰富，已探明的石油存储量约占全世界的16%，在全球石油出口产业中占据优势地位。沙特阿拉伯的油气田具备油质好、埋藏浅、极易开采、生产成本低的鲜明特点，其他石油出口国难以在石油市场上与其竞争。石油工业用途广泛，市场需求量大，天然的石油资源优势为沙特阿拉伯带来了巨大的经济收益，根据国际货币基金组织2014年的报告，沙特约85%的出口收入和43%的GDP源于石油出口。作为世界上最多的石油储存国，沙特运用特色资源禀赋实现了由资源向经济价值的转化，并将石油产业培育为特色产业，将石油经济培育为特色经济。

古巴被人们称为"世界糖罐"，由于古巴气候适宜，土地肥沃，这里的环境非常适合甘蔗的生长，古巴全境广泛种植甘蔗，古巴甘蔗种植面积约占耕地面积的53%，该国也是世界上人口平均糖产量最多的国家。自古巴共和国成立以来，农业方面呈现甘蔗产业单一主导的局面，蔗糖产业一直是古巴国民经济的基础。20世纪50年代至90年代，古巴的原糖出口量占世界出口市场的25%~35%，占古巴出口收入的80%。糖业一度为古巴主要产业和重要外汇来源，1991年古巴蔗糖产量曾高达800万吨。古巴利用其独有的天然甘蔗种植优势，为世界市场输出大量蔗糖产品，也为本国在世界蔗糖的贸易中占据一席之地。蔗糖经济是古巴的特色经济，蔗糖产业是古巴的特色产业，蔗糖产品是古巴的特色产品。

挪威渔业资源丰富，国土三面环海，位于海洋冷暖流交汇处，自然生态非常适于鱼类生长。很少有国家坐拥如此丰富的天然海洋资源，独有的海洋宝库使渔业自然成为了挪威的特色产业，也是最具出口竞争力的产业之一。挪威充足的海产品供应量不仅能满足本地市场，还可以将90%以上的海产品远销到国外，现已成为世界第二大海产品出口国。因此，历届挪威政府均十分重视渔业的发展，不断提高其海产品在全球市场的竞争力。近几年，挪威海产品出口依旧保持高速增长态势，2015年出口额创下历史新高，达到745亿克朗，渔业已成为这个国家最重要的经济支柱。

荷兰的花卉产业也是国家形态特色经济的代表，2015年荷兰花卉市场的份额占据了世界花卉60%以上的市场。事实上，受气候、日照和土壤的限制，荷兰的大部分花卉常年都是在温室里种植。荷兰目前温室建筑面积为1.1亿平方米，是世界玻璃温室总面积的四分之一。温室不仅保证了花卉不受自然气候的影响，而且还可以对室内气候进行电脑控制，通过电脑操纵的供热和冷却系统、灌溉系统、气候控制系统，创造出最适合花卉生长的条件。除此之外，温室内部运输和切花加工也大部分实现了电脑控制机械操作。荷兰人通过世界一流的温室系统和花卉生产设备生产出誉满全球的产品。从上述的分析中可知，相较于其他的国家花卉产业的发展，荷兰的花卉产业依靠的是先进的花卉栽培和管理技术。

德国汽车产业既是德国的支柱产业，也是德国的特色产业。作为世界的汽车生产大国，德国汽车的高质量和高性能誉满全球，奔驰、宝马、奥迪和大众等都是人们熟知的品牌。德国汽车制造业的成功主要源于德国独有的科技优势。仅2013年，德国工业领域28%的研发人员从事汽车研发职业，汽车行业中大约九分之一的工作人员就职于汽车研发部门。德国的汽车生产企业高度重视产品研发，根据欧盟委员会官网发布"2015全球企业研发投入排行榜"，德国大众研发费用排名第一位，以131.2亿美元的研发投入高居榜首。大量的研发投入确保了德国汽车工业在全球的技术领先优势，汽车工业的经济贡献更是突出了汽车工业在德国经济中的核心地位。2015年，德国汽车工业总产值达到3480亿欧元，约占全国工业生产总值的20%。

瑞士钟表业在世界上享有盛誉，钟表产业是当地产业的特色名片，也是世界范围内制表业的巅峰，瑞士人制表的专注和精益求精的工匠精神一直久负盛名，"买表就买瑞士表"足以证明瑞士钟表业已在全世界形成良好的品牌效应。因此，瑞士钟表价格不菲，其手表出口产值的三分之二都是由单价2万元以上的手表创造的，高价的背后是消费者对历史传承和精密手工工艺的认同。仅瑞士著名的腕表集团——斯沃琪，在2016年净销售额就达到75.33亿瑞士法郎。作为世界上第一大钟表出口国，2016年瑞士钟表行业的出口额为194亿瑞士法郎，该行业出口额在出口总额中所占比重为9.2%。瑞士钟表业整体产值占国内生产总值（GDP）的1.5%左右，是仅排在制药和机械之后的第三大出口产业，可见钟表产业在瑞士经济中所占地位十分重要。

二、区域形态的特色经济

国家内部的不同区域也因区位、地貌、气候、资源、文化等而形成自己的特色经济。

西藏位于青藏高原，不太适合大规模发展工业。但其牦牛、青稞等特殊的资源为其经济发展找到突破口。《吕氏春秋》中有记载："肉之美者，牦象之肉。"牦牛肉被誉为"牛肉之冠"。而"世界牦牛看中国，中国牦牛看西藏"，西藏的牦牛产业具有其他区域无法匹敌的产品优势。因此，加快牦牛产业发展是增加西藏农牧民收入的重要途径，在西藏经济建设中具有不可替代的作用。青稞作为西藏的主要粮食作物，是农牧民生产生活的基本保障，是保障粮食安全的重要基础，也是西藏增产增收的重要途径。2016 年西藏青稞加工转化量为 6 万吨左右，其加工企业产值实现约 16 亿元的收入，约占西藏农畜产品加工企业总产值的一半份额。因此，西藏未来的发展应该将牦牛产业和青稞产业作为特色产业进行大力发展。

作为中国产煤大省，山西是我国重要的煤炭生产基地，地区资源优势和产业发展都与煤炭紧密相连。煤炭产业是山西省的主导产业，也是拉动山西省工业经济增长的主要力量。据山西省煤炭工业厅公布的数据显示，2009 年是煤炭产业的鼎盛时期，该年山西省煤炭产业的销售收入为 3766 亿元，占 2009 年山西省 GDP 的 50% 以上。山西省一直存在"一煤独大"不合理的经济结构，虽然山西省已经在加速整改资源型产业，但 2017 年山西省公布的企业百强名单中的前二十名中，超过一半以上的企业都是煤炭行业，煤炭产业对山西省经济的影响依旧深远。

海南的冬季水果产业也是走自然资源依托型的特色经济发展道路。12 月的北方，已经进入了寒冷的冬季，但是 12 月的海南，依然是夏季未远。作为中国最南端的省份，良好的气候条件使得海南尤其适合种植冬季瓜果蔬菜，具有建立冬季热带高效农业基地的天然优势。"人无我有"的天然种植优势，为海南国际热带农产品冬季交易会的举办提供了条件。如海南昌江的冬季农产品，冬交会上海南昌江的芒果、火龙果等热带水果备受追捧。2017 年"冬交会"签订农产品订单总额为 666.29 亿元，比上届增加 145.03 亿元；签约农业投资项目 40 个、金额 451.52 亿元，比上届增加 11.2 亿元。

大闸蟹是江苏省的特色产业。江苏省具有先天的生态环境优势，省内多湖泊，水质清澈如镜，水浅底硬，水草丰茂，延伸宽阔，气候得宜，适宜大闸蟹养殖。阳澄湖、太湖、洪泽湖、骆马湖等湖泊均盛产大闸蟹，其中又以阳澄湖的大闸蟹最为出名，大闸蟹已经成为江苏省的金字招牌，具有巨大的品牌效应，也是我国国家地理标志产品。2012 年全国河蟹（包括所有品种）养殖总产量为 71.4 万吨，其中江苏河蟹（主要是大闸蟹）养殖产量为 32.7 万吨，占全国河蟹养殖产量的 46%。根据历年全国大闸蟹养殖分布来看，至少有 44% 出自江苏，江苏是大闸蟹的重要养殖基地。

畜牧业是内蒙古的龙头产业，在中国五大牧区中，内蒙古畜牧业的生产力位列第一,是我国最大的草原牧区。优质和辽阔的草场为特色畜牧业的发展提供了无可取代的天然资源,内蒙古拥有草原面积13.2亿亩,占全区总面积的74.4%,农牧业条件非常优越。"十二五"末内蒙古的畜牧业产值跨越了1000亿元大关,产值达到1160.9亿元,占农牧业产值的42.2%,比全国平均水平高12个百分点。

澳门博彩业的发展历史悠久,是澳门最有特色的产业。澳门实际地域很小,仅占地32.8平方公里,产业发展受到很大的空间限制,但却拥有超过35间大型娱乐场,博彩业发展繁荣。每年赌场的收入都呈现增长态势,同时,赌场为政府提供的博彩税收也非常可观。澳门的经济增长主要是由博彩业带动的,一方面,博彩业对澳门经济具有举足轻重的影响,博彩业收入占本地生产总值的三分之一以上,甚至一度占到当地GDP的80%。数据显示,2017年澳门本地生产总值为4041.99亿澳门元,澳门博彩业收入2680.1亿澳门元。另一方面,博彩业的税收是当地政府的主要收入来源。2016年博彩税收843.75亿澳门元,税收占博彩业总收入的比例为37.65%。

三、城市形态的特色经济

我国城市重复建设和产业结构趋同问题由来已久且非常突出,已成为制约未来城市经济发展的重要因素。特色经济是城市突破现有发展困境的有效途径,各个城市的人力、财力、自然资源、文化底蕴差异甚远,通过展现各自的特长和个性、扬长避短、发挥比较优势,推动特色经济的发展,可解决城市间无效竞争的问题。

众所周知,稀土广泛应用于新材料产业、新兴产业以及军工等重要领域,但稀土资源非常稀缺。中国稀土资源占全球总量的23%,而包头的稀土储量又占国内储量的83%。所以,包头很快发展成稀土之都。

大庆是一座因石油而兴起的城市。大庆有中国最大的油田——大庆油田,它属于世界级特大砂岩油田。丰富的天然资源是大庆石油产业持续稳定发展的重要基础,大庆石油资源位列全球十大油田之列,初期探明石油地质储量约56.7亿吨。1976~2003年,大庆油田创造了连续27年保持石油年产量5000万吨以上的纪录,大庆每年的石油产量约占同时期全国产量的一半。

山东省寿光市是我国著名的"大棚蔬菜之乡",拥有全国最大的蔬菜生产和批发市场。寿光之所以将蔬菜产业作为特色产业是因为当地有相当优越的蔬菜种植和销售条件，包括良好的土壤环境、便利的交通条件和悠久的栽培历史。土质方面，寿光境内的土体大部分由弥河、丹河、塌河水系长期泛滥冲积而成。北部滨海地带，为河流冲积物和海底沉积物迭次覆盖而成。巨淀湖周围则为湖积物。由于冲积物的逐年积累，土层深达百米以上且土壤营养丰富，为农业生产、蔬菜种植创造了良好的土壤条件。交通方面，寿光处在中国南菜北运、北菜南调的中心地带，交通十分便利，行销四方，河海联运，有舟楫之便，依渤海北眺京津，凭清河西接泉城，港通五洲，航达四海。寿光蔬菜种植历史悠久，"寿光蔬菜生产习俗"列入山东省级非物质文化遗产代表性项目名录。根据寿光市现代农业示范园项目环境影响报告的数据显示，寿光全市蔬菜播种面积达60万亩，年产蔬菜450万吨，2016年销售收入180亿元，为当地菜农增加了大量的经济收入。

义乌用以商促工、商品经济立市的发展理念在全国走出了一条独一无二的小商品特色经济道路。改革开放后的40年里，义乌的小商品经济在既无政策倾斜也无外来投资的前提下，发展成为了世界小商品之都。当时的义乌仅仅是金华市下辖县城，与浙江省内其他区县相比，没有特别的优势，没有工业基础，没有近海港口，也没有资金资源。义乌的成功在于其牢牢抓住了改革开放的发展机遇。义乌小商品市场经历了从"买全国，卖全国"，到现在的"买全球，卖全球"的过程，小商品经济在世界范围内取得了巨大的成功。截至2016年，义乌市小商品市场实体营业面积合计超过460万平方米。义乌市场汇集了十六个大类约170万种商品，其国内外影响力继续增强，2016年的小商品出口成交额达到1851.2亿元。如今，义乌市场是世界上最大的小商品批发市场，云集了全球的商人来义乌市场采购商品。而且被业界预言为"中国的道琼斯指数"的"义乌·中国小商品指数"也已发布，其已具备影响全球小商品价格走势的力量。

以上都是较大地域空间特色经济，但这种特色经济往往都与以规模经济显现的其他产业并存。所以，真正能体现特色经济的还是特色的小镇，即特色小镇某一种产业往往占据绝对的主导地位，对此我们在后面再做专门讨论。

第十九章
特色经济的理论阐释及文献综述

特色经济客观存在,但其存在的原理是什么?下面我们就来做系统分析。

第一节 特色经济的理论支撑

如果对特色经济的发展原理做深入的分析,我们可追根溯源到如下经典理论。

一、绝对优势理论

绝对优势理论由英国古典经济学家亚当·斯密于1776年在其《国民财富的性质和原因的研究》一书中首次提出,他在皮旁贸易差额的理论上建立了自由主义绝对优势理论。绝对优势理论的核心观点是:分工可以提高劳动生产率;各国在生产技术上和资源禀赋上的绝对差异导致劳动生产率和生产成本的绝对差异,这是国际贸易和国际分工的基础;各国应该集中生产并出口具有绝对优势的产品,而进口其不具有绝对优势的产品。

绝对优势理论主要阐明了如下内容:分工可以提高劳动生产率,增加国民财富;既然分工可以极大地提高劳动生产率,那么每个人专门从事他最有优势的产品的生产,然后彼此交换,最终每个人的效益都达到帕累托最优;由一国内部不同个人或家庭之间的分工原则衍生到国际分工,斯密认为在国际分工基础上进行国际贸易，会增加参与国的总财富。如果国外某产品的生产成本比国内低，本国就不应该再生产该产品，而是用本国在有利条件下生产的产品去交换外国的产品；国际分工的基础是有利的自然禀赋或后天的有利条件。斯密认为有利的生产条件源于有利的自然禀赋或后天的有利条件。自然禀赋和后天的条件因国家而不同，这就为国际分工提供了基础。因为有利的自然禀赋或后天的有利条件可以使一个国家生产某种产品的成本绝对低于别国而在该产品的生产和交换上处于绝对有利地位。各国按照各自的有利条件进行分工和交换，将会使各国的资源、劳动和资本得到最有效的利用，从而大大提高劳动生产率和增加物质财富，并使各国从贸易中获益。

假设在进行国际分工前，美国的单位劳动时间（小时）的产出水平是每小时生产5瓶酒或20码布，英国的单位劳动时间（小时）的产出水平是每小时15瓶酒或10码布，我们则可以认为英国有绝对优势的产品是酒，美国有绝对优势的产品是布。按照亚当·斯密的绝对优势指导原则，英国应该专业化生产酒类，美国应该专业化生产布类，然后两国进行交易，最终可以促进社会福利的增加。

在国际贸易发生前，如果每个国家2个小时劳动时间平均用于两种产品的生产上，最终美国生产出5瓶酒和20码布，英国生产出15瓶酒和10码布。但当两地选择进行国际贸易后，每个国家可将2个小时的劳动时间全部用于具有绝对优势的产品生产上，即美国只生产布，英国只生产酒。国际贸易发生后，美国产出40码布，英国产出30瓶酒。对比贸易前后两国的总产出，总产出有所增加。假设酒与布的交换比价是1∶2，美国通过国际贸易获得20码布和10瓶酒，英国获得20码布和20瓶酒，如此看来，这是一次帕累托改进，两国的福利都比进行国际贸易前增加了。

绝对优势理论认为两国生产率水平的绝对差异决定两国生产成本的绝对差异，而生产成本的绝对差异构成了两国分工、交换乃至贸易发生的基础。自然禀赋方面的先天优势和该国所拥有的特殊技巧以及工艺上的后天优势是决定一国商品绝对优势形成的主要因素。前者表现为一国在地理、环境、土壤、气候矿产等自然条件上的优势；后者则表现为一国只要拥有其中的一种优势，其生产商品的劳动生产率就会高于其他国家，生产成本也就会绝对地低于他国。

二、比较优势理论

绝对优势的理论缺陷在于，确定从事国际贸易的绝对优势时，要将本国某种产品的成本与国外同样产品的成本直接进行比较,以成本的绝对高低来决定进出口,但这样就忽视了现实中在所有产品的生产成本上都处于劣势的国家。

英国古典经济学家大卫·李嘉图在其代表作《政治经济学及赋税原理》一书中突破了斯密的绝对优势理论,首次提出了比较优势理论。他认为只要成本比率在各国存在差异,各国就能够生产各自的比较优势产品,并在国家间进行交换,通过贸易增进利益。比较优势理论指出两国之间劳动生产率的差距并不是在任何商品上都是相等的,处于绝对优势的国家应集中生产利益较大的商品,处于绝对劣势的国家应集中生产利益较小的商品,然后通过国际贸易互相交换,双方的福利水平都得到提高。

大卫·李嘉图从生产成本的相对差别出发,认为两个国家生产力不同,一国即使生产不出成本绝对低的产品,但只要能生产出成本相对低的产品,就可同另一国进行交易,并使交易双方都获得贸易利益。比较优势原理的含义是,在一个社会里面,不论个体是一个人、一个家庭、一个地区,甚至是一个国家,如果他们把有限的资源,包括时间和精力,只用来生产他们的机会成本比较低的那些产品——也就是他们具有比较优势的产品——然后进行交换,这样整个社会产品的总价值能够达到最大,而且每一个个体都能够得到改善,而不论他们的绝对生产能力是高还是低。可将比较优势理论简单理解为"两利相权取其重,两弊相权取其轻"。

为了更好地理解比较优势理论的思想,我们对其进行详细解释。假定英国人用 100 小时能做一件衣服,用 120 小时能酿一瓶酒,所以英国人如果有 220 小时,就能够分别生产一件衣服和酿一瓶酒。而葡萄牙人用 90 个小时能做一件衣服,用 80 个小时能酿一瓶酒,所以葡萄牙人用 170 小时,也分别能够生产一件衣服和一瓶酒。所以,在进行分工和交易前,英国人和葡萄牙人分别用 220 小时、170 小时,就能够生产两件衣服、两瓶酒。显然,无论是做衣服还是酿酒,葡萄牙人用的时间都比英国人少,在这两件工作上,葡萄牙人都具有绝对优势。按照绝对优势理论,葡萄牙人似乎应该亲力亲为,既做衣服又酿酒。如果是这样,那英国人如何进行生产呢,又如何参与世界贸易呢?

在这种情况下,首先,我们需要确立葡萄牙和英国各自的比较优势,即需要分别计算英国人和葡萄牙人酿酒的成本和制作衣服的成本。根据上面给出的条件,我们能够算出来:英国人每酿一瓶酒,就得放弃 1.2 件衣服;而葡萄牙人每酿一瓶酒,他们放弃 0.89 件衣服。葡萄牙人每酿一瓶酒所放弃的衣服数量,比英国人每酿一瓶酒所放弃的衣服数量少。所以,葡萄牙人在酿酒方面具有比较优势。英国人每生产一件衣服,就得放弃0.83瓶酒;葡萄牙人每生产一件衣服,就得放弃1.125瓶酒。英国生产衣服的成本小于葡萄牙生产衣服的成本。因此,同葡萄牙相比,英国在生产衣服上具有比较优势。

在得出两国各自的比较优势后,对英国人和葡萄牙人进行分工,要求葡萄牙人把所有的时间都用来酿酒,而英国人全力以赴做衣服,则英国人在他们原有的220小时里面,就可以生产2.2件衣服;而葡萄牙人在他们原有的170小时里面,就可以酿2.125瓶酒。最终,对比分工前,两国创造的社会财富总量发生了变化,整个社会能够生产2.2件衣服和2.125瓶酒,比原来的2件衣服和2瓶酒都增加了。无论是英国人还是葡萄牙人,用他们生产出来的产品,再跟对方进行交换,双方的处境将会得到改善。这就是比较优势原理,不强调同别人比较,更看重自己有什么样的生产优势,再决定集中生产哪类商品。

比较优势对生产成本的影响体现在,分工能促进"熟能生巧",提高劳动生产率,减少产品的平均生产成本。即使两个国家的资源禀赋是完全一样的,分工也能带来好处,因为分工可以促进专业化生产,降低生产成本。

三、资源禀赋论

比较优势理论把劳动生产率的国别差异看成是外生的,没有能够探寻造成这种差异的原因。在李嘉图之后的赫克歇尔和俄林深入探讨了这一问题,推进了比较优势理论向前发展。瑞典经济学家赫克歇尔在李嘉图的比较优势理论的基础上,提出了资源(要素)禀赋理论的基本论点,俄林在《区际贸易和国际贸易》一书中继承并发展了赫克歇尔的论点,创立了要素禀赋理论,由此要素禀赋理论也被称为赫克歇尔—俄林理论,简称H-O理论。

根据H-O理论,在不同国家同种商品生产函数的条件下,比较优势产生的根源在于各国或区域生产要素相对禀赋的不同,以及不同商品生产在要素使用密度上的差别。因而,各国应当生产并出口本国相对充裕要素所生产的产品,而进口本国相对稀缺要素生产的产品,以此降低生产成本,获取经济利益。如果一个国家劳动力资源相对富裕,该国的比较优势就在于劳动密集型产业,这个国家要遵循比较优势,发展劳动密集型产品为主的产业。由于生产过程较多使用了廉价的劳动力,较少使用了对于该国而言相对昂贵的资本,生产出的劳动密集型产品相对来说成本比较低,因而具有市场竞争力。而资本相对充裕的国家和地区,应该进口在生产中密集使用、本国相对缺乏的要素的商品,这样才能在交易中获得比较优势,得到比较利益。因此,一国要获得绝对优势或竞争优势就必须从自己的资源禀赋出发,制造有资源禀赋优势的产品。H-O理论揭示了相对要素丰裕度和相对要素价格之间的差异是导致两国贸易前相对商品价格不同的原因,该差异可以转化为两国间绝对要素价格和绝对商品价格的差异,这才是两国间发生贸易的直接原因。H-O理论解释了比较优势产生的原因。

四、马克思劳动地域分工理论

以批判斯密为代表的古典经济学的分工理论为基础,马克思、恩格斯在《资本论》中对劳动分工和生产力布局进行了深入研究,形成了独特的劳动地域分工理论。马克思的劳动地域分工理论是马克思政治经济学的核心观点,其理论的实质在于根据地区自然、社会、经济技术等条件,确定区域经济专业化方向,通过地区间大规模的产品交换,实现区域间的比较经济利益,提高整个区域的劳动生产率。

劳动生产率是怎样提高的呢?马克思劳动地域分工理论是以劳动为切入点的。他认为各种使用价值或商品体的总和,表现了同样多种的,按照属、种、科、亚种、变种分类的有用劳动的总和,即表现为社会分工。社会内部分工以及产业内部分工促进了劳动地域分工的形成,这在工场手工业和大工业时期尤为显著。分工的目的是在劳动的作用范围扩大的同时,促成劳动空间范围的缩小,节约生产费用。生产费用的降低,协作范围的扩大,生产更加专业化,都是为了提高劳动生产率,劳动生产率的提高使得不同地域分工生产出的产品更具有竞争优势。劳动地域分工理论认为通过进行劳动分工,可以提高劳动生产率、节约生产费用,达到实现经济发展的目的。劳动地域分工理论虽然不同于西方主流经济学的观点,但是依旧间接支持了利用成本竞争优势,实现地域特色经济发展的论点。

五、路径依赖理论

路径依赖这一概念最早由美国经济史学家 Paul A. David 提出,是指经济、社会或技术等系统一旦进入某个路径,不论好坏,就会在惯性的作用下不断自我强化,甚至会锁定在这一特定路径上。Paul A. David(1985)和道格拉斯·诺斯

(1990)认为,时间和序列的具体模式对一个地区将如何发展很重要,用以解释经济发展、探索路径依赖的概念。将路径依赖视为经济变化的序列,David认为时间上遥远的事件,如机遇,对一个地区(或一个国家)的发展具有重要意义。诺斯将其与机构的作用联系起来,认为制度一旦建立起来,就很难改变,它对经济增长的能力有着显著的影响。路径依赖与制度安排的刚性紧密结合在一起,很好解释了经济绩效的差异。目前,路径依赖和锁定已经成为理解经济社会系统演化的两个核心概念,这个概念在经济地理学中得到广泛运用。在经济地理学中,机构对区域专业化和绩效的影响也日益引起人们的关注。因此,Arthur赞成经济发展的时间和空间差异是由规范经济行动的具体体制规则和惯例造成的。随着时间的推移,特定的产业固化经济发展路径,排除了其他发展道路(Arrow,1962)。因此,这种做法的不利之处往往表现为锁定在一条注定的道路上,在这条道路上,发展被限制在导致衰退的越来越窄的可能性范围内。锁定可被视为过度专业化的产物,与面对更广泛的技术变革而逐步关闭知识体系和工作实践有关。

路径依赖理论适用于解释地区特色经济发展,尤其是自然资源开发模式的特色经济和机遇型模式的特色经济。就自然资源开发模式而言,其依靠当地特有资源,大力发展以资源产业为主体,以及前后相关联产业的产业链。对于资源型城市来说,依托优势资源发展资源类产业,是地方经济早期发展的必然选择。在边际报酬递增的正反馈机制下,资源型城市会逐步形成与资源类产业相关的特定产业结构,并随着时间的推移而丧失对其他产业的发展能力,最终被锁定在以资源开发和加工为主体的产业中。但如果一个城市过度依靠自身资源,资源型产业在工业和经济总量中占的份额过高,随着资源的枯竭,城市经济将会出现发展动力不足等问题。资源城市如何利用好本地特色资源,实现特色经济的可持续发展是另一个值得研究的课题。就机遇型特色经济而言,偶然的一次市场商机或者政府的政策支持,使得特色产业对经济产生长期驱动力,其他地区难以模仿。此时,路径依赖作为一个独立系统可以被看作是一个动态的过程,静态初始条件如矿产资源、气候条件等不会妨碍地区未来的发展,历史的偶然事件如政策的改变、消费者需求的突变等反而在特色经济发展中扮演了更为重要的角色。

第二节 特色经济的文献综述

国外关于特色经济方面的研究文献较少，国内关于特色经济的研究文献涉及特色经济不同层面的问题，研究内容较为丰富。

一、有关特色经济定义的研究

刘宗发（1999）等首次提出特色经济的概念，并将特色经济作为一个系统性的整体。之后研究特色经济的大多数研究者在此定义上进行学术拓展。他认为特色产业需要特色产品的支撑，特色产品需要特色资源支撑，同时，还依赖于特色技术的开发。因此，他定义特色经济是以特色产品为核心、特色产业外为依托、特色资源为基础、特色技术为主导的一个系统工程。郭俊华（2004）在此基础上，详细阐述了以特色技术为主导的完整的"特色经济系统"。

巩前文（2014）等进一步提出四个观点：第一，特色经济的起源和目标。认为特色经济是从本地区资源禀赋萌芽，根据本地区在某一阶段的要素禀赋结构，即经济中自然资源、劳动力和资本的相对份额，在某一产业或产品上构建经济增长极，提高区域经济增长的核心竞争力，最终促进区域经济全面发展的经济。第二，特色经济的理论支撑。认为发挥经济比较优势是发展特色经济的重要途径。第三，再次强调了资源是特色经济发展最重要的基础，将资源特性细化到稀缺性和地区分布的差异性。资源的稀缺性要求对资源进行最合理的开发和利用，用特殊的资源生产特色的产品。资源的分布差异性要求不同地区开发不同的特色产品，避免趋同。第四，虽然"系统性"很好地概括了特色经济的大部分特征，但是忽略了一个要点，即特色向价值转化的实现场所——市场。

阎恒（2001）弥补了这点不足，着重考虑了市场的重要性，并提出特色经济的形成与发展是由各种经济的、社会的、政治的因素共同作用的结果。这些因素大体包括自然资源、经济要素、区域位置的空间经济关联等，但是其主要从市场经济的三个最基本要素——资源、科技和市场三方面进行分析。首先，特色经济形成的基础是区域内独具特色的资源。其次，特色经济必然以特色技术为支撑。最后，特色经济还必须有市场竞争力。袁瑛在《论西部民族地区特色经济发展》

一文中，也强调拥有了资源优势并不等于一定能发展为特色经济，不仅要有特色资源，还必须要通过市场需求加以诱导。本书认为，第一，市场是特色经济发展的必要不充分条件。有特色资源，却无市场需求，企业也无法获得利润。市场性是特色经济的一个重要属性，是实现由"特色价值"向"市场价值"转变的重要条件。第二，把特色经济的基本要素归因于资源、科技和市场具有片面性，忽视了其他同等重要的特色经济发展诱因，如政府政策。

杨丽（2003）还对特色经济中的特色资源定义进行了扩充。她认为特色资源包括自然资源也包括人文资源，值得注意的是，高筱梅、樊勇（2003）也提出特色不可忽视维系民族及地方文化的特点、传统性。传统特色资源主要由土地、生物、气候、水、矿藏等资源组成，但人文资源不仅在过去对经济社会的发展产生过推动作用，而且在今天已经成为了与自然资源具有同等重要地位的经济资源，人文资源能直接成为生产要素，实现特色文化资源向经济价值的转化。独有的文化，形成了独一无二的竞争力，此时特色经济不是在成本上进行竞争，而是依靠特色文化产品的独有品质占领市场，并且该特色经济的发展具有持续性，受技术创新和劳动力等市场因素的影响较小。

白永秀（2007）对现有文献关于特色经济的定义进行了归类梳理。认为当前我国学术界对"特色经济"内涵的界定众说纷纭，但总体概括起来分为以下三种代表性观点：第一种观点认为特色经济是一种依托资源优势的经济。这种观点把资源优势作为区域比较优势的主体，过分强调特色经济对优势资源的依赖性，认为没有优势资源，也就没有特色经济的发展。第二种观点认为特色经济是面向市场、有市场需求的经济。这种观点把特色经济与市场经济紧密联系起来，认为没有市场经济就谈不上特色经济。从根本上，将特色经济看作市场经济的产物。第三种观点认为特色经济是涉及资源禀赋、技术和经济结构等的一个综合"经济系统"。不难看出，相关文献对特色经济的定义尚未达成统一认识，特色经济的基本理论还需进一步完善。

二、有关特色经济识别特征的研究

不同文献对特色经济的特征的认知不一。杨丽（2003）认为，特色就是优势、生产力、竞争力。特色经济的特点是"人无我有，人有我新，人新我优，人优我特"。王元京（2001）用"独、大、专、强"作为识别特色经济的特征，一是产业独有标准，形象地说就是"你无我有"。所谓"你无我有"标准就是指

"产业独有"标准；二是产业规模标准，形象地说就是"你小我大"，所谓"你小我大"标准是指产业拥有"可开发的资源储量大、形成的生产能力大、主导产品市场占有率大"三个方面的规模经济比较优势元素；三是产业专业化标准，形象地概括为"你泛我专"，他认为西部特色经济是建立在产业专业化分工基础之上的；四是产业效益标准，形象地说就是"你弱我强"，其含义包括三个方面的内容，一是产业成本效益较高，二是产业关联效益较高，三是产业品牌效益较高。胥留德（2002）认为，特色产业是特色经济的实体承接对象，且特色产业的识别应遵循以下三个原则：第一，超前原则。即定位几年以后的市场，真正有特色的产业是开拓未来的市场，引导未来的消费。第二，开放原则。一是观念、政策的开放。二是产业选择和定位的开放。第三，持续性原则。特色产业的选择与培育关系到一个地区经济结构、产业结构的布局、调整与升级，关系到产业政策的制定和资金的投向。因此，它不是权宜之计，而应考虑其长远性、可持续性。一是时间的可持续性，要有利于产业的升级，有利于产业链的延伸。二是空间的持续性，要有利于横向的延伸，带动相关产业的发展。三是生态环境的可持续性。特色发展产业的目的是促进经济的发展、社会的进步，因此，在考虑经济效益的同时，也应重视社会效益、环境效益的协调发展，这样才能使产业步入可持续发展之路。

三、有关特色经济属性的研究

杨丽在《析我国特色经济与区域经济学的联系与差异》中指出特色还具有相对性和绝对性。绝对性特色，如新疆塔里木盆地的天然气资源，云南的有色金属资源，青海柴达木盆地的盐矿资源等。这类资源特色明显，资源优势转化为经济优势相对较为容易。相对性特色指处于零星、离散或间断性发展状态的资源。特色的相对性还能继续细分，如空间的相对性，即在一定范围内是特色，但随着空间条件的改变，又可能只是一般性的产业，如西双版纳、思茅的咖啡、橡胶种植在云南是特色，但相对于全国或世界范围内而言，便是一般产业。又如，同样以"水镇"为特色的古北水镇和乌镇，后发展起来的古北水镇依旧具有良好的发展前景，让许多之前不看好它的投资者改变了投资理念。浅析其中原因，在于两个特色产业虽然都以特色水乡为卖点，但是两地相隔较远。对于同样向往小桥流水人家的消费者而言，考虑到出行成本和时间成本，北方地区民众更倾向于选择古北水镇。这也是古北水镇能在三年内实现跨越性发展的原因，古北水镇已经成为"水乡"旅游的一匹黑马。2016年，古北水镇游客量突破了280万，旅游收入达到7.35亿,同比增长分别为67%和59%。

杨丽还首次强调了特色经济的阶段属性。她认为特色经济的培育和发展具有阶段性,从萌芽到成长、成熟以至于形成以特色产业为核心的产业群,并能够支撑城市经济,特色经济需要经历若干阶段。本书赞成这一观点,并更进一步具体阐述为:初期阶段特色经济的规模不能过大,小型规模和集中生产才是其要点;在中期阶段特色经济的规模适度增长时,表现出规模经济产业形态;主导产业、园区、产业链和产业集群都是特色经济发展进入后期阶段的表现。值得注意的是,不是所有的特色经济都会迈入中期和后期阶段,相反大多数特色经济为实现可持续性发展会通过严控生产规模和生产范围,保持特色经济活力,将特色经济始终维持在初期阶段。管理者追求特色经济为城市经济的亮点,而非支撑点。即使是处于特色经济后期阶段的产业形态,产业的规模也应有所限制,绝不是主张"大"且"全"的生产,这不符合特色经济的本质,反而会丧失了特色经济优势。

谢红(2003)对特色经济的属性也做出了概括,包括以下几点:第一,开放性,特色经济是一种开放的经济运行状态,在开放、交流过程中体现特色。第二,市场性,特色经济需要适应市场需求,被市场承认,才能获得市场准入并占有市场。第三,稀缺性,特色产品的供给存在特定的约束条件,难以被复制。包括对资源稀缺性、稍纵即逝的发展时机等的把握。第四,比较优势,只有具有比较优势的特色经济,其供给成本才能在市场竞争中被接受。第五,特殊性,特色经济必须具有鲜明的结构特点,具有不同于其他经济的内容、形式。依托资源禀赋特色基础所形成的特殊性是特色经济的自然基础,不管特色经济的资源配置采取何种结构,总是建立在这一基础之上。

高筱梅和樊勇(2003)从特色经济的耦合性方面提出了新的观点。他们认为特色经济不是特色要素的简单叠加,而是通过独特机制把诸多特色要素有机地串联起来,这种机制也可称之为特色机制。它的功能是既能使资源、产品、产业以及科技等要素相互联结、相互吸引,又能使优势要素得到放大和扩张,从而不断突出经济的特色而逐渐形成为特色经济。因此,特色经济的培育和发展是一项具有耦合性的系统工程。

可见,关于特色经济的属性也是众说纷纭。

四、有关特色经济与规模经济、产业集群关系的研究

在现有文献中,以刘荣增(2006)为代表的许多作者普遍认为特色经济必须

支撑本地经济的发展，特色产业必须成为城市经济中的主导产业，甚至提出了特色经济以产业集聚为基础。从城市发展角度而言，他们认为没有特色经济的城市是缺乏活力和竞争力的，对城市经济的带动作用便微乎其微。在特色经济的发展过程中，十分强调特色经济对城市经济的主导和支撑作用，并认为城市经济的成长最终依赖于经济的特色，是特色经济推进城市经济的整体发展。

赵举海（2002）认为规模效应是发展特色经济的动因。

实际上，特色产业成长为主导产业和产业集群是特色经济发展的后期阶段，但并不是所有的特色经济都必须跨入这个阶段。现代经济学认为，产业集群是指在一定区域范围内，以市场为导向，以中小企业为主体，产品集中生产、专业化协作配套的企业以及各种相关机构、组织等集聚发展的经济现象。与分散的产业发展模式相比，产业集群通过空间集聚而形成的持续竞争优势，能够实现集聚效应，再次降低生产成本和交易成本，从而强化成本竞争优势。

根据马歇尔的观点，产业集聚所带来的成本节约和收益的提高源于中间和最终产品供应商之间的联系、劳动力池和技术溢出。浙江省在发展特色纺织业时，初期的成本竞争优势来自于历史传统、人文环境、劳动素质等。杭州自明清以来一直是浙江省手工业和商业中心，有众多的能工巧匠，资深裁缝师众多，宁波的"红帮裁缝"、绍兴的轻纺业更是闻名海外。改革开放后，东部廉价且充裕的劳动力以及最先从国外引进的先进技术联合为纺织业创造了成本优势。

五、有关特色经济与其他学科关系的研究

有关特色经济的讨论，一度延伸到了与其他学科的交叉性。例如，姜庆华（2002）认为，区域经济与特色经济是同一概念。孟庆红赞同姜庆华观点，在《区域优势的经济学分析》的著作中写道："区域经济因其区域性而不同于一般的国民经济，它是具有区域特色，反映区域性质和特点的国民经济，或者说，区域经济就是特色经济，特色即是优势，从而区域经济亦是区域优势经济。"

但也有另一种观点，认为虽然区域经济和特色经济密切相关，但是有显著区别。杨丽（2003）在分析我国特色经济与区域经济学的联系与差异中明确指出二者研究对象的不同。区域经济不仅研究区域自身的发展还包括与邻近地区的关系协调，而特色经济所研究区域是自身经济发展。两者虽然有区别，但也互相关联。她指出特色经济也会依托区域资源禀赋进行产业选择、培育，以使特色资源优势转化为经济优势。本书认为特色经济被包含于区域经济，两者不可同一而

论。区域经济的发展更具备全面性，特色经济强调某一特色产业的突出发展。同时，区域经济不单注重一个地区单独的经济成果，也强调多地区全面性经济发展。

樊勇（2003）将特色经济理论运用到区域经济发展不平衡的现实环境中，认为发展特色经济是在西部大开发的背景下，经济欠发达地区实现跨越式发展，改变当地经济落后现状的有效方法。李俊峰（2002）具体分析了云南特色经济的培育和发展方向，希望通过发展云南本地特色经济来缩小云南与相邻省份的经济差距。他指出云南特色经济的开发具有自然生态环境、民族文化、矿藏等资源优势及地缘优势，将烟草产业、旅游产业、绿色产业、有色金属和磷化工产业列为了21世纪云南特色经济发展的主要产业，并探索了云南特色经济在培育和发展过程中应该采取的措施，包括：以市场为导向，以优势资源、特色资源为依托，走规模化、集约化的发展道路；加快企业改革，建立和完善社会保障制度，为培育和发展特色经济创造良好的环境；等等。

六、有关特色经济发展问题的研究

刘柏（2001）指出未来发展区域特色经济需要高度重视的几个问题。第一，产业结构问题。应该用产业结构最优化的观念来指导发展地区特色经济，改变传统的发展观念。第二，地区优势问题。选择本地区最有优势和发展潜力的因素，通过对资源的优化配置加以发展提高，进而把地区和资源方面的优势转化为经济优势，形成新的特色经济增长点。第三，市场问题。让地区内外以至国外生产要素顺畅地来参与区域经济的重组和资源的优化配置，打破地区内条块分割、行业分割的界限，放手支持外地生产要素向本地区特色增长点流动，这样才能形成地区之间生产要素合理流动，优势互补、互相促进、共同发展的新格局。第四，特色经济规模大小问题。学会适当适度利用规模经济发展特色经济。第五，人才问题。一是通过国际、国内企业间的技术交流与合作，选择和聘用符合本地区特色经济发展需要的各类技术与管理人才；二是优化本地区的软环境，为各类人才的发展提供良好的生活和工作环境；三是建立良好的人才运行和流动机制，为他们更能充分发挥自己的聪明才智和一技之长提供广阔的天地，这样才能使区域特色经济充满生机和活力。第六，政策问题。科学决策是发展区域特色经济的重要保障。从宏观经济体制的建立到微观方案的制定，从发展项目的确立到产品质量的提高，都需要决策者做出客观的、真实的、具体的研究和确定。

综观已有特色经济的研究成果，有的从宏观视角国家、城市展开分析，也有的从微观视角开展探讨，如围绕产业、市场、政策、文化等方面对特色经济进行分析。上述文献为我们探索特色经济建设提供了丰富的视角和理论基础。在对过往文献进行全面回顾后，本书拟对有关特色经济的认识误区统一进行几点总结：

误区一：存在差异就是特色，就能创造经济价值。我们应该明确，特色的判定原则是"你无我有，你有我优"，这样的特色才能抓住特色经济的核心，即成本竞争优势或产品及服务的不可替代性，培育特色经济的发展。

误区二：有特色资源就能发展特色经济。还是需要与市场需求一致。不被市场接纳的特色产品或者服务，无法实现由特色向商业价值的转化，也就无法实现特色经济。如山西的二人台戏曲有着100多年的悠久历史，但是受众面不广。相反，东北的二人转则是深受百姓喜爱、市场需求大的民间艺术表演形式。

误区三：特色经济涵盖品种越多越好，产业涉及范围越广越好。这一误区的出现，主要源于对特色经济的大小认识不够透彻。对于特色产业规模，应当辩证地去理解，不少地方，由于片面理解了发展特色经济必须走规模化、产业化发展道路的要求，最终导致"多、散、乱"，成了地方特色经济发展中的一个通病，不仅难以形成竞争合力，还常常存在相当程度的过度和恶意竞争，反而削减了整体优势和特色。特色最忌"大而全"，一味追求"大而全"的结果反而失掉了特色的本质——"小而专"。我们已经知道，特色经济的发展有几个阶段，是否发展成为规模经济和产业集群还需视特色产业的具体情况而定，不能一言以概之。因此，强调特色经济的产业规模时，应把握两层含义。第一，不可盲目追求特色产品品种和数量的繁多。要防止一个地区的特色产业过量发展。特色之所以是特色，就是因为物以稀为贵。第二，要严控特色产业的规模，提高特色产业的专业化水平，"小而专"才是特色经济的生命力源泉。

第二十章
特色小镇研究

特色小镇的建设必然离不开小镇中特色经济的支持，特色经济是维持特色小镇运转的重要枢纽，但是特色小镇的内涵并不止步于此，它的覆盖面更广泛，需要综合考虑经济、生态、宜居等多方面的因素。本章从特色小镇的定义出发，依次分析国家级特色小镇的政策环境、特征、评选标准、评分指标、推荐要求、程序和典型案例，再讨论地方特色小镇的发展，最后总结欧美发达国家成功的特色小镇的共同点，以学习借鉴国外特色小镇建设的成功经验。

第一节 特色小镇的定义

近年来，特色经济中的一种空间形态颇受关注，即特色小镇。特色小镇的建设是随着工业化和城市化的深入而进行的，也是城镇化进程中的重要组成部分，它在全国范围的全面兴起将为新时期小（城）镇建设积累宝贵的经验。特色小镇将成为新型城镇化建设的新引擎。如果把特色小镇简单地理解为产业园区或产业基地，显然与国家对特色小镇的功能作用的定位不符。特色小镇的产业方向必须紧扣本地特色的产业，主攻最有基础、最有优势的特色产业，突出产品和服务的个性、独特性、差异性，且利于产业兴镇、产业富民，推动小镇产业转型升级，提升产业经济效应。

根据国家发展和改革委员会（以下简称国家发改委）出台的《关于加快美丽特色小（城）镇建设的指导意见》，特色小镇主要指聚焦特色产业和新兴产业、集聚发展要素，不同于行政建制镇和产业园区的创新创业平台。同时，特色不是小镇的形容词，而是小镇的关键词，是小镇的核心元素。

特色小镇不同于特色小城镇，特色小城镇是指以传统行政区划为单元，特色产业鲜明、具有一定人口和经济规模的建制镇。特色小镇和小城镇相得益彰、互为支撑。发展特色小（城）镇是推进供给侧结构性改革的重要平台，是深入推进新型城镇化建设的重要抓手，有利于推动经济转型升级和发展动能转换，有利于促进大中小城市和小城镇协调发展，有利于充分发挥城镇化对新农村建设的辐射带动作用。

第二节 国家级特色小镇的发展现状分析

近年来，国家层面关于特色小镇的相关政策密集出台。2016年7月，住房和城乡建设部（以下简称住建部）发布的《住房城乡建设部 国家发展改革委 财政部关于开展特色小镇培育工作的通知》中提出到2020年，培育1000个左右各具特色、富有活力的休闲旅游、商贸物流、现代制造、教育科技、传统文化、美丽宜居等特色小镇，引领带动全国小城镇建设，不断提高建设水平和发展质量。2016年8月，住建部发布《关于做好2016年特色小镇推荐工作的通知》，要求各省（区、市）根据经济规模、建制镇数量和近年来小城镇建设工作及省级支持政策情况，确定2016年各省的特色小镇推荐数量。2016年10月，国家发改委在《关于加快美丽特色小（城）镇建设的指导意见》中总结推广了浙江等地特色小镇发展模式，提倡特色小镇立足产业"特而强"、功能"聚而合"、形态"小而美"、机制"新而活"，将创新性供给与个性化需求有效对接，打造创新创业发展平台和新型城镇化有效载体；提出鼓励国家开发银行、农业发展银行、农业银行和其他金融机构加大金融支持力度。2017年5月，国家体育总局在发布的《体育总局办公厅关于推动运动休闲特色小镇建设工作的通知》中指出，到2020年，在全国扶持建设一批体育特征鲜明、文化气息浓厚、产业集聚融合、生态环境良好、惠及人民健康的运动休闲特色小镇。2017年5月住建部发布的《住房城乡建设部办公厅发布关于做好第二批全国特色小镇推荐工作的通知》中，规定各省不得推荐存在以房地产为单一产业、镇规划未达到有关要求、脱离实际、盲目立项、盲目建设、政府大包大揽或过度举债，打着特色小镇名义搞圈地开发，项目或设施建设规模过大导致资源浪费等问题的建制镇。县政府驻地镇不推荐。以旅游文化产业为主导的特色小镇推荐比例不超过三分之一。截至2017年8月份，全国共发布特色小镇相关政策100多个，其中有21个省（市、区）、33个地级市发布了特色小镇相关政策。

2016年10月14日，住建部同发改委和财政部公布了第一批127个中国特色小镇培育名单。2017年8月28日，住建部同发改委和财政部公布了第二批276个中国特色小镇培育名单。上述评选出的特色小镇是在各地推荐的基础上，经专家复核，由国家发改委、财政部以及住建部共同认定得出。

汇总、分析了两批国家级特色小镇的情况，通过分析403个国家级特色小镇的地理区位、人口规模和产业就业等状态，我们总结出以下几点特色小镇的整体特征和局部特征。

一、地理特征

特色小镇的地理分布南、北分化明显，南方比重较大，尤其集中在长三角地区。由第一批和第二批公布的特色小镇名单可知，从小镇目前的省（市）分布来看，第一，就单个省份而言，江苏、浙江和山东三个省仍是特色小镇最多的省份。第二，从区域角度来看，华东和西南地区的特色小镇数量最多。从小镇目前的区域分布来看，在这403个特色小镇中，华东（山东、江苏、浙江、安徽、福建、江西、上海）117个，西南（重庆、四川、云南、贵州、西藏）68个，华中（湖北、湖南、河南）47个，西北（陕西、青海、甘肃、新疆、宁夏）49个，华北（北京、天津、河北、山西、内蒙古）48个，华南（广东、广西、海南）41个，东北（黑龙江、吉林、辽宁）33个。华东和西南地区的特色小镇数量最多，华东地区多达117个。这与南方尤其是长三角地区的城镇化发展程度、经济实力、产业化阶段有密不可分的内在联系，但也显示出目前长三角地区一些超大城市人口过于集中而出现的"城市病"，特色小城镇的出现恰恰可以解决这些城市病所带来的居住成本畸高、生活质量下降等问题，有效吸纳周边人口、疏导城市资源。第三，相较于第一批特色小镇，第二批特色小镇的名单中，江苏、山东和广东三省增加的小镇数量最多。从各省市特色小镇的增加数量来看，江苏省、山东省和广东省增加的小镇数量最多，增加了8个；云南省增加了7个；其余省市大多增加了3个到6个。具体见表20-1。

表20-1　第一、二批全国特色小镇汇总

序号	省份	第一批数量	第二批数量	合计
1	浙江	8	15	23
2	江苏	7	15	22
3	山东	7	15	22
4	广东	6	14	20
5	四川	7	13	20
6	湖北	5	11	16
7	湖南	5	11	16
8	河南	4	11	15
9	安徽	5	10	15
10	贵州	5	10	15
11	广西	4	10	14
12	福建	5	9	14
13	陕西	5	9	14
14	云南	3	10	13
15	重庆	4	9	13
16	辽宁	4	9	13
17	内蒙古	3	9	12
18	山西	3	9	12
19	河北	4	8	12
20	江西	4	8	12
21	黑龙江	3	8	11
22	新疆	3	7	10
23	上海	3	6	9
24	吉林	3	6	9
25	甘肃	3	5	8
26	海南	2	5	7
27	宁夏	2	5	7
28	西藏	2	5	7
29	北京	3	4	7
30	青海	2	4	6
31	天津	2	3	5
32	新疆建设兵团	1	3	4
	合计	127	276	403

资料来源：作者整理得到。

二、产业特征

发展特色小镇的关键动力是产业。住建部已公布的 403 个全国首批特色小镇中,特色小镇的主要产业可分为旅游业、农业、历史文化与经典传承、工业、文化创意、商贸等功能类型,其中历史类包括制酒、陶瓷、文旅等传统产业类型。

第一批全国特色小镇的产业分布类型是:旅游发展型小镇占 51%,历史文化型小镇占 18%,农业服务型小镇占 12%,工业发展型小镇占 15%,商贸流通型小镇占 2%,民族聚居型小镇占 2%。第二批 276 个全国特色小镇产业分布特点是旅游发展型小镇占比 33%,农业服务型占比 13%,工业发展型占比 18%,历史文化型小镇占比 27%,商贸流通型占比 5%,民族聚居型占比 4%。对比两批特色小镇的主导产业可知,首批特色小镇在产业类型的分布上有些不均匀,基于旅游产业发展型的特色小镇居多,其次为历史文化型。国家公布的第二批特色小镇中,小镇主导产业的评审标准呈现出新的风向,提升了历史文化型特色小镇的数量,并将旅游文化产业为主导的特色小镇控制在三分之一以内。

三、就业特征

特色小镇最关键的是要解决居民就业问题,分析两批特色小镇的就业情况可知,第一,东南沿海地区特色小镇的就业人口较多,西部地区较少。第二,位于大城市近郊区的特色小镇提供较多的就业机会。第三,从特色小镇的产业类型分析小镇的就业人口,发现工业发展型小镇和商贸流通型小镇就业人口多,而民族聚居型小镇和历史文化型小镇就业人口少。第四,对比第一批和第二批特色小镇的就业特征,发现长三角、珠三角、环渤海地区的特色小镇在提供就业岗位方面表现依旧突出,长江中游地区、西北地区和东北地区的特色小镇的就业供给能力依然偏弱。

四、人口特征

第二批 276 个中国特色小镇加上 2016 年公布的第一批 127 个中国特色小镇,目前全国特色小镇一共有 403 个。知名研究机构发布的《2017~2022 年杭州特色小镇建设深度分析及发展战略研究报告》显示,2017 中国特色小镇人口数量排行榜 TOP 100 中，第一批特色小镇有 29 个，第二批特色小镇有 71 个，其中江苏省特色小镇最多，一共有 13 个。

从特色小镇所属省市来看，仅北京、贵州、宁夏、青海、海南、黑龙江、甘肃的特色小镇未进入特色小镇人口数量排行榜的前一百名。进入 TOP 100 的特色小镇个数超过 10 个的省市有 3 个，其中江苏 13 个，广东 11 个，山东 11 个。另外直辖市中，上海进入 TOP 100 的特色小镇最多，有 8 个，天津 1 个，重庆 1 个。从人口规模来看，人口数量超 10 万的特色小镇有 32 个，人口数量超 20 万的特色小镇有 6 个，分别为温州市乐清市柳市镇、佛山市顺德区北滘镇、佛山市顺德区乐从镇、嘉定区安亭镇、佛山市南海区西樵镇、松江区车墩镇。其中温州市乐清市柳市镇人口最多，有 280102 人。TOP 100 特色小镇中人口最少的特色小镇是邢台市柏乡县龙华镇，人口为 60255 人。

第三节　国家级特色小镇评选标准

国家级特色小镇认定对象原则上是建制镇，特色小镇要有特色鲜明的产业形态、和谐宜居的美丽环境、彰显特色的传统文化、便捷完善的设施服务和灵活的体制机制。在此基础上，特色小镇的评选构建了五大核心特色指标。

一、产业发展（25 分）

特色小镇的产业特色首先表现在产业定位与发展特色上，要做到"人无我有、人有我优"。特色小镇的特色产业应该符合国家的产业政策导向；现有产业应该是优化升级的传统产业或者是新培育的战略新兴产业。特色产业需要有一定的品牌影响力；产业应该有一定的规模优势，其中产业规模优势为定量指标。特色产业还应该具有产业带动作用以及较好的产业发展创新的软环境。产业带动作用分农村劳动力带动、农业带动、农民收入带动三个方面，分别用农村就业人口占本镇就业总人口比例、城乡居民收入比等定量数据表征。产业发展环境采用产业投资环境与产业吸引高端人才能力两个指标表示，具体指标分别用产业投资额增速和龙头企业大专以上学历就业人数增速两个定量指标来表征。特色鲜明的产业形态是小城镇的核心特色，因此，在百分制的评分体系中，对此给予 25 分的权重。

二、美丽宜居（25 分）

和谐宜居的美丽环境是对小城镇风貌与建设特色的要求。首先，对城镇风貌特色的要求，依据研究，将城镇风貌分为整体格局与空间布局、道路路网、街巷风貌、建筑风貌、住区环境 5 个指标，全方位评价小城镇风貌特色。其次，对镇区环境（公园绿地、环境卫生）以及镇域内美丽乡村建设两大项目的相关考核要求。和谐宜居的美丽环境是特色小镇的核心载体，对此给予 25 分的评分权重。

三、文化传承（10 分）

彰显特色的传统文化关乎小镇文化积淀的存续与发扬。因此，从文化传承和文化传播两个维度考察小镇的文化传承情况。由于不是所有的小城镇都有很强的历史文化积淀，需加强对缺乏历史文化积淀的小镇在文化传播维度的审查。此项指标的权重为 10 分。

四、服务便捷（20 分）

便捷完善的设施服务是特色小镇的基本要求。特色小镇的基础设施服务应该较为成熟，依据以往经验，选择从道路交通、市政设施、公共服务设施三大方面考核小镇的设施服务便捷性。同时，注重对现代服务设施的评审，包括 WiFi 覆盖、高等级商业设施设置等指标。此大类是特色小镇的硬性要求，给予 20 分的评分权重。

五、体制机制（20 分）

充满活力的体制机制是特色小镇最后一个重要特征。首先，小镇发展的理念模式是否有创新。发展是否具有产镇融合、镇村融合、文旅融合等先进发展理念，发展是否严格遵循市场主体规律等都是考察的重点。其次，规划建设管理是否有创新，规划编制是否实现多规合一。最后，省、市、县对特色小镇的发展是否有决心，支持政策是否有创新。此大类是考核特色小镇创新发展的要求，给予 20 分的评分权重。

国家特色小镇的评选为乡镇的发展指明了正确的方向，其实，日本、韩国"一镇一业，一村一品"与我国特色小镇建设也是高度契合的。

第四节 国家级特色小镇案例分析

我国特色小镇发展得如火如荼，下面我们选取一些典型镇做案例分析。

一、资源禀赋型小镇——茅台镇

贵州茅台镇生产著名的国酒茅台，这得益于赤水的水，而这种资源是不可复制的。

1974 年茅台酒厂准备在遵义市新建一个分厂，用于扩大酿酒规模。选定新酒厂的地址位于遵义近郊，原因在于：第一，遵义和茅台镇距离相隔 100 多公里，气候相近；第二，选址处没有任何工业污染；第三，新厂址周边有大量的山泉，旁边就是董酒的生产厂。于是，茅台酒厂精选了一批表现好的酒师、工人、工程师，带着大批设备、原料，甚至包括酒厂横梁上的灰尘，目的就是还原一模一样的茅台酒厂的制酒环境，严格按照传统"茅艺"的手工制酒工艺与生产环境制酒。由于茅台酒制酒周期长，异地生产茅台酒的实验进行了 11 年，包含 9 个生产周期，63 轮的制造。1985 年，全国评酒委员会考评小组组长周恒刚带领 50 多名专家，前来考察异地生产茅台酒的实验成果，结果，酒的质量与口感与茅台镇生产的茅台酒相去甚远。

专家成员认为异地生产茅台酒的失败源于无法复制的天然环境，独一无二的酿造环境创造了不可复制的茅台酒。特殊的环境包括酿造茅台酒的专用水源——赤水河、茅台镇的独特气候、茅台镇特产的红缨子有机糯高粱以及谷地里大量的微生物群落。20 世纪 60 年代，中科院南京土壤所的专家来茅台镇调查，发现茅台镇周围区域的紫色钙质土壤全国稀少，这是茅台酒生产最重要的基础。

茅台酒厂生产的茅台酒具有不可替代性，这一特色产品为茅台镇带来了巨大的经济收益。2016 年茅台镇的 GDP 为 560.83 亿元。2016 年茅台集团营业收入

502亿元，利润243亿元。2017年，53度的飞天茅台酒占据了高端白酒市场的最大市场份额，达到49%。茅台酒不仅是茅台镇的特色产业，还成为了茅台镇当地经济发展的主导产业。

进一步，我们将对茅台酒的成本和收益进行分析。根据茅台股份上市公司的年报，2016年茅台酒及系列酒总收入3884097万元，其中茅台酒收入3671441万元，占比94.52%；系列酒212656万元，占比5.48%。从年报中，我们可以得知茅台酒营业成本占比是非常之低的，毛利率高达93.5%。若以一瓶茅台酒819元的出厂价进行计算，营业成本一项实际酒的生产成本为$819 \times (1-93.5\%) = 53$（元），当然，此项还未包含税务成本、财务成本、管理成本、销售费用等。若除去营业成本、税金及附加、销售费用和管理费用，总成本约334元，意味着纯利润$819 - 334 = 485$（元），最终利润率高达59%。再次说明了茅台酒业带动了茅台这个特色小镇的特色经济发展，并且，茅台镇入选了国家首批特色小镇。

二、新型产业型小镇——乌镇

在特色小镇创建热潮之下，乌镇的成功是难以被忽视的。"乌镇模式"有很多值得借鉴的地方：成功的资本化运作、在开发过程中从资源产品和精神形态上制造差异性、独特的商业模式和培育竞争壁垒等。从1999年算起，18年的时间，一个破败的江南古镇历经了从观光小镇到度假小镇再到文化小镇的发展历程。

起始：作为观光小镇的乌镇放大资源差异性，形成独有优势。1999年乌镇开发保护一期工程——东栅景区（观光小镇）启动，比周庄晚了10年，比西塘晚了4年。东栅只是一个线性化的旅游产品，开发时，拆迁与古镇风貌不和谐的房子；修复老建筑时，坚持用旧料恢复故居的模样；重新整理了水系，重新疏通曾经填掉的河道，让水乡里的水真正流动起来。总结起来，放大资源的差异性，构建观光类产品的观感体验感受，形成景区的独特优势，这是东栅成功的原因。当时的古镇旅游产品中，乌镇要做的是搜入市场，占据一席，东栅的旅游业态和其他古镇亦无二致，属于传统的观光游。

成长：从观光小镇到文化小镇，乌镇率先推出浸入式体验感受，用文化作为放大景区特色的元素和符号的重大手段，率先营造重视度假客人的文化精神感受氛围，形成景区竞争壁垒的无形优势。乌镇西栅的开发是按照全域旅游的思路，无明显的景点，处处都是景点，游客可以浸入式旅游。通过在历史街区装入生活体验，游客从观光旅游变成深度体验旅游，延长了在乌镇的停留时间并增加了旅游消费。西栅建成之后，迅速成为国内度假小镇的标杆。2007年乌镇营业收入税后净利润为3000万元，第三年9000万元，第四年1.8亿元，到2016年乌镇旅游总营业收入是14亿元。

成熟：从文化小镇到"互联网+"小镇，乌镇抓住了承办世界互联网大会这一机遇，彻底改变了乌镇的命运。2013年，离乌镇80公里之外，阿里巴巴已经发展成为国内的互联网巨头之一。世界互联网大会专家组在全国寻找会址，给出了三个条件：第一是互联网经济比较发达；第二是最好能找一个小镇，像达沃斯那样的小镇，然后赋予它互联网的魅力；第三是它能代表中国几千年的传统文化。经反复比较，最后选定乌镇，并确定乌镇为永久会址。没有任何互联网基础的乌镇，仅用了4年时间，便成为中国与世界互联互通的国际平台和国际互联网共享共治的中国平台。每年的12月，全球的政商精英、创业领袖、媒体记者因为互联网会聚于此。与此同时，信息科技也一跃成为乌镇的特色产业之一，聚集千家互联网企业，建成后规模指向千亿。

有了顶层设计和明确产业指向，互联网产业逐渐成为乌镇的特色产业。桐乡政府的前瞻性认知实现了从一个峰会发展到一个产业的发展。2014年，"第一届世界互联网大会乌镇峰会"召开，来自世界近100个国家和地区的1000余人参加了会议，来自政府、国际组织、企业、科技社群和民间社群的互联网领军人物悉数到场，乌镇的颜值惊艳了世界。2015年，浙江省政府批复同意设立"乌镇互联网创新发展试验区"，将中国乌镇互联网产业园作为试验区的重要载体。2016年，桐乡乌镇互联网小镇入选浙江省第二批特色小镇创建名单。特色小镇强调特色产业，乌镇在申报时，并没有将旅游业定为特色产业，而是选择了互联网产业。

随着地方产业扶持政策的跟进，乌镇更是有了成本优势的加持，起点已高于诸多互联网创业园区，大项目相继落地。入驻乌镇虚拟产业园区的企业将可以同等享受地方政策红利，产业园通过互联网技术为入驻企业提供基金注册、税收奖励、政策申请、专业企业服务、融资孵化、异业合作、创业辅导等服务。这是一个线上线下打通的平台，重点为入驻企业提供全面的税务筹划服务、技术服务，以及融资融智服务，并在此基础上建立乌镇商业大数据和产业云。

从旅游小镇到度假小镇再到文化小镇，直到今天向互联网产业小镇转型，乌镇的确走出了一条新路子。并且在特色小镇的发展过程中，乌镇利用产品的差异性营造竞争壁垒、避免竞争，跟进特色产业政策营造优质的投融资环境，将产品的不可替代性优势和成本竞争优势完美融合，开创了具有乌镇特色的特色经济。

三、历史文化型小镇——大寨镇

山西省晋中市大寨镇属于住建部公布的第一批特色小镇，这个小镇是一个"红色小镇"。大寨镇的资源虽然已经足够丰富，但住建部的专家认为大寨镇今后的发展需要一条主线，清晰地把这些资源聚合起来，做大红色旅游产业。以此为龙头，尽快实现红色旅游与其他产业的深度融合。

红色文化小镇，是以红色教育、传承红色基因为核心，以革命战争纪念地、标志物为载体，以其所承载的革命历史、革命事迹和革命精神为内涵，组织接待旅游者开展缅怀学习、传承精神、参观游览的旅游活动基地。

大寨景区"红色资源"丰富。大寨是山西省爱国主义教育基地，中国"十大名村"之一，大寨展览馆是全国第二批红色景点。大寨孕育出的"大寨精神"，是大寨文化底蕴的核心。1964年，毛泽东同志正式向全国发出"农业学大寨"的号召后，先后有134个国家、2.5万名外宾、960万中外游人在大寨参观、学习、考察。周总理曾在三届人大政府报告中高度概括了大寨精神，即"政治挂帅、思想领先的原则，自力更生、艰苦奋斗的精神，爱国家、爱集体的共产主义风格"。大寨的红色资源还包括陈永贵故居、陈永贵墓地、郭沫若诗魂碑、叶帅吟诗地、周总理三访大寨纪念亭、大寨展览馆、大寨文化展示馆、名人遗踪展、军民池、大柳树等，众多特色景点将大寨打造成了全国著名的红色旅游景区。

红色资源是中国共产党人精神与文化的象征，是红色基因的有机载体。如何把红色资源利用好、把红色传统发扬好、把红色基因传承好，使旧居旧址成为激活红色基因的生动课堂，是进行红色文化小镇建设的关键所在。

因农业闻名的大寨，红色文化旅游做得风生水起，每年要接待近30万名游客，大寨旅游以红色文化为特色，大寨旅游景区已成为国家AAAA级景区，2015年，大寨旅游经济总收入达到了1亿元。

综上所述，特色小镇涉及范围广，考核标准多，入选要求严。各地应严格按照上述标准，培育并举荐符合条件且极具特色的小镇。特色小镇是特色经济的承载体，地方政府可通过建设好特色小镇壮大小镇特色经济，让特色小镇真正地在平衡城乡发展、解决城市现有问题中发挥积极作用。

在国家大力推进特色小镇发展的同时，很多省区也都在做这一工作，其中，浙江、江苏等省区都是做得比较好的。这样，我国大、中、小相结合的城市化发展道路便以城市的发展模式分异而求得更快的发展速度。

参考文献

一、学术著作

[1] 马克思:《政治经济学批判大纲(草稿)》,人民出版社1975年版。

[2] 加里·贝克尔:《人力资本》,机械工业出版社2016年版。

[3] 刘世佳、熊映梧:《时间经济》,黑龙江教育出版社1989年版。

[4] 傅祖芸:《信息论》,电子工业出版社2007年版。

[5] 周宏仁:《中国信息化进程》,人民出版社2009年版。

[6] 余红艺:《智慧城市——愿景、规划与行动策略》(节选版),北京邮电大学出版社2010年版。

[7] 叶裕民、皮定均等:《数字化城市管理导论》,中国人民大学出版社2009年版。

[8] 博尔哈、卡斯泰尔等:《本土化与全球化:信息时代的城市管理》,姜杰、胡艳蕾、魏述杰译,北京大学出版社2008年版。

[9] 杨宏山、齐建宗:《数字化城市管理模式(数字化城市管理理论与实务丛书)》,中国人民大学出版社2009年版。

[10] 乌家培:《信息经济与知识经济》,经济科学出版社1999年版。

[11] 陈成忠:《生态足迹模型的多尺度分析及其预测研究》,地质出版社2009年版。

[12] 李文华:《生态系统服务功能价值评估的理论、方法与应用》,中国人民大学出版社2008年版。

[13] 何爱红:《中国中部地区的生态足迹与可持续发展研究》,中国社会科

学出版社 2013 年版。

[14] 周冯琦：《生态经济学理论前沿》，上海社会科学院出版社 2016 年版。

[15] 赵玲：《生态经济学》，中国经济出版社 2013 年版。

[16] 张震：《生态经济学——理论与实践》，中国财经出版传媒集团 2016 年版。

[17] 邱寿丰：《福建省生态足迹核算探索》，同济大学出版社 2012 年版。

[18] 陈予群：《中国城市生态经济理论与实践的开拓者》，上海社会科学院出版社 2011 年版。

[19] 亚洲太平洋经济合作组织：《OECD 科学技术和工业记分牌》，科学技术文献出版社 2004 年版。

[20] 张润彤：《知识管理概论》，首都经济贸易大学出版社 2004 年版。

二、期刊论文、学位论文

[1] 屈炳祥：《〈资本论〉与时间经济学》，《当代经济研究》1999 年第 11 期，第 5－11 页。

[2] 胡德巧：《时间经济是高于商品经济的经济形态》，《社会科学》1988 年第 6 期，第 55－58 页。

[3] 黄新生、赵晓文：《时间经济、空间经济"两位一体"流通经济》，《商场现代化》2006 年第 5 期，第 6－7 页。

[4] 曹智英、陈俨：《论时、空经济效益的相互转换与选择》，《南京政治学院学报》1991 年第 3 期，第 47－51 页。

[5] 温端云：《时间经济初探》，《武汉大学学报》（社会科学版）1985 年第 3 期，第 12－17 页。

[6] 王传松：《劳动·时间·效用：经济学的三维结构——时间经济学的一种阐释》，《江汉论坛》1993 年第 12 期，第 46－50 页。

[7] 吴燕华：《居民家务劳动时间经济价值研究——以杭州市为例》，《吉林工商学院学报》2015 年第 3 期，第 23－27 页。

[8] 何绍华、康斌：《信息价值和信息服务价值评价研究》，《图书情报工作》2005 年第 5 期，第 72－75 页。

[9] 王远桂：《论我国城市信息化发展历程和实施途径策略》，《理论与改革》2013 年第 4 期，第 88－91 页。

［10］王春枝、吴新娣：《信息化与经济增长关系实证分析》，《经济论坛》2010年第2期，第53页。

［11］秦萍、陈颖翱、徐晋涛、王兰兰：《北京居民出行行为分析：时间价值和交通需求弹性估算》，《经济地理》2014年第12期，第17-22页。

［12］李成名：《数字城市到智慧城市的思考与探索》，《中国工程科学》2013年第5期，第5-6页。

［13］智慧城市发展指数统计评价研究课题组：《北京智慧城市发展指数SC-DI（2014）统计测评报告》，《中国信息界》2015年第3期，第55-60页。

［14］靳静：《探讨如何切入与快速开展中小城市数字化管理》，《现代商业》2014年第36期，第65-66页。

［15］姚毓春：《信息化水平与经济发展之间的联动性研究——基于中美两国的实证分析》，《情报科学》2011年第9期，第1298-1302页。

［16］王亦斌：《经济发展方式转变与信息技术普及》，《求索》2011年第5期，第20-22页。

［17］周年兴、俞孔坚、李迪华：《信息时代城市功能及其空间结构的变迁》，《地理与地理信息科学》2004年第3期。

［18］代向敏：《中国教育不平等现状的实证分析》，东北财经大学硕士学位论文，2007年。

［19］范静波：《2003~2008年间中国教育收益变动趋势研究》，《统计与信息论坛》2011年第8期。

［20］陈纯槿：《中国城镇居民教育收益率的变动趋势》，《北京师范大学学报》（社会科学版）2013年第5期。

［21］刘红兵：《教育收益率研究述评：理论与中国实证》，《当代经济》2016年第24期。

［22］魏和清：《知识经济测度方法研究》，东北财经大学博士学位论文，2007年。

［23］廖建华：《浅谈中国知识经济的发展》，《经济师》2007年第5期。

［24］孙乐强：《马克思劳动价值论的革命意义及当代价值》，《理论探索》2017年第3期。

［25］张直：《从劳动价值论到知识价值论》，《湖南经济》2008年第6期。

［26］黄卫国：《知识价值链》，《情报科学》2006年第3期。

［27］梁昊光：《知识经济贡献度测度及其对北京城市发展的启示》，《地理

研究》2014年第9期。

［28］魏喜武：《〈2012年美国新经济指数〉报告述评》，《全球经济科技瞭望》2013年第12期。

［29］秦海菁：《亚太区域知识经济测度体系》，《科学决策》2014年第1期。

［30］汪中华：《我国民族地区生态建设与经济发展的耦合研究》，东北林业大学博士学位论文，2005年。

［31］吴前进：《资源型城市经济转型理论与模式优化研究》，中国地质大学（北京）博士学位论文，2008年。

［32］张丽萍：《黄土丘陵区上黄试区农业生态经济系统演变过程研究》，西北农林科技大学硕士学位论文，2008年。

［33］刘凯：《天然林保护工程的实施与利益相关者冲突研究》，北京林业大学硕士学位论文，2009年。

［34］贾治邦：《解决突出问题，推进油茶产业又好又快发展》，《林业经济》2008年第10期，第3－5页。

［35］李周：《生态经济理论与实践的进展》，《学理论》2008年第11期，第17－19页。

［36］张艳艳：《中原城市群推进过程中土地资源优化配置研究》，河南理工大学硕士学位论文，2009年。

［37］刘红林：《发展循环经济中的金融支持作用与优化机制问题研究》，河北大学博士学位论文，2010年。

［38］吴琼：《产业结构生态化转型路径探析》，《理论视野》2014年第1期，第79－81页。

［39］陈诗一：《能源消耗、二氧化碳排放与中国工业的可持续发展》，《经济研究》2009年第4期，第41－55页。

［40］刘智慧：《基于生态足迹模型的喀斯特地区重点生态功能区可持续发展能力分析》，贵州师范大学硕士学位论文，2015年。

［41］张文梅、任志远：《山西省生态足迹动态研究》，《干旱区资源与环境》2008年第12期，第30－34页。

［42］顾东江、陈春锋、王宏燕：《黑龙江省生态足迹动态分析》，《东北农业大学学报》2008年第12期，第36－41页。

［43］陈春锋、王宏燕、肖笃宁、王大庆：《基于传统生态足迹方法和能值

生态足迹方法的黑龙江省可持续发展状态比较》,《应用生态学报》2008年第11期,第2544－2549页。

［44］聂华林、苏芳、尚海洋:《甘肃省1990—2005年生态足迹与发展能力研究》,《甘肃社会科学》2010年第4期,第92－94页。

［45］徐中民、程国栋、张志强:《生态足迹方法的理论解析》,《中国人口·资源与环境》2006年第6期,第69－78页。

［46］李成英:《基于生态足迹模型的西宁市土地利用可持续性研究》,兰州大学硕士学位论文,2010年。

［47］王忠成:《基于旅游生态足迹模型的海岛旅游可持续发展研究》,青岛大学硕士学位论文,2010年。

［48］韩召迎:《基于生态足迹模型的区域可持续发展评价研究》,南京农业大学博士学位论文,2012年。

［49］杜斌、张坤民:《城市生态足迹计算方法的设计与案例》,《清华大学学报》(自然科学版)2004年第9期,第1171－1175页。

［50］王昕宇、黄海峰、迟远英:《基于面板数据模型的生态足迹与县域经济增长关系——以四川省宜宾市为例》,《农村经济》2018年第2期,第39－44页。

［51］李国平、李迅、冯长春、王耀麟、陆军、赵鹏军、陈鹏、桂萍、凌云飞:《我国小城镇可持续转型发展研究综述与展望》,《重庆理工大学学报》(社会科学版)2018年第6期,第32－49页。

［52］牛晓冬:《中国市域循环经济绩效评价研究》,山西财经大学硕士学位论文,2013年。

［53］陈晓丹:《基于DEA模型的中国30省循环经济效率评价》,暨南大学硕士学位论文,2015年。

［54］李小媛:《基于循环经济的临汾市旅游业发展研究》,四川师范大学硕士学位论文,2009年。

［55］徐大伟:《基于循环经济的城市效率评价研究》,中国科学技术大学硕士学位论文,2009年。

［56］《推广循环经济典型经验　提高生态文明建设水平》,《资源节约与环保》2016年第5期,第10页。

［57］吴丽丽、刘玫、付允:《综合类工业园区循环经济绩效评价指标体系标准化探讨》,《标准科学》2015年第1期,第43－46页。

[58] 袁学英、颉茂华:《资源型城市循环经济效率综合比较评价》,《宏观经济研究》2015 年第 10 期,第 94-101 页。

[59] 张泽峰:《重化工业园区循环经济评价指标体系构建初探》,《河北师范大学学报》(哲学社会科学版) 2011 年第 4 期,第 75-79 页。

[60] 杨玲、丛丽:《论循环经济在工业园区规划中的作用》,《环境保护科学》2007 年第 2 期,第 55-57 页。

[61] 李彩云、陈兴鹏、刘红兵:《中国循环经济效率评价及其空间格局研究》,《宁夏大学学报》(自然科学版) 2017 年第 4 期,第 393-401 页。

[62] 张潇卓:《循环经济引领装备制造业绿色发展》,《表面工程与再制造》2018 年第 2 期,第 12-14 页。

[63] 周密:《资源型县域经济发展模式转型研究》,湖南大学硕士学位论文,2013 年。

[64] 顾亮:《基于 Malmquist-Tobit 两步法的循环经济效率研究》,兰州交通大学硕士学位论文,2015 年。

[65] 曹瑜:《基于 DEA 模型的广西壮族自治区旅游效率研究》,浙江工商大学硕士学位论文,2018 年。

[66] 褚思真:《对我国发展生态型都市农业的一点思考》,《现代商业》2015 年第 36 期,第 181-182 页。

[67] 邱添:《我国生态商业的发展研究》,北京工商大学硕士学位论文,2015 年。

[68] 许雄奇、朱淑芳:《论生态商业》,《生态经济》2001 年第 4 期,第 45-48 页。

[69] 毛海斌:《关于发展都市农业的系统思考》,《农家参谋》2018 年第 17 期,第 8 页。

[70] 任洪涛:《论我国生态产业的理论诠释与制度构建》,《理论月刊》2014 年第 11 期,第 121-126 页。

[71] 田金平、刘巍、李星、赖玢洁、陈吕军:《中国生态工业园区发展模式研究》,《中国人口·资源与环境》2012 年第 7 期,第 60-66 页。

[72] 于琨、张展:《区域生产性服务业生态化建设研究——以辽宁省为例》,《特区经济》2011 年第 3 期,第 59-60 页。

[73] 赵满华、田越:《贵港国家生态工业(制糖)示范园区发展经验与启示》,《经济研究参考》2017 年第 69 期,第 42-50 页。

[74] 宋洪芳、洪梅：《我国稀土产业现状分析及预测》（上），《稀土信息》2010 年第 1 期，第 8－12 页。

[75] 郭俊华：《特色经济的理论依据、内容与发展对策》，《经济纵横》2004 年第 9 期，第 26－28 页。

[76] 向云、祁春节：《新疆水果生产的区域比较优势分析》，《干旱区资源与环境》2015 年第 10 期，第 152－158 页。

[77] 刘宗发、龚益鸣：《论特色经济》，《江汉论坛》1999 年第 1 期，第 10－13 页。

[78] 巩前文、穆向丽：《贫困地区发展特色经济的调查与思考——以沙莲堡乡"拉面经济"为例》，《江苏农业科学》2014 年第 9 期，第 420－422 页。

[79] 阎恒：《论特色经济》，《中州学刊》2001 年第 5 期，第 25－29 页。

[80] 袁瑛：《论西部民族地区特色经济发展》，《特区经济》2007 年第 5 期，第 197－199 页。

[81] 杨丽：《析我国特色经济与区域经济学的联系与差异》，《经济问题探索》2003 年第 4 期，第 20－23 页。

[82] 高筱梅、樊勇：《特色经济形成的机理探讨》，《经济问题探索》2003 年第 10 期，第 88－91 页。

[83] 白永秀：《论西部特色经济体系的构建》，《西北大学学报》（哲学社会科学版）2007 年第 1 期，第 5－10 页。

[84] 张丽君：《试论西部地区发展特色经济的市场条件》，《黑龙江民族丛刊》2003 年第 3 期，第 43－47 页。

[85] 王元京：《西部特色经济的产业识别与评判标准探讨》，《经济学家》2001 年第 2 期，第 19－25 页。

[86] 胥留德：《论特色产业的选择》，《经济问题探索》2002 年第 11 期，第 15－18 页。

[87] 谢红：《西藏特色经济发展研究》，天津大学硕士学位论文，2004 年。

[88] 苏华、李雅：《向西开放战略下西北区域特色经济的发展思路》，《经济纵横》2016 年第 3 期，第 76－80 页。

[89] 刘荣增：《城市经济发展中特色经济与集群经济的关系——兼论城市园区经济建设》，《城市问题》2006 年第 3 期，第 59－63 页。

[90] 赵举海：《特色经济与规模效应》，《湖北社会科学》2002 年第 6 期，第 94 页。

[91] 姜庆华:《区域经济与特色经济——对湖南区域经济发展的几点看法》,《湖南经济》2002 年第 4 期,第 10 - 11 页。

[92] 孟庆红:《区域优势的经济学分析》,西南财经大学出版社 2000 年版。

[93] 李俊峰:《试论云南特色经济的培育与发展》,《学术探索》2002 年第 2 期,第 132 - 135 页。

[94] 刘柏:《发展区域特色经济需要解决几个问题》,《经济论坛》2001 年第 8 期,第 19 页。

[95] 高永娟:《包头稀土产业可持续发展研究》,内蒙古师范大学硕士学位论文,2015 年。

[96] 袁红:《信息获取模型与信息价值测度》,《情报探索》1998 年第 9 期。

[97] 罗曼:《试论用户对信息价值评判的双重标准》,《图书与情报》1994 年第 3 期。

[98] 郝金星:《信息价值测度的注意力模型》,《情报学报》2003 年第 5 期。

[99] 贺梅生:《信息价值的探索》,《管理现代化》1987 年第 2 期。

[100] 刘理:《论信息价值》,《管理现代化》1988 年第 2 期。

[101] 刘珠丽等:《信息价值的综合评价模型》,《信息工程大学学报》2007 年第 1 期。

[102] Ching Chyi Lee, "Knowledge Value Chain", *The Journal of Management Development*, 2000 (9).

[103] Daniela Carlucci, "The Knowledge Value Chain: How Intellectual Capital Impacts on Business Performance", *International Journal Technology Management*, 2004 (27).

[104] Manuel Castella, *The Informational City: Information Technology, Economic Restructuring and the Urban Regional Process*, Oxford: Basil Blackwell, 1989.

[105] Emmanouil Ergazakis, Kostas Ergazakis, Dimitrios Askounis, Yannis Charalabidis, "Digital Cities: Towards an Integrated Decision Support Methodology", *Telematics and Informatics*, 2011 (28): 148 - 162.

[106] Wolfgang G. Stock, "Informational Cities: Analysis and Construction of Cities in the Knowledge Society", *Journal of the American Society for Information Science and Technology*, 2011, 62 (5): 963 - 986.

[107] Lianjie Ma, Jongpil Chung, Stuart Thorson, "E-government in China: Bringing Economic Development Through Administrative Reform", *Government Information Quaterly*, 2005 (22): 20-37.

[108] Aaron, H., McGure, M., "Public Goods and Income Distribution", *Economertrica*, 1970, 38 (6): 907-920.

[109] Ares, S., "A complex Approach to the Value of Ecological Resources", *Ecological Economics*, 2006, 56 (3): 402-411.

[110] Bernstein, J. D., *Alternative approaches to pollution control and waste management: Regulatory and Economic Instruments*, New York: The World Bank, 1993.